Annales
Histoire, Sciences Sociales

77ᵉ année
nº 4 octobre-décembre 2022

Histoire du politique

Benjamin GRAY   633
L'invention du social ?
Délimiter la politique dans la cité grecque (de la fin de la période classique au début de la période impériale)

Anne SIMONIN   673
Actualité de la Terreur
L'apport des émotions à l'étude de la Révolution française (note critique)

Éric BUGE et Étienne OLLION   703
Que vaut un député ?
Ce que l'indemnité dit du mandat parlementaire (1914-2020)

Crédit et justice

Arnaud FOSSIER   741
Hommes de mauvaise réputation
Usuriers, débiteurs et créanciers en procès (Pistoia, 1287-1301)

Guerre et violences politiques (de l'Antiquité à l'âge des Révolutions) (comptes rendus)   775

Résumés / Abstracts   I
Livres reçus   V
Tables annuelles 2022   VII

Informations éditoriales :
http://annales.ehess.fr

Rédaction des *Annales*
EHESS
2 cours des Humanités
93300 Aubervilliers (France)
Tél. : +33 (0)1 88 12 05 62
Courriel : annales@ehess.fr

Maquette : Michel Rohmer
Mise en pages et édition : Malika Combes, Sophie Muraccioli et Clémence Peyran

© École des hautes études en sciences sociales, Paris, 2023

ISSN (édition française) :
0395-2649 (version imprimée)
1953-8146 (version numérique)

L'édition française des *Annales* est consultable en accès libre sur les portails suivants :
- Cairn, depuis 2001, avec un délai de quatre ans (www.cairn.info/revue-annales.htm)
- Gallica, 1929 à 1938 (www.gallica.bnf.fr)
- Persée, 1929-1932, 1939-1941, 1943-2002 (www.persee.fr/collection/ahess)

Et sur abonnement sur les portails suivants :
- Cambridge Core, depuis 1929 (www.cambridge.org/annales)
- JSTOR, depuis 1929, avec un délai de cinq ans (www.jstor.org/journal/annahistscisoc)

L'édition anglaise des *Annales* est consultable en texte intégral sur les portails suivants :
- Cairn international, 2012 à 2016 (www.cairn-int.info/journal-annales.htm)
- Cambridge Core, depuis 2012 (www.cambridge.org/annales-in-English)
- Revues.org, 2012 à 2016 (www.revues.org/annales-english-edition)

Depuis 2017, la revue des *Annales* est publiée en version imprimée et en ligne par les Éditions de l'EHESS en partenariat avec Cambridge University Press.

Les abonnements peuvent être achetés auprès de votre agence d'abonnement habituelle ou directement auprès de Cambridge University Press :
  Cambridge University Press (Journals)
  University Printing House
  Shaftesbury Road
  Cambridge CB2 8BS (Royaume-Uni)
  journals@cambridge.org

Les abonnements débutent au premier numéro de l'année ; tarifs et bulletin d'abonnement se trouvent en fin de numéro et à l'adresse :
  www.cambridge.org/annales/subscribe-fr

Vente au numéro (France, Belgique, Suisse) : 25 €
Diffusion en librairie / Distribution :
  Harmonia Mundi Livre
  Le Mas de Vert
  13200 Arles (France)

Vente au numéro pour le reste du monde :
veuillez contacter Cambridge University Press

Annales
Histoire, Sciences Sociales

Fondateurs : Marc Bloch et Lucien Febvre
Ancien directeur : Fernand Braudel

Revue trimestrielle publiée depuis 1929,
éditée par l'École des hautes études
en sciences sociales en partenariat avec
Cambridge University Press

Directeur de la rédaction
Vincent Azoulay

Comité de rédaction
Étienne Anheim, Guillaume Calafat, Vanessa Caru, Jean-Yves Grenier,
Camille Lefebvre, Antoine Lilti, Catherine Rideau-Kikuchi, Antonella Romano,
Anne Simonin, Will Slauter, Michael Werner

Responsables de la version anglaise
Nicolas Barreyre, Stephen W. Sawyer

Rédaction
Malika Combes, Chloe Morgan, Sophie Muraccioli, Clémence Peyran

Comité scientifique
Mary Beard, Romain Bertrand, Jane Burbank, André Burguière, Sandro Carocci,
Jocelyne Dakhlia, Lorraine Daston, François Hartog, Christian Lamouroux,
Emmanuel Le Roy Ladurie, André Orléan, Jacques Poloni-Simard, Jacques Revel,
Pierre-François Souyri, Sanjay Subrahmanyam, Laurent Thévenot, Lucette Valensi

Histoire du politique

Dossier

L'invention du social ?
Délimiter la politique dans la cité grecque (de la fin de la période classique au début de la période impériale)

Benjamin Gray

Le statut de certaines activités, tels les repas commensaux au sein d'une association, « est relativement simple [à caractériser] dans des sociétés comme les nôtres dans lesquelles le social a une place bien définie entre l'État et l'individu. Mais les cités grecques n'ont pas connu une telle répartition tripartite », écrit Pauline Schmitt Pantel pour analyser la place des « activités collectives » en dehors des institutions politiques dans l'Athènes classique[1]. En effet, les citoyens athéniens s'en tenaient généralement à une opposition conceptuelle binaire entre le public (ou le politique ou encore le civique) et le privé, les relations ritualisées avec les dieux relevant parfois d'une troisième catégorie. Clifford Ando et Jörg Rüpke se

---

* Cet article a bénéficié des conseils du comité de lecture et de la rédaction des *Annales*, en particulier de Vincent Azoulay. Je remercie également Clifford Ando, Mirko Canevaro, Lisa Pilar Eberle, Matthias Haake, Anna Heller, Moritz Hinsch, Georgy Kantor, John Ma, William Mack, Jan Meister, Wilfried Nippel, Ben Raynor et Claudia Tiersch pour leurs remarques sur les différentes versions du texte. Je souhaite également remercier la fondation Alexander von Humboldt pour la bourse qui m'a été accordée et qui m'a permis d'écrire la première version. Conformément à la politique de mon université, je déclare qu'une licence CC BY s'applique au manuscrit accepté. Toutes les traductions de textes anciens sont miennes. Les corpus d'inscription sont cités selon les normes épigraphiques usuelles : François Bérard et al., *Guide de l'épigraphiste. Bibliographie choisie des épigraphies antiques et médiévales*, Paris, Éd. Rue d'Ulm, 2010 (4e éd.). Enfin, la police utilisée pour le grec est IFAOGrec Unicode.
1. Pauline Schmitt Pantel, « Les activités collectives et le politique dans les cités grecques », *in* O. Murray et S. Price (dir.), *La cité grecque d'Homère à Alexandre*, trad. par F. Regnot, Paris, La Découverte, [1990] 1992, p. 233-248, ici p. 247.

sont récemment demandé si ce type d'analyse méritait d'être étendu au monde gréco-romain de manière plus générale : « L'Antiquité était-elle vraiment incapable de conceptualiser les formes de collectivité extra-familiale et les espaces extérieurs au foyer autrement qu'à travers le paradigme du public[2] ? »

Cette dichotomie privé/public, dans l'Athènes classique et bien au-delà, ne laissait qu'un mince espace intermédiaire pour une catégorie distincte correspondant à la notion contemporaine du « social ». Ce terme, qui peut couvrir toute interaction humaine, est ici employé dans un sens plus spécifique – proche de celui auquel P. Schmitt Pantel a recours –, restreint à la catégorie des interactions situées à l'interface de la vie publique (ou politique) et de la vie privée ne se laissant pas définir comme publiques ou privées. Plutôt que de partir d'une théorie du social développée (par opposition au politique), cet article se sert du mot « social » pour évoquer l'espace conceptuel (c'est-à-dire une notion très générique à remplir d'idées précises) qui sert de cadre à la plupart des réflexions modernes[3]. En revanche, si de nombreux théoriciens ont abordé ce vaste espace conceptuel à travers la catégorie de « société civile », recourir à cette notion-là dans le cas de l'histoire grecque s'avère problématique du fait de la différence fondamentale entre la *polis* et l'État moderne.

La négation de l'idée du social dans l'Athènes classique a profondément orienté la manière dont les Modernes ont conçu la *polis* grecque pour en faire tantôt un modèle tantôt un repoussoir, en particulier s'agissant des théories de la démocratie et de la liberté. Une première tradition, représentée par Jean-Jacques Rousseau et Hannah Arendt, appréhende positivement ce qu'elle considère comme un rejet global de la sphère sociale en Grèce ancienne, y voyant un moyen de bannir de la *polis* l'égoïsme, les sympathies intéressées et les comportements claniques caractéristiques des interactions sociales[4]. Cette tradition a eu une influence notable sur le républicanisme moderne, notamment en France depuis 1789, où une approche dominante, inspirée en partie par des conceptions de la citoyenneté antique, traite toute forme d'association ou de « corporation » intermédiaire comme une menace potentielle pour l'unité de la communauté politique et comme une atteinte à la volonté générale[5]. Une tradition rivale, largement inspirée de Benjamin Constant, célèbre au contraire les libertés découlant de la reconnaissance par le courant libéral-démocratique moderne d'un espace intermédiaire entre le politique et la

---

2. Clifford ANDO et Jörg RÜPKE (dir.), *Public and Private in Ancient Mediterranean Law and Religion*, Berlin, De Gruyter, 2015, Introduction, p. 1-9, ici p. 3.
3. Pour une analyse récente, voir Malcolm BULL, *The Concept of the Social: Scepticism, Idleness and Utopia*, Londres, Verso, 2021, chap. 1. Sur les différentes conceptions françaises du « social », voir Pierre ROSANVALLON, *Le modèle politique français. La société civile contre le jacobinisme de 1789 à nos jours*, Paris, Éd. du Seuil, 2004, en particulier la 2e partie.
4. Voir par exemple Hannah ARENDT, *Condition de l'homme moderne*, trad. par G. Fradier, Paris, Calmann-Lévy, [1958] 1983, p. 59-76.
5. Sur cette tradition, voir la première partie de P. ROSANVALLON, *Le modèle politique français*, *op. cit.*, par exemple p. 59-65 et 72-75 ; sur son influence durable, voir Catherine NEVEU, *Citoyenneté et espace public. Habitants, jeunes et citoyens dans une ville du Nord*, Villeneuve d'Ascq, Presses universitaires du Septentrion, 2003, p. 198 (sur les communautés immigrées).

vie privée, c'est-à-dire d'une sphère de sociabilité, de coopération et d'échange. Cela permettait l'épanouissement de nouvelles formes de liberté individuelle, différentes de la liberté politique attachée à la citoyenneté antique[6].

Cet article s'attache à montrer qu'en Grèce même, cette question du public et du privé a connu des inflexions après la période classique, au rythme des évolutions affectant la vie et l'idéologie de la *polis*, dans le cadre élargi du monde hellénistique et, ensuite, des premiers temps de l'Empire romain. L'on dispose pour cette période d'un matériau d'une grande diversité, fourni tant par Athènes et les nombreuses autres cités hellénophones de l'espace méditerranéen, qui publiaient leurs décisions civiques sous forme d'inscriptions, que par les œuvres des penseurs politiques, citoyens ou étrangers domiciliés. Il est à souligner que les anciens systèmes de pensée binaires ont non seulement perduré dans les cités grecques longtemps après le début de la période impériale romaine, mais qu'ils y sont aussi restés dominants. Toutefois, et c'est ce qu'entend préciser cet article, à partir de 150 av. J.-C. environ, des Grecs, probablement toujours une petite minorité, ont commencé à esquisser plus précisément les contours d'une sphère sociale distincte, ni complètement publique ni complètement privée, dotée de ses propres caractéristiques et vertus. Dans la mesure où cette sphère sociale (ou sa valeur) ne fut jamais pleinement reconnue en tant que telle par la majorité des contemporains, il est ici question de trouver des traces d'une évolution sémantique, d'une extension du domaine du « dicible » en quelque sorte[7] – autrement dit, d'examiner quelles idées pouvaient être conçues et formulées à l'aide du vocabulaire politique et éthique alors disponible. Cette nouvelle façon de penser, bien que seulement décelable dans une petite proportion des textes subsistants, est néanmoins significative par l'écart qu'elle représente par rapport à un consensus bien établi.

On pourrait objecter qu'une telle évocation du concept de « social », très librement inspirée des débats modernes, n'est guère légitime pour reconstituer des systèmes de pensée et des modes d'expression anciens, ce qui est précisément l'objectif premier de cet article. Il ne s'agit nullement de prétendre que des penseurs de la Grèce antique ont problématisé cette sphère avec le même degré de sophistication qu'à l'époque moderne et contemporaine, mais plutôt de montrer qu'ils ont suggéré l'existence d'un tel espace conceptuel (c'est-à-dire qu'ils ont

---

6. Voir Benjamin CONSTANT, *Écrits politiques*, éd. par M. Gauchet, Paris, Le Livre de poche, 1980. Sur les débats consécutifs, voir Wilfried NIPPEL, *Liberté antique, liberté moderne. Les fondements de la démocratie de l'Antiquité à nos jours*, trad. par O. Mannoni, Toulouse, Presses universitaires du Mirail, [2008] 2010, chap. 7-9. Dans une théorie résolument nouvelle, qui n'est pas totalement sans lien avec cette seconde tradition, M. BULL, *The Concept of the Social, op. cit.* a récemment proposé de faire du « social » un modèle pour un vivre-ensemble plus anarchique et plus sceptique, émancipé des contraintes normatives de la vie politique (voir notamment, p. 12-15, le développement consacré à la conception du « social » d'H. Arendt qu'il repense pour en faire un modèle positif).
7. Sur ce concept appliqué à l'histoire de la pensée et des interactions politiques, voir Willibald STEINMETZ, *Das Sagbare und das Machbare. Zum Wandel politischer Handlungsspielräume: England 1789-1867*, Stuttgart, Klett-Cotta, 1993, p. 24-34.

délimité les frontières d'une telle catégorie générique) et sa nécessaire prise en compte pour comprendre la vie en commun.

Notre méthode s'appuie sur un riche corpus d'études récentes montrant qu'il est possible de faire dialoguer de manière fructueuse les conceptions anciennes et modernes du « politique » : bien que fondamentalement différentes, elles sont suffisamment voisines pour être étudiées ensemble en raison de la généalogie qui les lie et de leurs homologies formelles et fonctionnelles[8]. Si cette comparaison s'avère pertinente dans le cas du « politique », et, en creux, du « privé », pourquoi ne serait-il pas légitime de s'interroger de la même manière sur l'espace intermédiaire de ces deux catégories partagées ?

Au demeurant, l'émergence de l'idée d'une sphère sociale ne peut se comprendre qu'à l'aune des évolutions qui ont affecté la définition même du politique en Grèce ancienne : les nouvelles conceptualisations du social dérivaient de prises de position subtiles dans des débats existant de longue date autour de la notion complexe de *politeia*, dotée de multiples acceptions – « citoyenneté », « constitution » ou simplement « vie politique »[9]. Cet article analyse le développement de ces idées (liées entre elles) à la période hellénistique et au début de l'époque romaine et leurs implications dans les interprétations modernes de la *polis* et de son évolution. Après avoir étudié les racines de l'hostilité de la société athénienne classique envers l'idée d'une sphère sociale, il retrace l'émergence progressive, à la période hellénistique, de conceptions de la vie collective qui ne mettent plus l'accent sur la vie politique mais sur des formes d'interactions sociales : ces nouvelles idées venaient parfois prendre la place d'un discours politico-centré traditionnel. L'article se demande ensuite dans quelle mesure ces conceptions qui se faisaient jour étaient le reflet de nouvelles formes d'interactions civiques : l'évolution du langage et des idées était probablement liée à des changements sociaux, politiques et culturels qui se sont intensifiés à partir de la fin de la période hellénistique (v. 150 av. J-C.-14 ap. J.-C.), avec l'arrivée des Romains et, peut-être plus encore, sous l'effet du nouveau rôle des élites civiques et du développement du phénomène associatif (déjà bien établi) au sein des cités[10].

---

8. Voir en particulier Vincent Azoulay, « Repolitiser la cité grecque, trente ans après », *in* V. Azoulay (dir), n° spécial « Politique en Grèce ancienne », *Annales HSS*, 69-3, 2014, p. 689-719.
9. Voir Jacqueline Bordes, Politeia *dans la pensée grecque jusqu'à Aristote*, Paris, Les Belles Lettres, 1982 ; Verity Harte et Melissa Lane (dir.), Politeia *in Greek and Roman Philosophy*, Cambridge, Cambridge University Press, 2013.
10. Sur les élites civiques, voir Philippe Gauthier, *Les cités grecques et leurs bienfaiteurs (IVe-Ier siècle av. J.-C.). Contribution à l'histoire des institutions*, Athènes, École française d'Athènes, 1985 ; Pierre Fröhlich et Christel Müller (dir.), *Citoyenneté et participation à la basse époque hellénistique. Actes de la table ronde des 22 et 23 mai 2004*, Paris, BNF, Genève, Droz, 2005. Pour une analyse récente du rôle des associations, voir Vincent Gabrielsen et Christian A. Thomsen (dir.), *Private Associations and the Public Sphere: Proceedings of a Symposium Held at the Royal Danish Academy of Sciences and Letters, 9-11 September 2010*, Copenhague, The Royal Danish Academy of Sciences and Letters, 2015.

Cette première partie de l'article peut semble ranimer le stéréotype éculé de la « dépolitisation » de la *polis* hellénistique et romaine[11]. Ce n'est assurément pas le cas : les cités hellénistiques et romaines ne se sont pas détournées d'une vie politique exigeante, dans la pratique ou dans la perception collective. Nous proposons d'ailleurs de montrer, dans la suite de l'article, que beaucoup de Grecs ont eux-mêmes réaffirmé, à la période hellénistique et au début de la période romaine, l'importance de la vie politique pour leurs cités. Toutefois, certains d'entre eux ont révisé leur compréhension du monde politique et commencé à tracer les contours d'un espace autonome du social. Cette reconfiguration a impliqué de réarticuler différemment les deux grandes façons d'appréhender le périmètre de la vie politique à l'époque classique, subsumées sous le même terme : *politeia*. Dans la Grèce antique, la *politeia* se définissait tantôt de façon étroite, en tant que système institutionnel caractérisé par une certaine distribution du pouvoir – à la manière de *la politique* au sens moderne –, tantôt de manière bien plus large, au point d'englober la majeure partie de la vie collective de la communauté[12]. Dans cette dernière acception, la *politeia* se rapproche de la définition donnée par Claude Lefort du *politique*, conçu comme tout ce qui entretient l'unité et la structure de la communauté[13]. Ces conceptions plus ou moins extensives ont coexisté et interagi dans les mondes hellénistique et romain, comme c'était déjà le cas au sein de la démocratie athénienne classique elle-même[14]. De fait, en devenant peut-être même plus puissante après Aristote, la définition étroite de la *politeia* a stimulé en retour une nouvelle façon de penser le social comme moyen de saisir tous les éléments de la vie collective exclus de cette vision juridique.

S'il s'insère dans une veine de recherche déjà bien constituée, cet article cherche à élargir notre vision des débats grecs autour de la *politeia* et de sa relation aux autres dimensions de la vie de la cité, en faisant la part belle à des hypothèses et des réflexions formulées en dehors des cercles de l'élite intellectuelle canonique. Pour opérer ce déplacement, il prend en compte le riche corpus de décisions publiques conservées grâce aux inscriptions. Les cités grecques avaient en effet pour habitude de graver dans la pierre leurs décisions les plus importantes, notamment les décrets en l'honneur des bienfaiteurs, qui énuméraient les vertus civiques idéales démontrées par ceux-ci. Proposés par un ou plusieurs citoyens, ces décrets devaient recevoir l'appui de l'ensemble des citoyens réunis en assemblée ; gravés, ils faisaient office de guide d'éducation civique à l'intention de toute la communauté. Ces sources fournissent donc des informations précises sur la rhétorique et l'idéologie civiques, plus directes que celles offertes par les textes littéraires et philosophiques. Si ces inscriptions sont souvent (mais pas toujours) dépourvues de

---

11. Voir Paul Veyne, *Le pain et le cirque. Sociologie historique d'un pluralisme politique*, Paris, Éd. du Seuil, 1976.
12. Pour la première définition, voir P. Schmitt Pantel, « Les activités collectives… », art. cit., par exemple p. 239 ; pour la seconde, voir Oswyn Murray, « Cités de raison », in O. Murray et S. Price (dir.), *La cité grecque…, op. cit.*, p. 13-39.
13. Voir Claude Lefort, *Essais sur le politique (XIXe-XXe siècles)*, Paris, Éd. du Seuil, 1986.
14. Voir en particulier V. Azoulay, « Repolitiser la cité grecque… », art. cit.

l'argumentation complexe et des fioritures idiosyncratiques propres aux sources de la tradition manuscrite, elles ne portent pas moins un discours politique articulé[15]. Certes, les décrets honorifiques étaient constitués pour une bonne part de formules consacrées. Cependant, comme le montrent certains des exemples étudiés ci-dessous, les citoyens disposaient d'une marge de manœuvre considérable pour adapter ces expressions toutes faites et introduire des variations plus en phase avec leurs préoccupations particulières.

Mettre en avant la rhétorique des inscriptions et la croiser avec les textes classiques de philosophie politique nécessite de faire appel à des outils méthodologiques modernes. Nous nous plaçons ici dans la continuité de l'« école de Cambridge », consistant à étudier les textes canoniques de théorie politique dans leur contexte discursif d'ensemble[16], à une inflexion près : nous intégrons à la réflexion non seulement des travaux théoriques moins connus, mais aussi les textes plus pragmatiques préservés dans les inscriptions, sans préjuger de leur importance philosophique ou politique. À cet égard, l'attention que nous accordons à l'évolution de certains termes spécifiques liés entre eux (par exemple *politeia* ou *symbiōsis*) dans le discours, aussi bien théorique que plus prosaïque, doit beaucoup à la *Begriffsgeschichte* (l'histoire des concepts)[17]. Cependant, loin de fétichiser les mots, notre enquête se penche aussi sur concepts et les modes de pensée qui ne peuvent être rendus par un unique terme ancien. En suivant cette approche, qui implique d'accorder de l'importance aux silences, aux tensions et aux idées incomplètes, nous sommes particulièrement redevable à la tradition de l'anthropologie politique de l'histoire ancienne française. Celle-ci, surtout appliquée à la Grèce archaïque et classique jusqu'à maintenant, montre comment partir des pratiques et des représentations politiques instituées afin d'éclairer et de réinterpréter la théorie politique antique[18].

Cet article s'inspire enfin d'un dernier modèle méthodologique, tout à fait crucial : l'« histoire conceptuelle du politique[19] », au cœur du travail mené par Pierre Rosanvallon pour élargir le cadre des débats politiques modernes bien au-delà

---

15. Sur ces inscriptions en tant que sources (négligées) pour l'histoire de la rhétorique (de la distinction), voir Laurent Pernot, *La rhétorique dans l'Antiquité*, Paris, LGF, 2000, p. 109-112. Pour une confrontation entre textes littéraires et épigraphiques dans le but de reconstituer l'évolution de l'idéologie, voir Giovanni Salmeri, « Empire and Collective Mentality: The Transformation of *Eutaxia* from the Fifth Century BC to the Second Century AD », *in* B. Forsen et G. Salmeri (dir.), *The Province Strikes Back: Imperial Dynamics in the Eastern Mediterranean*, Helsinki, Suomen Ateenan-instituutin säätiö, 2008, p. 137-155.
16. Voir par exemple Quentin Skinner, *Visions politiques*, vol. 1, *Sur la méthode*, trad. par C. Hamel, Genève, Droz, [2002] 2018.
17. Voir par exemple Reinhart Koselleck, *Begriffsgeschichten. Studien zur Semantik und Pragmatik der politischen und sozialen Sprache*, Francfort-sur-le-Main, Suhrkamp, 2006.
18. Par exemple, Pauline Schmitt Pantel, *La cité au banquet. Histoire des repas publics dans les cités grecques*, Rome, École française de Rome, 1992 ; Nicole Loraux, *La cité divisée. L'oubli dans la mémoire d'Athènes*, Paris, Payot et Rivages, 1997 ; ou les contributions à Vincent Azoulay (dir), n° spécial « Politique en Grèce ancienne », *Annales HSS*, 69-3, 2014.
19. Pierre Rosanvallon, *La démocratie inachevée. Histoire de la souveraineté du peuple de France*, Paris, Gallimard, 2000, p. 34.

de la théorie et des institutions formelles. Pour se plonger dans les débats sur la politique et le politique dans les démocraties modernes, l'historien français invite à prêter attention à toutes les réflexions sur la vie en commun – y compris à des propos d'apparence désinvolte ou à des documents éphémères, comme des pamphlets et des chansons – afin de reconstituer de la manière la plus complète possible la façon dont la société moderne se représente[20]. P. Rosanvallon a fort bien montré comment, s'agissant de la France moderne et contemporaine, l'élargissement du corpus des sources considérées pouvait transformer en profondeur notre compréhension des idées modernes du politique – par exemple, les débats sur les avantages et les dangers des activités associatives et des lieux de sociabilité échappant à l'emprise du pouvoir de l'État et de son idéologie[21]. Les représentations de la vie collective qui affleurent dans les décrets gravés des cités grecques antiques fournissent des preuves solides, parmi les plus éclairantes, d'une telle « histoire conceptuelle du politique » – et du social, pourrait-on ajouter – pour la Grèce antique.

Les débats dans l'Athènes classique

Les orateurs athéniens classiques ont souvent fait appel à une conception institutionnelle assez étroite de la *politeia*, proche de la notion moderne de *la politique*. Ils pouvaient utiliser le langage de la *politeia* pour circonscrire la sphère politique formelle de l'assemblée, du conseil et des magistratures. Par exemple, dans le plaidoyer *Contre Timarque*, Eschine affirme, concernant l'interdiction faite à ceux qui se sont prostitués de s'exprimer devant l'assemblée, que la loi ne concerne que les citoyens qui se mêlent des affaires politiques, et non ceux qui s'occupent de leurs affaires privées (οὐδὲ γὰρ ὁ νόμος τοὺς ἰδιωτεύοντας, ἀλλὰ τοὺς πολιτευομένους ἐξετάζει)[22].

À l'image de la vision de P. Schmitt Pantel posée au départ de l'enquête, Eschine établit une distinction entre vie politique formelle et sphère « privée » (τὰ ἴδια), distinction que l'on retrouve dans d'autres discours attiques du IVe siècle[23] ainsi que dans l'épigraphie civique : une formule particulièrement répandue dans les décrets honorifiques durant toute l'Antiquité consistait à souligner que les bienfaiteurs s'étaient montrés utiles à la fois envers les citoyens, « en privé » ou « individuellement » (ἰδίαι), et envers la *polis* ou le *dēmos* (peuple), « dans les affaires publiques » ou « communes » (κοινῆι). La dernière partie de la formule saisit une relation formelle avec le *dēmos* dans son ensemble, à travers les institutions, les lois et les magistrats, à laquelle s'opposent les interactions plus informelles, en face-à-face, véhiculées par le terme ἰδίαι.

---

20. *Id.*, *Democracy: Past and Future*, New York, Columbia University Press, 2006, chap. 1-2, en particulier p. 74-75 ; *id.*, *Pour une histoire conceptuelle du politique*, Paris, Éd. du Seuil, 2003.
21. *Id.*, *Le modèle politique français*, *op. cit.*
22. Eschine, *Contre Timarque*, I, 195.
23. Voir Démosthène, *Contre Timocrate*, XXIV, 155 ; Pseudo-Démosthène (Apollodore), *Contre Callippos*, LII, 28.

Comme l'indiquent ces exemples, les Athéniens de l'époque classique traitaient en général la sphère publique ou civique et la sphère politique comme coextensives, ainsi que le reflète la convergence partielle, à partir du milieu du Vᵉ siècle av. J.-C., de l'usage des termes κοινόν, δημόσιον et πολιτικόν (approximativement « public », « civique » et « politique »)[24]. Les interactions ritualisées avec les dieux (τὰ ἱερά) pouvaient parfois être traitées distinctement[25], mais elles se retrouvaient également, bien souvent, rassemblées dans cette catégorie globale unique de la vie publique, civique et politique[26]. Comme souligné dans l'introduction, cela laissait peu d'espace pour la reconnaissance explicite d'une sphère intermédiaire et mixte, ni politique ni privée, correspondant à la notion de social. Pour autant, cela ne signifie pas qu'une telle sphère n'existait pas en pratique dans l'Athènes classique. Paulin Ismard a ainsi montré de manière convaincante que les analyses sociologiques de l'Athènes antique permettent de distinguer un espace civique « relativement autonome » et une sphère plus large d'interactions sociales, susceptibles de se recouper en partie[27]. Ces interactions sociales englobaient différents types de relations et d'associations volontaires, courantes dans le monde grec, fondées (par exemple) sur les échanges commerciaux, la convivialité, l'éducation ou le culte non officiel des dieux, autant d'activités dont les dimensions privées et publiques se superposaient. P. Ismard affirme également, et c'est crucial pour cet article, que les Athéniens n'ont jamais identifié explicitement une sphère sociale intermédiaire dotée de dynamiques propres, même lorsqu'ils s'investissaient dans des activités que nous pourrions caractériser aujourd'hui comme telles ; la notion classique de « communauté » (κοινωνία) dépassait largement la sphère sociale, englobant également la famille et la *polis* dans son ensemble[28].

24. Voir Arnaud Macé, « La genèse sensible de l'État comme forme du commun. Essai d'introduction générale », *in* A. Macé (dir.), *Choses privées et chose publique en Grèce ancienne. Genèse et structure d'un système de classification*, Grenoble, Éditions Jérôme Millon, 2012, p. 7-40, ici p. 11 et 13 (convergence entre κοινόν et δημόσιον); Alain Fouchard, « *Dèmosios et dèmos* : sur l'État grec », *in* F. de Polignac et P. Schmitt Pantel (dir.), n° spécial « Public et privé en Grèce ancienne. Lieux, conduites, pratiques », *Ktèma*, 23, 1998, p. 59-70, ici p. 60 (sur κοινόν et δημόσιον) et 67-68 (sur δημόσιον et πολιτικόν). Comme le montrent ces auteurs, des divergences ont toujours existé entre ces trois termes : par exemple, δημόσιον pouvait être utilisé dans un sens plus technique que les autres pour désigner les propriétés ou autres items « officiels » de la *polis*. Voir A. Macé, « La genèse sensible de l'État… », art. cit., p. 14-15, et le tableau 1, p. 463-471.
25. Par exemple, Démosthène, *Contre Euboulidès*, LVII, 3 (τῶν ὑμετέρων ἱερῶν καὶ κοινῶν μετεῖχον); voir Nikolaos Papazarkadas, *Sacred and Public Land in Ancient Athens*, Oxford, Oxford University Press, 2011.
26. Voir Josine Blok, *Citizenship in Classical Athens*, Cambridge, Cambridge University Press, 2017, chap. 2. Pour une approche similaire du territoire de la *polis*, voir Denis Rousset, « Sacred Property and Public Property in the Greek City », *The Journal of Hellenic Studies*, 133, 2013, p. 113-133.
27. Paulin Ismard, *La cité des réseaux. Athènes et ses associations (VIᵉ-Iᵉʳ siècle av. J.-C.)*, Paris, Publications de la Sorbonne, 2010, p. 409 ; voir aussi l'ouvrage plus récent sur Rhodes à la période hellénistique de Christian A. Thomsen, *The Politics of Association in Hellenistic Rhodes*, Édimbourg, Edinburgh University Press, 2020, chap. 7-8.
28. P. Ismard, *La cité des réseaux, op. cit.*, p. 14-15 et p. 31.

Plusieurs raisons peuvent être invoquées pour expliquer cette résistance de l'Athènes classique à reconnaître un troisième espace dans la vie de la *polis*. Comme le montre P. Schmitt Pantel, en s'appuyant sur les travaux de Paul Veyne et de Christian Meier, les activités collectives telles que les repas en commun et les groupes qui en résultaient ont été des éléments centraux de la *polis* archaïque. Les banquets ont même joué un rôle crucial dans l'émergence d'idées et de pratiques relatives à la citoyenneté, encore en gestation dans le monde archaïque[29]. Ces pratiques collectives et associatives ont conservé leur importance à Athènes au ve siècle av. J.-C. Cependant, les conceptualisations plus sophistiquées tendent alors à rejeter dans la sphère privée tout ce qui ne relevait pas formellement des activités de la cité – participation aux institutions politiques, guerre, rituels – et dans lesquelles les citoyens étaient manifestement égaux et participaient à la vie collective de la *polis* (quand les non-citoyens étaient subordonnés aux citoyens et aux attentes civiques)[30]. Cette domination nouvelle du politique sur le social peut se comprendre comme une façon de résister à certaines des tendances hiérarchiques et séparatistes propres à l'époque archaïque, durant laquelle les associations informelles encourageaient le patronage ou la création de factions.

Dès la fin du ve siècle av. J.-C., une partie de la rhétorique athénienne bouscule la dichotomie « public »/« privé » (κοινόν *vs.* ἴδιον), sans pour autant la remettre en cause. Le Périclès de Thucydide semble reconnaître l'existence d'une sphère sociale lorsqu'il affirme que les Athéniens mènent leur vie civique (πολιτεύομεν) dans un esprit de liberté, qui se manifeste non seulement dans les affaires publiques (τά πρὸς τὸ κοινόν), mais aussi dans l'absence de suspicion dans les mœurs quotidiennes entre citoyens (ἐς τὴν πρὸς ἀλλήλους τῶν καθ' ἡμέραν ἐπιτηδευμάτων ὑποψίαν)[31]. Cependant, il résout immédiatement ce contraste apparent entre vie politique et existence sociale en le réduisant à l'opposition familière – et binaire – entre « public » et « privé ». Les relations sociales sont renvoyées à ce dernier espace : malgré la tolérance qui régit les affaires privées (τὰ ἴδια), Périclès, à travers le récit de Thucydide, insiste sur le fait que les Athéniens sont très respectueux des lois dans le domaine civique (τὰ δημόσια)[32].

Le débat autour de la distinction public/privé (κοινόν/ἴδιον) se fait plus vigoureux au ive siècle av. J.-C. Dans son *Contre Timocrate*, Démosthène, tout en rejetant la clémence envers ceux qui transgressent les règles de la vie publique, suggère que les lois de la cité sont de deux sortes : les unes définissent les rapports et les relations que nous avons les uns avec les autres et les règles à suivre dans les

---

29. *Ibid.*, chap. 1 ; Alain Duplouy, « Les prétendues classes censitaires soloniennes. À propos de la citoyenneté athénienne archaïque », *in* V. Azoulay (dir), n° spécial « Politique en Grèce ancienne », *Annales HSS*, 69-3, 2014, p. 629-658.
30. P. Schmitt Pantel, « Les activités collectives… », art. cit., p. 239, à propos de Christian Meier, *Die Entstehung des Politischen bei den Griechen*, Francfort-sur-le-Main, Suhrkamp, 1983, et de Paul Veyne, « Critique d'une systématisation : les *Lois* de Platon et la réalité », *Annales ESC*, 37-5/6, 1982, p. 883-908.
31. Thucydide, *La guerre du Péloponnèse*, II, 37, 2-3.
32. Pour cette interprétation, voir Vincent Azoulay, « Isocrate, Xénophon ou le politique transfiguré », *Revue des études anciennes*, 108-1, 2006, p. 133-153, ici p. 135-136.

affaires privées, bref la vie de la communauté en général (δι' ὧν χρώμεθ' ἀλλήλοις καὶ συναλλάττομεν καὶ περὶ τῶν ἰδίων ἃ χρὴ ποιεῖν διωρίσμεθα καὶ ζῶμεν ὅλως τὰ πρὸς ἡμᾶς αὐτούς); les autres précisent les obligations que chacun de nous a envers la communauté de la cité (τῷ κοινῷ τῆς πόλεως), s'il se destine à faire de la politique (πολιτεύεσθαι) et prétend s'intéresser à la cité[33]. Ici encore, la première catégorie pointe vers une troisième sphère qui serait celle des interactions sociales, Démosthène établissant une distinction entre la façon dont les citoyens doivent interagir les uns avec les autres et la façon dont ils doivent gérer leur vie « privée ». Néanmoins, lorsqu'il cherche à résumer les deux catégories dans la phrase suivante, il doit revenir, comme Périclès avant lui, à la dichotomie κοινόν/ἴδιον, en identifiant les relations sociales au « privé » (τὸ ἴδιον) : pour les lois « qui touchent à la vie privée » (περὶ τῶν ἰδίων), l'indulgence et l'humanité (ἠπίως κεῖσθαι καὶ φιλανθρώπως) sont à l'avantage du grand nombre, mais « dans celles qui regardent la vie civique » (περὶ τῶν πρὸς τὸ δημόσιον), c'est la fermeté et la rigueur qui bénéficient le plus aux citoyens, afin qu'ils ne soient pas victimes des « politiciens » (οἱ πολιτευόμενοι). Démosthène établit donc une division assez floue entre une sphère strictement politique, qui requiert des règles rigoureuses et un dévouement total, et une sphère d'interactions informelles entre citoyens, qui nécessite des vertus de bienveillance et d'humanité. Cette division porte en germe de nombreux développements des périodes hellénistique et romaine qui seront analysés plus loin. Toutefois, Démosthène n'identifie pas de manière explicite une sphère distincte et plus riche que le « privé »[34].

Puisque, dans la pratique judiciaire, la rhétorique commençait à évoquer plus explicitement la notion d'une sphère sociale, on aurait pu s'attendre à ce que les philosophes du IVe siècle av. J.-C. suivent le mouvement, voire le radicalisent. Ils n'entreprirent cependant pas ce bond conceptuel, se méfiant vraisemblablement encore des conséquences que des interactions sociales exemptes de contrôle politique pourraient avoir sur l'égalité et la solidarité civiques. Comme l'a montré Vincent Azoulay en adaptant l'idée de P. Schmitt Pantel[35], les philosophes du IVe siècle n'ont pas tant distingué la vie sociale de la vie politique qu'ils n'ont étendu la définition de la *politeia*, jusqu'à englober la majeure partie de ce qui relève *du politique* dans la théorie politique moderne, notamment une palette bien plus large d'interactions, dont celles informelles du *symposion* (le banquet privé), de l'association ou de la rencontre fortuite. Après d'autres, V. Azoulay attire

---

33. Démosthène, *Contre Timocrate*, XXIV, 192-193.
34. Comparer avec une dynamique similaire dans Démosthène, *Sur la couronne*, XVIII, 268.
35. P. Schmitt Pantel, « Les activités collectives… », art. cit., p. 245-246, affirme que les activités collectives hors du cadre politique institutionnel ont commencé à être appréhendées au IVe siècle comme relevant de la catégorie très large et très générale du « commun » (κοινόν), dont la vie politique n'était qu'une composante ; cette interprétation n'est pas tout à fait corroborée par les textes que l'autrice cite (voir les développements sur Xénophon et Aristote ci-après). Voir aussi François de Polignac et Pauline Schmitt Pantel, « Introduction », *in* F. de Polignac et P. Schmitt Pantel (dir.), n° spécial « Public et privé en Grèce ancienne. Lieux, conduites, pratiques », *Ktèma*, 23, 1998, p. 5-13, ici p. 7-8.

l'attention sur le discours attribué par Xénophon dans les *Helléniques* au héraut Cléocritos en 403 av. J.-C. Dans un discours pathétique, celui-ci exhorte ses adversaires dans la guerre civile athénienne à reconnaître la richesse des expériences communes qu'ils ont partagées naguère, y compris en matière de religion et d'éducation, et leur importance politique fondamentale comme ferments de la concorde (ὁμόνοια)[36].

Comme l'a montré V. Azoulay, cet exemple s'inscrit dans une tentative plus large, propre à Xénophon, de politiser les mœurs, les normes et les interactions informelles dans un dialogue avec les tenants d'une conception plus traditionnelle et plus étroite de la *politeia*. De façon assez proche, Isocrate distingue explicitement « les lois qui touchent aux conventions privées » (τοὺς περὶ τῶν ἰδίων συμβολαίων) de « celles qui s'attachent aux mœurs quotidiennes » (τοὺς περὶ τῶν καθ' ἑκάστην τὴν ἡμέραν ἐπιτηδευμάτων), prises beaucoup plus au sérieux par les Athéniens du passé[37]. Son but n'est pas de classer ces « mœurs » (ἐπιτηδεύματα) dans une troisième catégorie entre la sphère privée et la sphère politique, mais plutôt de montrer, comme Xénophon, que pour bien comprendre la notion de *politeia* ou l'exercice de la citoyenneté et du pouvoir politique (ἀρχή), il faut appréhender les mœurs et les pratiques comme des éléments intrinsèques de l'ordre politique, et non comme de simples compléments[38]. Ces idées sont tout à fait cohérentes avec les définitions larges de la notion de *politeia* des autres philosophes du IVe siècle, qui trouvaient d'ailleurs déjà des précédents[39].

L'*Éthique à Nicomaque* d'Aristote offre peut-être la conceptualisation la plus riche, à l'époque classique, de la vie collective d'une *polis* en dehors des institutions politiques : on y trouve une discussion serrée sur les « communautés » et les « associations » (κοινωνίαι) qui constituent une *polis*, notamment les associations maritimes, les associations de soldats ainsi que les communautés formées par les membres d'un même dème, les groupes religieux et les hétairies[40]. Reste qu'Aristote ne désigne pas ces associations comme appartenant à un espace distinct de la sphère politique institutionnelle, qui lui serait complémentaire sans y être subordonné, mais considère toujours la cité comme une seule « communauté » (κοινωνία) politique, une sorte de mégastructure englobant et réglementant les autres κοινωνίαι. Pour le philosophe, cette subordination est nécessaire car la *polis* a pour finalité la recherche de l'intérêt commun dans son ensemble, quand les associations se concentrent sur la poursuite d'un intérêt particulier lié à leur objet (par exemple, voyager en sécurité ou dîner en bonne compagnie)[41]. Toute forme de vie collective organisée selon ses propres règles et objectifs – c'est-à-dire

---

36. Voir V. Azoulay, « Repolitiser la cité grecque… », art. cit.
37. Isocrate, *Panégyrique*, IV, 78.
38. Voir en particulier Isocrate, *Panathénaïque*, XII, 144 ; V. Azoulay, « Isocrate, Xénophon ou le politique transfiguré », art. cit., p. 136-140.
39. Voir par exemple Platon, *République* ou *Apologie de Socrate*, 30b-32a ; Aristote, *Politique*, VIII.
40. Aristote, *Éthique à Nicomaque*, 1160a8-23.
41. Voir P. Ismard, *La cité des réseaux*, op. cit., p. 13-15.

indépendamment du projet politique unificateur d'une bonne vie en commun porté par la *polis* – équivaudrait à du factionnalisme, voire porterait en germe la guerre civile (*stasis*). L'approche d'Aristote est conforme à la pratique athénienne : les associations infra-civiques étaient en général structurées comme des *poleis* à petite échelle et faisaient l'objet d'une supervision par la *polis*[42].

Ce tour d'horizon des approches athéniennes à l'époque classique permet d'apporter un éclairage nouveau sur une question qui est actuellement âprement débattue : les Athéniens de l'époque classique envisageaient-ils la citoyenneté (πολιτεία) comme un vaste agrégat de différents niveaux de participation à la vie collective de la *polis*, tel que l'a récemment soutenu Josine Blok en mettant l'accent sur sa dimension religieuse[43], ou, selon la vision traditionnelle réaffirmée avec force par Pierre Fröhlich, la concevaient-ils comme étant essentiellement une question de participation aux institutions politiques formelles[44] ? La meilleure réponse consiste peut-être à reconnaître que les deux visions ont coexisté dans la pensée athénienne classique, ce jusque dans la pensée d'un auteur comme Aristote[45]. La réticence très répandue à reconnaître une troisième sphère correspondant à la dimension sociale de la vie de la *polis*, perçue comme source d'inégalités ou d'un possible factionnalisme, ne laissait que deux options pour appréhender des interactions difficilement réductibles à la distinction binaire habituelle : les ranger dans une conception particulièrement étendue de la sphère privée (à l'instar de Démosthène et du Périclès de Thucydide) ou dans une conception très large de la sphère politique (à l'instar de Xénophon, d'Isocrate et d'Aristote dans les exemples cités). Cette alternative renvoyait à deux conceptions, respectivement étroite et élargie, de la πολιτεία se complétant l'une l'autre, chacune d'entre elles couvrant une dimension importante de la citoyenneté sans pour autant en capturer toute la complexité.

Affirmer le primat du social sur le politique

La première remise en cause radicale de la conception très politico-centrée de la vie collective est peut-être attribuable à Épicure, au ɪᴠᵉ siècle av. J-C. Celui-ci exhorte les hommes sages à « sortir de la prison des occupations quotidiennes et des affaires politiques » (ἐκ τοῦ περὶ τὰ ἐγκύκλια καὶ πολιτικὰ δεσμωτηρίου)[46] et les encourage à ne pas « s'engager en politique » (πολιτεύεσθαι)[47]. Il élabore une conception de

---

42. P. Ismard, *La cité des réseaux, op. cit.*, p. 405-406.
43. J. Blok, *Citizenship in Classical Athens, op. cit.*
44. Pierre Fröhlich, « La citoyenneté grecque entre Aristote et les modernes », *Cahiers du Centre Gustave Glotz*, 27, 2016, p. 91-136.
45. On peut comparer l'accent institutionnel du livre III de la *Politique* avec la vision plus large des livres VII-VIII.
46. Anthony Arthur Long et David N. Sedley, *Les philosophes hellénistiques*, éd. et trad. par J. Brunschwig et P. Pelleggrin, Paris, Flammarion, 3 vol., [1987] 2001, texte 22D = Épicure, *Sentences vaticanes*, 58.
47. A. A. Long et D. N. Sedley, *Les philosophes hellénistiques, op. cit.*, texte 22Q = Diogène Laërce, *Vies et doctrines des philosophes illustres*, X, 119.

la vie en commun idéale dont la dimension sociale est bien plus importante que la dimension politique et qui exclut, par conséquent, les activités et les institutions politiques conventionnelles. Pour décrire les interactions humaines qui donnent naissance à des normes partagées de justice et de bien commun, il évoque la participation à une communauté réciproque et à des transactions mutuelles (ἐν τῇ πρὸς ἀλλήλους κοινωνίᾳ, ἐν ταῖς μετ' ἀλλήλων συστροφαῖς) : ceux qui ont pu établir des relations fiables avec leurs voisins « vivaient ensemble le plus agréablement » (ἐβίωσαν μετ' ἀλλήλων ἥδιστα)[48]. Bien que la citoyenneté ne soit pas complètement absente de ce tableau – dans un exemple, la κοινωνία en question est qualifiée de communauté « de concitoyens » (τῶν συμπολιτευομένων)[49] –, Épicure met résolument l'accent, comme plus tard son successeur Hermarque[50], sur des relations sociales plus informelles.

En rupture avec la culture politique dominante, cette mise en avant de la dimension sociale des interactions communautaires se retrouve dans des textes du IIIe siècle sur la vie civique écrits par des étrangers : dans les notes sur son voyage à Athènes, Héracleidès le Crétois propose ainsi une description socioculturelle des monuments, des festivités, des spectacles et de la philosophie de la cité sans faire la moindre référence aux institutions politiques[51]. Cette approche « sociale » de la vie civique n'a trouvé d'écho immédiat ni dans le discours que la *polis* tenait sur elle-même ni dans la théorie politique développée par des citoyens qui, de façon prévisible, y étaient hostiles. Ce décalage ressort à la lecture du riche corpus des inscriptions publiques des *poleis* du début et du milieu de l'époque hellénistique (fin du IVe-IIe siècle av. J.-C.). Les plus révélatrices proviennent de la partie orientale de la mer Égée et de la partie occidentale de l'Asie mineure, région sur laquelle la suite de l'article va précisément se concentrer. La plupart renvoient une image de la vie en commun très proche de celle de la démocratie athénienne classique : un espace unifié d'activités civiques formelles – tels les combats, les rituels et, surtout, la participation politique collective – gouverné par un ensemble unique de normes centrées sur l'égalité entre citoyens, l'autonomie collective et le bien commun[52]. Guère de place n'est donc laissée à une sphère sociale distincte.

---

48. A. A. LONG et D. N. SEDLEY, *Les philosophes hellénistiques*, *op. cit.*, textes 22A-C = ÉPICURE, *Doctrines capitales* (*Kyriai Doxai*), 33, 36-37 et 40.
49. A. A. LONG et D. N. SEDLEY, *Les philosophes hellénistiques*, *op. cit.*, textes 22A-C = ÉPICURE, *Doctrines capitales* (*Kyriai Doxai*), 38.
50. A. A. LONG et D. N. SEDLEY, *Les philosophes hellénistiques*, *op. cit.*, texte 22M = PORPHYRE, *De l'abstinence*, I, 7 (note εἰς τὴν τοῦ βίου κοινωνίαν τῶν ἀνθρώπων καὶ τὰς πρὸς ἀλλήλους πράξεις) ; voir Antonina ALBERTI, « The Epicurean Theory of Law and Justice », *in* A. LAKS et M. SCHOFIELD (dir.), *Justice and Generosity: Studies in Hellenistic Social and Political Philosophy; Proceedings of the Sixth Symposium Hellenisticum*, Cambridge, Cambridge University Press, 1995, p. 161-190, ici p. 165.
51. Voir Christian HABICHT, *Athens from Alexander to Antony*, Cambridge, Harvard University Press, 1997, p. 171-172.
52. Voir P. GAUTHIER, *Les cités grecques et leurs bienfaiteurs*, *op. cit.* ; Volker GRIEB, *Hellenistische Demokratie. Politische Organisation und Struktur in freien griechischen Poleis nach Alexander dem Großen*, Stuttgart, Franz Steiner, 2008 ; John MA, « Whatever Happened to Athens? Thoughts on the Great Convergence and Beyond », *in* M. CANEVARO et B. GRAY (dir.),

À la différence des discours et des textes philosophiques de l'Athènes classique, ces inscriptions ne pensent pas de manière explicite la nature de la vie civique, mais renvoient à plusieurs reprises à la dichotomie traditionnelle public/privé (κοινόν/ἴδιον)[53]. On aurait pu s'attendre à ce que les expérimentations politiques de la haute époque hellénistique, dont les nouvelles fondations mixtes et les nouvelles unions de deux ou plusieurs *poleis* au sein de sympolities (fédérations), aient favorisé une réévaluation des sphères de la vie collective. Or rien ou presque ne permet d'imaginer une telle remise en cause, du moins au vu des rares éléments dont nous disposons sur l'idéologie de ces communautés[54].

Cette distinction κοινόν/ἴδιον (public/privé) reste donc l'une des pierres angulaires de la conscience politique grecque jusqu'à la fin de la période hellénistique, voire pendant l'époque romaine. Cependant, une conception plus sociale de la vie en commun commence à émerger dans certains textes et documents officiels des IIe et Ier siècles av. J-C. C'est notamment le cas lorsque sont présentées des interactions excédant le cadre d'une seule *polis*. Deux textes de cette période louent ainsi les interactions civilisées de l'humanité en général, censées être inspirées par l'exemple d'Athènes : d'une part, une inscription du IIe siècle relative à des privilèges accordés à la branche athénienne de l'association des technites dionysiaques (une sorte de guilde théâtrale) sur décision de l'amphictyonie de Delphes – la fédération chargée de l'administration du sanctuaire ; d'autre part, un discours fictif que l'historien du Ier siècle Diodore de Sicile prête à un citoyen de Syracuse ayant vécu quatre cents ans plus tôt. Ces deux documents décrivent les relations humaines civilisées comme reposant sur l'« intimité » (χρῆσις), la « confiance » (πίστις)[55], la « vie en commun » (κοινὸς βίος) et le « vivre ensemble », ou « symbiose » (συμβίωσις)[56]. L'emploi du nom abstrait συμβίωσις pour désigner les relations sociales et la sociabilité (et parfois le mariage) semble être devenu courant précisément aux IIe et Ier siècles av. J.-C., même si la racine verbale était déjà utilisée de longue date[57]. Les termes cités ne

---

The Hellenistic Reception of Classical Athenian Democracy and Political Thought, Oxford, Oxford University Press, 2018, p. 277-297. Pour l'Asie mineure et la mer Égée orientale, voir les exemples d'Eresos (Peter J. Rhodes et Robin Osborne [éd.], *Greek Historical Inscriptions, 404-323 BC*, Oxford, Oxford University Press, 2003, n° 83), d'Erythrées (*I.Erythrai* 503) et d'Ilion (*I.Ilion* 25) dans David A. Teegarden, *Death to Tyrants! Ancient Greek Democracy and the Struggle against Tyranny*, Princeton, Princeton University Press, 2014, chap. 4-6.
53. Par exemple, *I.Priene*² 6, l. 25-26 ; 46, l. 12-13.
54. Sur le discours public des États fédéraux, voir l'index épigraphique dans Emily Mackil, *Creating a Common Polity: Religion, Economy, and Politics in the Making of the Greek Koinon*, Berkeley, University of California Press, 2013, p. 409-504.
55. *CID* IV 117 (118/7 ou 117/6 av. J.-C.), l. 11-14.
56. Diodore de Sicile, *Bibliothèque historique*, XIII, 26, 3.
57. Voir aussi Liddell-Scott-Jones, s.v. συμβίωσις, citant Polybe (*Histoire*, V, 81, 2 ; XXXI, 25, 10) et Diodore de Sicile (*Bibliothèque historique*, VI, 54) ainsi que les sources documentaires. La racine verbale συμβιόω (« vivre ensemble ») était employée dans des textes antérieurs en référence aux épouses, amis ou associés (voir Isocrate, *Sur l'échange*, XV, 97 ; Platon, *Banquet*, 181d) : Aristote a même utilisé l'infinitif comme un substantif (τὸ συμβιοῦν, « vivre ensemble ») pour désigner la vie partagée avec des amis ou des associés (Aristote, *Éthique à Nicomaque*, 1126a31, comparer avec 1165b30-31 ; *La grande morale*, II, 15, 9).

renvoient pas à la participation civique et politique, mais évoquent des interactions relativement ouvertes entre des individus qui pouvaient être membres d'une seule communauté locale comme éloignés les uns des autres pourvu que leurs intérêts coïncidassent – en somme, des liens adaptés au nouveau monde cosmopolite romain dans l'espace méditerranéen.

Surtout, et la rupture est cette fois-ci plus radicale, cette conception sociale des interactions humaines en est parfois venue à supplanter des visions plus politiques de la vie interne de la cité pour s'imposer dans le discours même des *poleis* et dans la théorie politique. S'il ne s'agissait en rien d'une tendance uniforme, certains citoyens et penseurs politiques ont ainsi commencé à manipuler des concepts auparavant employés principalement pour décrire les relations entre des étrangers vivant en général dans des cités différentes comme termes centraux pour louer les interactions entre citoyens d'une même cité. Parmi ces concepts figuraient la « paix » (εἰρήνη)[58] et l'« humanité » (φιλανθρωπία). Bien que cette dernière vertu ait déjà occupé une place assez importante dans le lexique de la rhétorique civique, elle n'avait jamais été évoquée dans des inscriptions – et rarement dans des textes littéraires – pour décrire des relations entre citoyens d'une même *polis*. C'est précisément cet emploi qui est devenu assez courant, dans différents genres, à la basse époque hellénistique[59].

Ces catégories transcendaient les conceptions politiques traditionnelles centrées sur les interactions civiques au sein de la cité. Évoquant naturellement les relations entre différents États ou entre étrangers, elles connotaient des liens volontaires et flexibles. Appliquées désormais aux relations proches et permanentes entre résidents d'une même cité, elles ont ainsi contribué à circonscrire quelque chose se rapprochant de l'interaction sociale. Le terme φιλανθρωπία suggérait également une bienveillance inconditionnelle, sans rapport avec la justice ou même la justesse[60], ce qui l'éloignait encore davantage de la vertu politique traditionnelle. Outre les connotations de charité ou de patronage vertical évidentes chez Xénophon et Isocrate[61], le vocable pouvait avoir, conformément à son étymologie[62], un sens plus neutre d'ouverture bienveillante et de compassion pour l'autre en tant que semblable, ce qui a dû faciliter son adoption pour décrire les relations entre concitoyens théoriquement égaux.

Dans certains cas exceptionnels, le discours sur le « social » a même éliminé la référence à la *politeia* dans des contextes où elle avait pourtant eu un rôle

---

58. Voir Benjamin Gray, « Reconciliation in Later Classical and Post-Classical Greek Cities: A Question of Peace and Peacefulness? », *in* E. P. Moloney et M. S. Williams (dir.), *Peace and Reconciliation in the Classical World*, New York, Routledge, 2017, p. 66-85.

59. *Id.*, « The *Polis* Becomes Humane? *Philanthrōpia* as a Cardinal Civic Virtue in Later Hellenistic Honorific Epigraphy and Historiography », *in* M. Mari et J. Thornton (dir.), n° spécial « Parole in movimento. Linguaggio politico e lessico storiografico nel mondo ellenistico », *Studi ellenistici*, 27, 2013, p. 137-162.

60. Comparer avec Démosthène, *Contre Timocrate*, XXIV, 51-52.

61. Voir V. Azoulay, « Isocrate, Xénophon ou le politique transfiguré », art. cit., p. 148-151.

62. Voir par exemple Aristote, *Éthique à Nicomaque*, 1155a16-22 ; Polybe, *Histoires*, IV, 20, 1 ; comparer avec le décret d'Olbia pour Karzoazos, étudié ci-après.

structurant. Ainsi d'une catégorie de sources qui révèle la façon dont les cités grecques se percevaient: les inscriptions relatant comment le corps citoyen s'était réconcilié après une période de conflit, souvent avec l'aide d'un conseil d'arbitres ou de juges étrangers. Depuis l'époque classique jusqu'au milieu de la période hellénistique, ces documents insistaient sur le fait que la réconciliation avait tendu à rétablir la *polis* comme une communauté politique structurée de citoyens prenant part à son fonctionnement. Ainsi, selon une formule attestée dans plusieurs inscriptions de cités hellénistiques, l'objectif explicite était que les citoyens « conduisent leur vie politique » (πολιτεύεσθαι) dans la concorde (ὁμόνοια)[63].

Dans un décret (probablement du Ier siècle av. J.-C.) par lequel la cité de Mylasa honore Ouliades, un citoyen particulièrement éminent, on trouve un passage relatif à l'investissement de ce dernier dans la résolution des conflits entre concitoyens qui semble perpétuer cette tradition tout en l'adaptant, révélant ainsi des changements dans la façon dont la cité s'appréhende elle-même[64]. Les citoyens de Mylasa distinguaient Ouliades en tant qu'individu: il n'était pas membre d'un conseil de juges étrangers chargé de la réconciliation, comme l'usage le prévoyait à la période hellénistique, mais un bienfaiteur local jouissant quasiment d'un statut de souverain; élevé au-dessus de la masse des citoyens, il leur avait apporté à lui seul la concorde. La présentation par les citoyens du résultat de cette réconciliation est également nouvelle (et cela n'est certainement pas sans lien avec l'évolution du profil de l'arbitre): la formule conventionnelle selon laquelle les citoyens « conduisent leur vie politique » (πολιτεύεσθαι) dans la concorde se voit presque littéralement « dépolitisée » en ce que l'on prête à Ouliades une aspiration différente, à savoir que les citoyens « mènent leur vie partagée les uns avec les autres » (τὴν μετ' ἀλλήλων συναναστροφὴν ποιεῖσθαι) dans la concorde[65].

Cette formulation laisse entendre que l'intervention d'Ouliades permettait non pas tant aux citoyens de pouvoir à nouveau « se gouverner eux-mêmes » (πολιτεύεσθαι) de manière libre et stable que de poursuivre dans la concorde « une vie partagée » (littéralement « l'activité en commun », συναναστροφή) faite d'interactions sociales et d'interdépendance dans laquelle les activités politiques proprement dites (débattre librement, voter, administrer) n'occupaient pas une place particulière. En effet, celles-ci avaient en partie été transférées vers un échelon supérieur. D'autres parties du décret insistent sur l'autorité personnelle d'Ouliades et sur les dépenses qu'il avait consenties, notamment dans le domaine diplomatique, et qui impliquaient un niveau de richesse exceptionnel[66].

---

63. Voir *IG* XII 4 1 132 (Télos, fin du IVe siècle av. J.-C.), l. 4-5 et 38-39; *IG* XII 6 1 95 (Samos, IIIe siècle av. J.-C.), l. 16-17; *Tit. Cal.* Test. XVI (Calymna, IIIe siècle av. J.-C.), l. 37-38.
64. *I.Mylasa* 101, l. 37-46. Pour un exemple de son traditionalisme, la préférence accordée à la médiation aux dépens de la décision judiciaire était une marque de fabrique des inscriptions grecques relatives à la réconciliation: Astrid DÖSSEL, *Die Beilegung innerstaatlicher Konflikte in den griechischen Poleis vom 5.-3. Jahrhundert v.Chr.*, Francfort-sur-le-Main, Peter Lang, 2003, p. 256 et 262-263.
65. *I.Mylasa* 101, l. 38-39.
66. Voir *I.Mylasa* 101, l. 15-38.

L'usage courant du substantif abstrait συναναστροφή (« vie partagée »), comme celui du substantif abstrait συμβίωσις (le « vivre ensemble »), semble remonter au IIᵉ siècle av. J.-C., à l'exception de quelques emplois antérieurs attestés chez les seuls épicuriens[67]. De même, l'usage de la racine verbale (συναναστρέφεσθαι, « vivre ensemble ») est rare avant cette période, bien que l'on relève des occurrences dans un traité épicurien et, fait intéressant, dans des décrets delphiques du IIIᵉ siècle accordant le statut de *proxenos* (une forme de représentant officiel) à des étrangers[68]. L'émergence simultanée des termes συναναστροφή et συμβίωσις suggère que la basse époque hellénistique est marquée par la recherche d'un nouveau lexique pouvant désigner de manière abstraite des relations collectives ne correspondant pas aux modèles établis du public et du politique. À partir du IIᵉ siècle av. J.-C., on retrouve συναναστροφή dans de nombreuses sources : si son emploi s'accroît avec le temps, le terme apparaît déjà dans des inscriptions des IIᵉ et Iᵉʳ siècles, dans la philosophie épicurienne et dans d'autres textes littéraires pour parler des relations de sociabilité et d'amitié[69].

La primauté accordée au social aux dépens du politique était, comme noté précédemment, une caractéristique de l'épicurisme hellénistique ; cependant, même les péripatéticiens – l'école la plus attachée, à travers Aristote, à la conception traditionnelle de la *polis* – semblent, comme les citoyens de Mylasa, avoir évolué sur le sujet au fil du temps. Tel que le souligne Julia Annas, les péripatéticiens de la basse époque hellénistique ont adapté la thèse centrale de la théorie politique d'Aristote – selon laquelle l'homme est un « animal politique » qui ne peut s'accomplir qu'en tant que citoyen impliqué dans la vie de la cité – pour donner davantage de poids à des interactions sociales plus générales[70]. Malgré l'attribution incertaine de l'épitomé de l'éthique péripatéticienne contenu dans l'anthologie compilée au Vᵉ siècle ap. J.-C. par Jean Stobée – traditionnellement rattaché à Arius Didyme, philosophe et professeur d'Auguste[71] –, ce résumé n'en est pas moins un reflet certainement fidèle des thèmes et du discours des péripatéticiens de cette époque[72]. Dans son développement sur les principaux enseignements éthiques de l'école

---

67. CARNÉISCUS, *Philistas* (v. 200 av. J.-C.), *P.Herc.* 1027, 4.21 (comparer avec 4.18 pour le verbe) ; comparer avec ÉPICURE, *Sentences vaticanes*, 18.

68. CARNÉISCUS, *Philistas*, *P.Herc.* 1027, 4.18 ; *SIG*³ 534, l. 7-8 ; *SIG*³ 534B, l. 8 ; *FD* III 4 175, l. 7-8.

69. Pour l'épigraphie, voir le texte de Mylasa et aussi *SEG* 26.1817, l. 11-14. Pour un texte épicurien, voir PHILODÈME DE GADARA, *Sur les dieux*, livre III, col. a, fr. 87 (Diels) (qui fait le lien du concept avec συμφυλία) ; et pour d'autres textes littéraires, voir *Lettre d'Aristée* 169 et 246 ; DIODORE DE SICILE, *Bibliothèque historique*, III, 18, 7 et IV, 4, 6 ; comparer avec *Le troisième livre des Maccabées*, II, 31, II, 33 et III, 5.

70. Julia ANNAS, « Aristotelian Political Theory in the Hellenistic Period », *in* A. LAKS et M. SCHOFIELD (dir.), *Justice and Generosity, op. cit.*, p. 74-94, ici p. 82-87.

71. Georgia TSOUNI, « Didymus' Epitome of Peripatetic Ethics, Household Management, and Politics: An Edition with Translation », *in* W. FORTENBAUGH (dir.), *Arius Didymus on Peripatetic Ethics, Household Management, and Politics: Text, Translation, and Discussion*, New York, Routledge, 2017, p. 1-67.

72. Sur la correspondance avec le contexte péripatéticien d'ensemble à la basse période hellénistique, connu grâce à d'autres sources, voir Philip SCHMITZ, « *Oikos, polis* und

péripatéticienne, l'épitomé ne décrit pas l'être humain comme un « animal politique »[73] mais comme un « animal mutuellement aimant et communautaire » (φιλάλληλον καὶ κοινωνικὸν ζῷον)[74].

Si cette formule reprend en partie celle de l'*Éthique à Eudème*, selon laquelle l'être humain est un « animal communautaire » (κοινωνικὸν ζῷον), l'affirmation d'Aristote concernait cependant une description spécifique de la propension des êtres humains à former des liens de sociabilité au sein du foyer (*oikos*)[75]. À l'inverse, dans l'épitomé péripatéticien, l'expression plus complexe et plus générale d'« animal mutuellement aimant et communautaire » évoque des formes volontaires plus larges et plus ouvertes de sociabilité et de coopération tant avec des concitoyens que des proches (οἰκεῖοι) et des parents. En effet, immédiatement après, cette solidarité est étendue de manière explicite aux membres de vastes groupes ethniques, voire appelée à englober tous les êtres humains[76]. Bien que le rapport entre concitoyens soit toujours mentionné, il ne définit plus ce qui serait la nature intrinsèque de l'être humain.

La même évolution se fait jour dans un décret en l'honneur du citoyen Athénopolis à Priène, en Ionie, à la fin de la période hellénistique. L'introduction du décret loue Athénopolis pour avoir tenu ses promesses envers ses concitoyens, lui qui considère que « ce qui le caractérise [littéralement, ce qui lui appartient] le plus est la permanence de son zèle envers ceux qui mènent leur vie avec lui » (νομίζων το[ῦτο α]ὑτῶι μέγιστον ὑπάρχειν τὸ τὴν πρὸς τοὺς συναναστρ[ε]φο[μέν]ους ἐκτένειαν συντηρεῖν)[77]. À l'instar de la pensée péripatéticienne de la basse époque hellénistique, l'inscription met l'accent sur l'interaction sociale plutôt que politique : la solidarité d'Athénopolis s'exprime d'abord envers « ceux qui mènent leur vie avec lui » (τοὺς συναναστρ[ε]φο[μέν]ους). Dans une proximité intéressante avec la terminologie et la pensée péripatéticienne, le philosophe stoïcien Épictète (Ier-IIe siècles ap. J.-C.) utilise le même verbe, συναναστρέφεσθαι, associé avec les adjectifs déjà présents dans l'épitomé péripatéticien (κοινωνικός, « communautaire », et φιλάλληλος, « qui aime d'une affection mutuelle »), pour évoquer le principe de sociabilité naturelle de l'homme – un principe qu'il récuse puisque, selon lui, l'homme doit aussi pouvoir se suffire à lui-même[78].

---

politeia–Das Verhältnis von Familie und Staatsverfassung bei Aristoteles, im späteren Peripatos und in Ciceros *De officiis* », *Rheinisches Museum für Philologie*, 160, 2017, p. 9-35.
73. G. Tsouni, « Didymus' Epitome of Peripatetic Ethics... », art. cit., section 26 Tsouni, 148.4 ; voir Robert W. Sharples, *Peripatetic Philosophy, 200 BC to AD 200: An Introduction and Collection of Sources in Translation*, Cambridge, Cambridge University Press, 2010, chap. 15A, section 44.
74. G. Tsouni, « Didymus' Epitome of Peripatetic Ethics... », art. cit., section 3 Tsouni, 120.14.
75. Aristote, *Éthique à Eudème*, 1242a22-b1.
76. G. Tsouni, « Didymus' Epitome of Peripatetic Ethics... », art. cit., section 3 Tsouni, 120.9-20.
77. *I.Priene*² 63, l. 17-21.
78. Épictète, *Entretiens*, III, 13, 5-6 : ἀπὸ τοῦ φύσει κοινωνικοῦ εἶναι καὶ φιλαλλήλου καὶ ἡδέως συναναστρέφεσθαι ἀνθρώποις.

Dans le décret de Priène, comme à Mylasa, le concept de συναναστροφή évoque l'interdépendance sociale et l'entrelacement des vies au sein de la communauté civique, qui commence à ressembler à la version élargie d'une association volontaire à des fins commerciales ou cultuelles. Déjà en usage dans des décrets de Delphes à la fin du IIIe siècle av. J.-C., on l'a vu, le verbe συναναστρέφεσθαι faisait alors référence aux interactions entre un étranger (auquel le décret accordait le statut de proxène) et les citoyens delphiens[79] – en d'autres termes, aux formes d'interactions assez lâches entre individus qui n'étaient pas concitoyens ni même résidents de la même *polis*. De façon frappante, à la fin de la période hellénistique, à Priène et à Mylasa, cette sociabilité souple pouvait désormais s'envisager entre citoyens de la même *polis*.

Une terminologie reflétant une réalité civique nouvelle ?

Ces évolutions du langage et des idées pendant la période hellénistique et au début de l'époque romaine, en particulier à partir du milieu du IIe siècle av. J.-C., résultaient-elles de changements dans la vie civique? On pourrait en effet envisager ces nouveaux discours sur la vie civique comme n'étant rien d'autre qu'une reconceptualisation d'anciennes pratiques: il s'agirait avant tout d'un réajustement idéologique reflétant une moindre sensibilité aux inégalités et aux divisions entre citoyens, si ancrée dans l'idéologie et la philosophie athéniennes à l'époque classique. Toutefois, cette reconceptualisation pourrait avoir été à la fois une conséquence et un catalyseur de transformations des pratiques civiques. C'est du moins l'hypothèse que nous souhaiterions explorer maintenant.

À partir du milieu du IIe siècle av. J.-C., plusieurs évolutions viennent bouleverser la représentation traditionnelle de la *polis* comme un corps relativement fermé de citoyens tournés vers leur seule communauté, jouissant tous d'une citoyenneté (*politeia*) unique et se gouvernant conformément à une constitution (*politeia* également). Avec le transfert de certains aspects du pouvoir à l'administration romaine, la vie civique ne se trouve en effet plus dominée par des transactions d'égal à égal entre citoyens, centrées sur des institutions politiques qui favorisaient le partage du pouvoir et l'examen rigoureux des décisions. Le principe traditionnel du « gouverner et être gouverné » se voit concurrencer par la montée en puissance d'autres formes volontaires d'interactions sociales, culturelles et religieuses ancrées de longue date, mais en passe de devenir plus importantes[80].

Cette sociabilité nouvelle s'épanouit dans des contextes civiques centralisés, notamment les marchés, les fêtes religieuses et les programmes éducatifs du gymnase, coexistant avec – et en partie subordonnée à – un encadrement juridique traditionnel supervisé par des magistrats. Toutefois, ces interactions se développent

---

79. *SIG*³ 534, l. 7-8 ; 534B, l. 8 ; *FD* III 4 175, l. 7-8.
80. Pour un aperçu récent, voir Richard ALSTON, « Post-Politics and the Ancient Greek City », *in* O. M. VAN NIJF et R. ALSTON (dir.), *Political Culture in the Greek City after the Classical Age*, Louvain, Peeters, 2011, p. 307-336.

surtout au sein d'associations volontaires et de regroupements éducatifs plus spécialisés tournés vers la convivialité, un culte religieux spécifique (y compris la chrétienté primitive) ou la poursuite d'intérêts économiques ou professionnels partagés[81]. Si ces associations avaient toujours joué un rôle essentiel dans la vie de la *polis*, elles tendent à produire bien davantage d'inscriptions à la période hellénistique et surtout à la période romaine[82]. Cet accroissement reflète sans doute en partie des évolutions des habitudes épigraphiques, mais, comme l'ont soutenu plusieurs études récentes, renvoie aussi à la place grandissante occupée par les associations dans la vie civique : à cheval entre public et privé, elles avaient une fonction complémentaire à celle des institutions traditionnelles. Comme le montre le cas de la Phrygie, en Asie mineure, l'importance croissante des associations était en partie liée à l'influence romaine, notamment au modèle des groupes locaux de Romains dans les cités grecques qui jouaient un rôle semi-public tout en étant au service des intérêts commerciaux et des relations sociales de leurs membres[83].

Ces formes de sociabilité de plus en plus importantes étaient des médiateurs considérables du pouvoir et de la confiance civique[84], mais elles étaient moins directement et systématiquement centrées sur les valeurs politiques du bien commun, de la justice, de l'autonomie collective (qui restaient toutefois primordiales dans d'autres situations). Au contraire, ces modes d'interaction donnaient plus de place à l'intérêt individuel et à la solidarité fondée sur la charité, l'hospitalité ou le statut social. Cette mutation se traduisit sur le plan spatial : l'assemblée et le conseil civiques, épicentres du débat politique et de la délibération collective, perdirent en poids dans la vie civique au profit de l'agora commerciale, des temples civiques, du gymnase, des écoles, des lieux de culte, des associations et des foyers privés.

Il s'agit bien sûr d'un changement de degré : d'une part, les interactions volontaires – qu'elles soient socioculturelles, éducatives ou religieuses – étaient déjà importantes auparavant ; d'autre part, les interactions strictement politiques sont restées essentielles jusqu'à l'époque romaine. S'il est évidemment difficile de faire ressortir, *a fortiori* de prouver, un changement dans l'importance relative de ces deux types d'interaction, certains indices le suggèrent. À l'instar des

---

81. Voir Pierre Fröhlich et Patrice Hamon (dir.), *Groupes et associations dans les cités grecques (IIIe siècle av. J.-C.-IIe siècle ap. J.-C.)*, Genève/Paris, Droz/EPHE, 2012. Sur les associations à Athènes, voir Ilias N. Arnaoutoglou, *"Thusias heneka kai sunousias": Private Religious Associations in Hellenistic Athens*, Athènes, Academy of Athens, 2003 ; P. Ismard, *La cité des réseaux*, op. cit., chap. 5. Pour Rhodes, voir C. A. Thomsen, *The Politics of Association…, op. cit.*
82. Pour les riches sources épigraphiques, voir John S. Kloppenborg et Richard S. Ascough (éd.), *Greco-Roman Associations: Texts, Translations, and Commentary*, vol. 1, *Attica, Central Greece, Macedonia, Thrace*, Berlin, De Gruyter, 2011 ; Philip A. Harland (éd.), *Greco-Roman Associations: Texts, Translations and Commentary*, vol. 2, *North Coast of the Black Sea, Asia Minor*, Berlin, De Gruyter, 2014 ; également l'*Inventory of Ancient Associations Database* de Copenhague, https://ancientassociations.ku.dk/CAPI/.
83. Voir Benedikt Eckhardt, « Romanization and Isomorphic Change in Phrygia: The Case of Private Associations », *The Journal of Roman Studies*, 106, 2016, p. 147-171.
84. Voir C. A. Thomsen, *The Politics of Association…, op. cit.*, chap. 7.

chroniques de voyage d'Héracleidès le Crétois précédemment évoquées, ce sont les possibilités d'éducation et de socialisation, les festivals et les loisirs offerts par une cité grecque qui deviennent souvent, en lieu et place de sa constitution ou de ses lois, la principale attraction pour les étrangers et le sujet central de leurs discussions – non seulement pour les Romains désireux de mettre en avant leur goût pour le compagnonnage intellectuel des élites civiques grecques[85], mais aussi pour les Grecs qui voyagent en Méditerranée[86]. Dans sa description des grandes cités grecques des marges orientales de l'Empire romain, Strabon met volontiers en exergue les figures culturelles et intellectuelles qui en étaient originaires[87]. Même certains des citoyens les plus impliqués dans la vie civique partageaient cette tendance. Plutarque, fort actif dans sa cité d'origine en Grèce centrale, témoigne ainsi d'un changement de paradigme lorsqu'il décrit les orateurs qui continuent, à son époque, à se livrer à la démagogie en évoquant Marathon et les exploits militaires de l'époque classique ; aux Ier et IIe siècles ap. J.-C., il convient désormais de mobiliser d'autres *exempla* de l'Athènes classique et, en particulier, ceux qui manifestent, par souci des autres, une civilité bienveillante et une capacité à tirer un trait sur les rivalités politiques ou les intérêts particuliers, ou à revenir sur les décisions de justice les plus sévères, à l'image de l'amnistie accordée par les démocrates athéniens en 403 av. J.-C.[88]. Cette inflexion s'observe également dans la rhétorique civique elle-même. À partir de la basse époque hellénistique, les décrets des cités en l'honneur de leurs bienfaiteurs insistent davantage sur leur hospitalité ou leurs contributions volontaires en faveur de l'éducation ou des fêtes religieuses notamment, ce qui réduit d'autant la place accordée à leurs autres actions dans le domaine militaire, diplomatique et financier (sans toutefois les éclipser)[89].

Ces profondes mutations offraient aux non-citoyens, étrangers domiciliés ou de passage, de nouvelles possibilités pour jouer un rôle central, bien que temporaire, dans la vie civique. Déjà engagées pendant la période hellénistique, ces évolutions encourageaient des interactions plus significatives entre citoyens de différentes cités, en particulier dans le contexte des sympolities et des systèmes fédéraux[90] ainsi que des associations volontaires donnant aux citoyens et aux étrangers de plus

---

85. Voir par exemple CICÉRON, *De l'Orateur*, I, 85-89, et Elizabeth RAWSON, « Cicero and the Areopagus », *Athenaeum*, 63, 1985, p. 44-67, ici p. 53-54.

86. Voir *SEG* 39.1243 (Colophon, fin du IIe siècle av. J.-C., décret pour le citoyen Polémaios), col. V, l. 1-11 ; comparer avec col. I, l. 22-36. Comparer avec *Actes des Apôtres*, XVII, 17-22.

87. Voir par exemple STRABON, *Géographie*, XIV, 5, 12-15 (à propos de la cité de Tarse) ; plus généralement, voir Johannes ENGELS, « Ἄνδρες ἔνδοξοι or 'Men of High Reputation' in Strabo's *Geography* », *in* D. DUECK, H. LINDSAY et S. POTHECARY (dir.), *Strabo's Cultural Geography: The Making of a Koloussourgia*, Cambridge, Cambridge University Press, 2005, p. 129-143.

88. PLUTARQUE, *Préceptes politiques*, 814a-c.

89. Comparer, par exemple, *I.Priene*² 68-70 (Ier siècle av. J.-C.) avec des décrets hellénistiques antérieurs de Priène, comme *I.Priene*² 20-28. Sur certains des changements abordés ici, voir Giovanni SALMERI, « Reconstructing the Political Life and Culture of the Greek Cities of the Roman Empire », *in* O. M. VAN NIJF et R. ALSTON (dir.), *Political Culture...*, *op. cit.*, p. 197-214, ici p. 206-207.

90. Voir aussi E. MACKIL, *Creating a Common Polity*, *op. cit.*

en plus d'opportunités de se rencontrer. Par ailleurs, à partir de la basse époque hellénistique, il devient assez courant de détenir la citoyenneté de plusieurs cités[91]. Même la citoyenneté (*politeia*) n'était plus un bloc monolithique et pouvait désormais, dans certains cas, être morcelée en une multitude de droits, ce qui permettait d'octroyer une sorte de citoyenneté partielle aux étrangers[92].

À partir des éléments avancés jusqu'ici, on peut raisonnablement faire l'hypothèse que la redéfinition de la vie sociale dans la *polis* a été provoquée en partie par le déplacement du centre de gravité du pouvoir depuis la seconde moitié du IIe siècle av. J.-C. et, surtout, par l'importance grandissante d'interactions échappant aux conceptions traditionnelles de la vie politique ou de la vie privée. On pourrait tracer un parallèle avec la façon dont, à l'époque contemporaine, la difficulté d'appréhender de nouvelles formes d'interaction a stimulé une profonde réflexion sur le politique et le social et une reconceptualisation de ces deux sphères, évoquée dans l'introduction et la conclusion de cet article[93]. Dans les deux cas, la sphère publique du débat politique s'est révélée suffisamment robuste pour exercer un contrôle strict de ces nouvelles formes de liens sociaux.

Redonner à la vie politique son ampleur et sa variété

Selon une lecture décliniste, les changements pratiques et idéologiques examinés ici traduiraient une « dépolitisation » après 150 av. J.-C., voire le passage vers un âge « post-politique »[94]. Pour les tenants de cette approche, ces évolutions de la vie civique (désormais plus informelle, culturelle et cosmopolite) ont donné aux membres des élites fortunées l'occasion d'exercer le pouvoir et le clientélisme par des formes de générosité (par exemple, l'hospitalité généreuse à tous les citoyens dans leurs maisons) échappant au système de contrôle civique traditionnel, précisément conçu pour garantir l'égalité et la justice. Au lieu que des critères identiques servent à évaluer le comportement de tous les citoyens et, le cas échéant, à leur conférer des honneurs, les riches bienfaiteurs pouvaient dorénavant recevoir des honneurs civiques exorbitants justifiés par des louanges toujours plus abstraites et détaillées[95]. Cette interprétation des développements de la basse

---

91. Anna HELLER et Anne-Valérie PONT (dir.), *Patrie d'origine et patries électives : les citoyennetés multiples dans le monde grec d'époque romaine*, Bordeaux, Ausonius, 2012.
92. Christel MÜLLER, « La (dé)construction de la *politeia*. Citoyenneté et octroi de privilèges aux étrangers dans les démocraties hellénistiques », *in* V. AZOULAY (dir), n° spécial « Politique en Grèce ancienne », *Annales HSS*, 69-3, 2014, p. 753-775.
93. Voir Oliver MARCHART, *Post-Foundational Political Thought: Political Difference in Nancy, Lefort, Badiou and Laclau*, Édimbourg, Edinburgh University Press, 2007 ; Engin F. ISIN (dir.), *Recasting the Social in Citizenship*, Toronto, University of Toronto Press, 2008.
94. Voir R. ALSTON, « Post-Politics and the Ancient Greek City », art. cit. Voir aussi Robin OSBORNE, *Greek History: The Basics*, Londres, Routledge, 2014, p. 139 : « La cité avait été réduite à une simple ville. »
95. Voir notamment P. GAUTHIER, *Les cités grecques et leurs bienfaiteurs*, *op. cit.*, p. 56-59. Voir aussi Friedemann QUASS, *Die Honoratiorenschicht in den Städten des griechischen*

époque hellénistique présente de nombreuses similitudes avec la description que fait H. Arendt du basculement qu'aurait connu le monde contemporain : à l'action collective volontaire des citoyens, au service du bien commun, auraient succédé des formes plus instrumentales et individualistes d'interaction ayant pour simple visée la survie[96]. Des théories plus récentes ont développé la critique d'H. Arendt en postulant le remplacement du débat politique libre et agonistique sur le bien commun par une éthique de la philanthropie charitable ou par une « politique [qui joue] sur le registre de la moralité »[97].

Pourtant, les recherches actuelles sur les cités grecques à l'époque hellénistique et romaine dépeignent une situation bien plus nuancée et complexe que ne le laisse entendre cette lecture décliniste : les changements identifiés s'effectuaient dans un cadre politique résilient, fondé sur le partage du pouvoir, l'égalité et même la démocratie et n'excluant pas le conflit[98]. Ces travaux remettent donc en question l'idée d'un processus de changement linéaire et conduisent à s'interroger sur l'équilibre entre la vie politique et les autres sphères de la vie humaine. Cette interrogation est d'autant plus intéressante qu'elle était déjà portée par les Grecs de la période hellénistique et du début de l'époque impériale, confrontés aux mutations majeures de leur temps. Si certains ont pris acte ou se sont accommodés de l'éviction partielle de la politique au profit d'interactions sociales plus larges, d'autres ont trouvé des moyens créatifs de réaffirmer le rôle d'une vie authentiquement politique. C'est ce sur quoi portera le reste de cet article, avant de conclure

---

Ostens, Stuttgart, Franz Steiner, 1993, qui situe les changements plus tôt dans la période hellénistique que P. Gauthier.

96. H. ARENDT, *Condition de l'homme moderne*, op. cit., p. 76-89.

97. Voir Chantal MOUFFE, *On the Political*, New York, Routledge, 2005, p. 72-76, ici p. 72. Pour un aperçu, voir Japhy WILSON et Erik SWYNGEDOUW (dir.), *The Post-Political and Its Discontents: Spaces of Depoliticisation, Spectres of Radical Politics*, Édimbourg, Edinburgh University Press, 2014.

98. Sur ce tableau complexe et contrasté, voir par exemple Riet VAN BREMEN, *The Limits of Participation: Women and Civic Life in the Greek East in the Hellenistic and Roman Periods*, Amsterdam, J. C. Gieben, 1996 ; P. FRÖHLICH et C. MÜLLER, *Citoyenneté et participation…*, op. cit. ; Arjan ZUIDERHOEK, « On the Political Sociology of the Imperial Greek City », *Greek, Roman, and Byzantine Studies*, 48, 2008, p. 417-445 ; Anna HELLER, « La cité grecque d'époque impériale : vers une société d'ordres ? », *Annales HSS*, 64-2, 2009, p. 341-373 et, plus récemment, ead., *L'âge d'or des bienfaiteurs. Titres honorifiques et sociétés civiques dans l'Asie Mineure d'époque romaine (Ier s. av. J.-C.-IIIe s. apr. J.-C.)*, Genève, Droz, 2020 ; Cédric BRÉLAZ, « La vie démocratique dans les cités grecques à l'époque impériale romaine. Notes de lectures et orientations de la recherche (note critique) », *Topoi*, 18-2, 2013, p. 367-399 ; Henri-Louis FERNOUX, *Le dēmos et la cité. Communautés et assemblées populaires en Asie Mineure à l'époque impériale*, Rennes, PUR, 2011 ; G. SALMERI, « Reconstructing the Political Life… », art. cit. ; Christian MANN et Peter SCHOLZ (dir.), *« Demokratie » im Hellenismus. Von der Herrschaft des Volkes zur Herrschaft der Honoratioren?*, Mayence, Antike, 2012 ; John MA, *Statues and Cities: Honorific Portraits and Civic Identity in the Hellenistic World*, Oxford, Oxford University Press, 2013, en particulier la 1re partie ; voir aussi id., « Public Speech and Community in the *Euboicus* », in S. SWAIN (dir.), *Dio Chrysostom: Politics, Letters, and Philosophy*, Oxford, Oxford University Press, 2002, p. 108-124 ; C. MÜLLER, « La (dé)construction de la *politeia* », art. cit.

sur la façon dont ces réflexions antiques peuvent contribuer aujourd'hui à nourrir le débat académique moderne.

Parmi les défenseurs de la permanence de la politique, certains ont simplement perpétué d'anciennes façons de penser, telle la dichotomie public/privé, encore très répandue dans les inscriptions et la littérature. Ainsi, Hiéroclès, un stoïcien grec du IIe siècle ap. J.-C., décrit de manière systématique les cercles concentriques rassemblant les personnes avec lesquelles un citoyen doit progressivement se reconnaître des affinités par un processus d'*oikeiōsis* (« appropriation » ou « familiarité »), jusqu'à englober l'humanité entière. Dans la liste qu'il dresse, on passe directement de cercles privés (le soi et différents degrés de parenté) à des cercles publics et institutionnels (les membres d'un même dème ou tribu – deux subdivisions formelles de la *polis* –, puis les concitoyens d'une *polis*). On ne trouve donc pas de cercle intermédiaire correspondant aux relations économiques et sociales informelles situées entre le cadre familial et le cadre civique[99].

D'autres citoyens et penseurs grecs de la basse époque hellénistique et du début de la période romaine ont cherché à trouver un point d'équilibre entre les anciens cadres politiques de la cité et la nouvelle force représentée par la vie sociale. Certains ont notamment suivi les traces de Platon, Xénophon et Isocrate qui avaient élargi la notion de *politeia* aux interactions non institutionnelles et aux mœurs – lui donnant des contours assez proches *du politique* au sens moderne. Les chercheurs ont eu tendance à considérer que cette approche inclusive était dominante dans le monde hellénistique[100], avant que des conceptions plus métaphoriques de la *politeia* n'émergent à l'époque impériale et pendant l'Antiquité tardive, où le terme pouvait désigner la structure du monde, le cosmos, une communauté monastique, voire la « culture » générale ou la « vie » d'un saint comme décrite dans une hagiographie[101]. Dès le Ier siècle av. J.-C., le terme dérivé *politikos* pouvait s'éloigner de son sens premier – « politique » – pour renvoyer aux notions plus larges de civilisation ou de civilité[102].

S'il est difficile de trouver, dans les décrets gravés, des traces explicites de cette conception très large de la *politeia*, celle-ci est toutefois attestée, au moins de manière implicite, dans de nombreuses inscriptions de la basse période hellénistique, dont on a vu qu'elles accordaient une importance grandissante à la vie civique non institutionnelle des bienfaiteurs – notamment leurs relations familiales et sociales au sens large –, soumise par là même à un contrôle politique renforcé[103].

---

99. Voir l'exposé des idées de Hiéroclès chez Jean Stobée, *Florilège*, IV, 671, l. 16-21, avec Anthony A. Long, « Hierocles on *Oikeiōsis* and Self-Perception », *in Stoic Studies*, Cambridge, Cambridge University Press, 1996, p. 250-263.
100. Voir par exemple V. Azoulay, « Isocrate, Xénophon ou le politique transfiguré », art. cit., p. 151 et 153.
101. Claudia Rapp, « City and Citizenship as Christian Concepts of Community in Late Antiquity », *in* C. Rapp et H. A. Drake (dir.), *The City in the Classical and Post-Classical World: Changing Contexts of Power and Identity*, Cambridge, Cambridge University Press, 2014, p. 153-166.
102. Par exemple, Strabon, *Géographie*, III, 2, 15 ; VII, 4, 6 ; XIV, 3, 2 ; XVII, 1, 3.
103. Par exemple, *SEG* 39.1243 (Colophon, période hellénistique tardive), col IV, l. 24-34.

En effet, certains décrets faisant référence à la participation des bienfaiteurs à la vie politique (avec le participe πολιτευόμενος) insistent sur leurs contributions culturelles, en particulier en faveur du gymnase[104]. Cette conception élargie et plurielle de la *politeia* apparaît aussi dans des décrets recourant à des formules concises pour décrire un citoyen « participant à la vie politique *de toutes les manières* » (πάντα τρόπον πολιτευόμενος)[105] ou « à tous autres égards » (ἐν τοῖς ἄλλοις πᾶσιν)[106].

Elle se manifeste de façon plus systématique dans la tradition manuscrite, notamment à l'époque impériale. Plutarque l'invoque dans *Si la politique est l'affaire des vieillards*, en affirmant que la *politeia* n'est pas un ministère limité dans le temps, mais bien l'engagement politique d'une vie. Son approche très élargie de la vie politique s'étend aux activités collectives de la communauté et, également, à l'ensemble des vertus : celui qui participe véritablement à la *politeia* doit non seulement exercer les vertus politiques les plus évidentes, telles que l'amour pour la cité, mais aussi se montrer sociable ou, plus exactement, communautaire (κοινωνικός) et bienveillant (φιλάνθρωπος) – des vertus qui correspondent à des interactions sociales plus informelles, impliquant un large éventail d'individus, souvent au-delà du cercle des citoyens[107]. Si Plutarque incorpore la φιλανθρωπία (humanité) au cœur de la vertu politique dans le sillage probable de Xénophon et d'Isocrate, il ne cède pas pour autant à l'impulsion de ces auteurs d'utiliser ce terme pour brouiller les frontières séparant l'autorité civique du paternalisme monarchique ou aristocratique[108] : pour Plutarque, la φιλανθρωπία reste dans le cadre civique et sert à le renforcer. La véritable activité politique, qui doit s'inspirer de Socrate autant que de Périclès, s'efforce d'investir la sphère sociale pour atteindre les objectifs politiques de la justice et du bien commun.

Si Plutarque met en avant la dimension extra-institutionnelle de la vie politique, c'est qu'il a un intérêt évident à le faire dans ce texte : celle-ci constitue en effet une occasion pour les hommes d'un certain âge de participer à la vie politique en dehors des magistratures officielles, désormais occupées par des concitoyens plus jeunes. Son approche fait toutefois écho à des allusions plus discrètes disséminées dans son œuvre[109]. Surtout, cette même vision se retrouve aussi dans quelques décrets gravés à la période impériale. C'est notamment le cas d'un décret honorifique gravé par les habitants (*katoikountes*) d'une implantation lydienne ne

---

104. Par exemple, *SEG* 38.1396, décret hellénistique tardif de Pergè pour le gymnasiarque Stasias qui « participe à la vie politique de la meilleure manière possible » (ἄριστα πολιτευόμενος, l. 22-24, 59-60).
105. *IG* XII 5 274 ou 321 (Paros, période hellénistique) ; voir aussi *IG* IX 1 540 (Leucade, période impériale).
106. *I.Metropolis* 1, texte B, l. 27-28.
107. Plutarque, *Si la politique est l'affaire des vieillards*, 791c et 796c-797a.
108. Voir V. Azoulay, « Isocrate, Xénophon ou le politique transfiguré », art. cit., p. 148-151.
109. Voir Plutarque, *Préceptes politiques*, 800d. À l'inverse, *Sur la monarchie, la démocratie et l'oligarchie* (826c-e) présente une conception plus étroite et plus institutionnelle de la *politeia*, mais des doutes existent sur le fait que Plutarque en soit l'auteur : voir G. J. D. Aalders, « Plutarch or Pseudo-Plutarch? The Authorship of *De Unius in Re Publica Dominatione* », *Mnemosyne*, 35-1/2, 1982, p. 72-83.

jouissant pas pleinement du statut de *polis*. Ceux-ci honorent un bienfaiteur pour sa bonté et sa « [participation] à la vie politique de manière décente et humaine, sur le plan privé – au service de chacun – et au sein de la communauté – au service de tous » (κα[ὶ ἰδίᾳ] πρὸς ἕνα ἕκαστον κα[ὶ κοιν]ῇ πρὸς πάντας πολε[ιτευ]όμενον ἐπε[ικ]ῶς κα[ὶ φιλ]ανθρώπως)[110]. On imagine bien le gain pour une telle communauté (dépourvue du statut de *polis*, donc de l'architecture complète des institutions civiques) d'établir une équivalence entre interactions non institutionnelles et participation à la *politeia*, mais ses membres auraient également eu intérêt à rester fidèle aux normes de la rhétorique et de la pensée civiques. À l'instar de Plutarque, cette communauté élevait l'humanité et la décence au rang de vertus politiques, même lorsque exercées dans le cadre d'interactions informelles de face-à-face.

Politique et vie sociale : des sphères complémentaires

Cette conception plus inclusive de la *politeia* (subsumant le social) n'était pas sans rival ; en effet, d'autres décrets réaffirment une définition institutionnelle assez étroite de la *politeia*, plus proche de ce que la théorie moderne définit comme *la politique*. Elle est clairement attestée dans l'épigraphie des cités de la ligue lycienne (au sud-ouest de l'Asie mineure) pendant les périodes hellénistique et impériale, où le participe πολιτευόμενος désigne en général le cadre restreint des institutions, qu'il décrive le fait de posséder le statut légal de citoyen ou celui de participer aux institutions politiques formelles[111]. De même, dans un décret honorifique du milieu du IIe siècle av. J.-C., la cité ionienne de Metropolis met en avant l'engagement politique du citoyen Apollonios, en le présentant comme une étape distincte de sa vie : « [...] étant revenu de son séjour à l'étranger, il s'engagea dans la carrière politique » (ἐκ τε τῆς ἀποδημίας παραγενόμενος προῆλθεν ἐπὶ τὸ πολιτεύεσθαι)[112]. En l'occurrence, l'usage du verbe πολιτεύεσθαι correspond certainement à une participation active à la politique dans sa dimension institutionnelle.

Quelques décrets innovent par l'association de cette acception étroite de la *politeia* avec une nouvelle approche intégrant les interactions non institutionnelles : doté de sa dynamique et de ses propres normes, l'espace social vient compléter l'engagement politique, et non s'y substituer. Les textes pertinents sont rares mais retiennent l'attention tant ils contrastent avec les formes jusqu'ici habituelles de pensée et d'expression. Un exemple frappant est fourni par le

---

110. *TAM* V 1 166, l. 6-9 (de la *katoikia* d'Encekler sur le territoire de la *polis* de Saittai en Lydie, période impériale).

111. Pour un état récent du débat au sujet de l'usage de cette langue en Lycie (avec un consensus sur « citoyenneté » comme signifié du terme), voir Christina Kokkinia, « Opramoas' Citizenships: The Lycian *Politeuomenos*-Formula », *in* A. Heller et A.-V. Pont, *Patrie d'origine et patries électives, op. cit.*, p. 327-339 ; Patrick J. Baker et Gaétan Thériault, « Xanthos et la Lycie à la basse époque hellénistique. Nouvelle inscription honorifique xanthienne », *Chiron*, 48, 2018, p. 301-332, ici p. 306-307 ; voir également la nouvelle inscription éditée (p. 302), l. 3-5, comparer avec l. 20-21.

112. *I.Metropolis* 1, texte B, l. 10-12.

décret posthume en l'honneur du citoyen Agréophon, à Caunos, en Asie mineure, au Ier ou IIe siècle ap. J.-C. Malgré son jeune âge, Agréophon, qui appartenait à une famille distinguée de magistrats, avait déjà occupé de nombreuses charges civiques importantes : stéphanéphore, gymnasiarque, agonothète, liturge ainsi que *dekaprōtos* (une des positions les plus en vue de la *polis*, qui s'accompagnait d'obligations financières). Sa mort prématurée provoquant l'affliction de la cité, le décret lui accorde des funérailles publiques et dresse la liste des vertus manifestées par le jeune homme au cours de sa vie :

> *Il a fait de sa vie une vie décente, engagée en faveur de l'égalité d'honneur, en manifestant du respect envers ses aînés en tant que pères, en se conduisant avec affection et manifestant l'amour du bien pour les personnes de tous âges ; [il était] juste dans son activité politique formelle (δίκαιος ἐμ πολιτείᾳ) ; et aussi un homme intègre respectant les charges publiques qui lui étaient confiées ; aspirant au contrôle de soi ; pieux et plein d'affection envers ses relations ; inimitable vis-à-vis de ses amis ; et décent et humain envers ses esclaves*[113].

La notion de *politeia* ne correspond pas ici à une catégorie globale mobilisant toute la palette des vertus. Elle ne représente qu'une dimension de la vie (βίος) d'Agréophon – celle pendant laquelle il a occupé des charges officielles et participé à l'administration civique de la cité[114], selon un usage documenté pour la première fois par Adolf Wilhelm en 1925[115]. Dans cette sphère, le décret atteste non seulement qu'Agréophon a fait preuve, comme il se doit, de justice (δικαιοσύνη), mais qu'il a également démontré son intégrité (ou sa pureté : il était ἁγνὸς) dans l'exercice de ses fonctions publiques ou de ses responsabilités (καὶ περὶ τὰς δημοσίας πίστεις). Cependant, le décret évoque également d'autres formes de relations, de nature plus familiale et sociale, que le bienfaiteur a entretenues avec ses concitoyens. À chaque fois, il a manifesté des vertus appropriées, souvent plus empathiques que les vertus politiques de justice et d'intégrité : il témoignait du respect (αἰδώς) envers ses aînés ; il était plein d'affection (φιλόστοργος) à l'égard des autres quel que soit leur âge ; il était pieux (εὐσεβής) et plein d'affection (φιλόστοργος encore) pour ses relations ; il était irremplaçable (ἀμείμητος) dans ses relations avec ses amis ; enfin, il a fait preuve de décence (ἐπιείκεια) et d'humanité (φιλανθρωπία), ici clairement une vertu hiérarchique, à l'endroit de ses esclaves. Au-delà de son engagement politique proprement dit, Agréophon ne s'est pas limité à fréquenter les membres de son foyer ; il a développé une riche sociabilité non seulement avec des « amis »,

---

113. *I.Kaunos* 30, Ier ou IIe siècle ap. J.-C., l. 15-18 : ἐπεικῆ καὶ ἰσότειμον τὸν ἑαυτοῦ παρεῖχεν βίον αἰδούμενος μὲν τοὺς πρεσβυτέρους ὡς πατέρας, φιλοστόργως δὲ καὶ φιλοκαλῶς προσφερόμενος πάσῃ ἡλικίᾳ, δίκαιος ἐμ πολιτείᾳ, ἁγνὸς καὶ περὶ τὰς δημοσίας πίστεις, ζηλωτὸς τῆς σωφροσύνης, εὐσεβὴς καὶ φιλόστοργος πρὸς τοὺς οἰκείους, ἀμείμητος πρὸς τοὺς φίλους, ἐπεικὴς καὶ φιλάνθρωπος πρὸς τοὺς οἰκέτας.
114. Voir *IOSPE* I² 32, IIIe siècle av. J.-C., face B, l. 76 : ἐν τοῖς τῆς πολιτείας χρόνοις.
115. Adolf Wilhelm, « Zum griechischen Wortschatz », *Glotta*, 14/1-2, 1925, p. 68-84, ici p. 78-82, avec de nombreux exemples.

mais aussi avec des aînés et des personnes « de tous âges » en général. En d'autres termes, ses relations sociales ont un spectre aussi large (si ce n'est plus) que ses relations politiques, mais sont de nature différente.

Ce décret de Caunos reflète donc une conception sophistiquée de la vie civique dans laquelle plusieurs sphères d'interaction et différentes vertus sont articulées entre elles, mais sans se confondre pour autant dans le tout indistinct d'une *politeia* générique, comme chez Plutarque. En particulier, les vertus empathiques liées à la sphère familiale et à la vie sociale contrebalancent celles, plus froides et intransigeantes, de la vie politique institutionnelle. Un autre décret honorifique de Caunos datant de l'époque impériale juxtapose également ces différentes vertus, sans toutefois cette fois-ci les répartir entre les différentes sphères de la vie civique. Gravé au IIe siècle ap. J.-C. sur un grand monument familial érigé par son fils, le décret en l'honneur de Quintus Vedius Capito, fils de Publius, le loue d'avoir « pris part à la vie politique en tant que magistrat en faisant montre de solennité, de vertu, de justice et d'humanité, de manière bénéfique envers tous les citoyens et, dans ses relations avec chacun, en ne suscitant aucune complainte » (καὶ ἄρχοντα πολειτευόμενον σεμνῶς καὶ ἐναρέτως καὶ δικαίως καὶ φιλανθρώπως τῷ τε παντὶ δήμῳ συνφερόντως καὶ τοῖς κατ' ἄνδρα vacat ἀπροσκόπως)[116]. Ce dernier décret est, à certains égards, plus proche de la conception de Plutarque, en ce qu'il subsume des interactions informelles et des vertus d'humanité sous la notion centrale d'activité politique (πολειτευόμενον). Dans le même temps, l'ajout du mot ἄρχοντα, signifiant « en tant que magistrat », vise à définir la politique institutionnelle comme un domaine spécifique – à l'instar du décret honorant Agréophon –, mais dorénavant susceptible d'intégrer des interactions informelles et humaines. Cependant, le mot ἄρχοντα pourrait aussi se rattacher au membre précédent de la phrase, non cité ici ; dans ce cas, les dernières lignes seraient très proches de la vision de Plutarque en reflétant une conception de la participation à la vie politique qui englobe différentes activités et vertus sans les hiérarchiser.

Un parallèle plus proche peut être établi entre le décret d'Agréophon et un autre décret posthume de la fin de l'époque hellénistique ou du début de l'époque impériale découvert à Synnada, en Phrygie. Honorant le jeune Philonidès, il précise que son grand-père avait montré « bonne foi et incorruptibilité dans ses magistratures » (τὴν ἐν ταῖς ἀρχαῖ[ς] πίστιν τε καὶ καθα[ριότητα]) et qu'il avait aussi fait preuve « de sincérité et d'humanité à l'égard de chaque citoyen » (τὴν πρὸς ἕνα καὶ ἕκαστον [τῶν] πολιτῶν γνησιότητά τε καὶ φιλανθρωπίαν)[117], c'est-à-dire pas seulement envers ses associés. Ces interactions larges mais informelles évoquent une fois de plus une sphère sociale située entre le public et le privé. Cet équilibre idéal entre engagement politique intense et vie sociale gouvernée par la gentillesse et l'humanité se trouve également exalté par l'historien et rhéteur Denys d'Halicarnasse (Ier siècle av. J.-C.-Ier siècle ap. J.-C.). Dans son récit sur les origines

---

116. *I.Kaunos* 139, IIIc, l. 19-21.
117. Adolf WILHELM, *Neue Beiträge zur griechischen Inschriftenkunde*, vol. 1, Vienne, Hölder-Pichler-Tempsky, 1911, p. 56-57, l. 18-19 ; comparer avec le décret de la *katoikia* lydien examiné dans la section précédente.

de Rome, celui-ci décrit ainsi la façon dont Héraclès a introduit les relations civilisées dans le monde en renversant les tyrannies et les cités autoritaires et en établissant des « monarchies respectueuses des lois, des gouvernements modérés et des règles de vie fondées sur l'humanité et la sympathie mutuelle » (νομίμους βασιλείας καὶ σωφρονικὰ πολιτεύματα καὶ βίων ἔθη φιλάνθρωπα καὶ κοινοπαθῆ)[118].

Certains décrets utilisaient même de manière explicite un vocabulaire abstrait (comparable au βίων ἔθη, ou « règles de vie », de Denys) pour identifier la vie sociale comme une sphère distincte de la politique. Ainsi d'un décret de la basse époque hellénistique de Priène, en l'honneur du citoyen Moschion, qui donne dans ses premières lignes la description suivante :

> [...] ayant vécu de manière pieuse envers les dieux, et convenablement envers ses parents et ceux qui vivaient avec lui de manière proche et intime (τοὺ[ς συμ]β[ι]οῦντας ἐν οἰκ[ε]ιότητι καὶ χρήσει) et envers tous les autres citoyens, et s'étant conduit de manière juste et dans l'amour de la gloire envers sa patrie, et d'une manière digne de la vertu et de la réputation de ses ancêtres ; et ayant reçu des preuves tout au long de sa vie de la faveur des dieux et de la bienveillance de ses concitoyens ([τ]ῶν [σ]υμπολιτευομένων) et des résidents pour ses actions en conformité avec la norme la plus élevée [...][119].

Vers la fin de cet extrait, les citoyens de Priène soulignent la dimension politique encore vive de leur communauté civique en se décrivant comme des concitoyens actifs (οἱ συμπολιτευόμενοι, littéralement « ceux qui participent ensemble à la vie politique »). Ils promeuvent ici une approche traditionnelle, étroite et institutionnelle de la *politeia* : les « concitoyens » et les « résidents » (οἱ κατοικοῦντες) ont témoigné des bonnes actions de Moschion, probablement à travers des décrets honorifiques antérieurs passés par le truchement du processus de décision institutionnel. Cette conception de la *politeia* contraste fortement avec la description de la communauté civique (« ceux qui mènent leur vie ensemble » [οἱ συναναστρεφόμενοι]) dans le décret contemporain en l'honneur du frère de Moschion, Athénopolis, évoqué plus haut. Les initiateurs respectifs des deux décrets honorifiques ont fait des choix différents : dans celui pour Moschion, c'est la nature des Priéniens s'administrant en tant que communauté autonome qui est soulignée, tandis que celui honorant Athénopolis les présente comme les membres interdépendants d'un groupe social bénéficiant des largesses d'un bienfaiteur. C'est la confirmation qu'un consensus n'existait pas et que des visions idéologiques concurrentes pouvaient coexister au sein d'une même *polis*.

---

118. Denys d'Halicarnasse, *Antiquités romaines*, I, 41, 1.
119. *I.Priene*² 64, l. 16-23 : βεβιωκὼς εὐσ[εβῶς μὲ]ν πρὸς θεούς, ὁ[σ]ίως δὲ πρὸς τοὺς γονεῖς καὶ τοὺ[ς συμ]β[ι]οῦντας ἐν οἰκ[ε]ιότητι καὶ χρήσει καὶ τοὺς λοιπο[ὺς] πολίτας πάντας, δικαίως δὲ καὶ φιλοδόξως προσε[νην]εγμένος τῆι πατρίδι καὶ καταξίως τῆς τῶν πρ[ογόνων] ἀρετῆς τε καὶ δόξης, διαμαρ[τ]υρουμένην ἐσχηκ[ὼς διὰ παν]τὸς τοῦ βίου τὴν παρὰ τῶν θεῶν εὐμένεια[ν] κα[ὶ τὴν παρὰ] [τ]ῶν [σ]υμπολιτευομένων καὶ τῶν κατοικού[ντων εὔνοια]ν ἐπὶ τοῖς κατὰ τὸ κάλλιστον πρασσο[μένοις...].

Reste que le rédacteur du décret de Moschion n'a pas ignoré la dimension extra-politique de la communauté des citoyens de Priène mise en avant dans le décret concernant Athénopolis et ne l'a pas non plus relégué dans la sphère du privé (ἴδιον). Il a simplement identifié ce type d'interactions comme l'une des différentes sphères de la vie de la *polis*, distincte de l'engagement politique. Si la reconstitution hautement plausible de cette inscription est correcte, le décret loue Moschion pour avoir agi « de manière agréable aux dieux » (ὁ[σ]ίως) envers ses parents et « ceux qui vivaient avec lui de manière proche et intime » (τοὺ[ς συμ]β[ι]οῦντας ἐν οἰκ[ε]ιότητι καὶ χρήσει) ainsi qu'envers les autres citoyens. La référence probable à « ceux qui vivent avec lui » (συμβιοῦντες) indique que Moschion entretenait avec eux des relations d'interdépendance sans caractère politique – au même titre que les συναναστρεφόμενοι, ou « ceux qui menaient leur vie ensemble avec lui », dans le cas du décret d'Athénopolis. On peut inclure dans cette catégorie ses interactions avec d'autres proches que ses parents (peut-être la principale implication de οἰκ[ε]ιότητι) et également avec des personnes auxquelles il était lié hors de la sphère de la parenté (peut-être la principale implication de χρήσει). Parmi ces dernières, on peut imaginer que se trouvaient des membres d'associations volontaires auxquelles il appartenait ; dans d'autres contextes, les associations pouvaient être décrites comme *symbiōseis* (au sens de « communauté de vie partagée ») ainsi que *koina* (« choses publiques »)[120].

Dans ce décret, ces relations de συμβίωσις (consistant à « vivre ensemble ») étaient décrites comme le deuxième de trois cercles concentriques de relations exemptes d'une dimension politique institutionnelle : le premier cercle comprenait les parents et le dernier, plus large, s'étendait au « reste des citoyens » avec lesquels il frayait. Cette analyse auréolaire s'étendant à partir de chaque individu figure également dans les tentatives des stoïciens et des péripatéticiens de la fin de la période hellénistique pour appréhender la complexité des relations interpersonnelles informelles[121]. À l'image des décrets de Caunos et de Synnada, les différentes dimensions de l'activité civique de Moschion exigeaient des vertus distinctes et adaptées. Ainsi agissait-il « de manière agréable aux dieux » (ὁσίως) dans ses relations sociales avec sa famille, ses associés et ses concitoyens ; mais, vis-à-vis de sa patrie (πατρίς), et donc de ses concitoyens considérés dans leur capacité politique, il pratiquait des vertus plus directement politiques comme la justice (δικαιοσύνη) et l'amour de la gloire (φιλοδοξία).

On note ici d'intéressants points communs avec les idées et la syntaxe de Philodème de Gadara, philosophe épicurien contemporain (Iᵉʳ siècle av. J.-C.). Dans son plaidoyer pour Épicure, accusé d'athéisme subversif, Philodème affirme que celui-ci n'a pas été condamné par les Athéniens pour ses doctrines et ses activités, à la différence d'autres philosophes. D'une part, il savait comment se défendre avec « ceux qui partageaient véritablement sa vie » (ἅμα τοῖς γνη[σί]ως

---

120. Voir par exemple P. A. HARLAND (éd.), *Greco-Roman Associations*, vol. 2, *op. cit.*, p. 195.
121. Voir CICÉRON, *Des devoirs*, I, 50-58 ; G. TSOUNI, « Didymus' Epitome of Peripatetic Ethics… », art. cit., section 3 Tsouni, 120.9-122.9 ; section 9 Tsouni, 127.4-9 ; comparer également avec les idées formulées plus tard par le stoïcien Hiéroclès, évoquées plus haut.

συνβιώσασι[ν α]ὐτῶι) – selon toute vraisemblance les autres membres du Jardin d'Épicure. D'autre part, il n'était pas, tout comme les « autres membres de son école » ([τ]οὺς συνσχολ[άζ]οντας [αὐτῶ]ι), jugé dangereux pour « ses concitoyens » (τῶν συνπολε[ι]τ[ευ]ομένων)[122]. À l'instar du décret pour Moschion, il existe un contraste implicite entre les relations chaleureuses d'Épicure avec ceux qui « partagent [sa] vie » et celles, plus impersonnelles, qu'il entretient avec la *polis* en tant que communauté politique. La distinction établie par Philodème entre l'engagement politique et la vie d'une communauté au service de l'éducation partagée fait également écho à un décret antérieur d'Asie mineure (début du IIe av. J.-C.) dans lequel les jeunes hommes (*neoi*) de Xanthos, en Lycie, différencient les contributions de leur gymnasiarque au gymnase de ses activités dans la sphère politique (ἐν τῶι πολιτεύματι)[123].

Un dernier exemple, plus tardif, mérite que l'on s'y attarde. Datant de l'époque impériale, un long décret posthume d'Olbia, sur la côte nord de la mer Noire, honore le citoyen Karzoazos en distinguant la participation aux affaires politiques et la vie en général (βίος), les deux pouvant être réunies au sein de la συμβίωσις (« vie en commun »)[124]. Parmi les considérants du décret, les Olbiopolitains font l'éloge de Karzoazos, « un homme qui a magnifiquement suivi la voie de l'engagement politique et aspiré à une vie irréprochable » (ἄνδρα καλῶς ἐπιβεβηκότα τοῖς τῆς πολειτείας ἴχνεσι καὶ ζηλώσαντα βίον ἀλοιδόρητον, ll. 3-5). La suite de l'inscription détaille ce que recouvre à la fois son engagement politique (πολειτεία) et sa vie irréprochable (βίος ἀλοιδόρητος). Il a affronté les crises civiques en liturge volontaire et enthousiaste ; à chaque fois que sa patrie (*patris*) a fait appel à lui, il s'est montré exemplaire pour les jeunes gens, « en imitant la vie de ceux qui avaient participé à la vie politique avec excellence » (μειμούμενο[ς] τῶν ἄριστα πολειτευομένων τὸν βίον, l. 12-14). Suit immédiatement une description de ses activités politiques en tant que magistrat et ambassadeur : il a manifesté les qualités politiques d'énergie et de fiabilité requises par sa charge, se comportant ainsi « avec bonne foi », « sans compter ses efforts » et « sans hésiter » (πιστῶς, πονικῶς, ἀόκνως, l. 15).

Le décret aborde ensuite l'autre dimension des activités de Karzoazos qui suscite la louange de la communauté : ses interactions avec chaque individu (ἐν ταῖς πρὸς ἕνα ἕκαστον ὑπαντήσεσι, l. 19-20). Dans un décret standard, cela relèverait de ses relations « privées » ou « individuelles » (ἰδίαι), de façon à dissiper toute suspicion d'activités collectives para-politiques pouvant tourner au factionnalisme. Ici toutefois, nulle référence au « privé » (ἴδιον) ; ce qui est souligné, c'est

---

122. Philodème de Gadara, *De la piété*, livre I, l. 1505-1556.
123. *SEG* 46.1721, l. 5-21, avec Philippe Gauthier, « Bienfaiteurs du gymnase au Lētōon de Xanthos », *Revue des études grecques*, 109-1, 1996, p. 1-34. Sur les *neoi* comme groupes se situant à la fois à l'intérieur et à l'extérieur de la *polis* et de sa vie politique, voir Riet van Bremen, « *Neoi* in Hellenistic Cities: Age Class, Institution, Association ? », in P. Fröhlich et P. Hamon, *Groupes et associations…, op. cit.*, p. 31-59.
124. *IOSPE* I² 39. Voir Angelos Chaniotis, « Political Culture in the Cities of the Northern Black Sea Region in the 'Long Hellenistic Age' (The Epigraphic Evidence) », in V. Kozlovskaya (dir.), *The Northern Black Sea in Antiquity: Networks, Connectivity, and Cultural Interactions*, Cambridge, Cambridge University Press, 2017, p. 141-166.

l'étendue et le caractère collectif des interactions de Karzoazos en dehors de la vie politique formelle : il a fait preuve d'humanité (φιλανθρωπία) et d'« hospitalité » (φιλοξενία) à l'égard des étrangers, en leur témoignant l'affection dévolue aux proches (συγγενικὸν πάθος, l 21-23) ; envers les citoyens dans le besoin, il a manifesté sa « bienveillance » (εὔνοια) – un terme exprimant la solidarité civique, à la différence de l'« humanité » plus diffuse qui sied aux étrangers. La phrase exacte est ici particulièrement éclairante pour notre propos : il faisait preuve de bienveillance « si l'un de ses concitoyens le fréquentait soit au prétexte de faire des affaires soit par l'habitude partagée de l'association mutuelle » (πολειτῶν δὲ εἴ τις αὐτῷ συνέμειξεν ἢ κατὰ συναλλαγῆς ἀφορμὴν ἢ κατὰ συμβιώσεως συνήθειαν, l. 23-25). L'usage du néologisme de la basse époque hellénistique συμβίωσις pour désigner les relations sociales est là encore frappant. La concaténation de quatre composés en συν- (le préfixe indiquant une action commune) souligne que l'espace formé par ces interactions informelles n'est pas individualiste et atomistique mais véritablement collectif : en somme, pleinement social.

Oligarchie ou complexification de la compréhension de soi ?

Il est une façon simple d'expliquer cette distinction entre *politeia* et vie sociale dans ces différents décrets : elle refléterait un virage vers l'oligarchie. Cette lecture part du postulat qu'à partir du moment où les Romains deviennent dominants dans l'Orient grec, une part importante de la prise de décision, en particulier dans les interactions avec les autorités romaines, se trouvait entre les mains des bénéficiaires des décrets honorifiques, c'est-à-dire de ceux qui étaient qualifiés pour se voir confier certaines charges onéreuses (ambassades, magistratures, liturgies). Alors qu'ils participaient aussi à la *politeia*, les citoyens ordinaires et les autres résidents de la cité devaient se contenter – comme dans le décret de Mylasa pour Ouliades – du domaine plus ordinaire des interactions sociales et de la sociabilité : συναναστροφή ou συμβίωσις. Datant de la basse époque hellénistique, le décret honorifique pour Polémaios de Colophon, en Ionie, indique même explicitement que son rôle d'ambassadeur a soulagé les autres citoyens et leur a permis de se concentrer sur leurs « affaires privées » (ἐπὶ τῶν ἰδίων)[125]. Ce découplage semble avoir soustrait les relations quotidiennes et souvent inégalitaires de l'agora ou des associations au contrôle politique et aux projets de redistribution ; désormais ancrés dans la sphère « sociale », ces liens ne relevaient plus de la politique.

L'hypothèse de l'oligarchie ne peut toutefois pas expliquer à elle seule la distinction établie par certains décrets entre *politeia* et vie sociale : dans la plupart des cités, les citoyens ordinaires n'appartenant pas à l'élite liturgique pouvaient encore participer à la vie politique institutionnelle, notamment au sein de l'assemblée. Ce rôle transparaît dans le décret pour Moschion, où les « concitoyens

---

125. *SEG* 39.1243, col. II, l. 3-31, ici l. 16-18.

actifs » (συμπολιτευόμενοι) de l'évergète approuvent les distinctions qui lui sont accordées. L'endurance de la politique institutionnelle à la basse époque hellénistique [126] ne s'est pas démentie à la période impériale : la vie d'assemblée a conservé toute sa vigueur dans les *poleis* sous domination romaine, en particulier en Asie mineure, comme l'ont démontré des études récentes [127] ; l'*ekklēsia* politique (assemblée) demeurait à la fois un modèle vivant et un repoussoir pour l'*ekklēsia* chrétienne (église).

Dans la mesure où la participation active aux institutions civiques restait accessible à de nombreux citoyens, la distinction entre *politeia* au sens restreint et vie sociale reflétait sans doute moins la capture du pouvoir politique par une petite élite qu'elle ne traduisait la redéfinition de la vie civique en deux pôles séparés, scindant l'engagement civique de *tout* citoyen. Les réflexions plus abstraites des penseurs de l'époque ne laissent d'ailleurs pas entendre autre chose. Strabon a parfois recours à ce schéma conceptuel pour analyser la vie collective des différentes communautés et groupes ethniques qu'il étudie dans sa *Géographie*. Selon lui, la transmission de certains mythes édifiants et les repas commensaux pris à des heures précises (dont il note l'absence dans la culture indienne) exercent une influence bénéfique sur « la vie sociale et politique » (τὸ κοινωνικὸν καὶ τὸ πολιτικὸν τοῦ βίου σχῆμα ou τὸν κοινωνικὸν καὶ τὸν πολιτικὸν βίον) [128]. Appliquées à toute la population, ces deux pratiques pourraient contribuer à forger une riche vie collective (βίος), en distinguant deux dimensions qu'il conviendrait de désigner par des termes spécifiques : κοινωνικός (qui correspondrait ici à « social » au sens de cet article) et πολιτικός (« politique »).

Strabon avait sa propre conception de l'action et de la philosophie politiques : centrée sur « les besoins des chefs d'État », elle se distinguait nettement des relations sociales plus générales [129]. Cette approche de la politique, que nous n'étudierons pas de manière approfondie ici, est peut-être l'équivalent le plus proche, dans le monde grec aux périodes hellénistique et romaine, de la définition *du politique* avancée par des penseurs contemporains comme Chantal Mouffe et Jean-Luc Nancy. S'inspirant en partie de Carl Schmitt, ces derniers affirment, à l'instar de Strabon, qu'une vie politique digne de ce nom se caractérise par une lutte agonistique pour le pouvoir [130]. Cette preuve distincte de la conception étroite de la vie politique de Strabon montre qu'il n'utilisait pas les termes κοινωνικός et πολιτικός comme des synonymes proches dans ses réflexions sur l'éducation et la commensalité, mais plutôt comme des éléments d'une vision très fine de la vie civique.

---

126. Sur le mélange complexe entre large participation, initiative citoyenne et domination de l'élite dans les *poleis* de la basse époque hellénistique, voir P. FRÖHLICH et C. MÜLLER, *Citoyenneté et participation…*, *op. cit.*
127. En particulier H.-L. FERNOUX, *Le dēmos et la cité*, *op. cit.* ; voir aussi A. HELLER, « La cité grecque d'époque impériale », art. cit.
128. STRABON, *Géographie*, I, 2, 8 et XV, 1, 53.
129. STRABON, *Géographie*, I, 1, 18 ; voir aussi XVI, 2, 38.
130. Voir Jean-Luc NANCY, *La communauté désœuvrée*, Paris, Christian Bourgois, 1990 ; C. MOUFFE, *On the Political*, *op. cit.* Pour une analyse, voir O. MARCHART, *Post-Foundational Political Thought*, *op. cit.*, chap. 3.

Cette division est justifiée de manière différente par l'auteur de l'épitomé de la morale péripatéticienne transmise par Jean Stobée. Celui-ci affirme que l'homme désire des biens matériels (provenant de l'extérieur) et des biens relatifs au corps notamment parce qu'ils sont bénéfiques « pour la vie politique et pour la vie sociale ainsi que pour la vie théorique » d'un individu (πρός τε τὸν πολιτικὸν καὶ τὸν κοινωνικὸν βίον καὶ δὴ καὶ πρὸς τὸν θεωρητικόν) : c'est que la vie se mesure précisément « en actions politiques, sociales et théoriques » (ταῖς πολιτικαῖς καὶ ταῖς κοινωνικαῖς πράξεσι καὶ ταῖς θεωρητικαῖς). De même, la vertu n'est pas égotique, mais « sociale et politique » (ἀλλὰ κοινωνικὴν καὶ πολιτικήν)[131]. Les derniers chapitres de l'épitomé, qui s'appuient sur la *Politique* d'Aristote et couvrent des questions spécifiquement politiques, confirment que, dans ce cas aussi, la politique est appréhendée comme un domaine circonscrit ouvert à tous les citoyens. Le « social » doit, ici encore, être vu comme un complément, et non comme un quasi-synonyme du « politique »[132].

Les péripatéticiens de la basse époque hellénistique procédaient en l'occurrence à une révision des idées d'Aristote, qui considérait que les nombreuses « communautés » d'une *polis*, avec leurs objectifs particuliers, étaient subordonnées à la « communauté politique » globale dont l'objectif était la vie bonne sous tous ses aspects. Les passages cités ci-dessus suggèrent qu'à la différence d'Aristote, ses successeurs ont élevé le monde de la sociabilité et des associations au rang de domaine indépendant, digne d'avoir sa propre place dans une théorie de l'éthique. À la distinction aristotélicienne entre vie politique et vie théorique ils ont donc ajouté un troisième terme essentiel : la vie sociale (κοινωνικός)[133].

Cette inflexion s'explique sans doute par la volonté de prendre en compte la nature de plus en plus cosmopolite des associations hellénistiques qui s'affranchissaient des frontières traditionnelles entre citoyens et étrangers ; désormais, les nombreuses κοινωνίαι (« associations ») étaient moins nettement subordonnées à la *polis* des citoyens en tant qu'« association » unique et englobante qu'au temps d'Aristote[134]. Au demeurant, le mot κοινωνικός était déjà étroitement lié aux associations volontaires formelles dans les textes athéniens du IVe siècle av. J.-C., y compris dans ceux du corpus aristotélicien[135].

Cette reconceptualisation péripatéticienne doit aussi être interprétée à l'aune de propositions de leurs rivaux d'alors, les stoïciens. Dans le traité *Des devoirs*, Cicéron, qui s'inspire probablement largement du stoïcien de la basse

---

131. G. Tsouni, « Didymus' Epitome of Peripatetic Ethics… », art. cit., section 7 Tsouni, 125.10-23. Parce qu'il décrit une sphère entière de la vie en commun, le mot κοινωνικός peut ici être traduit comme « social » au sens de cet article, comme dans le passage de Strabon discuté plus haut.

132. J. Annas, « Aristotelian Political Theory », art. cit., p. 87 (comparer avec p. 82), décèle toutefois une forte convergence de sens entre les deux termes.

133. Voir par exemple Aristote, *Éthique à Nicomaque*, 1098a20-1098b8 (I, 5) ; G. Tsouni, « Didymus' Epitome of Peripatetic Ethics… », art. cit., section 7 Tsouni, 125.10-23.

134. Pour cette évolution, voir J. Annas, « Aristotelian Political Theory », art. cit., p. 87.

135. Aristote, *Éthique à Nicomaque*, 1161b12-15 et Pseudo-Aristote, *Constitution des Athéniens*, LII, 2 ; comparer avec Démosthène, *Sur les symmories*, XIV, 16. Le terme pouvait également avoir un sens plus générique chez Aristote : *Politique*, 1283a38.

époque hellénistique Panétios de Rhodes, dresse ainsi la liste de tout ce que des concitoyens partagent, à savoir non seulement des infrastructures matérielles ainsi que des droits et des institutions judiciaires et politiques, mais aussi ce qui ressemble à une sphère sociale : « [...] les liens habituels de sociabilité, d'affaires et de transactions contractés par beaucoup avec beaucoup d'autres » (*consuetudines praeterea et familiaritates multisque cum multis res rationesque contractae*)[136].

Social et politique : des frontières mouvantes

Des citoyens et penseurs grecs ont donc trouvé des moyens ingénieux, à la fin de la période hellénistique et au début de l'époque romaine, pour résister aux tendances décrites dans la première moitié de cet article. Ils ont insisté sur la permanence de la vie politique locale tout en exploitant l'importance nouvelle de la sphère sociale. Certains d'entre eux ont poursuivi les tentatives du IVe siècle d'élargir la *politeia* pour incorporer, et maîtriser, la vie sociale, apportant ainsi une réponse efficace à une interrogation à laquelle de nombreuses cités étaient confrontées à l'époque romaine : comment compenser – par de nouvelles formes d'engagement civique – les dimensions de la participation politique désormais transférées à des autorités supérieures ou rendues superflues du fait de la généralisation de la *pax romana* ?

L'autre approche, davantage mise en œuvre dans l'épigraphie civique, a consisté au contraire à privilégier une conception plus étroite de la *politeia*[137]. Cette stratégie moins étudiée dans la recherche moderne répondait également à des besoins spécifiques des cités grecques. Les changements majeurs intervenus à la fin de la période hellénistique et au début de l'époque romaine ont fourni aux citoyens de cités comme Caunos et Priène de nouvelles raisons de vouloir ériger une frontière étanche entre *politeia* et vie sociale. Si des étrangers avaient dénoncé la perte de vitalité politique de ces cités, ou si des citoyens avaient eux-mêmes exprimé des doutes à ce sujet, la réponse la plus efficace n'aurait-elle pas été de délimiter clairement une sphère de la politique institutionnelle (magistratures et ambassades, mais aussi conseil et assemblée) qui ne se diluerait pas dans la masse des interactions sociales de toute sorte ?

Dans certains cas, cette conception plus étroite de la *politeia* allait de pair avec la définition d'un troisième espace de la vie civique, dont les contours étaient jusqu'alors restés flous : ce monde se voyait décrit au moyen de termes nouveaux (ou jusqu'alors très rares) pour exprimer la « vie partagée » (συναναστροφή, συμβίωσις), ou d'emplois inédits de termes comme κοινὸς βίος, τὸ κοινωνικόν ou κοινωνικὸς βίος. Il n'est pas toujours facile de savoir exactement quelles activités ces termes abstraits étaient censés recouvrir dans la pratique ; de manière générale, ils avaient tendance à désigner des types d'interactions collectives (humaines

---

136. Cicéron, *Des devoirs*, I, 17, 53.
137. Voir V. Azoulay, « Isocrate, Xénophon ou le politique transfiguré », art. cit., p. 135, n. 6, sur la conception institutionnelle de la *politeia* dans les décrets classiques, bien qu'une exploration complémentaire du social fasse défaut aux inscriptions de l'époque classique.

et informelles, mais diversifiées) et les qualités afférentes. Précisons: ce lexique nouveau se référait probablement à un ensemble de pratiques anciennes ayant récemment acquis, aux dépens de la vie politique traditionnelle, une plus grande importance dans la vie civique, à savoir la commensalité volontaire, l'éducation, les échanges commerciaux et les conversations informelles dans l'agora – autant d'activités auparavant classées comme relevant soit du public soit du privé. Dans le même temps, ces termes recouvraient aussi de nouvelles formes d'interaction, en lien avec les associations de plus en plus cosmopolites ou avec le rôle accru du gymnase et des écoles philosophiques et rhétoriques. Les *symbiōseis* (au sens d'« associations ») à petite échelle contribuaient à la *symbiōsis* (« vie en commun ») composite de la cité tout entière.

Les évolutions des *poleis* hellénistiques et romaines étudiées ici viennent éclairer d'un jour nouveau les débats académiques récents au sujet de leur prétendue « dépolitisation ». Que des observateurs aient pu estimer, dès l'Antiquité, que la sphère sociale phagocytait la place traditionnellement dévolue à la politique pourrait étayer le grand récit de la dépolitisation du monde grec. Témoignant du dynamisme de la politique locale, d'autres documents suggèrent une interprétation bien différente, et l'historiographie tend aujourd'hui à souligner la vitalité politique persistante dans les *poleis* hellénistiques et romaines. Reste qu'on peut débattre des raisons de cette vigueur. La plupart des chercheurs insistent sur les continuités institutionnelles avec la *polis* classique, à tout le moins avant 150 av. J.-C. environ [138]. Si l'on adopte une conception élargie de la *politeia*, une autre interprétation du phénomène se profile: les cités hellénistiques et romaines restaient politiquement dynamiques non parce qu'elles imitaient l'Athènes classique, mais précisément en ce qu'elles avaient inventé une vie politique qui leur était propre, plus cultivée, plus réfléchie et plus cosmopolite. Cette optique implique de dépasser des conceptions obsolètes du pouvoir et de la politique – faisant de 337 ou 146 av. J.-C. des dates charnières de la dépolitisation, avec une *polis* grecque qui aurait été émasculée par la perte de son influence militaire – au profit d'une approche plus subtile de la participation à la vie politique.

Cela signifierait alors que l'émergence de la culture pacifique, de l'éducation (*paideia*) et des associations volontaires au cœur de la vie civique grecque n'a pas eu raison de la politique, mais qu'elle a, au contraire, créé des conditions plus propices pour que tous les résidents des cités grecques (y compris les femmes et les étrangers) puissent davantage participer au pouvoir et à l'autorité. Par le dialogue, ils pouvaient se guider réciproquement vers la vertu, la sagesse et la compréhension mutuelle nécessaire à la justice, la solidarité, la stabilité et le débat, autant d'objectifs dont la réalisation avaient souvent été entravée par les guerres récurrentes, l'« amour de l'honneur » (*philotimia*) et la concurrence pour le contrôle des ressources. De ce point de vue, c'est une « citoyenneté socratique », fondée sur le

---

138. Pour quelques exemples, voir P. Gauthier, *Les cités grecques et leurs bienfaiteurs*, op. cit.; John Ma, « Fighting *Poleis* of the Hellenistic World », in H. van Wees (dir.), *War and Violence in Ancient Greece*, Swansea, The Classical Press of Wales, 2000, p. 337-376; V. Grieb, *Hellenistische Demokratie*, op. cit.

questionnement, la persuasion, le dialogue et l'encouragement, qui se serait trouvée mise en pratique dans les *poleis* hellénistiques et romaines (comme dans l'idéal plutarquéen), et non une citoyenneté à la mode athénienne classique, fondée sur la participation exclusive des citoyens et la mobilisation militaire constante.

Si aucune des alternatives esquissées – consistant à valider ou à rejeter la thèse de la « dépolitisation » – n'est pleinement satisfaisante, il est une autre piste explorée dans l'article : certains textes laissent entrevoir une voie médiane qui distingue nettement l'engagement politique et la vie sociale, donnant à chacune leur autonomie propre. Il est peut-être plus judicieux de chercher à définir et à mieux comprendre comment, dans le monde grec hellénistique et romain, la politique au sens strict du terme s'articulait avec les interactions majoritairement sociales, économiques, culturelles et religieuses[139].

Si la *polis* n'abritait plus d'« animaux politiques » focalisés principalement sur les activités institutionnelles, la politique au sens strict du terme n'était pour autant pas toujours éclipsée par d'autres sphères de la vie communautaire. Défendue et pratiquée de manière appropriée, la politique formelle s'est même avérée être l'un des moyens indispensables pour maintenir la vie civique. Elle pouvait ainsi servir à affirmer et à défendre des règles rigoureuses et impersonnelles de justice, d'incorruptibilité et de service public, faisant alors contrepoids aux normes tout aussi nécessaires de charité ou de poursuite de l'intérêt personnel caractéristiques de la sphère sociale – des normes susceptibles, sans contrôle, de menacer la cohésion de la *polis*. À l'inverse, les interactions sociales et culturelles (lors des fêtes religieuses, sur l'agora ou au gymnase) pouvaient apaiser des rivalités politiques toujours vives et contribuer à un climat d'harmonie civique – tout en créant des bases plus solides pour une vie politique intense et encore conflictuelle. Cette vision dément l'idée d'un affaiblissement de la vie politique des cités grecques à la période hellénistique et au début de la période romaine, s'inscrivant dans un long processus menant à sa marginalisation par les structures religieuses durant le Bas-Empire. Tout modèle efficace de la *polis* du début de la période impériale doit donc intégrer à la fois la persistance de la vie politique traditionnelle (et du conflit) et l'émergence de nouvelles formes d'interactions civiques, mais aussi l'articulation complexe de ces deux sphères.

L'évolution analysée ici représente également un chapitre peu étudié de l'histoire des débats sur *la politique*, *le politique* et « le social ». Les exemples de la période hellénistique et du début de la période romaine montrent qu'il était possible, compte tenu des ressources de la langue grecque, d'imaginer une sphère sociale, ce qui tend à confirmer que les Athéniens de la période classique ont volontairement choisi de nier son existence, notamment parce qu'ils l'associaient à l'inégalité et à la division. En s'éloignant du modèle athénien, en théorie et en pratique, les Grecs de l'époque hellénistique ont, dès l'Antiquité, jeté les bases de nouveaux modes de pensée présentant des recoupements complexes avec certaines notions,

---

139. Voir, pour l'histoire grecque ancienne de manière générale, Kostas VLASSOPOULOS, *Unthinking the Greek* Polis: *Ancient Greek History beyond Eurocentrism*, Cambridge, Cambridge University Press, 2007, chap. 3 et 6 ; P. ISMARD, *La cité des réseaux, op. cit.*, p. 405-411.

liées mais en même temps distinctes, du monde moderne et contemporain[140] : ainsi de la « société civile », qu'on relie généralement aux Lumières et à Hegel[141], ou du raisonnement, articulé plus tard par Nicolas Machiavel et Max Weber[142], selon lequel certaines vertus émotionnelles, comme la bonté, la compassion ou la philanthropie, peuvent être contreproductives dans des contextes politiques. Pour le dire autrement, la politique est en soi un « métier » ou une « vocation », avec ses compétences et ses qualités propres, et elle ne se confond pas avec la morale générale[143]. A *contrario*, on pourrait ajouter que l'obsession pour les seules valeurs politiques de justice et de bien commun n'est pas forcément la meilleure façon de maintenir la paix et l'harmonie au sein d'une communauté : les différents styles d'interactions doivent s'équilibrer dans une tension productive.

Nous avons cherché à montrer comment, dans le sillage de P. Rosanvallon, une histoire des idées politiques qui s'appuie sur un très large corpus de documents allant d'inscriptions en apparence anodines jusqu'aux textes philosophiques les plus abstraits peut renouveler la compréhension d'une pensée politique ancienne et de sa résonance dans les débats contemporains. La vision moderne de la *polis* grecque, telle que défendue par H. Arendt et d'autres théoriciens, a été notre point de départ. Cette représentation, qui jouit toujours d'une certaine influence, repose sur la lecture de quelques auteurs canoniques, ne saisissant dès lors qu'une partie de la riche tradition grecque d'analyse de la vie politique et de la vie privée et de l'espace entre les deux. Cet article suggère que certains Grecs ont eu une approche différente et moins dédaigneuse de cette sphère intermédiaire et que cette conception s'est renforcée et précisée à partir de la basse époque hellénistique.

L'application d'une méthode proche de celle de P. Rosanvallon débouche en définitive sur des résultats comparables à ceux obtenus par l'historien français : dans son travail, l'incorporation de textes de nature plus pragmatique, tels des documents juridiques, et d'un plus large éventail d'auteurs, comme par exemple les syndicalistes, révèle la vivacité, plus grande que supposée, d'une « troisième sphère » intermédiaire dans la France contemporaine et des réflexions auxquelles elle a donné lieu[144] ; de même, la prise en compte d'inscriptions et de cités moins

---

140. Il n'est pas question ici d'un lien généalogique, bien que le traité *Des devoirs* de Cicéron, inspiré en partie des débats de la basse époque hellénistique (voir *supra*), puisse avoir exercé une influence sur l'évolution des concepts modernes et contemporains.

141. Voir Jürgen Habermas, *L'espace public. Archéologie de la publicité comme dimension constitutive de la société bourgeoise*, trad. par M. B. de Launay, Paris, Payot, [1962] 1978 et son influence.

142. Voir par exemple Dana Villa, « The Legacy of Max Weber in Weimar Political and Social Theory », *in* P. E. Gordon et J. P. McCormick (dir.), *Weimar Thought: A Contested Legacy*, Princeton, Princeton University Press, 2013, p. 73-98, ici p. 79.

143. Voir Max Weber, *Le savant et le politique*, trad. par J. Freund, Paris, Union générale d'éditions, [1919] 1963.

144. Voir P. Rosanvallon, *Le modèle politique français*, *op. cit.*, chap. 5 (par exemple, p. 143) et 10.

étudiées laisse entrevoir une sensibilité ancienne pour l'espace intermédiaire entre vie politique et vie privée, loin de l'image d'Épinal des cités grecques. On peut d'autant moins voir dans ce parallèle le seul fruit du hasard qu'il fonctionne alors même que les différences entre les deux contextes sont profondes et aussi révélatrices que leurs similarités : les penseurs et les citoyens de l'Antiquité étudiés ici n'ont jamais formulé leur analyse de cette zone frontière dans une logique de promotion de la liberté et de la démocratie, par exemple.

Nous nous garderons d'avancer un lien intrinsèque entre méthode et résultats : l'application de la même approche à l'Athènes classique tend à confirmer plutôt qu'à infirmer la représentation conventionnelle. Cependant, le croisement proposé par P. Rosanvallon entre « histoire des idées » et « histoire sociale »[145] fait surgir la complexité et la diversité des représentations des liens interpersonnels, et ce peut-être d'autant plus dans des sociétés – telles que la Grèce ancienne ou la France postrévolutionnaire – où les penseurs et les acteurs politiques ont dû adapter des idéaux civiques abstraits à une réalité sociale complexe, plurielle et changeante. Dans un cas comme dans l'autre, ce défi a conduit certains courants à rejeter les lectures dominantes en décrétant que la vie sociale extra-politique constitue une composante essentielle d'une *polis* florissante, et non son antithèse.

Benjamin Gray
Birkbeck College, University of London
b.gray@bbk.ac.uk

Traduction d'Antoine Heudre

---

145. *Ibid.*, p. 11-12.

Actualité de la Terreur
L'apport des émotions à l'étude de la Révolution française (note critique)

Anne Simonin

Si la Terreur reste à l'ordre du jour de l'historiographie la plus récente de la Révolution française[1], paradoxalement, son existence en tant qu'événement majeur, incontournable de l'an II (1793-1794) n'a peut-être jamais été aussi discutée. Ne va-t-on pas jusqu'à considérer la Terreur comme une invention de l'an III en vue de caractériser et disqualifier en bloc la politique menée en l'an II par Robespierre et les robespierristes, liquidés le 9 thermidor (27 juillet 1794) ? Contrairement à ce qu'a essayé de faire croire la réaction thermidorienne, à ce qu'ont expliqué les

---

* Cette note s'intéresse aux ouvrages suivants : Michel BIARD et Marisa LINTON, *Terror: The French Revolution and Its Demons*, trad. par É. Trogrlic, Cambridge, Polity, [2020] 2021, 250 p. (édition originale : *id.*, *Terreur ! La Révolution française face à ses démons*, préface de T. Tackett, Malakoff, Armand Colin, 2020, 304 p.); Colin JONES, *The Fall of Robespierre: 24 Hours in Revolutionary Paris*, Oxford, Oxford University Press, 2021, 592 p.; Ronald SCHECHTER, *A Genealogy of Terror in Eighteenth-Century France*, Chicago, The University of Chicago Press, 2018, 304 p.; Ronen STEINBERG, *The Afterlives of the Terror: Facing the Legacies of Mass Violence in Postrevolutionary France*, Ithaca, Cornell University Press, 2019, 240 p.; et Timothy TACKETT, *Anatomie de la Terreur. Le processus révolutionnaire, 1787-1793*, trad. par S. Chassagne, Paris, Éd. du Seuil, [2015] 2018, 474 p. (édition originale : *id.*, *The Coming of the Terror in the French Revolution*, Cambridge, The Belknap Press of Harvard University Press, 2015, 480 p.). Les traductions des citations extraites des ouvrages en anglais non traduits sont miennes.
1. Michel BIARD *et al.*, « Analyser 'la Terreur' dans l'historiographie anglophone », *Annales historiques de la Révolution française*, 392-2, 2018, p. 141-165.

historiens du XIXe siècle et après, la Terreur n'existerait pas[2]. Et ce tremblement de terre contemporain se traduit dans les mots. Succède ainsi à « Terreur » (avec majuscule) « terreur » (avec minuscule), la baisse de casse indiquant le nouveau statut de la période, remettant, en quelque sorte, la Terreur à sa place : dans les limbes de la République démocratique et sociale ou à l'origine des régimes totalitaires (djihadisme contemporain compris), dans la lignée des réflexions d'Hannah Arendt[3]. Considérant, à la fois, l'importance de cette époque dans l'histoire de la fondation de la République et le rôle de l'historiographie pour comprendre ce qui s'est joué en 1793 et en 1794, on persistera toutefois ici dans l'erreur en continuant d'écrire Terreur avec un grand T.

Les ouvrages commentés dans cet article accordent tous une importance centrale aux émotions pour repenser une Terreur soustraite aux deux grands paradigmes dominant l'historiographie du XXe siècle : la théorie dite des « circonstances », d'obédience marxiste ou apparentée, axée sur la guerre, civile et internationale, pour expliquer, voire justifier, cet état d'exception ; la théorie dite « révisionniste » ou « critique », qui met l'accent sur le politique comme facteur explicatif et qui considère la Terreur comme consubstantielle au processus révolutionnaire débuté en 1789[4]. Les émotions semblent échapper à l'une et l'autre approche (ici outrageusement simplifiées) et proposer une nouvelle vision de la Terreur. La nécessité de les prendre en compte fait désormais consensus dans la communauté historienne. Là n'est pas la moindre des nouveautés dans le champ d'une historiographie révolutionnaire conflictuelle, constituée, depuis le XIXe siècle, autour de clivages insurmontables. « Robespierristes, anti-robespierristes, nous vous crions grâce : par pitié, dites-nous simplement, quel fut Robespierre[5]. » Les émotions viendraient enfin exaucer le vœu de Marc Bloch, comme la rapidité des traductions l'atteste – du français vers l'anglais (Michel Biard et Marisa Linton) ou inversement (Timothy Tackett et Colin Jones). Le corpus ici recensé le confirme : il institue un espace singulier où la Révolution française retrouve une centralité épistémologique grâce à sa « part maudite », la Terreur, dont l'économie émotive est l'objet des questionnements simultanés d'une historiographie bilingue.

Non que des différences nationales ne subsistent, notamment lorsqu'il s'agit d'établir des filiations entre le type de violence exercé par la Terreur et les formes de violence politique contemporaines. Si l'historiographie française prend

---

2. Jean-Clément MARTIN, *Les échos de la Terreur. Vérités d'un mensonge d'État, 1794-2001*, Paris, Perrin, 2018. Voir, dans le présent numéro, le compte rendu de cet ouvrage par Howard G. Brown, p. 825-828.
3. Emmanuel FAYE, « Le paradigme arendtien du politique et de la révolution », *in* Y. BOSC et E. FAYE (dir.), *Hannah Arendt, la révolution et les Droits de l'Homme*, Paris, Kimé, 2019, p. 15-34.
4. Hugh GOUGH, « Historians and the Terror », *in The Terror in the French Revolution*, Basingstoke/New York, Palgrave Macmillan, [1998] 2010, p. 1-13. L'auteur donne un panorama des différentes interprétations permettant d'en suivre les évolutions des années 1930 à nos jours.
5. Marc BLOCH, *Apologie pour l'histoire ou métier d'historien*, Paris, Armand Colin, [1949] 1974, p. 119.

fermement ses distances avec le postulat idéologique de la Terreur matrice du totalitarisme – « Les Jacobins n'étaient pas les bolcheviks. Robespierre n'était pas Staline », écrivent M. Biard et M. Linton[6] –, elle se montre également imperméable au parallèle établi entre la Terreur de 1793-1794 et le terrorisme d'aujourd'hui, contrairement à l'historiographie anglophone.

Dans *A Genealogy of Terror in Eighteenth-Century France* (2018), Ronald Schechter pointe, pour la dénoncer, la vision « orientaliste » qui associe la Terreur aux terroristes djihadistes et fait d'elle « une invention des ennemis acharnés de la civilisation occidentale[7] ». T. Tackett écrit, quant à lui : « […] on ne peut pas mettre sur le même pied la Terreur de 1793-1794 et le 'terrorisme' des XXe et XXIe siècles. Il ne faut pas oublier que, le 11 septembre 2001, aux États-Unis, il y eut plus de civils innocents tués en une heure que de personnes exécutées à Paris pendant toute la Révolution française[8] ». Doit-on en conclure que les personnes exécutées à Paris pendant la Terreur étaient aussi innocentes que les victimes du World Trade Center ?

La Terreur n'est pas le seul domaine historique à avoir connu un profond renouvellement grâce aux émotions. « Cette histoire des émotions […] n'est pas une invention récente ; elle n'est pas sortie toute armée d'un *'emotional turn'* que l'on situe parfois dans le cours des années 1980 ou 1990. Elle a eu ses pionniers, s'est illustrée dans de nombreux travaux, et sa nécessité théorique avait été affirmée sans ambages, dès les années 1930, de même que la place centrale qu'elle était vouée à occuper dans le champ de l'histoire[9]. »

C'est Lucien Febvre qui, le premier, en avait affirmé l'absolue nécessité dès 1933[10], puis dans un article de synthèse publié en 1941 dans les *Annales d'histoire sociale*, « La Sensibilité et l'Histoire. Comment reconstituer la vie affective d'autrefois ? ». « La Sensibilité et l'Histoire : sujet neuf. Je ne sais pas de livre où il soit traité[11] », écrivait-il, faisant des « émotions » le seul moyen pour les historiens d'échapper « à la vieille psychologie périmée des facultés de l'âme » et à la singularité inatteignable des sentiments individuels[12]. Contrairement aux sentiments, les émotions, selon Febvre, étaient « contagieuses »[13] et pouvaient être

---

6. M. Biard et M. Linton, *Terror, op. cit.*, p. 3.
7. R. Schechter, *A Genealogy of Terror…, op. cit.*, p. 6.
8. T. Tackett, *Anatomie de la Terreur…, op. cit.*, p. 11.
9. Alain Corbin, Jean-Jacques Courtine et Georges Vigarello, « Introduction générale », in A. Corbin, J.-J. Courtine et G. Vigarello (dir.), *Histoire des émotions*, vol. 1, *De l'Antiquité aux Lumières*, Paris, Éd. du Seuil, 2016, p. 5-11, ici p. 7.
10. Lucien Febvre, « Une gigantesque fausse nouvelle : la Grande Peur de juillet 89 » [1933], in *Pour une histoire à part entière*, Paris, SEVPEN, 1962, p. 820-828, ici p. 820-821 et 828. Voir aussi Pierre Trahard, *La sensibilité révolutionnaire (1789-1794)*, Paris, Boivin, 1936, référence citée par M. Linton dans M. Biard *et al.*, « Analyser 'la Terreur' dans l'historiographie anglophone », art. cit., p. 157.
11. Lucien Febvre, « La Sensibilité et l'Histoire. Comment reconstituer la vie affective d'autrefois ? », *Annales d'histoire sociale*, 3-1/2, 1941, p. 5-20, ici p. 5.
12. *Ibid.*, p. 6.
13. *Ibid.*, p. 7.

constituées en un « véritable système »[14] par l'historien, lui donnant ainsi accès à un phénomène social majeur: « la vie affective d'autrefois ». La tâche était ardue. Elle se devait de mobiliser les archives judiciaires (la casuistique), l'histoire de l'art et la littérature. Mais elle était vitale: « [...] tant qu'ils [les travaux sur les émotions] feront défaut, *il n'y aura pas d'histoire possible*[15] ». À noter que c'est l'histoire de la Révolution qui servait de banc d'essai à ces linéaments du programme de l'histoire des émotions. C'est à partir du livre de Georges Lefebvre, *La Grande Peur de 1789* (1932) – l'histoire totale d'une émotion qui s'était répandue comme une traînée de poudre dans certaines campagnes au début de la Révolution –, que L. Febvre entrevit la possibilité d'une histoire « réellement historique » de la foule révolutionnaire[16]. C'est encore la Révolution qui l'inspirait quand, en 1951, il commenta un article rapprochant la Terreur de 1793 de la peste marseillaise de 1720: « De quoi s'agit-il ? D'établir un lien entre la Terreur de 93 et les terreurs que provoquaient autrefois les 'pestes' [et de suivre] les manifestations de quelques sentiments puissants 'qui dominent la mentalité et engendrent l'action'; la terreur, incontestablement, compte parmi ces sentiments[17]. » Et L. Febvre de conclure: « Le Français de 1792 était l'héritier d'une longue tradition terroriste[18]. »

Si l'« histoire des sentiments » n'est plus aujourd'hui « cette grande muette »[19], ce dont témoigne la multiplicité des travaux rassemblés sous cette étiquette, peut-on l'identifier, dans sa conception d'origine, celle de L. Febvre et de ses successeurs, à l'histoire des émotions telle que revue par William Reddy et Barbara Rosenwein à l'aube du XXIe siècle ? Et, surtout, a-t-on intérêt à le faire quand interroger les différences qui séparent les « sensibilités » ou les « sentiments » des « émotions » permet de mieux comprendre ce que voulait L. Febvre et d'insister sur la novation introduite par W. Reddy et reprise par B. Rosenwein[20] ?

---

14. L. Febvre, « La Sensibilité et l'Histoire », art. cit., , p. 8.
15. *Ibid.*, p. 18 (l'auteur souligne).
16. L. Febvre, « Une gigantesque fausse nouvelle », art. cit., p. 820.
17. *Id.*, « Histoire des sentiments. La Terreur », *Annales ESC*, 6-4, 1951, p. 520-523, ici p. 520. L'article que L. Febvre commente est celui de René Baehrel, « Épidémie et Terreur: histoire et sociologie », *Annales historiques de la Révolution française*, 122, 1951, p. 113-146.
18. L. Febvre, « Histoire des sentiments », art. cit., p. 831.
19. *Id.*, « Pour l'histoire d'un sentiment: le besoin de sécurité », *Annales ESC*, 11-2, 1956, p. 244-247, ici p. 247.
20. « Toutefois, entre l'*history of emotions* anglo-saxonne et l'histoire des sensibilités à la française [...], les questionnaires sont souvent distincts, les désaccords parfois profonds ou signalés par de simples différences d'accent », écrit Hervé Mazurel dans « Introduction », in A. Corbin et H. Mazurel (dir.), *Histoire des sensibilités*, Paris, PUF, 2022, p. 5-25, ici p. 16. La différence résiderait dans « les modes de présence à l'événement et au politique », l'émotion étant brève et collective quand le sentiment serait plus individuel, « enraciné dans la durée et plus accessible aussi au discours » (p. 19). Mais ce qui semble être essentiellement reproché à l'émotion est d'être une notion importée des neurosciences: « Cette notion d'émotions universelles, câblées dans notre cerveau et gouvernées par notre génétique, ne peut convenir aux historiens du sensible, dès lors qu'elle évacue la possibilité même d'une historicité des affects » (Quentin Deluermoz, Thomas Dodman et Hervé Mazurel, « Controverses sur l'émotion. Neurosciences affectives et histoire des émotions », in A. Corbin et H. Mazurel (dir.), *Histoire des sensibilités*, op. cit., p. 95-109, ici p. 97).

Sentiments, affects, sensibilités : qu'est-ce qu'une émotion ?

La pensée de L. Febvre sur les émotions, qu'il nomme indifféremment affects, sentiments, sensibilités, dans une indétermination lexicale assez inhabituelle chez lui, est, comme le remarque B. Rosenwein, marquée par son contexte d'énonciation, celui de la montée des fascismes et de l'apparition de ces « foules hallucinées de Nuremberg et d'ailleurs »[21] auxquelles l'historien fait explicitement référence dans son article de 1938. Irrationnelle et primitive, l'activité émotionnelle dans l'histoire revêt alors une importance certes décisive mais aussi déstabilisatrice pour ce tenant de l'esprit de l'Encyclopédie et du rationalisme qu'était L. Febvre. Bref, comme l'écrit B. Rosenwein, dans son article séminal de 2002 : « Pour Febvre, les émotions ne faisaient pas partie de la vie civilisée, aussi essentielles étaient-elles à son existence[22]. » L. Febvre reprend paradoxalement une conception traditionnelle des émotions qui, telles qu'il les perçoit, dérivent, en réalité, des humeurs médiévales, ces maladies de l'âme qui peuvent infecter le collectif mais interdisent de comprendre que les émotions sont constitutives de la rationalité des modernes[23], idée que W. Reddy théorise dans *The Navigation of Feeling: A Framework for the History of Emotions*. Publié en 2001, le livre ne fut traduit en français qu'en 2019[24], trop tardivement pour avoir, en France, l'influence décisive qu'il eut sur la pensée des émotions dans le monde anglophone. W. Reddy y forge le concept d'« énoncé émotionnel » (*emotives*) qui, quoiqu'inspiré des neurosciences, est une catégorie historique dont il ne se contente pas de préciser les contours théoriques mais qu'il applique immédiatement à plusieurs cas tirés de la France du long XVIIIe siècle (1700-1850). La Terreur est l'un d'eux[25].

Un « énoncé émotionnel », tel que l'entend W. Reddy, s'inspire *de* mais ne se réduit pas *à* l'énoncé performatif de John L. Austin. Si l'énoncé performatif modifie, grâce aux mots, l'état du monde, l'énoncé émotionnel traduit, lui, toujours grâce aux mots, l'état des êtres, celui de l'individu qui l'émet et celui de l'individu qui le reçoit[26]. Ces *emotives* s'organisent dans un « régime émotionnel », un système de normes historiques auquel doit se conformer l'individu en société. Le prix à payer, en cas de discordance, est une souffrance émotionnelle intense, surtout dans une « société policée » telle que la société de cour d'Ancien Régime, où « l'expression

---

21. Lucien Febvre, « La sensibilité dans l'histoire : les courants 'collectifs' de pensée et d'action » [1938], *in* Centre international de synthèse, *La sensibilité dans l'homme et dans la nature*, Paris, PUF, 1943, p. 77-100, ici p. 98.
22. Barbara Rosenwein, « Worrying about Emotions in History », *The American Historical Review*, 107-3, 2002, p. 821-845, ici p. 823.
23. *Ibid.*, p. 834.
24. William Reddy, *La traversée des sentiments. Un cadre pour l'histoire des émotions, 1700-1850*, trad. par S. Renaut, Dijon, Les Presses du réel, [2001] 2019.
25. *Id.*, « Le rôle du sentimentalisme dans la Révolution française (1789-1815) », *in La traversée des sentiments, op. cit.*, p. 224-264.
26. *Id.*, « Les émotifs : actes de parole dans le contexte de la traduction », *in La traversée des sentiments, op. cit.*, p. 130-149.

émotionnelle encouragée par les idées sentimentalistes était strictement interdite[27] ». Il en découle la nécessité de trouver des « refuges émotionnels » (*emotional refuges*), de s'insérer dans ces communautés informelles qu'étaient les salons, les loges maçonniques, les mariages d'amour, les amitiés intenses : autant d'espaces où il devient possible, dans le premier XVIIIᵉ siècle, de parler de ce que l'on ressent et de laisser libre cours au « sentimentalisme » qui veut que « l'évidence du cœur » soit aussi irrésistible « que l'évidence de l'esprit attachée aux vérités spéculatives », selon d'Alembert[28].

C'est profondément imprégnés par cette culture du sentimentalisme que les Français ont affronté la Terreur, ce moment où le régime des émotions conjugue une politique du cœur avec cet impératif catégorique qu'est devenue la vertu, désormais entendue comme primat de l'intérêt général sur l'intérêt particulier. Nulle contradiction ici ; les valeurs individualistes et communautaires ne peuvent être opposées les unes aux autres, tous les individus partagent un sens moral inné dont la Révolution favorise l'expression publique[29]. Sous la Révolution, c'est après avoir consulté son cœur que l'on pratique l'intransigeance, ce qui rend peu enclin à la pitié ou à la bienveillance. Les hommes et les femmes qui s'apprêtent à vivre la Terreur sont pétris de ce que W. Reddy appelle « l'idéologie sentimentaliste »[30], baptisée « rousseauiste-républicaine » par Jeff Horn[31], à savoir un imaginaire plutôt qu'une idéologie où l'état de nature (qui veut l'homme bon) s'accommode d'une violence rendue nécessaire par l'avènement d'un nouvel ordre public construit sur la justice et la liberté (qui doit apporter le bonheur à l'humanité).

Ce régime émotionnel fondé sur la vertu a ses exigences : tout homme ou femme ne le respectant pas dans son comportement public et privé est *ipso facto* son ennemi déclaré. La Terreur est ce temps de la Révolution où les *emotives* requièrent une adhésion sans faille des individus qui se dévalue au fur et à mesure que l'anxiété et la coercition[32] deviennent les deux mamelles du gouvernement révolutionnaire. « On ne peut pas comprendre l'histoire de la Révolution sans une théorie des émotions appropriée[33] », conclut W. Reddy, qui invite les historiens à exhumer le « sens commun émotionnel différent du nôtre » en vigueur sous la Terreur, dont toutes les traces ont été effacées lors de la réaction thermidorienne[34].

Dans la foulée, Sophie Wahnich théorisait, elle, une « économie émotive » dans un article publié dans la présente revue en 2002, suivi d'un livre, *La liberté ou la mort*.

---

27. W. Reddy, *La traversée des sentiments*, *op. cit.*, p. 192. Voir aussi le destin fictif d'un petit noble de province, Grégoire Ponceludon de Malavoy, à la cour de Louis XVI et les humiliations qu'il essuie dans le film de Patrice Leconte, *Ridicule* (1996).
28. Cité par W. Reddy dans *La traversée des sentiments*, *op. cit.*, p. 207.
29. *Ibid.*, p. 231.
30. *Ibid.*, p. 232.
31. Jeff Horn, *The Making of a Terrorist: Alexandre Rousselin and the French Revolution*, Oxford, Oxford University Press, 2021, p. 50. Voir, dans le présent numéro, le compte rendu de cet ouvrage par Yannick Bosc, p. 823-825.
32. W. Reddy, *La traversée des sentiments*, *op. cit.*, p. 249.
33. *Ibid.*, p. 251.
34. *Ibid.*, p. 233.

Essai sur la Terreur et le terrorisme (2003). La Terreur y désigne ce temps de violence politique où le peuple était autorisé par le Législateur à faire un usage réglementé de la force souveraine : « L'entreprise de la Terreur viserait donc, écrit S. Wahnich, […] à donner à la vengeance une forme publique et institutionnalisée[35]. » En cela elle canalisait, plutôt qu'elle ne lui donnait libre cours, le déchaînement des émotions parfois sanguinaire du peuple (les massacres de septembre). W. Reddy et S. Wahnich aboutissent à des conclusions diamétralement opposées, la seconde mettant en évidence l'effet modérateur de la Terreur sur les conduites politiques du peuple là où le premier insiste sur l'emballement extrémiste d'un système où les émotions tiennent lieu de raison et se trouvent piégées dans des contradictions insurmontables (la sincérité permanente sous contrainte de la vertu en est une).

Aussi neuve et discutée[36] soit-elle, la théorie des émotions se greffe aisément sur le paradigme « critique », ou furétien, dont, *nolens volens*, elle consacre en quelque sorte le triomphe par sa banalisation dans le champ de l'historiographie révolutionnaire. D'abord parce que cette théorie accorde une place centrale au discours politique, dont, selon François Furet, la Révolution, dès 1789, aurait marqué l'indépendance vis-à-vis des forces économiques et sociales et, plus généralement, vis-à-vis des circonstances : « Et rien ne permet ni ne permettra jamais d'expliquer [les] représentations à partir d'un état social qui comporte des intérêts contradictoires. Il me semble que la première tâche de l'historiographie révolutionnaire est de redécouvrir l'analyse du politique comme tel », écrit ainsi F. Furet dans *Penser la Révolution française* (1978)[37]. En tant qu'actes de langage, les émotions mettent l'analyse du discours au centre de l'interprétation de la Terreur. Ensuite parce que la théorie des émotions démontre ce que F. Furet posait comme postulat : « Le gouvernement révolutionnaire, bien loin d'être seulement l'instrument de la guerre et de la conquête est celui du '*passage du mal au bien, de la corruption à la probité, des mauvaises mœurs aux bonnes*'. En le définissant ainsi, dans son rapport sur la police générale, Saint-Just suspend l'achèvement de la Révolution à une transformation

---

35. Sophie WAHNICH, « De l'économie émotive de la Terreur », *Annales HSS*, 57-4, 2002, p. 889-913, ici p. 896 et 906 et ead., *La liberté ou la mort. Essai sur la Terreur et le terrorisme*, Paris, La Fabrique, 2003, p. 25.

36. B. Rosenwein reproche à W. Reddy de n'admettre qu'un seul et unique régime émotionnel dans « The Navigation of Feeling: A Framework for the History of Emotions », *The American Historical Review*, 107-4, 2002, p. 1181-1182. Elle insiste sur la nécessité de prendre en considération non seulement les *emotives* verbaux, mais également le langage corporel ; de s'intéresser à la dimension genrée des *emotives* ; enfin, de les appréhender au niveau de ce qu'elle dénomme des « communautés émotionnelles » qui sont autant de communautés sociales régies par des systèmes de normes qui coexistent dans une société donnée (familles, voisinage, guildes, monastères, par exemple, au Moyen Âge). Les acteurs peuvent appartenir exclusivement ou simultanément à ces « communautés émotionnelles », selon Jan Plamper dans « The History of Emotions: An Interview with William Reddy, Barbara Rosenwein, and Peter Stearns », *History and Theory*, 49-2, 2010, p. 237-265, ici p. 241 et 252-253.

37. François FURET, *Penser la Révolution française*, Paris, Gallimard, [1978] 1985, p. 52. Voir aussi : Suzanne DESAN, « What's after Political Culture? Recent French Revolutionary Historiography », *French Historical Studies*, 23-1, 2000, p. 166-168.

radicale des cœurs et des esprits [...][38]. » Enfin parce que le caractère changeant des émotions, qui passent de l'enthousiasme patriotique de 1789 à la peur et la culpabilité de 1792, puis à la souffrance et au doute provoqués par l'interminée et interminable Révolution de 1793, épouse les trois phases de cet état d'exception à la fois moral et politique qu'est la Terreur, selon F. Furet. « Bras » du gouvernement révolutionnaire, la Terreur instaure, sur une période brève – un peu plus d'une année, comme généralement admis (de mars 1793 à juillet 1794)[39] –, une violence d'État déchaînée contre la société civile et révèle une « culture révolutionnaire française[40] » inspirée par l'utopie rousseauiste, une volonté générale abstraite qui se montre oppressive et mortifère à l'épreuve du réel. M. Biard et M. Linton ne définissent-ils pas la Terreur comme un état d'exception devant tout à Jean-Jacques Rousseau, notamment à son chapitre sur la dictature dans *Du contrat social*[41] ? Rousseau demeure donc bien le philosophe matrice, indéboulonnable de la Terreur, moins, peut-être, dans la perspective des émotions, par le biais de la volonté générale et du *Contrat social* (1761), qu'à cause de *La Nouvelle Héloïse* (1762) et de son sentimentalisme vertueux. C'est, comme l'ont montré Florence Lotterie et Lynn Hunt, le roman qui démocratise les sentiments[42], qui incarne les principes de la *Déclaration des droits de l'homme et du citoyen* et convertit les élites à un nouveau régime de sensibilité privilégiant l'empathie pour les gens ordinaires[43].

Déconstruire la Terreur

La théorie des émotions est au cœur de l'approche de la Terreur que proposent M. Biard et M. Linton dans *Terror: The French Revolution and Its Demons* (2021). Bien davantage qu'une traduction, « abrégée et révisée », de l'édition française publiée en 2020, comme l'annonce l'éditeur, il s'agit d'un livre en partie réécrit dont les chapitres, additionnels ou revus, énoncent avec force et clarté les nouveaux termes du débat : « [...] *la Terreur*, en tant que concept unifié et réifié, est une création des historiens, une construction polémique fondée sur des interprétations antagonistes,

---

38. François Furet, « Révolution », in F. Furet et M. Ozouf, *Dictionnaire critique de la Révolution française*, t. 4, *Idées*, Paris, Flammarion, [1992] 2007, p. 415-435, ici p. 428 (l'auteur souligne).
39. Les bornes chronologiques de la Terreur s'étendent de 1792 (l'entrée en guerre en avril, la chute de la monarchie en août), pour le début, ou mars 1793 (la création du tribunal révolutionnaire, l'envoi massif des représentants en mission dans les départements), ou encore septembre 1793 (mise à l'ordre du jour de la Terreur, loi des suspects), à juillet 1794 (le 9 thermidor et la chute des robespierristes).
40. François Furet, « Terreur », in F. Furet et M. Ozouf, *Dictionnaire critique de la Révolution française*, t. 1, *Événements*, op. cit., p. 293-314, ici p. 312.
41. M. Biard et M. Linton, *Terror*, op. cit., p. 83.
42. Florence Lotterie, « Introduction » et « Le règne des âmes sensibles », in *Littérature et sensibilité*, Paris, Ellipses, 1998, respectivement p. 4 et 79-88.
43. Lynn Hunt, « *Des torrents de pathétique*. Lire des romans et imaginer l'égalité », in *L'invention des droits de l'homme. Histoire, psychologie et politique*, trad. par S. Kleiman-Lafon, Genève, Éditions Markus Haller, [2007] 2013, p. 43-83.

un outil pour les historiens leur permettant de dénigrer obstinément la Révolution, ou plutôt, toute forme de révolution[44] ». D'où il résulte qu'il convient désormais d'écrire « terreur » sans majuscule (mais entre guillemets)[45]; que la théorie des circonstances est impuissante à rendre compte de la « terreur » ; que toute recherche d'une chronologie est vouée à l'échec (« [...] la 'terreur' ne peut être expliquée ou comprise en tant que séquence chronologique limitée par un début et une fin[46] ») : « Pour toutes ces raisons, poursuivent M. Biard et M. Linton, plutôt que de chercher à définir *la Terreur* en des termes chronologiques, il serait largement préférable d'appréhender le phénomène non seulement comme une succession de circonstances ou d'événements particuliers, mais plutôt comme une succession d'émotions collectives. À ce propos, de récents travaux d'historiens, dont Timothy Tackett et Marisa Linton, ont souligné l'importance du rôle joué par les émotions tout au long de la période révolutionnaire[47]. »

Penser la Terreur à partir des émotions a nécessité, dans un premier temps, de se livrer à une entreprise de déconstruction de la notion même de « terreur ». Dans le champ français, cette démarche fut engagée par Jean-Clément Martin, dans *Violence et Révolution. Essai sur la naissance d'un mythe national* (2006), puis reprise et argumentée dans des ouvrages ultérieurs. J.-C. Martin insiste en particulier sur un point : la Terreur « ne fut pas 'mise à l'ordre du jour'[48] » de la Convention le 5 septembre 1793. Ce n'est pas là seulement signaler une erreur commise et répétée par les historiens depuis le XIXe siècle, mais souligner le caractère illégal quasi essentiel de la Terreur. L'expression « mise à l'ordre du jour » est une notion juridique empruntée au règlement de la Convention. Elle signifie, dans son acception première, qu'un sujet est, au jour dit, discuté par l'Assemblée, puisqu'inscrit à l'« ordre du jour » distribué aux députés la veille. Le sujet débattu est, en règle générale, introduit par un rapport rédigé par l'un des comités de la Convention, accompagné d'un projet de décret sur lequel les députés sont appelés à voter. Si l'on tient compte de cette définition réglementaire de « l'ordre du jour » et de cette procédure, jamais, effectivement, la Terreur n'a été à proprement parler « mise à l'ordre du jour » de l'Assemblée. L'expression surgit sous la forme d'une revendication, formulée dans l'enceinte des Jacobins, par le délégué des assemblées primaires, Jean-Baptiste Royer, « qui ne veut plus de mesures partielles[49] ». Nous sommes le 30 août 1793. L'énoncé « la terreur à l'ordre du jour » figure bien dans l'Adresse

---

44. M. Biard et M. Linton, *Terror, op. cit.*, p. 2.
45. *Ibid.*, p. 3.
46. *Ibid.*, p. 5.
47. *Ibid.*, p. 24.
48. Jean-Clément Martin, *La terreur. Vérités et légendes*, Paris, Perrin, 2017, p. 10 et *id.*, « Quand la Terreur était exigée », *in Les échos de la Terreur, op. cit.*, p. 58-67. Voir aussi *id.*, « La 'Terreur', un leurre historique ? », *in* M. Goupy et Y. Rivière (dir.), *De la dictature à l'état d'exception. Approche historique et philosophique*, Rome, Publications de l'École française de Rome, 2022, p. 73-83, ici p. 74.
49. Cité dans Jacques Guilhaumou, « 'La terreur à l'ordre du jour' : un parcours en révolution (1793-1794) », *Révolution Française.net, Mots*, 2007, http://revolution-francaise.net/2007/01/06/94-la-terreur-a-lordre-du-jour-un-parcours-en-revolution-juillet-1793-mars-1794.

présentée à la Convention, le 5 septembre 1793, par la députation des Jacobins emmenée par Royer à la barre de l'Assemblée. Si aucun décret ne la reprendra littéralement, le déroulé de la séance parlementaire montre que la formule n'en a pas moins reçu une traduction juridique, et ce à cause de Bertrand Barère.

Quand Barère, à la tribune, reprend « enfin ce grand mot » qu'il attribue par erreur à la Commune de Paris, « *Plaçons la terreur à l'ordre du jour* », il se produit une chose nouvelle : il transforme la Terreur en une fiction juridique. Barère n'est pas n'importe quel député, mais le rapporteur du Comité de salut public, et sa parole a un effet instituant : elle transforme un mensonge en une vérité du droit ; elle invite la Convention à faire « comme si » la Terreur était effectivement placée à l'ordre du jour ; à faire « comme si » le programme proposé par les Jacobins était validé par l'Assemblée, alors qu'il n'en est rien[50]. À la différence de la fiction littéraire, la fiction juridique produit des effets *dans* le réel. Grâce à la fiction juridique mise en place par Barère, le politique récupère une marge de manœuvre : la Terreur à l'ordre du jour devient, comme le montre Jacques Guilhaumou, un performatif, un acte de langage relayé par les représentants en mission et les sans-culottes parisiens quand le contenu de cet « ordre du jour » reste sous le contrôle du Législateur. Peut-on réduire cette opération du droit qu'est l'institutionnalisation de la Terreur comme fiction *juridique* le 5 septembre 1793 à n'être qu'« une terreur imprécise pratiquée dans une confusion totale[51] » ? « En 1793, la terreur (sans guillemets ni majuscule) est régulièrement évoquée dans les clubs et les assemblées, sans jamais devenir ni un programme d'action, ni un système de pensée », écrit J.-C. Martin[52], rejoignant Bronisław Baczko : « La Terreur n'a pas été la réalisation d'un projet politique préconçu. Elle s'est créée pièces à pièces, en utilisant des 'matériaux' déjà produits et stockés pendant la Révolution[53]. » Quand Barère la dénonce en tant que « système », une semaine après l'exécution de Robespierre[54], et que Jean-Lambert Tallien, quinze jours plus tard, lui emprunte l'idée et argumente contre « le système de la terreur »[55], on perçoit que la Terreur de l'an II est, sinon une invention

---

50. Anne Simonin, « Nommer la Terreur », *in Le déshonneur dans la République. Une histoire de l'indignité, 1791-1958*, Paris, Grasset, 2008, p. 284-295.

51. J.-C. Martin, *La terreur, op. cit.*, p. 10. Voir aussi *id.*, *Les échos de la Terreur, op. cit.* et le compte rendu de H. G. Brown de cet ouvrage dans le présent numéro, p. 825-828.

52. *Id.*, « La terreur, ou comment écrire l'histoire », *Revue d'histoire moderne & contemporaine*, 67-2, 2020, p. 135-154, ici p. 140.

53. Bronisław Baczko, « The Terror before the Terror? Conditions of Possibility, Logic of Realization », *in* K. Baker *et al.* (dir.), *The French Revolution and the Creation of Modern Political Culture*, vol. 4, *The Terror*, Oxford, Pergamon Press, 1994, p. 19-38, ici p. 23. Voir aussi David Andress, « Terror against Terror », *in The Terror: The Merciless War for Freedom in Revolutionary France*, New York, Farrar, Straus and Giroux, 2006, p. 345-371.

54. Intervention de Barère lors de la séance du 14 thermidor an II (1er août 1794), *in Archives parlementaires de la Révolution française* (ci-après *Archives parlementaires*), Première série, t. XCIV, 1985, www.persee.fr/doc/arcpa_0000-0000_1985_num_94_1_22516_t1_0030_0000_6, p. 30-34, ici p. 30.

55. Intervention de Tallien à la Convention le 11 fructidor an II (28 août 1794), *in Archives parlementaires*, Première série, t. XCVI, 1990, www.persee.fr/doc/arcpa_0000-0000_1990_num_96_1_15111_t1_0055_0000_4, p. 55-59, ici p. 57 : « Le système de la terreur suppose

de l'an III, du moins clairement une machine de guerre contre les robespierristes[56] : « Dans cette perspective, commente J.-C. Martin, le mot [Terreur] permet […] de se détacher de ce qui venait d'être vécu, avant qu'un nouveau régime ne s'installe, pour repartir à zéro, sous le nom de Directoire. Mais il faut résister à penser que la Terreur a bien eu une réalité politique, qu'elle fut un régime, un moment précis ou une doctrine […][57]. » Pour preuve : « terreur » n'est pas un mot de l'an II.

Pour démontrer ce point, M. Linton et M. Biard s'appuient sur le livre de R. Schechter déjà mentionné, *A Genealogy of Terror in Eighteenth-Century France*. La longue durée dans laquelle s'inscrit R. Schechter montre que le mot « terreur » arrive lourdement chargé de sens divers et contradictoires dans la langue révolutionnaire de 1793 et ne revêt un sens proprement négatif qu'en l'an III[58]. Depuis le XVIIe siècle, le mot « terreur » avait un sens positif et valorisant et, suggère R. Schechter, c'est la raison pour laquelle il a pu qualifier, en l'an II, un gouvernement révolutionnaire auquel il était possible d'adhérer, ce d'autant plus que, grâce à Rousseau, « terreur » se voyait définitivement débarrassé « de toute connotation de despotisme du fait d'une législation fondée sur la volonté générale », comme le remarque Gerd van den Heuvel[59]. Revendiquer, à la tribune de la Convention, le 5 septembre 1793, que le Législateur mit « la terreur à l'ordre du jour » pouvait ainsi être interprété comme l'inauguration d'une ère nouvelle, la Révolution se fixant un but politique à atteindre qui recueille le soutien de la majorité de la Convention – et pas uniquement des Montagnards : Terreur « n'était pas [alors] un mot désignant un abus de pouvoir inventé par les contre-révolutionnaires pour discréditer la Révolution, mais davantage un cri de ralliement conçu par les révolutionnaires eux-mêmes pour *légitimer* leur politique[60] ».

Au début de la Révolution, les Girondins, voire les monarchiens, font usage du mot, tel que l'atteste la très fine analyse que R. Schechter fait du discours de Mirabeau du 15 juin 1789, où ce dernier presse les représentants du tiers état de se

---

non seulement […] le pouvoir arbitraire et absolu, mais encore un pouvoir *sans fin* […] » (c'est l'auteur qui souligne). Et aussi, p. 58 : « Citoyens, tout ce que vous venez d'entendre n'est qu'un commentaire de ce que Barère a dit à cette tribune du système de la terreur, le lendemain de la mort de Robespierre. »

56. L'expression « système de terreur » est, en réalité, empruntée à Robespierre quand il dénonçait, en juin 1794, la cabale contre lui au nom de prétendues listes d'arrestation de députés qu'il aurait établies. Voir Annie JOURDAN, « L'épuisement de Robespierre », *La Vie des idées*, 23 juill. 2012, https://laviedesidees.fr/L-epuisement-de-Robespierre.html.

57. J.-C. MARTIN, *Les échos de la Terreur*, op. cit., p. 101.

58. Voir aussi Gerd VAN DEN HEUVEL, « Terreur, Terroriste, Terrorisme », *in* R. REICHARDT et al. (dir.), *Handbuch politisch-sozialer Grundbegriffe in Frankreich, 1680-1820*, vol. 3, Munich, R. Oldenbourg, 1985, p. 89-133, dont Jacques Guilhaumou signale une version abrégée en français parue dans les *Actes du 2ᵉ colloque de lexicologie politique*, vol. 3, Paris, Kincksieck, 1982, p. 893-915. Voir aussi Richard WALTER, « Terror, Terrorismus », *in* O. BRUNNER, W. CONZE et R. KOSELLECK (dir.), *Geschichtliche Grundbegriffe. Historisches Lexikon zur politisch-sozialen Sprache in Deutschland*, vol. 6, *St-Vert*, Stuttgart, Klett-Cotta, 1990, p. 323-379.

59. G. VAN DEN HEUVEL, « Terreur, Terroriste, Terrorisme », art. cit., p. 895.

60. R. SCHECHTER, *A Genealogy of Terror…*, op. cit., p. 5.

déclarer « assemblée nationale » en invoquant la « terreur du respect » à imposer à l'adversaire[61]. Cette dimension œcuménique du mot « terreur » expliquerait, au moins autant que le républicanisme radical ou les circonstances de la guerre, la rapidité de la transformation du mot en un concept qualifiant, à partir du printemps 1793, l'« ensemble de lois et d'institutions visant à débarrasser la France de ses ennemis […] » ainsi que « les comités de surveillance, les tribunaux révolutionnaires et, surtout, la guillotine »[62]. En se politisant, la Terreur est devenue montagnarde : « […] le ressort du gouvernement populaire en révolution est à la fois la vertu et la terreur : la vertu, sans laquelle la terreur est funeste ; la terreur sans laquelle la vertu est impuissante. La terreur n'est autre chose que la justice prompte, sévère, inflexible ; elle est donc une émanation de la vertu […] », dira Robespierre dans son célèbre *Rapport sur les principes de morale politique qui doivent guider la Convention nationale dans l'administration intérieure de la République*, daté du 5 février 1794[63].

L'adhésion que reçoit la Terreur en tant que principe de gouvernement révolutionnaire va bien au-delà de sa mise en musique par Robespierre dans l'arène de la Convention : la Terreur est initialement populaire, ainsi que le montrent les adresses des sections et les pétitions envoyées à la Convention repérées par R. Schechter dans les *Archives parlementaires*. Collection canonique dans l'histoire politique de la Révolution, inventée au XIXe siècle et toujours en cours de publication aujourd'hui[64], les *Archives parlementaires* sont la principale source de R. Schechter. Dans une analyse de discours, cette unicité de source se conçoit, ce d'autant plus que sont sélectionnées des citations d'un grand intérêt, proposées des interprétations neuves mises en contexte : 139 occurrences appellent ainsi « la terreur à l'ordre du jour » de la Convention, entre septembre 1793 et juillet 1794, et près de 600 occurrences du mot « terreur » apparaissent dans les discours révolutionnaires durant la même période[65]. Peut-on toutefois considérer que le mot « terreur » a le même poids, le même effet politique, selon qu'il est employé dans le cadre d'un rapport du Comité de salut public par Robespierre ou Barère (dont R. Schechter souligne justement qu'il est, bien davantage que Robespierre, la bouche parlementaire de la terreur) ou qu'il figure dans une adresse ou une pétition émanant d'une société populaire provinciale ? Un simple comptage d'occurrence rend-il compte de la densité historique que revêt l'usage d'un même

---

61. R. Schechter, *A Genealogy of Terror…*, op. cit., p. 167-169.
62. *Ibid.*, p. x.
63. Maximilien de Robespierre, *Convention nationale. Rapport sur les principes de morale politique qui doivent guider la Convention nationale dans l'administration intérieure de la République, fait au nom du Comité de salut public, le 18 pluviôse, l'an II de la République*, in *Œuvres de Maximilien Robespierre. 10. Discours, 5ᵉ partie, 27 juillet 1793-27 juillet 1794*, éd. par M. Bouloiseau et A. Soboul, Paris, PUF, 1967, p. 350-366, ici p. 357.
64. Corinne Gomez-Le Chevanton et Françoise Brunel, « La Convention nationale au miroir des Archives Parlementaires », *Annales historiques de la Révolution française*, 381, 2015, p. 11-29. Le tome CIII des *Archives parlementaires*, du 13 au 27 frimaire an III (3 au 17 décembre 1794) vient de paraître, sous la direction de Bettina Frederking et Pierre Serna, aux éditions du CNRS.
65. R. Schechter, *A Genealogy of Terror…*, op. cit., p. 4.

mot dans des séquences temporelles différentes, l'extrême mobilité des enjeux politiques d'un jour à l'autre, voire dans une même séance de la Convention, étant l'une des caractéristiques du temps sous la Terreur ?

Peut-on, par ailleurs, se limiter à faire l'histoire d'un mot, même comme ici sur la longue durée, pour appréhender ce phénomène à la fois politique, juridique et social qu'est la Terreur ? Démontrer que la Terreur n'est pas un néologisme révolutionnaire autorise-t-il à l'assimiler à un héritage théologico-monarchique sous prétexte que la terreur « salutaire » est, sous l'Ancien Régime, un attribut de la majesté et de la justice divine ? « Rien n'empêche de penser, écrit F. Furet, que dans la genèse de la dictature sanglante de l'an II, l'Ancien Régime et la Révolution ont cumulé leurs effets[66]. » R. Schechter va plus loin encore, en considérant que la Terreur accomplit littéralement une révolution à elle seule, qu'elle renoue moins avec l'acception « Ancien Régime » du mot qu'elle n'en ressuscite le sens biblique et archaïque : « Quoique le mot 'terreur' ait continué à désigner une punition légale exemplaire et utilitaire, il renvoyait de plus en plus aux valeurs prémodernes de vengeance et aux concepts bibliques d'extermination et de purification[67]. » Il évoque ici 1794, probablement la période que l'historiographie a coutume de désigner sous le nom de « Grande Terreur » – de la loi du 22 prairial (10 juin 1794) portant sur la réorganisation du Tribunal révolutionnaire à la chute des robespierristes le 9 thermidor (27 juillet 1794). Cette séquence voit-elle émerger un nouveau régime émotionnel[68] où le mot « terreur » exprimerait une pulsion de mort et favoriserait l'expression politique d'une rage exterminatrice déshumanisant l'ennemi, peint sous les traits de la bête féroce (le tigre, le chien enragé) ou du monstre[69] ? Rappelons ce qu'écrivait M. Linton dans *Choosing Terror* (2013) : si le gouvernement révolutionnaire a adopté la Terreur comme politique publique pendant moins de deux ans, alors que la France affrontait une situation dantesque tant sur le plan intérieur (guerre civile en Vendée) qu'aux frontières, s'il a recouru à la coercition et à l'intimidation, « les Jacobins ne se sont jamais engagés dans l'extermination en masse de tous ceux qui s'opposaient à eux[70] », excepté d'un point de vue rhétorique justement. L'on touche là aux limites d'un exercice exclusivement centré sur une analyse de discours coupée de toute pratique sociale et d'un état du droit qui, de circonstance, ou révolutionnaire – M. Biard et M. Linton assimilent à raison les deux adjectifs[71] –, n'en régule pas moins les rapports avec l'ennemi politique sur le sol national ou aux frontières. L'approche linguistique ne peut rendre compte, à elle seule, de la Terreur[72]. L'histoire de la Terreur par les émotions le peut-elle ?

---

66. F. Furet, « Terreur », art. cit., p. 314.
67. R. Schechter, *A Genealogy of Terror…*, op. cit., p. 187.
68. *Ibid.*, p. 169.
69. *Ibid.*, p. 174. Voir Pierre Serna, *Comme des bêtes. Histoire politique de l'animal en Révolution (1750-1840)*, Paris, Fayard, 2017.
70. Marisa Linton, *Choosing Terror: Virtue, Friendship, and Authenticity in the French Revolution*, Oxford, Oxford University Press, 2013, p. 230.
71. M. Biard et M. Linton, *Terror*, op. cit., p. 81-90.
72. Annie Jourdan, « Les discours de la terreur à l'époque révolutionnaire (1776-1798). Étude comparative d'une notion ambiguë », *French Historical Studies*, 3-1, 2013, p. 51-81, ici p. 53.

Quelle histoire de la Terreur par les émotions ?

Il a fallu attendre dix ans pour que soient traduits les livres de W. Reddy (en français) et de S. Wahnich (en anglais)[73]. Si tant est que le français ou l'anglais écrits soient un obstacle entre les historiens travaillant sur la Révolution, la rapidité plus ou moins grande des traductions n'en est pas moins un bon indice de la centralité nouvellement conquise par les émotions sur la scène historiographique internationale. Au commencement était *Anatomie de la Terreur. Le processus révolutionnaire, 1787-1793* (2018), traduction de *The Coming of the Terror in the French Revolution* (2015), qui sans être le livre le plus original de T. Tackett, est celui qui me semble avoir joué un rôle essentiel dans la légitimation des émotions et leur élévation au rang de nouveau paradigme. T. Tackett ne fut assurément pas le seul (Colin Lucas, William H. Sewell doivent être mentionnés[74]) mais l'un des premiers à formuler une critique de fond des thèses furétiennes. Dans son article sur les Constituants[75], développé et amplifié dans son livre *Par la volonté du peuple. Comment les députés de 1789 sont devenus révolutionnaires*, publié en 1996 et traduit en français l'année suivante[76], T. Tackett démontrait le caractère minoritaire de la référence à Rousseau et le pragmatisme du législateur révolutionnaire. Il établissait aussi que l'on ne naissait pas révolutionnaire, mais qu'on le devenait au terme d'un parcours inextricablement social et politique dans lequel la radicalisation pouvait apparaître comme un choix opportun plutôt qu'idéologique.

Tenant d'une histoire du politique en Révolution incluant l'histoire sociale des individus mobilisés, T. Tackett occupe dans le champ de l'historiographie révolutionnaire française une position centrale qui allait rendre, à la fois, visible et décisive sa conversion aux émotions[77]. « Toute interprétation de la Révolution et de la Terreur doit prendre en compte l'influence des émotions sur la psychologie et le comportement des révolutionnaires », écrit-il, ou encore : « Le rôle des émotions se révèle un problème historique qu'on ne peut écarter si l'on veut arriver à comprendre le phénomène de la violence à l'époque de la Terreur. Les émotions n'expliquent pas

---

73. W. Reddy, *La traversée des sentiments, op. cit.* ; Sophie Wahnich, *In Defence of the Terror: Liberty or Death in the French Revolution*, préface de S. Žižek, trad. par D. Fernbach, Brooklyn, Verso Books, 2012.
74. Jack R. Censer, « Historians Revisit the Terror—Again », *Journal of Social History*, 48-2, 2014, p. 383-403, ici p. 387-388.
75. Timothy Tackett, « The Constituent Assembly and the Terror », *in* K. Baker *et al.* (dir.), *The French Revolution…, op. cit.*, p. 39-57. Les quatre volumes qui composent le titre d'ensemble sont le résultat d'une série de conférences qui eurent lieu à Chicago (1986), Oxford (1987), Paris (1988) et Stanford (1992). Leur modeste forme imprimée ne traduit pas leur influence décisive sur l'historiographie grâce, en particulier, au dialogue instauré entre les tenants du paradigme des « circonstances » et ceux de « l'idéologie ».
76. Timothy Tackett, *Par la volonté du peuple. Comment les députés de 1789 sont devenus révolutionnaires*, trad. par A. Spiess, Paris, Albin Michel, [1996] 1997.
77. Marisa Linton, « Introduction », *in* M. Linton (dir.), « Rethinking the French Revolutionary Terror », *H-France Salon*, 11-16, 2019, p. 2, https://h-france.net/h-france-salon-volume-11-2019/.

tout mais elles constituent un aspect important à ne pas négliger[78]. » La « mentalité terroriste »[79] mobilisait des croyances appelées à devenir un répertoire d'actions sous l'emprise, et sous l'empire, des émotions.

L'histoire des émotions, comme le remarquait en 2016, dans cette même revue, Francesco Benigno à propos du livre de T. Tackett, est « un courant historiographique aux contours un peu flous qui obtient – précisément peut-être en raison de sa nature indéterminée – un remarquable succès depuis une dizaine d'années[80] ». Cette vogue des émotions marque certes le retour de la psychologie sociale, le *revival* de Gustave Le Bon et de Gabriel Tarde (surtout); elle informe aussi sur l'intérêt contemporain pour l'histoire des élites et des classes dirigeantes révolutionnaires. Les émotions, jusqu'alors réservées aux foules et au peuple, concernent désormais ceux qui gouvernent, en particulier les « *twelve who ruled* » (pour reprendre le titre du classique de Robert R. Palmer, publié en 1941[81]). Les émotions, celles qui régulent la communauté politique révolutionnaire, requièrent des individus un engagement public à pratiquer, croire et défendre une idéologie de la vertu, explique M. Linton dans *Choosing Terror* : « La terreur est une chose que les individus ont décidé de s'imposer les uns aux autres […]. Souvent, ce qui les décidait était quelque chose de beaucoup plus inchoatif qu'une idée ou une loi […], la peur pour eux-mêmes, pour la Révolution. Mais la terreur est d'abord et avant tout un choix fait par chaque individu[82]. » Pas de terreur sans terroriste, donc.

De là découlent: un retour, non pas tant à la biographie, qu'au portrait du révolutionnaire en terroriste; l'attention au détail qui humanise les prises de position politiques les plus radicales et révèle les contradictions intimes d'individus occupant des positions de pouvoir qui favorisent leur élimination, quand ce n'est pas leur mort. Des 60 personnes présentes à son mariage, Camille Desmoulins remarque qu'il n'en reste plus que 2 en vie en 1794, Robespierre et Danton[83]. Les sources intermédiaires, les brouillons de discours et les notes de Robespierre laissent entrevoir la tension qui habite le *leader* jacobin au moment d'entrer en lutte contre les « factions » hébertistes et dantonistes[84]. Paradoxalement, l'histoire des élites qui dirigent la Révolution est celle de leur impuissance : l'eût-il voulu que Robespierre n'aurait pu sauver ni Desmoulins ni Danton puisqu'il eût directement contredit aux normes en vigueur dans la « communauté émotionnelle » du Comité de salut public en excipant son intérêt personnel pour les deux hommes au détriment de l'intérêt général, de la vertu, et donc porté atteinte de façon irrémédiable à son statut d'incorruptible[85].

---

78. T. Tackett, *Par la volonté du peuple, op. cit.*, p. 11.
79. *Ibid.*, p. 15.
80. Francesco Benigno, « Plus jamais la même. À propos de quelques interprétations récentes de la Révolution française », *Annales HSS*, 71-2, 2016, p. 319-346, ici p. 323.
81. Devenu, dans sa traduction française parue à l'occasion du Bicentenaire de 1989, *Le gouvernement de la Terreur. L'année du Comité de salut public*, trad. par M.-H. Dumas, Paris, Armand Colin, 1989.
82. M. Linton, *Choosing Terror, op. cit.*, p. 22.
83. *Ibid.*, p. 206.
84. *Ibid.*, p. 213-214 et 223.
85. *Ibid.*, p. 219.

La Terreur est traversée par une question politique fondamentale dont les émotions permettent de saisir les ramifications : la confiance entre gouvernants et gouvernés[86], principe qui, poussé à son paroxysme dans un temps de guerres, civile et étrangère, traque et dénonce les dévoiements des uns et des autres (les complots) et exige, davantage que l'exemplarité, une authenticité sans faille des gouvernants. Cette dernière place les acteurs en permanence sous la double surveillance de l'œil du public et de leur conscience, perspective intenable (ou difficilement) par ses exigences toujours élevées et parfois contradictoires : dès lors, la mort devient la preuve ultime de la dignité dans l'exercice des fonctions publiques. De cette spirale infernale, le destin de Robespierre offre l'exemple tragique[87]. Moteur essentiel de la destruction volontaire à laquelle tous se soumettent, les émotions sont aussi ce qui rend la violence de la Terreur incompréhensible après coup, « une fois que les émotions conflictuelles qui l'ont provoquée se sont calmées[88] ».

Chez T. Tackett, les émotions sont d'une intensité moindre. Elles sont autant de fils tissés à un récit somme toute classique de la Terreur, bâti à partir d'une connaissance approfondie des *Archives parlementaires*. Une très fine compréhension de la chronologie politique de la période permet de saisir que l'importance d'une séance de la Convention ne s'évalue pas au jour dit, mais à la série qu'elle ouvre et qui se signale par l'adoption de décrets successifs autour du même thème. Si, le 5 septembre 1793, la Convention n'a jamais mis, à proprement parler, la Terreur à l'ordre du jour, la Terreur est, ce jour-là, devenue un performatif permettant au Législateur de reprendre en main le temps du politique, comme dit plus haut. C'est, selon la procédure, à la suite d'un rapport du Comité de salut public que le décret organisant l'armée révolutionnaire sera voté, le 9 septembre 1793. En revanche, une autre des revendications essentielles des sans-culottes restera lettre morte : jamais les nobles ne seront exclus de toutes les fonctions publiques. Comment réagit l'opinion publique ? Les émotions, que T. Tackett mobilise par le biais de la micro-histoire, en proposant de suivre la trajectoire de plusieurs personnages parisiens et de tisser leur propre existence à la grande Histoire, vont permettre au lecteur de ressentir les hauts et les bas de l'actualité.

Soit un intendant d'une famille noble, Adrien-Joseph Colson, habitant près de l'Hôtel de Ville ; un libraire-éditeur de la Rive gauche, spécialiste de Voltaire, Nicolas Ruault ; une femme, Rosalie Jullien, épouse d'un futur membre de la Convention, qui vit entre Paris et le Dauphiné ; un propriétaire-rentier, Guittard de Floriban, logé place Saint-Sulpice ; le pédagogue Charles-Gilbert Romme (l'un des derniers Montagnards à être condamné à mort en l'an III ; il se suicidera). Ces individus ont un point commun : ils écrivent beaucoup. Ils tiennent des journaux intimes ou entretiennent de volumineuses correspondances, toujours inédites pour l'essentiel (celle de Rosalie Jullien est désormais publiée[89]).

---

86. M. LINTON, *Choosing Terror, op. cit.*, p. 232.
87. *Ibid.*, p. 246 et 288.
88. *Ibid.*, p. 271.
89. Rosalie JULLIEN, *« Les affaires d'État sont mes affaires de cœur ». Lettres de Rosalie Jullien, une femme dans la Révolution, 1775-1810*, éd. par A. Duprat, Paris, Belin, 2016.

Avec T. Tackett, les émotions trouvent un corpus : une littérature de l'intime investie d'une nouvelle dangerosité sous la Terreur, où la mise sous séquestre des biens des suspects brise le secret des lettres et transforme, comme l'a montré Carla Hesse, la lettre ou le journal saisi et lu par les autorités en preuve à charge devant les tribunaux révolutionnaires[90]. Ce que T. Tackett cherche, dans les correspondances de près de 80 individus exhumées des dépôts d'archives, y compris départementales, c'est la preuve par l'intime du nouveau régime des émotions qui singularise la Terreur[91].

Dans une période souvent décrite aux extrêmes, on s'aperçoit que les correspondants de T. Tackett, s'ils avaient été interrogés sur la Terreur, auraient pu répondre, comme Emmanuel Sieyès et Jean-Paul Sartre après lui : « J'ai vécu[92]. » L'intensité du politique va, paradoxalement, de pair avec un régime émotionnel où le sentimentalisme éclairé, régénéré par la vertu, s'accommode de l'écart avec certaines pratiques que les contemporains eux-mêmes qualifient de « barbares ». Rosalie Jullien admettait, froidement, le 15 août 1792 : « Nous devons être barbares pour le bien de l'humanité, et couper un bras pour sauver le corps[93]. » Moins de quinze jours plus tard, les massacres de septembre faisaient entre 1 100 et 1 400 victimes. Le 3 septembre, elle écrivait à son fils : « Mon ami, mon ami, […] il n'y a plus âme qui vive dans aucune sorte de prison. Vous le dirai-je, mon âme est troublée et profondément sensible à la nouveauté d'un si terrible spectacle. On assure les preuves d'un complot où tous ces criminels devaient être instruments du crime […]. Enfin il faut croire que la Providence nous a encore miraculeusement sauvés […]. L'Assemblée […] a simplement fait mention dans son procès-verbal du cours des événements et elle a repris, dans le plus grand calme, le cours de ses travaux[94]. » Si l'horreur des massacres n'échappe à aucun des contemporains, le silence public est de mise. Cette complicité dans le silence sera rapidement remise en cause. Dès novembre 1792, les massacres de septembre deviennent une ligne de fracture infranchissable entre les Girondins (qui veulent voir juger les « septembriseurs ») et les Montagnards (qui s'y opposeront toujours) et, pour la postérité, une source de condamnation irréfragable de la violence populaire.

Dans *Terror*, M. Biard et M. Linton font un usage plus systématique des émotions, ce qui les conduit à repenser l'histoire de « la terreur » (selon la nouvelle graphie revendiquée, comme commenté plus haut). La Terreur devient alors un dispositif de relations interindividuelles. Le cours des événements repose sur des choix faits par des acteurs qui n'ont rien de rationnels, puisqu'ils sont d'abord dictés par l'émotion. D'où le caractère chaotique et improvisé d'une politique qui

---

90. Carla Hesse, « La preuve par la lettre. Pratiques juridiques au tribunal révolutionnaire de Paris (1793-1794) », *Annales HSS*, 51-3, 1996, p. 629-642.
91. T. Tackett, *Par la volonté du peuple*, op. cit., p. 20 et 437-464.
92. Jean-Paul Sartre, « Paris sous l'Occupation », in *Situations II*, Paris, Gallimard, [1949] 2012, p. 19-39, ici p. 21.
93. R. Jullien, *« Les affaires d'État sont mes affaires de cœur »*, op. cit., p. 231.
94. *Ibid.*, p. 200-201.

avance par embardées, les luttes permanentes entre individus et factions ouvrant la spirale incontrôlable de la radicalisation[95].

Les émotions permettent ici d'isoler une configuration singulière : la terreur contre les hommes politiques[96]. Dans *La liberté ou la mort. Mourir en député, 1792-1795* (2015), M. Biard avait précédemment établi le bilan de cette Terreur-là : 71 députés « décédés de mort non naturelle » avant le 9 thermidor[97]. Le bilan général des victimes fait l'objet d'un chapitre plus balancé dans l'édition anglaise qui tient désormais compte de : « Qui a survécu, qui est mort[98] ? » On retrouve, de façon classique, les chiffres en circulation : le fameux 16 594 condamnés à mort de la Terreur, établi par Donald M. Greer en 1935[99], dont on sait, grâce aux travaux plus récents d'Éric de Mari, que 13 048 proviennent de l'application d'une seule procédure, la mise hors de la loi, également à l'origine des deux tiers des condamnations à mort exécutées, principalement dans ce territoire géographique mouvant qualifié de « Vendée »[100]. En tout, répression légale, extra-légale et victimes de la guerre civile, la Terreur aurait fait entre 200 000 et 250 000 morts, estimation que J.-C. Martin estime insuffisante[101], tout en réfutant la thèse du « génocide » pour cette période. S'il a bien été question d'une « brutalisation féroce appliquée à un territoire vaincu en vue d'éradiquer tout espoir d'une nouvelle révolte[102] », la Vendée n'a jamais été le terrain d'un génocide.

L'émotion qui domine l'interprétation émotive de la Terreur ici commentée est la peur ; la peur qui semble être le sentiment généralisé parmi les gouvernés et parmi les gouvernants ; la peur qui paralyse, y compris Robespierre ; la peur qui rend « impitoyable » dans le traitement de l'adversaire[103] ; la peur qui obscurcit le jugement et devient une arme de manipulation de l'opinion publique – de rumeurs en découvertes de complots (loin d'être tous imaginaires). Prieur de la Côte d'Or, membre du Comité de salut public, écrira ultérieurement : « Nous avions fini par

---

95. M. Biard et M. Linton, *Terror, op. cit.*, p. 115-142.
96. Voir aussi Mette Harder, « 'Elle n'a pas même épargné ses membres !' Les épurations de la Convention nationale entre 1793 et 1795 », *Annales historiques de la Révolution française*, 381, 2015, p. 77-105 et *ead.*, « Second Terror: The Purges of French Revolutionary Legislators after Thermidor », *French Historical Studies*, 38-1, 2015, p. 33-60.
97. Michel Biard, *La liberté ou la mort. Mourir en député, 1792-1795*, Paris, Tallandier, 2015, p. 317-319.
98. M. Biard et M. Linton, « Who Lived and Who Died? The Difficult Balance Sheets of Terror », *in Terror, op. cit.*, p. 136-156.
99. Donald M. Greer, *The Incidence of the Terror during the French Revolution: A Statistical Interpretation*, Cambridge, Harvard University Press, 1935.
100. Éric de Mari, *La mise hors de la loi sous la Révolution française, 19 mars 1793-an III. Une étude juridictionnelle et institutionnelle*, Issy-les-Moulineaux, LGDJ/Lextenso éditions, 2015, p. 541. Voir le compte rendu de cet ouvrage par Anne Simonin dans *Annales HSS*, 71-3, 2016, p. 779-782.
101. Jean-Clément Martin, « Dénombrer les victimes de la Terreur. La Vendée et au-delà », *in* M. Biard et H. Leuwers (dir.), *Visages de la Terreur. L'exception politique de l'an II*, Paris, Armand Colin, 2014, p. 155-165, ici p. 164.
102. M. Biard et M. Linton, *Terror, op. cit.*, p. 134.
103. *Ibid.*, p. 140.

nous accoutumer tellement à ces situations inextricables, que nous poursuivions notre tâche journalière, [...] comme si nous avions eu toute une vie devant nous, lorsqu'il était vraisemblable que nous ne verrions pas se lever le soleil du lendemain[104]. » Cette peur régnant sans partage, Tallien la dénoncera dans son discours du 11 fructidor an II (28 août 1794) : « La Convention ne doit pas souffrir que la république soit plus longtemps divisée en deux classes : celle qui fait peur et celle qui a peur [...][105]. »

On ne rit guère dans cette approche de la « terreur » qui voit la République à ses origines davantage redevable au tyran des Trente, Critias, le théoricien de la peur comme principe de gouvernement[106], qu'au législateur Solon, par qui la République se définissait fille de l'Athènes classique[107]. Pourtant, on a ri sous la Terreur, Antoine de Baecque est formel : « [...] la République fut, et demeure, un âge du rire », y compris en 1793[108]. Si « la crainte » a joué un rôle décisif dans l'adoption de la loi du 22 prairial (10 juin 1794) portant réorganisation du tribunal révolutionnaire[109], cinq jours plus tard, le 27 prairial (15 juin 1794), lors du rapport fait par un membre du Comité de sûreté générale sur l'affaire Catherine Théot qui compromet Robespierre[110], la même Convention pleure de rire, conquise par le style voltairien de Marc-Guillaume Vadier : « On rit et on applaudit » ; « On rit » ; « On rit encore » ; « Nouveaux éclats de rire », peut-on lire dans la *Gazette nationale, ou le Moniteur universel*, et ce alors même que Robespierre occupe le fauteuil et préside la séance[111]. Sauf à ne pas considérer le rire, on devra peut-être admettre que, y compris sous la Terreur, les émotions ne sont pas exclusivement négatives. T. Tackett invite d'ailleurs à « examiner les émotions 'positives', la joie, l'enthousiasme et l'amour collectif de la fraternité, aussi bien que les émotions 'négatives', la peur, la colère, la haine, le désir de vengeance[112] », qui, pour le moment, dominent l'historiographie.

---

104. *Ibid.*, p. 61.
105. Intervention de Tallien citée dans *ibid.*, p. 57.
106. Vincent Azoulay et Paulin Ismard, « Éloge politique de la peur », *in Athènes 403. Une histoire chorale*, Paris, Flammarion, 2020, p. 59-63, ici p. 62. Voir aussi, dans le même ouvrage, le chapitre « Le chœur apeuré : l'emballement terroriste », p. 73-77.
107. Pierre Serna, « Les révolutionnaires croyaient-ils aux Grecs ? », *La Révolution française. Cahiers de l'Institut d'histoire de la Révolution française*, 21, 2021, paragr. 14, https://doi.org/10.4000/lrf.5767.
108. Antoine de Baecque, « Hilarités parlementaires. Le rire et la polémique dans l'Assemblée constituante (1789-1791) » et « Antoine-Joseph Gorsas, ou comment rire en Révolution (1751-1793) », *in Les éclats du rire. La culture des rieurs au XVIIIe siècle*, Paris, Calmann-Lévy, 2000, respectivement p. 203-234 et p. 235-287. La citation concernant la République est extraite du titre de la Conclusion : « Où l'on soutient que la République fut, et demeure, un âge du rire ».
109. M. Biard et M. Linton, *Terror, op. cit.*, p. 153.
110. Francisco Javier Ramón Solans, « Être immortel à Paris. Violence et prophétie dans la Révolution française », *Annales HSS*, 71-2, 2016, p. 347-376 et aussi Michel Eude, « Points de vue sur l'affaire Catherine Théot », *Annales historiques de la Révolution française*, 198, 1969, p. 606-629.
111. Séance du 27 prairial an II (15 juin 1794), *Gazette nationale, ou le Moniteur universel*, 269, 17 juin 1794, p. 1.
112. T. Tackett, *Par la volonté du peuple, op. cit.*, p. 11.

ANNE SIMONIN

Où l'on reparle du peuple pour renouer avec l'optimisme révolutionnaire

Dans *The Fall of Robespierre: 24 Hours in Revolutionary Paris* (2021), C. Jones décrit cet événement majeur qu'est la chute de Robespierre et des robespierristes, en faisant peu ou pas référence à la Terreur. Ce n'est pas tant ce qui se termine qui l'intéresse que ce qui demeure de quatre ans de Révolution le 9 thermidor, ce 27 juillet 1794 après lequel rien ne sera plus comme avant. Depuis Jules Michelet, le 9 thermidor est, dans l'historiographie de la Révolution française, quasi unanimement considéré comme une journée pivot, au même titre que le 14 juillet 1789 et le 10 août 1792 : à la liberté apportée par le 14 juillet, à l'égalité consacrée par la chute de la monarchie constitutionnelle le 10 août, le 9 thermidor ajouterait la « sortie » de la Terreur, le triomphe sur la tyrannie symbolisé par l'exécution de l'homme qui fut l'un des parlementaires les plus influents de la Montagne et l'un des représentants du peuple les plus populaires : Maximilien Robespierre (1758-1794). Pourquoi consacrer un fort ouvrage – près de 600 pages – à un sujet sur lequel, *a priori*, tout a été dit ?

Le défi du « tout a été dit », C. Jones le relève deux fois : la première en renouvelant l'interprétation de cette « journée » par l'exploitation systématique de sources primaires ; la seconde en inventant un mode de récit qui permet à son lecteur de faire une expérience que l'on pensait inatteignable, soit celle de l'événement passé en temps réel, grâce au découpage heure par heure de la « journée ». Le lecteur se retrouve ainsi en position de redécouvrir l'imbroglio de ce moment au fur et à mesure de son déroulement, nonobstant la fin connue. Cette façon de retrouver l'indécidable et la confusion du présent sous la pierre du passé oblige le lecteur historien à se déprendre de ses certitudes pour se laisser guider « en étrange pays dans [son] pays lui-même » (Aragon).

Pour C. Jones, la journée du 9 thermidor tient en 24 heures, donc en 24 chapitres, et se rythme en quatre moments : de minuit à 5 heures du matin, éléments du complot ; de 5 heures à midi, le décor du drame ; de midi à 17 heures, le coup d'État parlementaire ; de 17 heures à minuit, une journée parisienne. Ce découpage chronologique a un mérite : montrer à quel point, quels qu'aient pu être les plans ourdis par les acteurs, c'est le hasard qui est le grand maître d'œuvre du 9 thermidor. Jusque vers 22 heures, rien n'est joué. À cette heure-là commencent à apparaître les premiers signes inquiétants de démobilisation, d'affaiblissement d'un soutien populaire qu'on pouvait croire acquis à Robespierre et ses amis, vu la popularité de ce dernier[113]. En auscultant l'immobilité du peuple, son indifférence au sort de la faction robespierriste (une parmi d'autres), C. Jones apporte une interprétation neuve de l'événement.

Cette journée du 9 thermidor, le lecteur va la vivre en suivant les parcours d'individus connus ou non, mais qui tous ont réellement existé, et au sujet desquels l'auteur dispose d'informations prouvant qu'ils ou elles (les femmes

---

113. C. Jones, *The Fall of Robespierre*, op. cit., p. 354.

sont ici moins actrices que les hommes) étaient présents à l'heure et au lieu dits. L'importance accordée aux lieux successifs de la « journée » (lieux privés, tel le logis de Robespierre ; lieux publics, tels la Convention, l'Hôtel de Ville, le Palais de justice, les rues de Paris, etc.) – attestée par la présence de nombreuses cartes – est ici fondamentale : l'acteur principal du 9 thermidor est une ville, Paris. Plus qu'une ville, il s'agit d'« un espace démocratique inclusif » dont la population aspire à représenter le peuple de France dans son entier[114]. Un Paris bouleversé par l'an II ; un Paris qui n'est plus la capitale du luxe mais qui est devenu la capitale de la Révolution. Arsenal de la France pour la fabrication des armes et du salpêtre, Paris est la ville qui enrôle le plus de volontaires dans les armées de la République, celle qui abrite, dans ses prisons, le plus grand nombre de suspects (jusqu'à 8 000 personnes en thermidor, dont les trois-quarts sont des Parisiens). Décisive dans le déroulement de la Révolution, le 9 thermidor est ainsi la plus parisienne des journées révolutionnaires.

Au vu de leur passion partagée pour Paris, on ne sera guère surpris que C. Jones s'inspire de l'auteur du *Tableau de Paris* (1781), le fondateur des *Annales patriotiques et littéraires*, le journaliste et député girondin Louis-Sébastien Mercier (1740-1814), qui, à l'époque de la Terreur, se morfond en prison. Reste que le premier a pris le second très au sérieux. C. Jones imagine à partir de Mercier une méthode pour l'histoire, celle qui consiste à voir les choses de près (*up close*), à scruter l'événement à la loupe. Les petits riens tout autant que les grandes décisions, dont l'histoire officielle conserve la trace, font l'histoire ici pensée au ras des contemporains, connus ou pas.

Le 9 thermidor est un jour comme les autres : Blaise Lafosse arrive tôt à la section de la Maison-Commune, à l'Hôtel de Ville, lieu de réunion du Conseil municipal de Paris, pour terminer la mise au net du compte rendu de la séance du 6 (24 juillet) et préparer la réunion fixée à 13 heures 30. L'entrée dans l'Histoire se mesure aux bousculements de l'ordinaire : le 9 thermidor est veille de « décadi », le jour chômé de la semaine révolutionnaire. Fouquier-Tinville a prévu, une fois n'est pas coutume, de se reposer et d'aller dîner chez le citoyen Vergne, un ami qui vit sur l'île de la Cité. Ses plans vont être contrariés par la générale qui sonne dans Paris, un bruit qui n'annonce rien de bon, mais quoi ? Il l'ignore, ce qui l'incite à rejoindre son lieu de travail : le tribunal révolutionnaire. 200 courtes narrations déroulent ainsi le chapelet d'une micro-chronologie qui égrène heure par heure, voire par demi-heure, les 24 heures de cette journée particulière, avec l'ambition, non pas de tout dire, mais de plonger le lecteur dans l'événement comme Fabrice à Waterloo : « Ah ! m'y voilà donc enfin au feu ! se dit-il. J'ai vu le feu ! se répétait-il avec satisfaction. Me voici un vrai militaire [...] il voyait la fumée blanche de la batterie à une distance énorme, et, au milieu du ronflement égal et continu produit par les coups de canon, il lui semblait entendre des décharges beaucoup plus voisines ; il n'y comprenait rien du tout[115]. »

---

114. *Ibid.*, p. 4.
115. STENDHAL, *La chartreuse de Parme*, t. 1, Paris, Librairie L. Conquet, [1839] 1883, p. 69.

Contrairement à celles de Stendhal, les micro-narrations de C. Jones sont véridiques. Le lecteur est ainsi invité à entrer dans l'atelier de l'historien pour se voir fortement démontré que l'histoire n'est ni un « roman vrai »[116] ni une littérature contemporaine[117], mais une forme de récit réagençant des informations vérifiées et soumises, de ce fait, à l'impératif d'un vraisemblable attesté par un régime de preuve[118]. Ce que donne à lire C. Jones est donc le récit vraisemblable-vrai de la journée du 9 thermidor.

Dès le 14 thermidor (1er août 1794), Paul Barras, le commandant de la force armée parisienne nommé par la Convention, exige des 48 sections de Paris qu'elles l'informent de tout ce qui a trait à la journée, des ordres reçus (et à quelle heure), des ordres donnés (et à quel moment), sans négliger aucun fait, même mineur. En quelques jours, 150 rapports sont rédigés et transmis. Cette source « à chaud », C. Jones la complète par le *Répertoire du personnel sectionnaire parisien en l'an II* de Raymonde Monnier et Albert Soboul (1985) et par la consultation de centaines de dossiers de police individuels (série F7 des Archives nationales) concernant les sans-culottes mêlés à l'événement, foule de quasi-anonymes dont le surgissement décentre la narration des faits et gestes des acteurs traditionnels. Comme dans *Exercices de style* (1947) de Raymond Queneau, auxquels C. Jones fait explicitement référence, ces témoignages tirés des dossiers de police permettent de raconter une même histoire mais en adoptant différents points de vue, la diversité sociale des acteurs se substituant ici à la virtuosité rhétorique oulipienne. Si l'on ajoute les Mémoires et les travaux universitaires mentionnés, et parfois commentés, dans la bibliographie, on mesure l'ampleur de la documentation historique mobilisée.

Au lieu de citer ces sources primaires et secondaires de façon classique, en multipliant les appels de notes, C. Jones invente un dispositif original qui eût, à n'en pas douter, réjoui le Georges Perec de *Penser/Classer* (1985) : la note feuilletée. Plutôt que de lier un nom ou une information à une source et de poser une note pour indiquer la provenance, C. Jones sélectionne et place en fin de volume les mots, les expressions, les bouts de phrase utilisés dans sa trame narrative. De sorte qu'on pourrait imaginer le lecteur invité à relire l'ouvrage qu'il vient de terminer, en le commençant cette fois par la fin, par la lecture d'un appareil de notes structuré autour de fragments de phrases qui, mis bout à bout, font entendre le bruit de l'événement. Cette découpe historico-littéraire dissipe définitivement une thèse : celle du complot ourdi par les anti-robespierristes qui auraient mûri leur passage à l'acte ce jour-là et programmé la fin du « système de la Terreur ». C'est bien davantage la spontanéité et l'improvisation qui, le 9 thermidor, sont à l'ordre du jour – Tallien excepté qui, jouant à la fois sa vie et celle de sa maîtresse, Thérésia Cabarrus, entame, à partir de minuit, une série de visites chez les députés du centre et de la droite pour s'assurer de relais au sein de la Convention.

---

116. Paul VEYNE, *Comment on écrit l'histoire*, Paris, Éd. du Seuil, [1971] 1996, p. 10.
117. Ivan JABLONKA, *L'histoire est une littérature contemporaine. Manifeste pour les sciences sociales*, Paris, Éd. du Seuil, 2014.
118. Carlo GINZBURG, « Aristote et l'histoire, encore une fois », *in Rapports de force. Histoire, rhétorique, preuve*, Paris, Gallimard/Éd. du Seuil, 2003, p. 50.

S'il n'est pas la résultante d'un complot, le 9 thermidor n'est pas non plus une révolution dans la Révolution, le début d'un mouvement arrière ambitionnant de détruire les institutions et les grandes orientations politiques de l'an II. C'est une « journée » qui renverse un homme, et non pas un régime : il n'est alors mis fin ni au gouvernement révolutionnaire ni à la Terreur – mot que C. Jones, comme dit précédemment, emploie peu ou pas. Mais, et c'est là l'inédit, l'historien démontre que le 9 thermidor est une victoire qui appartient tout autant au peuple qu'au législateur révolutionnaire, au peuple de Paris qu'aux représentants de la Convention : c'est une « co-production »[119]. La « journée » se distingue par sa non-violence et le respect du droit que manifeste un peuple sectionnaire (40 % de la population parisienne) qui n'est ni passif ni désintéressé de la chose publique, mais adhère à l'ordre républicain : « La tendance d'un grand nombre d'historiens à considérer cette [journée] comme celle où les Parisiens ont fait preuve d'indifférence politique est tout à fait erronée », écrit C. Jones[120]. L'apathie n'est pas l'émotion clef, celle qui dominerait alors le peuple de Paris. Quand le peuple ne provoque pas le sang ou les massacres, il ne dirait ni ne ferait rien ? Dans *Non-violence and the French Revolution* (2015)[121], Micah Alpaugh a montré que 93 % des protestations populaires révolutionnaires étaient non pas pacifiques mais « non-violentes », qu'elles mobilisaient une violence symbolique sans passage à l'acte. Pas une seule victime n'est ainsi dénombrée entre le 31 mai et le 2 juin 1793, période qui vit l'expulsion des Girondins de la Convention et leur placement en résidence surveillée à leurs domiciles parisiens[122].

À partir du moment où Robespierre et les robespierristes font l'objet d'un décret de mise hors de la loi à la Convention le 8 thermidor, le peuple de Paris ne se soulève pas parce qu'il reste fidèle à la Convention. Le peuple ne s'oppose pas à l'exécution de la loi, dût-elle entraîner celle de Robespierre et des membres de ce qui n'est plus qu'une « faction » agissant au nom d'intérêts particuliers. Ce qu'il y a d'assez extraordinaire (ou de peu banal) est que Robespierre, de son côté, va aider le peuple à respecter le droit et la loi, puisqu'il interrompra sa signature au bas de l'appel à l'insurrection adressé à la section des Piques. S'il y a une grandeur de Robespierre, elle est là, dans cette signature interrompue qui marque à la fois le refus de la guerre civile et le sacrifice de sa vie au règne de la loi et au régime parlementaire inventé par la Convention. Le 9 thermidor ou la victoire du droit révolutionnaire dans la République ? Victoire fragile, puisque, sitôt acquise, elle est emportée par la vengeance et par l'élimination, les 10, 11 et 12 thermidor, de 108 individus, les députés robespierristes et les représentants de la Commune

---

119. C. Jones, *The Fall of Robespierre, op. cit.*, p. 431.
120. *Ibid.*, p. 451.
121. Micah Alpaugh, *Non-violence and the French Revolution: Political Demonstrations in Paris, 1787-1795*, Cambridge, Cambridge University Press, 2015. Voir le compte rendu de cet ouvrage par Anne Simonin dans *Annales HSS*, 76-2, 2021, p. 427-429.
122. Anne Simonin, « Un *coup d'estat* républicain : la Journée du 31 mai-2 juin 1793 et la réécriture des procès-verbaux de la Convention », *La Révolution française. Cahiers de l'Institut d'histoire de la Révolution française*, 21, 2021, https://doi.org/10.4000/lrf.5493.

de Paris. Jamais, sauf aux pires heures de la guerre de Vendée, la mise hors de la loi n'a été appliquée à une telle échelle, sur un temps si bref. Jamais, non plus, dans aucune partie du territoire de la République, une mise hors de la loi aussi radicale dans sa procédure n'a été exécutée : l'initiative en revient à Fouquier-Tinville.

Ultime singularité du 9 thermidor, celle d'être une « journée » dont le sens politique, brouillé sur le moment, est à venir. La narration de l'événement ne sera stabilisée qu'en l'an III sous la réaction thermidorienne. « Cela prit un certain temps, écrit C. Jones, mais le 9 thermidor a enclenché un processus dans lequel le peuple était frappé d'indignité et les radicaux parisiens réduits au silence. L'idée que le peuple de Paris ait pu jouer un rôle clef dans la chute de Robespierre devenait, dans ce contexte, inacceptable, voire invraisemblable. Le glissement vers la droite transformait le sens de la *journée* au détriment du peuple. Dans un double paradoxe, les principaux Montagnards qui avaient organisé la chute de Robespierre au sein de la Convention, et le peuple de Paris qui l'avait entérinée dans la rue, étaient tous deux considérés comme les complices d'un personnage de plus en plus décrié[123]. »

Le 9 thermidor, la Convention découvre à quel point elle hait Robespierre. Les inimitiés que lui vouent certains membres des Comités de salut public et de sûreté générale (la majorité d'entre eux, en fait) sont, en revanche, connues. Les 4 et 5 thermidor (22-23 juillet), pourtant, une « trêve » avait été conclue. Avant d'être des individus qui se détestent, les membres des comités sont des hommes d'État : la France est en guerre et, du maintien du gouvernement révolutionnaire, des Douze puis des Onze qui gouvernent, dépend le sort de la République. Une étincelle va mettre le feu aux poudres. C'est Saint-Just qui la provoque. Alors que le 9 thermidor, à 4 heures du matin, il s'était engagé à venir lire, à 11 heures, son *Rapport sur les institutions républicaines* devant les membres des deux comités, il ne vient pas. Lorsque Barère, Billaud-Varenne, Collot d'Herbois et Vadier arrivent, vers midi, à la Convention, Saint-Just occupe la tribune. Aucun compromis n'est plus envisageable. La « trêve » vole en éclat. Les anciens robespierristes rejoignent les rangs des anti-robespierristes. À 14 heures, la Convention vote le décret de mise en état d'arrestation de Robespierre.

L'an III ne gratifiera ni Billaud-Varenne, ni Collot d'Herbois, ni Barère, ni Vadier d'avoir fait chuter le « tyran » Robespierre. Ces hommes qui furent les thermidoriens les plus décisifs (Tallien, corrompu, ne jouissait ni de leur réputation ni de leur pouvoir d'influence) seront assimilés à la « queue de Robespierre », donc à des « terroristes », alors qu'ils aspiraient à conserver les intentions initiales du gouvernement révolutionnaire[124], et non à installer la République dans l'état d'exception permanent voulu par Saint-Just, Robespierre et Georges Couthon. En quoi, ils ne

---

123. C. Jones, *The Fall of Robespierre, op. cit.*, p. 439.
124. Intervention citée de Barère à la Convention le 14 thermidor an II (1er août 1794), *Archives parlementaires*, p. 33 : « Vous n'oublierez pas assurément, en réorganisant le gouvernement, qu'il est, par vos décrets, révolutionnaire jusqu'à la paix. Le peuple qui y voit son salut, les citoyens la fin de leurs peines, et les armées la caution de leurs triomphes, ne pourront pas oublier l'existence de ce gouvernement intermédiaire entre la révolution et la constitution […]. »

pouvaient donc être assimilés ni aux robespierristes ni aux anti-robespierristes qui, en renversant un homme, souhaitaient mettre fin au régime du gouvernement révolutionnaire. Ce tour de passe-passe qui voit le discours de Tallien supplanter le discours autrement décisif de Barère aura des conséquences à court et à long terme dans l'histoire politique de la République. La principale est l'effacement, sitôt né, du courant des thermidoriens de gauche au profit exclusif des thermidoriens de droite, en réalité des seuls « thermidoriens » reconnus par l'historiographie. De ce *holdup* mémoriel, la gauche de gouvernement s'est-elle jamais tout à fait remise ? La déconstruction de la narration politiquement orientée de l'an III que propose C. Jones rétablit l'importance historique des thermidoriens de gauche (Barère), sans l'aide active desquels les anti-robespierristes de la droite de la Convention emmenés par Tallien, 40 ou 50 députés sur 749, n'avaient aucune chance de l'emporter.

En s'échappant de la Convention et des théâtres convenus de l'action politique (la Commune de Paris, la société des Jacobins) pour aller vagabonder dans les rues de Paris, C. Jones invite aussi à se libérer de la narration exclusivement parlementaire de la « journée » et réinstitutionnalise le rôle du peuple dans l'histoire de la Première République. C'est bien davantage dans l'abstention volontaire par adhésion à l'ordre public républicain (et non par indifférence ou apathie) que le peuple a choisi de ne pas suivre Robespierre et les robespierristes : « Les institutions républicaines doivent toujours primer sur les individus[125]. » Telle pourrait être la morale de l'émotion populaire qui a dominé la journée du 9 thermidor vue par l'historien britannique.

Les émotions et après : que faire de la Terreur ?

Les émotions ont la vie dure (et longue), comme le montre Ronen Steinberg dans *The Afterlives of the Terror* (2019). Exhumant les cinq piliers de la mémoire active et passionnelle de la Terreur (Nomenclature, Responsabilité, Réparation, Souvenir, Passé qui ne passe pas), l'auteur s'attache à montrer comment penser cette période à l'origine de concepts neufs en droit international.

La question qui le retient n'est pas celle posée par B. Baczko dans un livre devenu un classique, *Comment sortir de la Terreur* (1989)[126], mais combien il est nécessaire de comprendre qu'il n'y a pas de « sortie » possible de la Terreur. La porte est, pour le coup, verrouillée à double tour, puisque liquider la Terreur, dont on dénonce les errements et la violence, c'est renoncer à la République (ce que les thermidoriens de droite comme de gauche n'envisagent pas). Il va donc falloir composer, « faire avec » la Terreur et inventer, pour la penser, un nouveau rapport au passé qui s'exprime sur le mode de l'indignation et débouche sur la construction de la Terreur comme « passé difficile » – statut qui est immédiatement ou presque, dans la mémoire collective, celui de la Terreur.

---

125. C. Jones, *The Fall of Robespierre*, op. cit., p. 231.
126. Bronisław Baczko, *Comment sortir de la Terreur. Thermidor et la Révolution*, Paris, Gallimard, 1989.

La polarisation autour de la figure de Robespierre, la désignation sauvage des adversaires et des ennemis politiques labellisés « terroristes » pour les disqualifier font obstacle à l'abandon consensuel de la Terreur et au voile d'ignorance que Robert Lindet, dans son discours du 20 septembre 1794 (5ᵉ jour complémentaire de l'an II), invitait à jeter. Nulle possibilité d'un débat « impassionné » et équitable sur la Terreur entre ceux qui en furent les architectes (les membres des Comités de salut public et de sûreté générale) et ceux qui en furent les soutiers (les députés de la Convention qui ont voté les lois, y compris les plus « terribles » ; les représentants du peuple en mission qui ont explicitement revendiqué « la terreur mise à l'ordre du jour » – Joseph Le Bon, en particulier, dans les départements du Nord et du Pas-de-Calais – pour imposer localement des formes de justice expéditives et dérogatoires aux principes du droit pénal libéral formulés en 1791[127]). Tout à leur quête d'une interprétation acceptable, à défaut d'être consensuelle, de la Terreur, les thermidoriens ont érigé le 9 thermidor et la chute de Robespierre en digue entre un « avant » (sanguinaire) et un « à venir » pacifié de la Révolution, laissant cette période derrière elle mais conservant la République. Ce faisant, ils n'ont pas seulement appliqué une stratégie du *« containment »*, exclusivement fondée sur la volonté de se dédouaner, mais ont aussi formulé positivement une question très moderne : « Que faire des passés difficiles[128] ? » Ces « passés difficiles », c'est la « justice transitionnelle » qui les prend aujourd'hui en charge. Reste que si cette forme de justice n'est apparue en droit international qu'en 2004, elle n'en est pas moins une invention de l'an III dans sa forme moderne[129], voire de l'Athènes classique[130].

Qui se souvient aujourd'hui de Joseph Le Bon[131] ? J.-P. Sartre avait songé, dans les années 1950, à lui consacrer un scénario de film dont des fragments ont été publiés dans la revue *Les Temps modernes*. Il ressort, même brièvement esquissé, de ce prêtre défroqué un portait autrement plus complexe que celui du « terroriste impénitent » forgé au XIXᵉ siècle[132]. Un Le Bon amoureux, déchiré par des injonctions contradictoires, soucieux du bien public, bref, en proie à des émotions qui ne sont pas réductibles au « monstre pétri de crimes, enivré de sang » que dénonceront ses adversaires en l'an III ; un portrait beaucoup plus proche de celui que permet de dessiner la série F7 des Archives nationales où figure une série de « lettres justificatives » que R. Steinberg a lues. À partir de cette source, ce dernier évoque

---

127. Voir M. Biard et M. Linton, « 'Terror as the Order of the Day': An Unsaid, Unofficial yet Widespread Order from the Convention », *in Terror, op. cit.*, p. 19-24.
128. R. Steinberg, *The Afterlives of the Terror, op. cit.*, p. 15.
129. Hervé Leuwers, Virginie Martin et Denis Salas (dir.), *Juger la « terreur ». Justice transitionnelle et République de l'an III, 1794-1795*, Paris, La Documentation française, 2021.
130. Voir Jon Elster, *Closing the Books: Transitional Justice in Historical Perspective*, Cambridge, Cambridge University Press, 2004, p. 21 : « Les Athéniens ont été confrontés à des problèmes et ont inventé des solutions étonnamment proches de celles de la justice transitionnelle actuelle. » Voir aussi V. Azoulay et P. Ismard, *Athènes 403, op. cit.*
131. R. Steinberg, *The Afterlives of the Terror, op. cit.*, p. 43.
132. Jean-Paul Sartre, « Fragments de *Joseph Le Bon* », *Les Temps modernes*, 632/633/634-4/5/6, 2005, p. 675-694.

Le Bon, en effet, mais pose à travers lui la question plus générale (et centrale) de la responsabilité sous la Terreur. Responsabilité : un de ces mots « que la Révolution a ajoutés à la langue, et non un des moindres. On n'en pourrait pas citer beaucoup qui, comme celui-là, sont entrés triomphalement de la politique dans le Droit », écrivait déjà Ferdinand Brunot[133].

Contrairement au français, la langue anglaise dispose de deux mots, « responsability » et « accountability », pour dire des choses proches et cependant différentes : la *responsability* relève du juridique quand l'*accountability* est un concept moral et politique, qui trouverait en français son expression dans la « reddition de compte » mentionnée à l'article 15 de la *Déclaration des droits de l'homme et du citoyen* de 1789 et 1793[134]. En tant que représentant en mission, donc fonctionnaire, Le Bon devait être soumis à une « reddition de compte », mais devait-il être tenu pour « responsable » de la répression pénale extraordinaire (et extraordinairement sévère) exercée sous son autorité dans un département frontière envahi par les armées étrangères : plus de 500 personnes guillotinées entre décembre 1793 et juillet 1794 entre Arras et Cambrai (dont 70 femmes)[135] ? En organisant le procès de Le Bon et son exécution le 24 vendémiaire an IV (16 octobre 1795), les thermidoriens ont tranché. Ils ont cumulé, en quelque sorte, les sens français et anglais, forgé un concept de « responsabilité » des gouvernants très étendu, sans équivalent ailleurs[136], que les représentants en mission Le Bon, mais aussi Jean-Baptiste Carrier paieront de leur vie en l'an III.

La mort sous la Révolution ne se limite pas à la privation de la vie. Elle se décline aussi en mort civique (la privation de l'exercice de certains droits emportée par la destitution de fonctions publiques) et en mort civile (la déchéance des droits civils entraînant la confiscation des biens). La Terreur a, en réalité, davantage condamné à une mort symbolique ses ennemis, en les décrétant « mort civilement », qu'elle ne les a envoyés à l'échafaud. La peine de la confiscation générale des biens – qui, dérogeant à la fois à la limitation de la peine dans le temps et au principe de personnalité des peines, avait été abrogée en janvier 1791 – a été rétablie en 1793 et appliquée aux émigrés, aux prêtres déportés ainsi qu'aux condamnés à mort des tribunaux révolutionnaires. Elle a frappé les suspects lors des décrets de ventôse (mars-avril 1794) présentés par Saint-Just. Si la Terreur a confisqué sur une échelle (et avec une efficacité jusqu'alors inégalée) les biens des ennemis politiques de la Révolution afin de les redistribuer aux pauvres et aux indigents, l'an III a aussi inauguré la première politique de restitution. Partielle, inégale, discriminatoire, largement liée à la réintégration des Girondins à la Convention en brumaire an III (octobre 1794)[137], cette politique de restitution, qui va occuper la

---

133. Ferdinand Brunot, « Nouveaux principes d'administration : la responsabilité », in *Histoire de la langue française des origines à 1900*, t. 9, *La Révolution et l'Empire*, vol. 2, « Les événements, les institutions et la langue », Paris, Armand Colin, [1937] 1967, p. 1053.
134. R. Steinberg, *The Afterlives of the Terror*, op. cit., p. 45-48 et 51.
135. *Ibid.*, p. 56.
136. *Ibid.*, p. 46.
137. *Ibid.*, p. 78 et 84-85.

Convention entre décembre 1794 et juin 1795 et que R. Steinberg étudie pour la première fois en tant que telle, ouvre dans la sphère publique un espace inconnu, un espace institutionnel d'expression des victimes collectives, démocratisant ce qui, sous l'Ancien Régime, relevait de la grâce royale, donc d'un traitement personnel privilégié.

À travers la restitution des biens, explique R. Steinberg, se manifeste l'aspiration au renouveau moral d'une société désireuse de réparer les injustices commises[138]. L'an III a une ambition, au moins lors de l'hiver 1794-1795 : « Mettre la justice à l'ordre de tous les jours », comme l'affirme Claude-Emmanuel Dobsen, le nouveau président du tribunal révolutionnaire qui s'apprête à juger Fouquier-Tinville : à ce nouveau performatif, on doit, après tout, un taux inédit d'acquittement (85 %) et une jurisprudence à l'origine du principe de l'opportunité des poursuites[139].

« Il n'y a que les morts qui ne reviennent pas », la phrase attribuée (et reprochée) à Barère, hante la politique de commémoration, à laquelle R. Steinberg consacre des pages éclairantes, attestant la présence clivante des morts dans la société française de l'an III. On peut encore aujourd'hui visiter le « cimetière des suppliciés » de Picpus[140], cimetière privé, dont, dès 1808, l'ancien représentant en mission, Joseph Fouché, ministre de la Police en exercice, eût bien voulu interrompre l'activité pour éviter le spectre d'un séparatisme des mémoires et l'opposition éternelle entre descendants, des acteurs et des victimes, de l'an II. Las, Joséphine de Beauharnais, femme de Napoléon Ier depuis 1796, dont le premier mari, le général Alexandre de Beauharnais, fut condamné à mort sous la Terreur et enterré à Picpus, s'y opposa… Plutôt que de ranger la Terreur dans la catégorie anhistorique du trauma, R. Steinberg préfère considérer que la structure embryonnaire des émotions, dont la conscience n'est pas toujours clairement formulée, permet le surgissement d'une expérience sociale partagée : celle du présent du passé[141].

Vingt ans après, entre la Terreur que décrivait ici même A. de Baecque en 2002, quels changements ? D'abord, le fait que la Terreur d'aujourd'hui parle mieux l'anglais que son aînée, dans la mesure où elle partage avec le monde anglophone, davantage que des références bibliographiques, une même analyse « émotive » où les individus ont conquis toute leur place, au détriment, peut-être, de celle des foules, mais aussi des lois. « Les lois instaurant la Terreur, signalait pourtant A. de Baecque, ont [une] fonction émotionnelle : elles effrayent, elles galvanisent, s'appropriant une fonction affective. La loi est une émotion en politique, une manière de répondre et de canaliser la revendication de Terreur formulée par les délégations populaires

---

138. Voir aussi Andrew JAINCHILL, *Reimagining Politics after the Terror: The Republican Origins of French Liberalism*, Ithaca, Cornell University Press, 2008.
139. Anne SIMONIN, « Le Tribunal révolutionnaire de l'an III (août 1794-mai 1795). La justice à l'ordre de tous les jours », *Histoire de la justice*, 2-32, 2021, p. 17-33.
140. R. STEINBERG, *The Afterlives of the Terror*, op. cit., p. 95-98.
141. *Ibid.*, p. 123.

à l'été et l'automne 1793 : la Convention semble traduire en lois les émotions du peuple[142]. » Et de poursuivre : « La Terreur n'est pas qu'un rêve de gouvernement des émotions de l'homme nouveau, elle est elle-même une politique gouvernée par les émotions, parfois submergée par elles[143]. »

Si les foules et les lois sont actuellement les négligées de l'approche de la Terreur par les émotions, la grande perdante n'est pas tant la théorie des circonstances d'inspiration marxiste, qui fut longtemps l'interprétation concurrente de celle de F. Furet dans le champ historiographique français, jusqu'au bicentenaire de 1989 du moins[144], que la guerre. Or, comme le remarquait B. Baczko, sans les échecs militaires, la crise monétaire, le soulèvement de la Vendée, la nécessité de mobiliser toutes les ressources et de mettre sur pied une économie de guerre, la politique de la Terreur n'eût probablement pas été à l'ordre du jour de la République afin de mobiliser l'énergie des sans-culottes, des citoyens-soldats dans la défense de l'égalité, de la liberté et de la patrie en danger[145]. Une histoire de la Terreur, remettant non pas seulement la *guerre* comme « circonstance », mais l'*état de guerre*[146], avec ses implications juridiques, au centre de l'économie émotive de la Terreur est-elle vouée à rester lettre morte ?

Anne Simonin
CNRS, CESPRA/EHESS
anne.simonin@ehess.fr

---

142. Antoine DE BAECQUE, « Apprivoiser une histoire déchaînée. Dix ans de travaux historiques sur la Terreur (1992-2002) », *Annales HSS*, 57-4, 2002, p. 851-865, ici p. 860.
143. *Ibid.*
144. Claude Mazauric à l'article « Terreur » du *Dictionnaire historique de la Révolution française*, publié sous la direction posthume d'Albert Soboul par Jean-René Suratteau, François Gendron et Raymonde Monnier, Paris, PUF, 1989, p. 1020-1025, ici p. 1023 : « En son principe et comme moyen d'action, la Terreur est d'abord le produit des 'circonstances' : la guerre, l'invasion menaçante, la Contre-Révolution, la crise sociale. Elle résulte de l'effort de l'État révolutionnaire pour assurer la victoire militaire et politique sur les traîtres et les rebelles. Cette exigence réellement populaire et au demeurant courante dans tout État en guerre pour sa survie, le gouvernement révolutionnaire l'a mise en œuvre […]. »
145. B. BACZKO, « The Terror before the Terror ? », art. cit., p. 34-35.
146. Pierre SERNA, Antonino DE FRANCESCO et Judith A. MILLER (dir.), *Republics at War, 1776-1840 : Revolutions, Conflicts, and Geopolitics in Europe and the Atlantic World*, Londres, Palgrave Macmillan, 2013.

Que vaut un député ?
Ce que l'indemnité dit du mandat parlementaire (1914-2020)

Éric Buge et Étienne Ollion

La séance qui se tient à la Chambre des députés en cet après-midi du mardi 8 juin 1926 est particulière. Dans son objet d'abord, puisque figure à l'ordre du jour un thème rarement évoqué dans l'hémicycle : l'indemnité parlementaire. À l'exception du bref débat de 1920, un tel sujet n'avait plus été abordé en séance pendant deux décennies. Depuis la polémique qui avait entouré son augmentation de 9 000 à 15 000 francs en novembre 1906, la question était même savamment évitée. L'opprobre subi par les « quinzemillistes » – terme désignant les élus s'étant octroyé la substantielle augmentation – était un souvenir trop présent pour que d'autres se risquent sur ce terrain miné.

Le débat de 1926 est également singulier, car la Chambre est partagée en deux blocs qui ne respectent pas les clivages politiques habituels. D'un côté, l'extrême gauche, parti communiste en tête, rejoint une fraction de la droite

---

* Nous tenons à remercier Maxime Chabriel, Pauline Culioli, Karim Fertikh, Bertrand Garbinti, Rémy Le Saout, Frédéric Monier, Arthur Thomas, le comité de rédaction des *Annales* ainsi que les évaluateurs externes pour leur aide concrète ou leurs commentaires avisés sur des versions antérieures de ce texte. Nous sommes également reconnaissants aux archivistes de l'Assemblée nationale qui nous ont aiguillés dans nos démarches, en particulier à Sarah de Bogui et à Aude Jagut, ainsi qu'aux archivistes des Archives nationales qui nous ont guidés dans nos recherches sur la période révolutionnaire, notamment Céline Parcé. Cet article est complété d'une annexe disponible sur l'entrepôt de données Open Science Foundation (DOI : 10.17605/OSF.IO/5Z42A) ainsi que sur le site de la revue (annales.ehess.fr), rubrique « Compléments de lecture » ; elle accompagne également la version numérique de l'article (DOI : 10.1017/ahss.2023.3).

bourgeoise dans son refus de toute augmentation. L'argumentation, certes, diffère. Pour les premiers, cette demande est indécente au moment où l'on impose à la population les efforts indispensables à la reconstruction du pays. Pour les seconds, cette revalorisation est dénoncée comme inutile : réminiscence d'un temps où l'activité parlementaire était une charge, la droite voit dans la fonction de député moins un métier qu'un honneur – qui constitue sa propre rétribution. Dans l'autre camp, la gauche socialiste, les radicaux et le centre droit forment une alliance de circonstance, qui défend une réforme destinée à assurer un revenu « décent » aux élus, garantissant leur « indépendance ». Il faut, selon les mots du député de la Côte-d'Or Henri Barabant, « que tout député, quel qu'il soit, [ait] le droit de vivre dignement[1] ».

Le parlementaire socialiste, qui ferraille contre les demandes de renvoi, avance un argument souvent repris par les partisans d'une augmentation de l'indemnité : ses concitoyens auraient une idée biaisée du revenu qu'elle procure, l'estimant bien plus élevé qu'il ne l'est. Plus précisément, les Français confondraient la somme octroyée à l'élu – celle rendue publique – avec le revenu finalement perçu. « Il est tout de même bon, énonce Barabant du haut de la tribune, que le public sache quelles sont les retenues qui incombent au député sur son indemnité. Personne n'a osé faire cette énumération. Je vais l'oser[2]. » S'ensuit une longue liste des dépenses quasi-nécessaires dans le cadre du mandat : déplacements, double logement, frais de représentation, propagande électorale, bienfaisance et autres donations, etc. Selon Barabant, à peine un tiers de l'indemnité est utilisable à des fins personnelles. Si tel est le cas, c'est peu dire que l'indemnité effectivement perçue par les élus ne correspond en rien à la perception qu'en ont les électeurs.

On n'a guère étudié le montant de l'indemnité revenant aux parlementaires, pourtant essentiel pour saisir la condition matérielle des élus et, par suite, le type d'activité qu'est la politique[3]. Plusieurs travaux ont certes évoqué les controverses qui ont entouré la fixation du montant de l'indemnité. Celui, souvent cité, d'Alain Garrigou fournit de nombreux éléments sur la situation pécuniaire des parlementaires au tournant du xxe siècle[4]. Quelques autres pourraient être évoqués – s'intéressant cependant principalement au xixe siècle[5] –, tout comme devrait l'être

---

1. *Journal officiel de la République française* (ci-après *JORF*), « Débats parlementaires », séance du 8 juin 1926, p. 2406.
2. *Ibid.*
3. Voir toutefois les travaux récents rassemblés dans Rémy Le Saout et Sébastien Segas, *Les élus et leur argent*, Villeneuve-d'Ascq, Presses universitaires du Septentrion, à paraître.
4. Alain Garrigou, « Vivre de la politique. Les 'quinze mille', le mandat et le métier », *Politix*, 5-20, 1992, p. 7-34.
5. Pour le xixe et le début du xxe siècle, voir par exemple Frédéric Monier et Christophe Portalez, « Une norme disputée : l'indemnité parlementaire en France (1789-1914) », *Cahiers Jaurès*, 235/236-1/2, 2020, p. 15-36 ; Nicolas Tardits, « Usages de l'indemnité parlementaire. De sa dénonciation à sa réhabilitation sous le Second Empire », *Politiques de communication*, 15-2, 2020, p. 21-48. Voir également Michel Offerlé, « Illégitimité et légitimation des personnels politiques ouvriers en France avant 1914 », *Annales ESC*, 39-4, 1984, p. 681-713.

une série de monographies traitant de la question de l'indemnisation des élus au début du xxᵉ siècle, quoique ces dernières s'en tiennent à une description des règles juridiques[6]. Certaines contributions encore, qui décrivent le mode de vie des élus, donnent à voir des budgets de parlementaires mais sont circonscrites à une période donnée[7]. Quant à celles qui proposent une approche diachronique, elles s'appuient, faute de sources aisément accessibles, sur des estimations au mieux approximatives[8]. Finalement, en dehors de la période la plus récente, on ne dispose pas d'études sur la rémunération effective que l'indemnité parlementaire procure aux représentants de la nation.

Si cette méconnaissance n'est pas propre à la France, elle y est cependant prononcée. Au Royaume-Uni, le montant de l'indemnité parlementaire depuis 1911 est connu et analysé de longue date – notamment au regard des déterminants de ses évolutions[9]. Les données états-uniennes sur l'indemnité des élus depuis 1789 sont également mises à disposition par le Congressional Research Service, de même que l'indemnité suisse depuis 1920[10]. Toutefois, peu de ces travaux estiment le revenu

---

6. Il s'agit de thèses de droit. Voir par exemple Fernand GLORIA, *De l'indemnité parlementaire*, Caen, E. Adeline, 1902 ; André BARON, *Du caractère juridique de l'indemnité parlementaire*, Paris, A. Pedone, 1905 ; Charles NAVONI, *De l'indemnité parlementaire*, Paris, Niel, 1907 ; André MEYER, *De l'indemnité parlementaire*, Paris, Giard et Brière, 1908 ; Jean SÉCHET, *De l'indemnité parlementaire et autres avantages accessoires*, Alençon, G. Supot, 1909 ; Raoul TEISSIÉ-SOLIER, *L'indemnité parlementaire en France. Historique et régime actuel*, Paris, A. Pedone, 1910. Pour le régime juridique actuel, voir Éric BUGE, *Droit de la vie politique*, Paris, PUF, 2018, p. 479 *sq.* ; *id.*, « L'indemnité parlementaire et la séparation des pouvoirs. Vers une séparation politique des pouvoirs », *Revue du droit public et de la science politique*, 3, 2020, p. 643-682.
7. Pierre GUIRAL et Guy THUILLIER, *La vie quotidienne des députés en France de 1871 à 1914*, Paris, Hachette Éditions, 1980.
8. Dans ce qui est sûrement l'article le plus complet pour la période de l'après-1945, l'autrice est contrainte d'approcher le revenu des élus par le montant total de l'indemnité officielle. Voir Touria JAAIDANE, « Économie de la représentation nationale et rémunération des parlementaires français », *Revue d'économie politique*, 127-5, 2017, p. 913-956.
9. Voir notamment Mark BAIMBRIDGE et Darren DARCY, « MPs' Pay 1911-1996: Myths and Realities », *Politics*, 19-2, 1999, p. 71-80, qui donne la série ; David JUDGE, « The Politics of MPs' Pay », *Parliamentary Affairs*, 37-1, 1984, p. 59-75 ; Nicholas DICKINSON, « Remuneration for Representation: Legislative Pay in Comparative and Long Term Perspective », thèse de doctorat, University of Exeter, 2019 ; ainsi que l'abondante production, notamment parlementaire, postérieure au scandale des notes de frais survenu en 2009. Une branche de l'économie publique s'est intéressée, dans le cadre de la théorie du principal-agent, aux déterminants des augmentations votées par les parlementaires. Voir par exemple Karsten MAUSE, « Self-Serving Legislators? An Analysis of the Salary-Setting Institutions of 27 EU Parliaments », *Constitutional Political Economy*, 25-2, 2014, p. 154-176 ; Björn KAUDER, Manuela KRAUSE et Niklas POTRAFKE, « Electoral Cycles in MP's Salaries: Evidence from the German States », *International Tax and Public Finance*, 25-2, 2018, p. 981-1000. Pour le cas états-unien, voir Sean M. THERIAULT, « Public Pressure and Punishment in the Politics of Congressional Pay Rises », *American Politics Research*, 32-4, 2004, p. 444-464.
10. Ida A. BRUDNICK, « Salaries of Members of Congress: Recent Actions and Historical Tables », *Congressional Research Service*, avril 2018, https://crsreports.congress.gov/product/pdf/RS/97-1011 ; et SERVICES DU PARLEMENT SUISSE, « Indemnités des députés »,

réel tiré de l'activité (seule l'indemnité générale retient leur attention), et aucun à notre connaissance ne rapporte le montant de l'indemnité perçue au niveau de vie de la population dans la longue durée. Récemment, Frédéric Monier écrivait, à propos de la France du XIXe siècle, que « si l'on dispose d'études historiques ou sociohistoriques sur le métier politique, celles-ci, à quelques exceptions près, ne dispensent pas de lumières sur les revenus des élus et sur l'argent gagné à exercer des mandats[11] ». Le constat pourrait être étendu à bien d'autres pays.

Ce qui pourrait être matière à indignation démocratique se présente à l'historien comme une double énigme. La première résulte de cette absence de connaissances sur une donnée aussi essentielle. Le manque de travaux ne s'explique ni par un oubli de la part des chercheurs ni par un manque d'intérêt pour le sujet, mais par la difficulté de connaître le montant de l'indemnité. Comment se fait-il que, dans ce lieu si intensément scruté qu'est le Parlement et au sein d'une institution qui produit autant de traces sur son activité quotidienne, cette information soit si ardue à obtenir ? Cet obstacle invite à s'interroger sur les conditions de la connaissance ou, plutôt, de la méconnaissance qui entoure la rémunération des élus. Si tous les silences de l'histoire méritent d'être examinés de la sorte, celui-ci interpelle particulièrement.

La seconde énigme réside dans le montant de cette indemnité à proprement parler. Quel revenu peut-on tirer de la politique depuis le début du XXe siècle, c'est-à-dire une fois que la rémunération des élus est devenue un principe accepté et que les débats se sont portés sur son montant plutôt que sur sa légitimité ? Comment celui-ci évolue-t-il, et comment positionne-t-il les élus dans la hiérarchie des revenus ? Répondre à cette question est riche d'enseignements pour les sciences sociales du politique, en comblant certains manques criants en la matière.

Ces dernières années, la question de la « professionnalisation de la politique » est redevenue un objet d'intérêt primordial dans les sciences sociales françaises et européennes[12]. Les chercheurs ont ainsi analysé la biographie des élus[13], le temps

---

printemps 2018, https://web.archive.org/web/20210415092859/https://www.parlament.ch/fr/organe/indemnites.

11. Frédéric MONIER, « Introduction » au dossier « L'argent des politiques. Rémunération des élus et financement des partis en Europe », *Cahiers Jaurès*, 235/236-1/2, 2020, p. 3-13, ici p. 4. Dans le même sens, voir Didier DEMAZIÈRE et Rémy LE SAOUT, « Vivre de la politique. Rémunération des élus et indemnisation des mandats », *Revue française de science politique*, 71-1, 2021, p. 7-28 et *id*., « Professionnalisation et indemnisation des élus. Explorer la dépendance économique aux mandats politiques », *Revue française de science politique*, 71-1, 2021, p. 29-50, qui écrivent notamment : « Mais combien gagnent-ils ? La question occupe une place discrète dans la recherche en sociologie politique » (p. 31).
12. Pour une synthèse récente des travaux sur ce sujet, voir Sébastien MICHON et Étienne OLLION, « Retour sur la professionnalisation politique. Revue de littérature critique et perspectives », *Sociologie du travail*, 60-1, 2018, https://doi.org/10.4000/sdt.1706.
13. Voir Julien BOELAERT, Sébastien MICHON et Étienne OLLION, *Métier : député. Enquête sur la professionnalisation de la politique en France*, Paris, Raisons d'agir, 2017. On pourra aussi consulter, pour le Second Empire, Éric ANCEAU, *Les députés du Second Empire. Prosopographie d'une élite du XIXe siècle*, Paris, Honoré Champion, 2000 et, pour la IIIe République,

consacré à l'exercice du mandat[14] ou encore les apprentissages nécessaires à l'activité politique[15]. En revanche, en dépit d'une référence omniprésente à la définition de Max Weber selon laquelle le professionnel est celui qui vit « pour et de la politique[16] », peu de ces travaux se sont finalement intéressés aux revenus et à leur évolution. Répondre à la question des rétributions que procure le mandat de député (indépendamment du niveau de revenu total de ces derniers ou de leur appartenance sociale) constitue pourtant une manière centrale de caractériser le type d'activité qu'est la politique[17].

C'est à ces deux énigmes que cet article se propose de répondre. Il montre que la difficile connaissance du montant réel du revenu que l'indemnité confère aux élus est largement due à un effacement délibéré de toute publicité autour de cette question, tant il est compliqué pour les députés, dès la Révolution française, de se prononcer publiquement sur leur propre rémunération et tant ces débats ont prêté à polémique. Sans être systématiquement orchestré, le défaut d'information a souvent été favorisé par les élus eux-mêmes afin de mettre à distance une question perçue, probablement à raison, comme un vecteur d'antiparlementarisme[18].

Comment le niveau effectif de l'indemnité parlementaire a-t-il évolué dans le temps ? La comparaison avec le salaire ouvrier démontre que, de la fin du XIXe siècle à nos jours, l'indemnité place les députés solidement dans le haut de la hiérarchie des revenus français. Des fluctuations existent toutefois selon les périodes, qui font significativement varier la position des élus au sein de cette élite. Ces dernières décennies, on observe ainsi un net décrochage des députés par rapport aux plus hauts revenus.

Fort de ces constats, l'article interroge ce que la rétribution matérielle des parlementaires révèle des conceptions successives du mandat de député. Cette analyse est conduite à partir de l'examen de différentes dimensions matérielles du mandat de député telles que la retraite, la couverture des frais de mandat, l'assurance chômage ou le régime fiscal. Pris ensemble, ces éléments montrent que, de la fin du XIXe siècle aux années 1980 environ, l'activité parlementaire a

---

les références dans Christophe CHARLE, « Les élites de la IIIe République : un bilan actualisé », *Revue historique de l'océan Indien*, 13, 2016, p. 302-314.
14. Laurent GODMER et Guillaume MARREL, *La politique au quotidien. L'agenda et l'emploi du temps d'une femme politique*, Lyon, ENS Éditions, 2017.
15. Jacques LAGROYE, « Être du métier », *Politix*, 28-4, 1994, p. 5-15. Pour une synthèse, voir Michel OFFERLÉ (dir.), *La profession politique. XIXe-XXe siècles*, Paris, Belin, 1999.
16. Max WEBER, *Le savant et le politique*, trad. par J. Freund, Paris, 10-18, [1959] 2002, p. 123 *sq*.
17. Une remarque récemment faite dans Didier DEMAZIÈRE et Rémy LE SAOUT, « Que signifie vivre de ses mandats ? Retour sur une dimension négligée de la professionnalisation politique », dossier « Pouvoir vivre de la politique », *Politique et sociétés*, 41-1, 2022, p. 59-83.
18. Le montant de l'indemnité parlementaire qui bénéficie aux députés et aux sénateurs est équivalente durant la période étudiée. Toutefois, n'ayant travaillé que sur les archives de l'Assemblée nationale et les facilités matérielles qu'elle procure à ses membres, nous limiterons nos analyses à la Chambre basse. Dans la suite du texte, les termes « députés » et « parlementaires » sont employés indifféremment.

été principalement conçue comme une profession libérale, le député devant être totalement libre de déterminer les modalités d'exercice de son mandat. À partir de la fin des années 1980, une inflexion marquée a contribué à rapprocher la condition matérielle des députés d'un statut de salarié et, plus précisément, de cadre.

Une question inflammable de moins en moins évoquée

La réticence des parlementaires à évoquer publiquement leur propre rémunération est palpable tout au long du XXe siècle. L'histoire de la création de l'indemnité parlementaire, au début de la Révolution, en constitue les prémices éclatantes.

La matrice révolutionnaire

Si l'indemnité parlementaire a fait son entrée dans l'histoire française dès les premiers mois de la Révolution, ce fut par la petite porte[19]. Le « traitement » des députés a en effet été créé par un décret de l'Assemblée nationale du 1er septembre 1789 (fig. 1) au sujet duquel les notes préparatoires au procès-verbal de séance précisent, de manière tout à fait exceptionnelle : « […] doit être porté sur une feuille séparée, afin qu'il ne soit pas imprimé dans le procès-verbal[20] » (fig. 2). De fait, le décret fondateur de l'indemnité parlementaire n'a jamais été publié – pas plus au procès-verbal que dans la collection officielle des décrets des assemblées révolutionnaires, dite collection Baudouin –, mais il est bien entré en vigueur, la presse s'en faisant l'écho au fil du mois de septembre 1789. Ce décret a été si bien mis à part qu'il est resté hors de portée des historiens tout au long du XXe siècle. On a toutefois pu retrouver cette pièce fondatrice aux Archives nationales[21].

---

19. Sur l'histoire révolutionnaire de l'indemnité, les articles de référence sont ceux d'Alphonse AULARD, « L'indemnité législative sous la Révolution », *La Révolution française. Revue d'histoire moderne et contemporaine*, 79, 1926, p. 193-207 et de René GARMY, « Robespierre et l'indemnité parlementaire » [I], *Annales historiques de la Révolution française*, 169, 1962, p. 257-287 et *id.*, « Robespierre et l'indemnité parlementaire » [II], *Annales historiques de la Révolution française*, 171, 1963, p. 25-43. Voir également Eugène PIERRE, *Traité de droit politique, électoral et parlementaire*, Paris, Librairies-Imprimeries réunies, [1878] 1920, p. 1323 *sq.*; André CASTALDO, *Les méthodes de travail de la Constituante. Les techniques délibératives de l'Assemblée nationale, 1789-1791*, Paris, PUF, 1989, p. 152-156.
20. R. GARMY, « Robespierre… » [I], art. cit., p. 267. Pierrefitte-sur-Seine, Archives nationales (ci-après AN), C 31, d. 254, p. 3.
21. Eugène Pierre, secrétaire général de la Chambre des députés entre 1885 et 1925 et auteur du traité de référence sur le droit parlementaire, écrit en 1893 : « […] par une pudeur excessive, on s'abstint de faire insérer ce décret dans le procès-verbal imprimé; il n'a pas été reproduit au Bulletin des lois, mais il existe en minute dans les archives de la Chambre des députés » (E. PIERRE, *Traité…, op. cit.*, p. 1154). Alphonse Aulard a cherché à consulter ce document qui avait été versé aux Archives nationales : « J'ai été aux Archives nationales : on n'y a pas retrouvé ce décret dans ledit versement. J'ai idée que feu Eugène Pierre, secrétaire général de la Chambre des députés, qui avait, dit-on,

Figure 1 – Décret du 1er septembre 1789

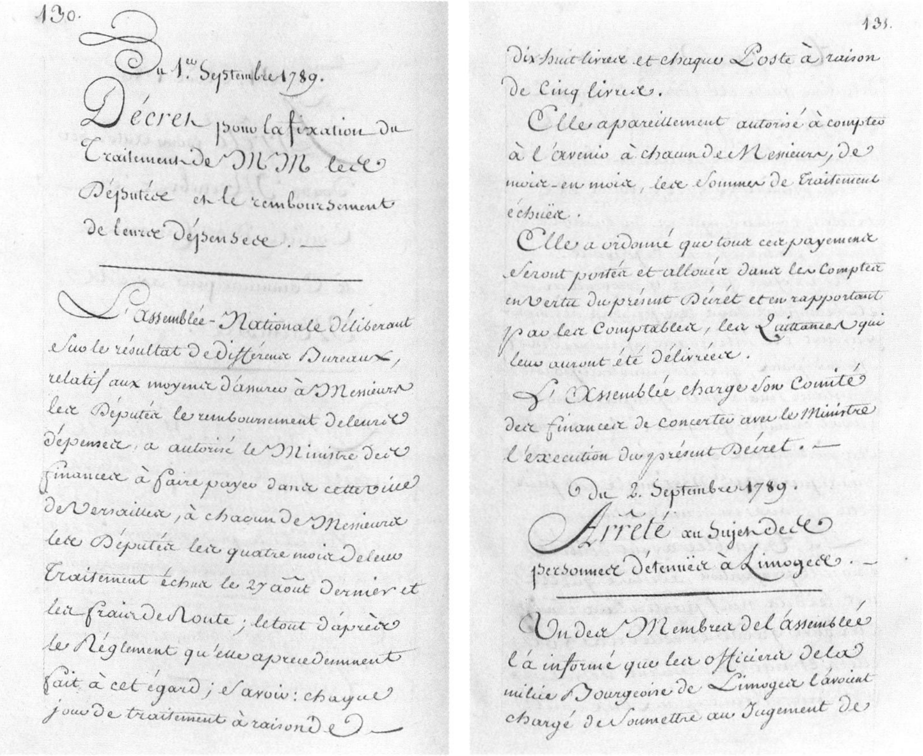

130.

Du 1er Septembre 1789.

Décret pour la fixation du Traitement de MM. les Députés et le remboursement de leurs dépenses. —

L'assemblée-Nationale délibérant sur le résultat de différens Bureaux, relatif aux moyens d'assurer à Messieurs les Députés le remboursement de leurs dépenses, a autorisé le Ministre des finances à faire payer dans cette ville de Versailles, à chacun de Messieurs les Députés les quatre mois de leur Traitement échus le 27 août dernier et les frais de Route ; le tout d'après le Réglement qu'elle a précédemment fait à cet égard ; savoir : chaque jour de traitement à raison de —

131.

dix-huit livres et chaque Poste à raison de cinq livres.

Elle a pareillement autorisé à compter à l'avenir à chacun de Messieurs, de mois-en mois, les sommes de traitement échues.

Elle a ordonné que tous ces payemens seront portés et alloués dans les Comptes en vertu du présent Décret et en rapportant par les Comptables, les Quittances qui leur auront été délivrées.

L'Assemblée charge son Comité des finances de concerter avec le Ministre l'exécution du présent Décret. —

Du 2. Septembre 1789.

Arrêté au sujet des personnes détenues à Limoges. —

Un des Membres de l'assemblée a informé que les officiers de la milice Bourgeoise de Limoges l'avoient chargé de soumettre au Jugement de

Source : AN, A 186, p. 130-131.
Transcription : *Du 1er Septembre 1789 – Décret pour la fixation du Traitement de MM. Les Députés en remboursement de leurs dépenses.*
L'assemblée-Nationale délibérant sur le résultat des différents Bureaux, relatif aux moyens d'assurer à Messieurs les Députés le remboursement de leurs dépenses, a autorisé le Ministre des Finances à faire payer dans cette ville de Versailles, à chacun de Messieurs les Députés les quatre mois de leur traitement échus le 27 août dernier et leurs frais de Route ; le tout d'après le Règlement qu'elle a précédemment fait à cet égard ; et avoir : chaque jour de traitement à raison de dix-huit livres et chaque Poste à raison de cinq livres.
Elle a pareillement autorisé à compter à l'avenir à chacun de Messieurs, de mois en mois, les sommes de traitement échues.
Elle a ordonné que tous ces paiements seront portés et alloués dans les comptes en vertu du présent Décret et en rapportant par leurs comptables, leurs quittances qui leur auront été délivrées.
L'Assemblée charge son comité des finances de concerter avec le Ministre l'exécution du présent Décret.

beaucoup d'ordre, a si bien rangé le précieux document dans quelque tiroir ou carton discret qu'on ne le retrouvera que par hasard, en cherchant autre chose, dans les Archives de la Chambre » (A. Aulard, « L'indemnité législative… », art. cit., p. 200). René Garmy fait le même constat en 1962 : « […] la consigne a été si bien respectée que le décret du 1er septembre 1789 est resté, jusqu'à ce jour, introuvable » (R. Garmy, « Robespierre… » [I], art. cit., p. 267). La pièce a pu être retrouvée aux Archives nationales, grâce à l'aide de Céline Parcé, chargée d'études documentaires, dans la collection des copies non authentiques des décrets de l'Assemblée constituante établie dès l'époque révolutionnaire par Armand-Gaston Camus, l'archiviste de cette assemblée.

Figure 2 – Document préparatoire au procès-verbal de la séance du 1er septembre 1789

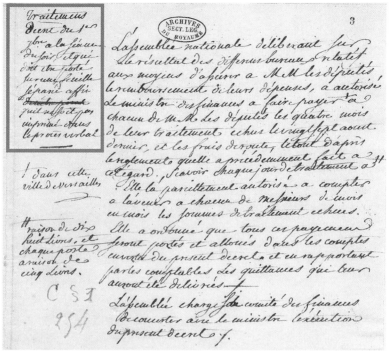

Source : AN, C 31, d. 254, p. 3.
Transcription du détail de la pièce : *[…] doit être porté sur une feuille séparée afin qu'il ne soit pas imprimé dans le procès-verbal.*

Le silence qui entoure déjà la rémunération des élus ne doit rien au hasard. Comme l'a démontré René Garmy, il résulte de la demande des nombreux bureaux de l'Assemblée qui ont eu à examiner cette question[22]. Cette absence de publicité s'explique par le désir ardent, de la part des élus, de ne pas paraître intéressés, et donc de ne pas sembler utiliser leurs fonctions de représentants de la nation pour en tirer un profit personnel. Telle est la critique que tente de parer Mirabeau auprès de ses électeurs : « […] loin de nous la vile pensée de substituer le mobile de l'intérêt à celui du patriotisme et de payer à prix d'or des services dont le bien public doit être le but et la récompense[23] ». Mais, insiste-t-il, ne pas « salarier » les représentants serait plus dommageable encore, car cela reviendrait à priver l'Assemblée de personnalités qui n'auraient pas de moyens de subsistance et, *de facto*, à réserver la représentation politique à « une aristocratie d'hommes riches », lesquels n'hésiteraient pas à acheter les suffrages de leurs électeurs et à vendre les

22. R. Garmy, « Robespierre… » [I], art. cit., p. 262 *sq*.
23. Mirabeau, *Courrier de Provence. Pour servir de suite aux Lettres du Comte de Mirabeau à ses Commettants*, XXVII, 12 août 1789, p. 1-4.

leurs. « L'honneur de servir la nation va devenir le patrimoine de quelques familles » et les mandats « seront à l'enchère », menace-t-il. Mieux vaut donc rétribuer les députés que de risquer d'exclure de l'Assemblée des hommes de vertu présents jusque dans le peuple ou de favoriser la corruption par la gratuité du mandat.

On retrouve cette dialectique de la vertu à l'occasion de l'un des principaux débats de l'époque révolutionnaire portant sur l'indemnité parlementaire, celui des 23 et 24 nivôse an III (12 et 13 janvier 1795)[24]. Du fait de l'élévation du coût de la vie, les 18 livres quotidiennes (soit huit fois le salaire ouvrier) que les députés s'étaient attribuées en 1789 sont devenues insuffisantes pour beaucoup. Certains conventionnels proposent, en conséquence, de réévaluer le montant de l'indemnité en le doublant. Dans les débats qui s'ensuivent, trois positions se font jour, qui définissent les contours du champ argumentatif autour de l'indemnité jusqu'au XXe siècle. D'une part, le rapporteur Thibault, appuyé par Pierre-Joseph Cambon, plaide pour que la nation indemnise « honorablement » les députés, ce qui nécessite l'indexation de l'indemnité sur le prix des denrées. À l'inverse, les Montagnards récusent toute augmentation de l'indemnité : la vertu des représentants suffit à les rendre riches. Ils demandent que l'on s'occupe d'abord de la situation des soldats mutilés et des fonctionnaires publics dans le besoin : « […] ne faisons pas croire que nous voulons de l'argent ; ne faisons pas dire que nous puisons dans le trésor public[25] », s'insurge Duhem. Sont enfin rappelées, comme repoussoir, les positions des monarchiens de 1789, qui s'étaient opposés à la création de l'indemnité ou à sa fixation à un niveau suffisant : « […] c'est l'abbé Maury, ce sont la noblesse et le clergé, qui, pour éloigner les pauvres, n'ont fait décréter en 89 qu'une indemnité de 18 livres[26] », affirme Cambon pour appuyer la nécessité de la réévaluation, afin que les députés puissent vivre « dans une honnête aisance », selon l'expression de l'un d'entre eux. Le doublement de l'indemnité est finalement adopté par la Convention thermidorienne.

Les assemblées révolutionnaires assument donc, en 1789 comme en 1795 (soit bien avant le débat de 1906[27]), que les députés puissent vivre de leur mandat, car telle est la condition à la fois de la vertu des députés et de la représentativité de l'Assemblée. Néanmoins, il se révèle difficile, dans le même temps, de ne pas tenir compte des particularités du mandat parlementaire. Une autre tension s'instaure alors, entre le nécessaire particularisme du mandat représentatif et la volonté des députés de ne pas se différencier de l'ensemble de leurs concitoyens. Le terme même d'« indemnité » est le fruit de cette tension. Les députés avaient en effet instauré, le 1er septembre 1789, un « traitement » à leur bénéfice, et non une indemnité.

---

24. *Gazette nationale, ou le Moniteur universel*, séance du 23 nivôse an III (12 janv. 1795), p. 197-198 et séance du 24 nivôse an III (13 janv. 1795), n° 117, p. 209-213.
25. *Ibid.*, p. 475.
26. *Ibid.*
27. Alain Garrigou faisait du débat de 1906 le moment de la consécration du fait de pouvoir vivre de son mandat : « 'Vivre de la politique', tel était le principe qu'établissait définitivement le vote des quinze mille francs en 1906. […] Il fallait que les parlementaires puissent vivre de leur indemnité et seulement avec elle » (A. GARRIGOU, « Vivre de la politique », art. cit., p. 21). Cette préoccupation apparaît en fait dès la Révolution.

L'ambiguïté du vocable retenu apparaît à nouveau le 12 avril 1792, quand les commissaires de la trésorerie nationale interrogent l'Assemblée pour savoir s'il convient d'appliquer aux députés la loi qui veut que toute personne sollicitant un versement du Trésor public doit d'abord démontrer qu'elle s'est acquittée de ses contributions obligatoires[28]. Les députés recevant un « traitement », il n'y aurait pas lieu de les en exempter. Au cours du débat qui s'ensuit, l'Assemblée décide d'abord de s'appliquer le droit commun, les députés « ne [devant] pas être distingués des autres citoyens », sauf à recréer des privilèges, puis, à la réflexion, s'en exonère, au motif qu'ils tiennent leur confiance directement de leurs électeurs, et non de leur fortune. Après la clôture de ce débat, et comme pour en tirer les conséquences, l'Assemblée décide de substituer le terme d'« indemnité » à celui de « traitement ». Avec cette seconde naissance de l'indemnité s'affirme le double corps des députés : le député-représentant, soumis à des contraintes et à des règles propres, et le député-personne privée, qui doit être traité à l'égal de ses concitoyens.

Restent à définir les contours et les limites de cette spécificité. Quelles sont les dépenses et les charges matérielles inhérentes au bon accomplissement du mandat de député ? Le décret du 1er septembre 1789 couvrait déjà les frais de transport, dits « frais de route ». Les lois du 5 frimaire an VI (25 novembre 1797) et du 29 thermidor an VII (16 août 1798) y ajoutent des frais postaux et des frais de bureau. Elles pourvoient également à la fourniture et à l'entretien des costumes des députés et prévoient que « les représentants du peuple sont logés aux frais de la République », évoquant même l'emploi, par certains représentants, de « secrétaires » pour les aider à accomplir leurs missions[29]. À la fin du Directoire, les dépenses prises en charge représentent ainsi 61 % du montant de l'indemnité et sont donc loin d'être négligeables. Certains frais couverts de manière forfaitaire ainsi que des contributions en nature des assemblées (afin de pourvoir, par exemple, au costume des députés) complètent l'indemnité à proprement parler.

L'élaboration de la loi du 5 frimaire an VI (25 novembre 1797), qui porte en particulier sur les frais de correspondance des députés, illustre une dernière tension : celle qui met aux prises, d'une part, l'égalité de principe entre tous les députés et, d'autre part, le constat que certains ont davantage de frais que d'autres. Le Conseil des Cinq-Cents et celui des Anciens, qui succèdent, en 1795, à la Convention nationale, hésitent et changent à plusieurs reprises de formule tant l'équation paraît insoluble. Sont successivement envisagés une indemnité forfaitaire, le rétablissement de la franchise de port pour les députés et le versement

---

28. *Archives parlementaires*, t. XLI, p. 509-510.
29. Loi qui règle l'indemnité due aux membres du corps législatif pour la suppression du contreseing du 5 frimaire an VI et loi relative aux frais de logement, de bureau et d'entretien de costume des représentants du peuple du 29 thermidor an VII. On trouve également un état des dépenses du corps législatif pour l'an VII et l'an VIII dans les lois du 21 vendémiaire an VII (12 octobre 1798) et du 7 brumaire an VIII (29 octobre 1799), qui permettent de mesurer le montant exact de l'indemnité et des frais des parlementaires à ces dates. Elles sont incorrectement référencées dans le *Traité* d'E. Pierre.

d'une indemnité différenciée en fonction de la proximité avec Paris[30]. Si, en l'occurrence, la différenciation de l'indemnité selon le lieu d'élection est retenue, le principe d'égalité continue à prévaloir pour l'essentiel. Comme l'énonce l'un des rapporteurs de cette loi, les députés, « quel que soit le département qui les a nommés, sont les membres de la même famille, tous également intéressés au sort de la République, au bonheur commun. Il ne peut donc être établi entr'eux aucune différence sous aucun rapport[31] ».

Les débats révolutionnaires cristallisent ainsi les tensions constitutives de l'indemnité parlementaire : entre nécessité d'une rémunération et soupçon d'intéressement ; entre volonté de ne pas se distinguer des autres citoyens et spécificité du mandat parlementaire ; entre égalité des représentants et frais spécifiques à certains d'entre eux. Cet ensemble de contraintes rend le débat public autour de ces sujets particulièrement difficile pour les députés. Elles ne disparaîtront pas durant les deux siècles suivants, la Révolution jouant le rôle de matrice des enjeux liés à l'indemnité parlementaire.

« Un tel sujet nous est particulièrement pénible »

Si l'histoire de l'indemnité parlementaire est étroitement liée, au XIXe siècle, à la succession des régimes politiques (elle est supprimée par les monarchies censitaires, qui énoncent le principe de gratuité du mandat, puis brièvement par le Second Empire[32], et rétablie par les Républiques), il faut toutefois se garder d'une lecture linéaire qui n'en ferait un enjeu de débats qu'en république[33]. Tout au long du XIXe siècle, elle demeure un sujet sensible. Un épisode en particulier a marqué des générations de républicains, celui de la mort héroïsée du député Alphonse Baudin, le 3 décembre 1851, alors qu'il tentait de rallier les faubourgs parisiens à la résistance au coup d'État napoléonien. Aux ouvriers en lutte qui lui reprochaient les 25 francs de l'indemnité parlementaire, Baudin aurait répondu : « Vous allez voir comment on meurt pour 25 francs », avant de monter sur la barricade et d'y être tué[34].

---

30. Séances du Conseil des Cinq-Cents des 27 vendémiaire (19 oct.), 3, 22, 25 et 29 brumaire (25 oct., 13, 16 et 20 nov.) et 1er, 2 et 3 frimaire (22, 23 et 24 nov. 1795). Plusieurs journaux en font le compte rendu, les plus complets figurant dans la *Gazette nationale, ou le Moniteur universel* (n°s 28, 35, 59, 64, 65 et 69). Plusieurs séances ont lieu en comité secret, de même que celles du Conseil des Anciens.
31. Il s'agit de Savary au Conseil des Cinq-Cents (*Gazette nationale, ou le Moniteur universel*, 29 brumaire an VI [19 nov. 1797], n° 59, p. 240).
32. Si l'article 37 de la Constitution du 14 janvier 1852 prévoit que les députés ne reçoivent aucun traitement, le sénatus-consulte du 25 décembre 1852 rétablit l'indemnité législative. Voir N. TARDITS, « Usages de l'indemnité parlementaire », art. cit.
33. Voir F. MONIER et C. PORTALEZ, « Une norme disputée… », art. cit.
34. Alain GARRIGOU, *Mourir pour des idées. La vie posthume d'Alphonse Baudin*, Paris, Les Belles Lettres, 2010 ; Jacques-Olivier BOUDON, « Baudin et la barricade du 3 décembre 1851 : histoire et représentation de l'Empire à la République », *in* A. CORBIN et J.-M. MAYEUR (dir.), *La barricade*, Paris, Éd. de la Sorbonne, 1997, p. 235-249. Par comparaison, un salaire d'ouvrier qualifié parisien se situait aux environs de 4 francs par jour.

C'est de cette histoire tourmentée qu'héritent les députés des débuts de la IIIe République. Si le principe de l'indemnité est confirmé en 1871 puis en 1875[35], celle-ci est simplement rétablie à son niveau de 1848, et les républicains, conscients de cette mémoire polémique, repoussent autant que possible son augmentation en dépit de l'inflation. Après une tentative avortée en 1899, c'est en 1906 que les parlementaires prennent l'initiative de porter leur indemnité de 9 000 à 15 000 francs par an. Malgré les précautions destinées à déjouer l'attention de l'opinion publique (la navette parlementaire entre les deux assemblées est, chose rare, réalisée en une seule journée), cette augmentation provoque des réactions nombreuses, violentes et durables, qui constitueront un nouveau traumatisme dans la mémoire républicaine[36]. Si le principe d'une indemnité parlementaire « suffisante et intangible[37] », selon les mots de Robespierre à la Convention, adopté par la République de l'an I ne sera plus jamais remis en cause par celles qui lui succéderont, son montant demeure en revanche un sujet inflammable.

L'un des premiers orateurs du débat de 1938, Marcel Coquillaud, exprime le sentiment général des députés, qu'ils soient favorables ou défavorables à l'augmentation : « Messieurs, affirme-t-il solennel, un débat sur un tel sujet nous est particulièrement pénible[38]. » Un spectre hante en effet les discussions, au point de s'y inviter souvent explicitement : la crainte de l'antiparlementarisme, présente dans tous les échanges qui se tiennent à la Chambre à ce sujet, de 1899 à la fin des années 1950[39]. Là n'est toutefois pas le seul argument déployé. Les positions et les arguments révolutionnaires ont fixé les termes d'une controverse qui ressurgit périodiquement : le mandat comme honneur et comme charge (conception aristocratique du mandat), l'indemnité comme condition d'un recrutement parlementaire démocratique et l'assimilation nécessaire du député aux travailleurs (portée par les communistes).

Une étude systématique montre que les arguments afférents à ces positions se retrouvent mentionnés tout au long du xxe siècle[40]. Ce qui varie, cependant, c'est la fréquence des débats sur l'indemnité. Relativement réguliers dans la première

---

35. Décret du 27 janvier 1871 et loi organique du 3 novembre 1875.
36. Sur cet épisode, A. GARRIGOU, « Vivre de la politique », art. cit.
37. Cité par R. GARMY, « Robespierre… » [II], art. cit., p. 25.
38. *JORF*, séance du 2 février 1938, p. 170.
39. La critique de la vénalité des élus est en effet une constante de l'antiparlementarisme au xxe siècle. Voir notamment Jean-Claude CARON et Jean GARRIGUES (dir.), n° spécial « L'antiparlementarisme en France », *Parlement[s]. Revue d'histoire politique*, hors-série 9-3, 2013 ; Jean DEFRASNE, *L'antiparlementarisme en France*, Paris, PUF, 1990. S'agissant spécifiquement de l'indemnité parlementaire, voir Jean-François « Maxou » HEINTZEN, « Regardez les donc sauter, c'est nos députés ! L'antiparlementarisme en chansons 1880-1934 », *in* J.-C. CARON (dir.), n° thématique « L'antiparlementarisme entre continuité et mutations (xviiie-xxie siècles) », *Siècles*, 32, 2010, https://doi.org/10.4000/siecles.917 ; Rémi LE SAOULT, « Invisibiliser le relèvement de l'indemnité des parlementaires français, un enjeu de l'entre-deux-guerres », *Parlement[s]. Revue d'histoire politique*, 34-3, 2021, p. 177-200.
40. Sur la rhétorique des débats autour de l'indemnité, on se permet de renvoyer à Éric BUGE et Étienne OLLION, « Primes et châtiments. Discours et non-dits sur l'indemnité parlementaire en France (1920-2020) », *in* R. LE SAOUT et S. SEGAS (dir.), *Les élus et leur argent*, *op. cit.*, à paraître.

moitié du XXᵉ siècle (l'indemnité est portée à la discussion en séance en 1899, 1906, 1920, 1926, 1928, et encore en 1938), leur rythme reste soutenu tout au long des années 1950. Après 1958, en revanche, l'indemnité parlementaire disparaît brutalement de la séance publique, comme si l'avènement de la Vᵉ République avait réussi à mettre sous l'éteignoir une question aussi pressante que pénible. Mais l'incendie était-il éteint ?

La production du secret

Une branche de la sociologie et de la philosophie des sciences analyse non pas la production du savoir, mais celle de l'ignorance. Dans son livre sur les « guerres du cancer » (*Cancer Wars*), l'historien Robert N. Proctor a ainsi montré comment l'industrie du tabac avait sciemment exercé une désinformation sur les effets cancérigènes de ses produits en promouvant le doute par rapport aux résultats scientifiques[41]. L'intérêt de ce concept de non-savoir (« agnotology ») est d'inviter à s'interroger sur les raisons de l'absence de connaissance. Car comme l'écrit R. N. Proctor, l'ignorance n'est pas toujours un projet concerté, une machination savamment planifiée. À côté de « la censure, la désinformation » comme sources de non-savoir, il évoque dans une liste non exhaustive la « bêtise, l'apathie, [...] la foi et l'oubli »[42]. Dans le cas de l'indemnité, cette source n'est évidemment pas du même ressort que celle, concertée, mise en place par les industries du tabac ou certains groupes climato-sceptiques. On ne peut désigner un acteur évident ni déterminer un moment critique où il aurait été décidé de masquer le montant de l'indemnité parlementaire au public. Il s'agit plutôt d'un concert de petites occultations, de la rencontre d'intentions multiples au fil des décennies qui vont, pendant longtemps, rendre impossible la connaissance précise du revenu réel que l'indemnité procure aux députés, pour les citoyens comme pour les chercheurs.

Bien plus certainement que le changement de régime en 1958, deux éléments expliquent l'effacement progressif de toute discussion sur le sujet à l'Assemblée. Le premier consiste à assurer une revalorisation automatique de l'indemnité des élus en l'alignant sur un indicateur donné. Cette mesure, évoquée sans succès dès les années 1920, est finalement adoptée en 1938 par les deux Chambres avec l'indexation de l'indemnité parlementaire sur les évolutions du traitement des conseillers d'État[43]. La lecture des débats préliminaires à cette loi donne le sentiment que tout a été soigneusement réglé en amont: la proposition de loi est cosignée par le président de la Chambre, les trois questeurs et le président de la commission de la comptabilité, signe de l'entente préalable de tous les députés dont la voix compte sur cette question.

---

41. Robert N. PROCTOR, *Cancer Wars: How Politics Shape What We Know and What We Don't Know about Cancer*, New York, Basic Books, 1995. Voir aussi Robert N. PROCTOR et Londa SCHIEBINGER (dir.), *Agnotology: The Making and Unmaking of Ignorance*, Stanford, Stanford University Press, 2008.

42. Robert N. PROCTOR, « Agnotology: A Missing Term to Describe the Cultural Production of Ignorance (and Its Study) », *in* R. N. PROCTOR et L. SCHIEBINGER (dir.), *Agnotology, op. cit.*, p. 1-34, ici p. 2.

43. Loi du 4 février 1938 tendant à affecter l'indemnité législative fixée par la loi du 23 novembre 1906 d'un coefficient tenant compte de l'élévation du coût de la vie.

Elle a aussi été déposée tardivement pour éviter de donner prise au débat public et le rapporteur indique, au cours des débats, que le Sénat est d'accord sur son contenu et la votera dans des termes identiques[44]. Des oppositions se manifestent, bien sûr, depuis les camps habituels : le groupe communiste proteste et demande la création d'une commission d'enquête sur les incompatibilités parlementaires et sur l'origine de la fortune de certains parlementaires, quand la droite conservatrice, par la voix de Louis Marin, s'y oppose. La loi est toutefois votée à une large majorité.

Le texte, en apparence technique, a des conséquences importantes. Plutôt que d'avoir à décider collectivement et publiquement d'une somme, les parlementaires lient, à partir de cette date, l'augmentation de leur revenu à l'évolution du traitement des fonctionnaires. Le montant de cette indemnité, si souvent citée comme l'indice de la vénalité et de la déconnexion des gouvernants, n'aura plus à être discuté en séance publique. Le symbole chiffré est remplacé par une procédure aussi complexe que régulière de réévaluation automatique. Le montant reste public, mais disparaissent *de facto* les débats en séance afférents à la revalorisation. Il y a peu de doutes sur l'intention précise des législateurs quand ils proposent l'indexation. En 1947, le député de droite Jean Legendre reconnaît, au moment où une possible revalorisation ponctuelle donne lieu à une intense campagne de presse, que l'indexation votée en 1938 « avait voulu, en donnant un caractère d'automatisme à l'augmentation de l'indemnité parlementaire, éviter que de tels débats vinssent devant l'Assemblée[45] ». La solution trouvée ne fait que prolonger d'autres tentatives de soustraire ces débats au public, depuis l'absence de publication du décret qui institue l'indemnité, en septembre 1789, jusqu'au raccourcissement extrême de la navette parlementaire, en 1906.

Les débats relatifs à l'indemnité parlementaire ne disparaissent toutefois pas totalement. Très régulièrement dans les années qui suivent la Seconde Guerre mondiale, la question revient à l'ordre du jour. À l'automne, à l'occasion du vote du budget, des discussions sont engagées autour de facilités accordées aux élus – souvent, à cette époque, à propos des frais de secrétariat que l'Assemblée a commencé à prendre en charge – à l'initiative, cette fois, des députés communistes qui en font une tribune pour dénoncer la politique « anti-sociale » du gouvernement. Les dynamiques de l'entre-deux-guerres ressurgissent alors. D'un côté, on trouve des députés qui, comme avant 1914, se plaignent de la difficulté de « boucler leur budget » avec leur seule indemnité et, de l'autre, des critiques qui saisissent l'occasion de se distinguer, politiquement autant que moralement, du reste des élus. Ces controverses disparaissent à la fin des années 1950 pour ne plus réapparaître publiquement ensuite que de manière très épisodique jusqu'aux années 1990, sans jamais retrouver la vigueur des débats antérieurs.

Un second facteur explique cette soudaine disparition d'un thème jusque-là récurrent des séances parlementaires : le soutien matériel apporté, progressivement mais très clairement, par l'Assemblée à ses élus. Ici réside l'autre source d'ignorance

---

44. *JORF*, séance du 1er février 1938, p. 169.
45. *JORF*, séance du 18 février 1947, p. 369.

relative à l'indemnité parlementaire : l'institution va peu à peu prendre en charge des dépenses qui incombaient auparavant aux parlementaires. Plutôt que de verser la somme directement aux élus, l'Assemblée les décharge graduellement de nombreux frais. La complexité comme le secret du budget des assemblées, autonomes financièrement, garantissent l'absence de publicité.

Pour bien saisir ce qui se joue alors, il est important de se défaire d'un biais présentiste, qui verrait dans l'indemnité un revenu bénéficiant entièrement à l'élu – ce qu'elle est effectivement aujourd'hui, mais n'a pas toujours été. De ses origines révolutionnaires à la fin du XXe siècle, l'indemnité a une double fonction : assurer la subsistance de l'élu, d'une part, et prendre en charge des frais imposés au parlementaire dans l'exercice de ses fonctions, d'autre part. Pendant près de deux siècles, revenu personnel et frais de mandat, voire dépenses de campagne, ont ainsi été inextricablement mêlés en une seule et même somme sous la qualification d'« indemnité parlementaire ».

Les débats témoignent de la confusion comptable entre dépenses personnelles et frais de mandat. En 1953, Maurice Deixonne, député socialiste, plaide pour une augmentation de l'indemnité. Il offre, à l'appui de son argumentation, un décompte particulièrement précis qui mérite d'être restitué car il a valeur de témoignage sur la condition parlementaire dans les années 1950 :

> *[…] je voudrais apporter quelques éléments auxquels j'ai réfléchi, qui peuvent montrer à l'opinion publique et aux quelques collègues qui pourraient en douter, que la situation de la grande majorité des parlementaires n'est vraiment pas celle qu'ils imaginent. […]*
> *Le public ignore les retenues que nous subissons, bien entendu, pour la retraite, la Sécurité sociale, l'abonnement à la Société nationale des chemins de fer français auquel les parlementaires de province doivent ajouter le prix des couchettes qui leur permettent de subir sans trop de fatigue les deux voyages de nuit qu'ils sont tenus d'affronter tous les huit ou quinze jours, les abonnements au métropolitain et à l'autobus ; les cotisations parfois très élevées au groupe parlementaire, qui se doublent souvent de cotisations à leur fédération départementale ; les frais d'automobile – laissons l'amortissement de côté – le garage, l'entretien, l'essence… Au centre. L'assurance.*
> *… les frais de taxi à Paris, car ce n'est pas l'embryon de service automobile qui peut faire face à tous les besoins ; les frais de secrétariat, de bureau, de téléphone, parfois le double téléphone ; le logement à Paris, car le logement est bien double lui – je me permets d'ajouter que les frais de repas ne sont peut-être pas exactement les mêmes selon qu'on prend ceux-ci en famille ou dans un hôtel de la capitale – les cotisations diverses qu'ils sont conduits à verser à toutes les sociétés ou aux particuliers qui s'imaginent que le parlementaire est une société de bienfaisance, que nous sommes obligés de payer sur l'indemnité parlementaire proprement dite. Et je ne veux pas parler de l'usure malheureusement trop évidente des vêtements dans ces voyages perpétuels, les campagnes électorales que nous sommes tenus de faire non seulement pour notre élection, mais pour toutes celles où nous sommes sollicités et les conférences à travers tout le pays*[46].

---

46. *JORF*, séance du 11 décembre 1953, p. 6460.

L'énumération rend compte d'une réalité de l'indemnité parlementaire, conçue et utilisée comme une somme globale censée couvrir différents besoins. Une telle description est, par ailleurs, cohérente avec celles faites par différents élus ou par des observateurs. Dans son travail sur le baron de Mackau, Éric Phélippeau fournissait une description précise de ses dépenses de propagande électorales aux débuts de la IIIe République[47]. Un demi-siècle plus tard, André Tardieu ne dit pas autre chose dans son ouvrage de 1937, *La profession parlementaire*, quand il écrit que « l'indemnité est nécessaire, car le métier coûte cher[48] ». Ces dépenses, induites par le mandat, sont d'ailleurs explicitement reconnues par la loi de 1938 qui instaure l'indexation. En assurant une imposition sur les 11/20e de la somme totale, elle acte la double fonction de cette indemnité, à la fois revenu (fiscalisé) et défraiement (exempt d'impôt).

En plus de la règle d'indexation, la seconde source d'ignorance tient donc à la prise en charge progressive, par l'Assemblée, d'une partie des dépenses incombant précédemment aux élus, leur octroyant *de facto* un surcroît de revenu. Ainsi, quand l'inflation entame le revenu parlementaire, le problème est toujours réglé de la même façon : *via* une augmentation des frais parlementaires pris en charge par l'institution. On trouve les traces les plus claires de ces opérations dans les procès-verbaux du Bureau de l'Assemblée nationale. Organe multipartite de décision politique pour les questions internes à l'institution, le Bureau se réunit en général une fois par mois. C'est là que sont discutées les questions liées aux conditions matérielles des parlementaires. C'est aussi là qu'on trouve trace des dépenses assumées par l'Assemblée pour ses membres. À la lecture des procès-verbaux et des dossiers de séance, il est clair que, pour les hauts responsables de l'institution, octroyer des moyens supplémentaires aux députés revient à leur assurer un surcroît de revenu personnel.

Ainsi, lors d'une discussion sur les conditions de vie des parlementaires qui a lieu en 1972, on trouve la mention suivante : « M. le président [Achille Peretti] insiste sur la nécessité de faire en sorte que les députés puissent exercer normalement leur mandat sans se compromettre. Il faut qu'ils puissent vivre décemment, ce qui implique d'une part une augmentation des indemnités de secrétariat qui devraient être portées à 3 000 puis même à 5 000 [francs], et le recrutement par les groupes de collaborateurs politiques[49]. » De même, en 1978, alors que l'inflation galopante érode le pouvoir d'achat et que les débats sur la condition de vie parlementaire sont monnaie courante au Bureau, une discussion a lieu sur la meilleure manière d'augmenter les parlementaires. Un élu insiste alors pour que l'augmentation de l'aide dactylographique envisagée par le Bureau soit « attribuée directement

---

47. Éric Phélippeau, *L'invention de l'homme politique moderne. Mackau, l'Orne et la République*, Paris, Belin, 2002.
48. André Tardieu, *La Révolution à refaire*, vol. 2, *La profession parlementaire*, Paris, Flammarion, 1937, p. 29. Après une énumération des frais, il affirme même qu'il est « de notoriété publique que les parlementaires s'endettent et que l'indemnité de beaucoup d'entre eux est frappée de saisie » (*ibid.*).
49. Réunion du Bureau du 13 décembre 1972.

aux députés et non à leurs secrétaires, comme cela a été le cas lors de l'augmentation du traitement des collaborateurs », faute de quoi elle n'aura pas les effets désirés[50]. Il était difficile d'être plus explicite : l'aide au travail de secrétariat doit permettre de maintenir un niveau de revenu jugé digne.

Cette prise en charge croissante des frais parlementaires ainsi que l'indexation sur le traitement des fonctionnaires constituent les deux mécanismes qui ont abouti à la disparition de ces questions de l'agenda parlementaire après 1960. Peu transparent, un tel renfermement est compréhensible, au moins au sens que donne la sociologie à ce terme. Du point de vue des députés, attaqués à chaque tentative de revalorisation, prendre des chemins plus discrets pour faire évoluer leur niveau de vie est finalement assez rationnel. Ces choix rendent en revanche plus complexe la connaissance du revenu que l'indemnité procure aux élus[51].

Un revenu d'élite, en déclassement

Malgré la difficulté d'accéder à l'information, il est possible d'estimer le revenu que les parlementaires tirent de leur mandat et, ainsi, de déterminer à quel niveau de la hiérarchie des revenus leur indemnité les positionne et comment cette place a évolué au fil du XXe siècle.

Une estimation du revenu des députés

Produire une estimation du revenu effectif des élus implique de multiplier les sources, certaines publiques, et la plupart issues des archives de l'Assemblée nationale[52]. Pour ce faire, nous sommes partis du montant de l'indemnité versée aux députés. Fixé par la loi avant 1938, il est ensuite indexé aux évolutions du traitement des membres du Conseil d'État, qui dépend lui-même de la revalorisation du traitement des fonctionnaires. Concrètement, à compter de 1938, à chaque publication d'un décret modifiant la valeur du point d'indice de la fonction publique, les questeurs de l'Assemblée adoptent un arrêté, non public, qui réévalue en conséquence et

---

50. Réunion du Bureau du 14 décembre 1978.
51. Pour un constat analogue dans le cas britannique, voir M. BAIMBRIDGE et D. DARCY, « MPs' Pay 1911-1996 », art. cit., p. 71, qui évoquent un « labyrinthe byzantin de salaires, allocations, enveloppes et frais de recherche et de secrétariat » (nous traduisons).
52. Les fonds d'archives de l'Assemblée nationale utilisés ont été les suivants : d'une part, le fonds des dossiers des séances du Bureau de l'Assemblée nationale de 1920 à 1999 (registres n°s 25 à 35 pour la période 1920-1942 ; cotes 8P310 à 8P323 pour la période 1947-1989 ; cotes 2011-082/103 à 106 pour la période 1990-1999), toutes les évolutions importantes de la condition matérielle des députés faisant l'objet de décisions de Bureau ; d'autre part, le fonds des arrêtés du collège des questeurs de l'Assemblée nationale entre 1945 et 1990 (8P177 à 8P206), de manière à reconstituer la série du montant de l'indemnité parlementaire officielle après son indexation, ce fonds contenant également tous les actes d'application des décisions du Bureau portant sur la gestion matérielle de la Chambre.

dans les mêmes proportions l'indemnité parlementaire. Une telle somme représente l'indemnité faciale, celle reçue pour vivre, mais aussi – jusqu'en 1997 – celle qui prend en charge tout ou partie des dépenses induites par l'activité parlementaire. Sur le graphique proposé plus bas (fig. 3), elle est représentée par la courbe du haut («indemnité totale», voir tableau 1).

Il faut alors déduire de cette somme les dépenses qui incombent aux élus dans l'exercice de leur mandat. S'il est difficile d'évaluer leurs montants, on peut se référer à la distinction établie par la loi en 1938. Au moment de l'indexation, il est en effet précisé que seuls 11/20e de l'indemnité seront fiscalisés, les 9/20e restants étant supposés couvrir les frais de mandat du député. Cette estimation légale est évidemment imparfaite, car on imagine bien qu'entre le député parisien et celui de province (qui doit avoir deux logements), entre celui qui doit se déplacer dans une vaste circonscription et l'élu du 7e arrondissement qui peut parcourir toute sa circonscription à pied, entre celui qui cumule une position d'élu local (et peut faire prendre en charge certaines dépenses de déplacement et des frais de secrétariat par sa collectivité) et le simple député, de fortes variations existent. Elle reste toutefois la meilleure approximation du revenu effectif de base. Sur le graphique, on fait alors figurer ces 11/20e de l'indemnité par une seconde courbe, qui représente une estimation basse du revenu des élus («reste à vivre légal»).

Ces deux montants de l'indemnité parlementaire constituent des bornes entre lesquelles évolue normalement le revenu des élus au titre de leur mandat, mais elles ne sont pas de bonnes estimations de la somme dont les députés disposent réellement pour vivre. Elles le sont de moins en moins à travers le temps puisque, comme nous l'avons dit, l'Assemblée prend progressivement en charge certaines des dépenses liées au mandat. Quelques-unes d'ampleur limitée d'abord : participation aux frais de double résidence (1926), accès préférentiel à la compagnie des wagons-lits (1946), carte de circulation SNCF et RATP à taux préférentiels (1946, révisée en 1958). À partir de la fin des années 1950, ces aides en nature deviennent plus régulières, plus importantes aussi : gratuité d'une ligne téléphonique (1958), prise en charge du salaire d'une «dame secrétaire» pour cinq élus (1968), possibilité d'engager une secrétaire à plein temps (1971), crédit collaborateur (1975) ou encore mise à disposition d'un logement parisien à la suite de l'édification de l'immeuble Chaban-Delmas (1975). Elles ont pour effet, selon les mots d'un questeur à la fin du XXe siècle, « d'accroître l'indemnité parlementaire nette[53] ».

---

53. Réunion du Bureau du 29 janvier 1997, p. 14.

Tableau 1 – Indemnité parlementaire faciale annuelle, en monnaie courante

Année	Montant	Année	Montant	Année	Montant	Année	Montant	Année	Montant
1901	9 000	1926	27 000	1951	NA	1976	169 891	2001	78 800
1902	9 000	1927	45 000	1952	NA	1977	187 343	2002	79 834
1903	9 000	1928	45 000	1953	NA	1978	206 519	2003	80 426
1904	9 000	1929	60 000	1954	1 710 000	1979	223 257	2004	80 828
1905	9 000	1930	60 000	1955	2 089 750	1980	249 587	2005	81 511
1906	15 000	1931	60 000	1956	2 260 000	1981	283 780	2006	82 509
1907	15 000	1932	60 000	1957	2 440 500	1982	316 753	2007	83 380
1908	15 000	1933	60 000	1958	3 840 000	1983	341 579	2008	83 846
1908	15 000	1934	60 000	1959	5 319 000	1984	373 021	2009	84 377
1909	15 000	1935	60 000	1960	54 360	1985	389 976	2010	84 990
1910	15 000	1936	60 000	1961	56 916	1986	402 187	2011	85 202
1911	15 000	1937	60 000	1962	62 714	1987	404 607	2012	85 202
1912	15 000	1938	60 000	1963	67 676	1988	414 743	2013	85 202
1913	15 000	1939	82 500	1964	73 047	1989	419 914	2014	85 202
1914	15 000	1940	87 625	1965	77 483	1990	431 675	2015	85 202
1915	15 000	1941	87 625	1966	80 575	1991	445 375	2016	85 202
1916	15 000	1942	0	1967	83 8089	1992	461 771	2017	85 713
1917	15 000	1943	0	1968	87 589	1993	461 771	2018	86 516
1918	15 000	1944	0	1969	95 711	1994	473 028	2019	86 879
1920	27 000	1945	0	1970	99 513	1995	493 188	2020	86 879
1921	27 000	1946	NA	1971	107 267	1996	493 188	2021	86 879
1922	27 000	1947	499 500	1972	113 616	1997	495 636		
1923	27 000	1948	711 700	1973	121 912	1998	507 179		
1924	27 000	1949	102 8160	1974	135 270	1999	512 230		
1925	27 000	1950	1 174 328	1975	154 641	2000	512 230		

Note : En 2021, un député français percevait au titre de son indemnité 86 879 euros bruts par an pour l'exercice de son activité parlementaire. Pour l'estimation de l'indemnité effectivement perçue, voir les fichiers de données disponibles sur Open Science Fundation (10.17605/OSF.IO/5Z42A) ainsi que sur le site de la revue (annales.ehess.fr), rubrique « Compléments de lecture » ; ils accompagnent également la version numérique de l'article (10.1017/ahss.2023.3). Les montants sont donnés en anciens francs de 1901 à 1959, puis, à partir de 1960, en francs et enfin, depuis 2001, en euros.

Pour évaluer ces contributions en nature, nous les avons d'abord relevées systématiquement dans les procès-verbaux du Bureau, pour ensuite les monétiser. Elles ont alors été partiellement additionnées aux 11/20e de l'indemnité totale. La courbe en pointillé représente cette estimation du revenu effectif perçu par les élus, somme qui peut être prise comme une estimation basse du revenu des députés[54]. Les multiples sources d'incertitudes justifient qu'on traite cette valeur avec prudence. Elle paraît toutefois être une approximation raisonnable du revenu dont pouvaient disposer les élus au titre de ce mandat, indépendamment des stratégies individuelles (emploi de collaborateurs familiaux, achat de la permanence, cumul des mandats permettant la mutualisation des frais, etc.) ou collectives (reversement de l'indemnité au parti, mutualisation d'une partie de cette dernière au sein du groupe parlementaire, etc.). On en veut pour preuve la proximité entre notre estimation et les déclarations et décomptes qu'on peut trouver dans les débats ou les monographies de parlementaires. En 1997, un changement *a priori* d'importance corrobore par ailleurs notre analyse. Cette année-là, une décision du Bureau distingue pour la première fois formellement la somme reçue par les élus pour leur usage propre de l'« indemnité représentative de frais de mandat » (IRFM). Cette dernière, désormais versée sur un compte séparé, est destinée à couvrir les frais engagés dans le cadre de l'activité parlementaire. La première, en revanche, doit revenir entièrement au député, et est fiscalisée depuis 1993. Autrement dit, la réforme de 1997 distingue, en droit, l'indemnité-revenu de l'indemnité-prise en charge des frais.

Or, au moment où est votée cette réforme qui attribue l'ensemble de l'indemnité au seul usage personnel des élus, la question du montant est l'objet de bien peu de débats. On pourrait s'étonner de ce silence pour un sujet qui suscite d'habitude beaucoup de discussions, au moins dans le cadre discret des réunions du Bureau. Toutefois, ni en séance ni lors des réunions du Bureau des mois qui précèdent, cette question n'est soulevée. Certes, il s'agit d'une augmentation, mais elle offrirait la possibilité aux oppositions de se faire entendre – elles ont rarement manqué pareille occasion par le passé. Pourquoi une telle retenue ? C'est que l'indemnité-revenu est fixée à un montant finalement proche de la somme que touchaient les députés à cette date, ce qui correspond à une opération blanche pour eux. Ces derniers n'auraient alors eu aucune raison de s'étonner de ce qui autrement serait apparu comme une spectaculaire augmentation.

La création de l'IRFM offrit en revanche une manne supplémentaire que certains députés allaient utiliser, pour partie, à des fins personnelles. La somme versée pour frais de mandat n'était en effet pas contrôlée, ce qui permit à plus d'un élu d'augmenter ses revenus en l'employant pour un usage personnel[55]. Cette pratique, bien que non conforme à la destination de cette indemnité, fut, de l'avis de nombreux parlementaires, fréquente quoique non systématique, et de moins en moins acceptée à mesure de l'institution de règles plus strictes. À partir de 2015,

---

54. L'annexe en ligne « Estimation de l'indemnité effective » détaille la manière dont nous avons procédé.
55. Commission pour la transparence financière de la vie politique, « Quinzième rapport d'activité », *JORF* du 25 janvier 2012, texte 62.

Figure 3 – L'indemnité parlementaire depuis 1900

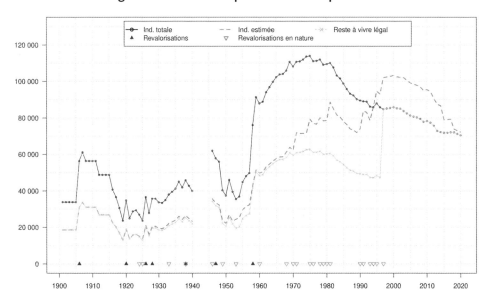

Source : Éric Buge et Étienne Ollion.
Note : Le graphique indique le montant total de l'indemnité ainsi que l'estimation du montant réellement perçu (par an, en euros constants 2021). En 1980, l'indemnité totale octroyée aux parlementaires était de 109 000 euros (250 100 francs 1980). La part censée légalement correspondre aux revenus (fiscalisée) était de 60 000 euros, et le revenu effectif perçu, estimé par nos soins, de 78 000 euros.

il est désormais interdit pour un député d'acheter sa permanence parlementaire avec son IRFM tout en conservant sa propriété, ce qui était possible – voire encouragé – auparavant. Depuis 2018, les frais de mandat doivent être justifiés et un contrôle peut avoir lieu, susceptible d'entraîner des demandes de remboursement[56]. C'est ce qui explique l'évolution de la courbe estimée sur la figure 3 : cette dernière dépasse le niveau de l'indemnité faciale à partir du milieu des années 1990, pour y coller de très près à partir de 2018. Rappelons que cette somme ne correspond pas au total des revenus des élus, lesquels peuvent avoir des activités ou des rentes qui s'y ajoutent. Cette estimation ne prend pas non plus en compte les illégalismes plus ou moins évidents, ni les avantages disponibles issus du cumul des mandats. Elle constitue simplement une estimation, à notre sens basse, du revenu perçu au titre de leur mandat par les députés à un moment donné[57].

---

56. Arrêté du Bureau n° 12/XV du 29 novembre 2017 relatif aux frais de mandat des députés.
57. Nous n'avons pas été en mesure de prendre en compte les versements effectués par l'élu à son parti ou à son groupe politique au titre des diverses cotisations. Celles-ci peuvent être très importantes, comme dans le cas du parti communiste. Elles étaient en revanche variables selon les partis et les époques, et il nous était impossible de les intégrer ici. Ces réversions doivent toutefois être conservées à l'esprit.

Un revenu d'élite sociale, qui fluctue sensiblement

R. Garmy notait, à propos de l'indemnité révolutionnaire, le décalage existant entre le montant auquel les députés l'avaient fixée en 1789 et les conditions de vie de leurs contemporains. Son niveau facial était six à dix fois celui du salaire journalier d'un ouvrier parisien, et allait au-delà de ce que gagnait un avocat renommé. Le montant de 18 livres avait pourtant fait l'objet d'un accord très large des députés. Il plaçait les parlementaires, pour reprendre ses termes, « parmi les citoyens privilégiés », notant que dans l'esprit des intéressés, « un élu ne peut, décemment, vivre à moins »[58].

Dans les discussions parlementaires sur l'indemnité, on lit pourtant régulièrement que son niveau serait insuffisant pour vivre. En 1906, le député socialiste Antide Boyer affirme dans *Le Matin* : « Vous voulez savoir comment un député équilibre son budget ? C'est bien simple : il n'y arrive pas[59]. » Pour le député Barabant, en 1926, « le député qui n'a que son indemnité parlementaire ne peut plus vivre[60] ». Il arrive même que des députés opposés au relèvement de l'indemnité pour des raisons d'opportunité s'accordent sur ce constat. C'est le cas d'Henri Rillart de Verneuil qui affirme, au cours de la même séance : « En 1920, j'ai voté contre le relèvement de l'indemnité parlementaire […]. Depuis, je me suis rendu compte qu'un député qui a une situation modeste et une famille ne peut pas vivre à Paris[61]. » Après la Seconde Guerre mondiale, le député socialiste Albert Aubry soutient qu'« à l'exception des représentants d'un seul parti, quelque quatre-vingts collègues sont obligés, chaque mois, de demander des avances à la caisse parce qu'ils ne peuvent joindre les deux bouts[62] ». Le député socialiste Maurice Deixonne conclut ainsi son raisonnement au cours de la séance du 11 décembre 1953 : « ce qui reste à un parlementaire, en mettant les choses au mieux, c'est le salaire d'un ouvrier qualifié, ni plus ni moins[63] ».

Bien plus tard, les mêmes remarques émaillent les réunions du Bureau. Au cours de la séance du 5 décembre 1990, c'est le député UDF Pascal Clément qui « se demande comment ces députés [qui n'ont que leur indemnité] peuvent vivre ». Quelques instants plus tard, la députée socialiste Marie-France Lecuir affirme « qu'élue depuis neuf ans, elle vient seulement de retrouver, après déduction de ses frais de mandat, le niveau de vie de professeur certifié avec 20 ans d'ancienneté qui était le sien avant son élection[64] ». Le tableau dressé de la condition parlementaire est sombre, et invite à se poser la question de la position des élus dans la hiérarchie des revenus. Depuis le début du XXe siècle au moins, les débats sur l'indemnité ont régulièrement pris les ouvriers pour référence.

---

58. R. Garmy, « Robespierre… » [I], art. cit., p. 268-269.
59. Cité par A. Garrigou, « Vivre de la politique », art. cit., p. 24.
60. *JORF*, deuxième séance du 8 juin 1926, p. 2406.
61. *JORF*, deuxième séance du 8 juin 1926, p. 2410.
62. *JORF*, séance du 1er août 1947, p. 3824.
63. *JORF*, séance du 11 décembre 1953, p. 6460.
64. Réunion du Bureau du 5 décembre 1990.

Figure 4 – Ratio entre le revenu parlementaire estimé et le salaire ouvrier

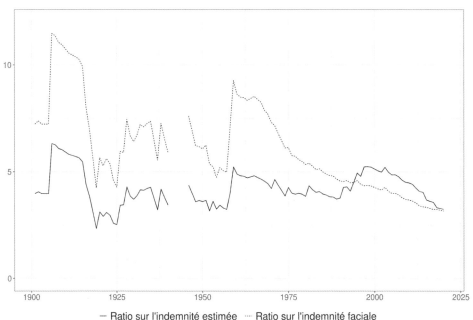

— Ratio sur l'indemnité estimée   ⋯ Ratio sur l'indemnité faciale

Source : Éric Buge et Étienne Ollion.
Note : En 2020, le revenu effectif estimé tiré de l'indemnité parlementaire était de 3,2 fois le montant du salaire ouvrier moyen.

Les intentions n'étaient pas toujours les mêmes : pour les élus communistes, il s'agissait de revendiquer leur proximité avec les classes populaires ; pour d'autres, de faire remarquer l'insuffisance de l'indemnité qui excédait à peine cette somme, prise comme un référent implicite d'un salaire faible.

Le graphique ci-dessus (fig. 4) rapporte l'indemnité estimée au salaire ouvrier moyen sur toute la période. Il apparaît ainsi que le revenu tiré de l'activité parlementaire a fortement varié. Une chose est sûre : le revenu effectif du parlementaire a toujours été largement supérieur au salaire ouvrier – en moyenne quatre fois et demie sur la période. Des fluctuations substantielles existent toutefois : on distingue clairement les phases de réévaluation (1906, 1957-1959), de même que les moments où l'inflation non compensée entame le pouvoir d'achat des élus. C'est le cas au sortir de la Première Guerre mondiale.

Ce graphique explique certains malentendus récurrents relatifs au montant de l'indemnité. La courbe en trait plein représente le ratio entre l'indemnité faciale et le salaire ouvrier. L'écart est très souvent de 1 à 5, parfois de 1 à 12 (en 1906). Cette somme n'est toutefois pas celle qu'obtient l'élu *in fine*, et si l'écart reste toujours fort avec le salaire ouvrier, il est en réalité bien moindre dès lors que l'on considère la part de l'indemnité qui demeure au député. La perception du revenu des élus est ainsi déformée par rapport aux sommes effectivement reçues par ces derniers, ce qui, dans les moments de crise, nourrit largement les rhétoriques antiparlementaires. La figure 4 montre aussi un croisement des courbes dans les années 1990, soit un peu avant que l'Assemblée distingue clairement, par la réforme de 1997, l'indemnité-revenu de l'indemnité pour frais, les avantages en nature fournis par l'institution ayant permis d'augmenter discrètement le revenu des députés.

Si l'écart avec le revenu ouvrier est aussi important, comment expliquer les récriminations répétées des députés ? Une partie de la réponse tient, nous l'avons dit, à l'indivision des comptes. L'argent personnel peut, en effet, être investi pour des usages politiques. Il n'était ainsi pas rare, au XIXe comme au début du XXe siècle, que des élus dépensent la quasi-totalité de leur indemnité pour une campagne électorale[65], soit bien au-delà des sommes présentées dans notre estimation. Dans les années 1920, ces dépenses massives sont d'ailleurs mentionnées lors des débats relatifs à l'indemnité[66], sous l'angle de l'inégalité qu'elles introduisent entre les parlementaires. L'argument avancé est que, en l'absence de financement public des campagnes, la faiblesse de l'indemnité fausse la concurrence entre les élus fortunés et les autres. La frustration des députés sans patrimoine est alors grande par rapport à leurs collègues nantis. Tout comme l'existence de l'indemnité fut, au siècle précédent, un combat de gauche destiné à améliorer la représentativité des élus, son montant est vu comme un élément central d'une représentation plus large. On comprend alors mieux pourquoi ce sont les députés socialistes qui portent presque toujours ce combat : la lutte pour la revalorisation de l'indemnité est non seulement une manière de réduire la distorsion de concurrence, mais elle apparaît aussi comme un héritage de combats toujours présents dans les mémoires quoique lointains.

Ces protestations tiennent également à la définition de la « vie » prise comme référence. Très souvent, elle vise un mode de vie bourgeois : celui des députés ou des personnes qu'ils fréquentent. Dans le budget largement déficitaire que fournit Jean Bernard en 1898, on relève des frais de blanchissage, le salaire de la « bonne », la « pension des enfants », ou encore « le tailleur » pour « Monsieur », « Madame » comme pour « les enfants », soit une série de dépenses que ni les ouvriers, ni les couches nouvelles naissantes ne pouvaient envisager[67]. D'autres évoquent, dans les années 1950, une situation où le député fait vivre l'ensemble du ménage et permet à sa femme de rester à la maison[68]. Assez classique dans la bourgeoisie, cette division du travail ne valait pas pour les autres groupes sociaux et l'on verra que les députés communistes pointent cette référence sociale implicite de leurs

---

65. Le député socialiste Henri Barabant estime le coût d'une campagne électorale à 10 000 francs en 1926 (*JORF*, deuxième séance du 8 juin 1926, p. 2406), ce qui représente environ 10 % du montant de l'indemnité perçue sur cinq ans, avant sa revalorisation.
66. Cette question est abordée le 8 juin 1926 par le rapporteur socialiste d'une proposition de loi (séance du 8 juin 1926, *JORF, DP/AN*, juin 1926, p. 2402-2406). Nous remercions François Dubasque pour ses indications sur ce point.
67. Jean Bernard, *La vie de Paris*, Paris, Alphonse Lemerre, 1898. Cité par P. Guiral et G. Thuillier, *La vie quotidienne des députés…, op. cit.*, p. 108-109.
68. *JORF*, séance du 11 décembre 1953, p. 6460.

collègues. En 2017 encore, plusieurs députés du parti majoritaire ont, sous couvert d'anonymat, déploré le faible niveau du revenu parlementaire, qui les aurait contraints à réduire leur niveau de vie[69].

Une baisse de revenus récente mais indéniable

Au-delà de ces rapprochements équivoques avec le bas de l'échelle sociale, les parlementaires se considèrent aussi comme appartenant, ou comme devant appartenir, à l'élite. Une telle remarque invite à déplacer la comparaison du revenu des élus, non plus par rapport aux ouvriers, mais par rapport aux fractions supérieures de la société française. Pour replacer la position des députés français dans l'échelle des revenus, nous avons donc eu recours aux données fiscales[70]. La série retenue est ici celle des données fiscales individuelles[71]. Elles sont, dans le graphique suivant (fig. 5), mises en regard de l'estimation du revenu effectif des députés. On voit ainsi qu'en 1910, ce dernier se situe autour du dernier centile des revenus fiscaux. Dit autrement, les députés gagnent au titre de l'indemnité, selon nos calculs, environ ce que déclarent les 1 % des Français disposant des plus hauts revenus cette année-là. Si cette expression n'avait alors pas cours, ils sont solidement installés dans les « classes supérieures » de la société de l'époque. Avant cette date, on ne dispose pas des données fiscales, mais des comparaisons ponctuelles montrent une situation semblable, surtout après 1906 et l'augmentation tant contestée[72].

L'indemnité connaît un décrochage par rapport aux plus hauts revenus durant la Première Guerre mondiale et la période de la reconstruction postérieure à celle-ci. À la fin de la guerre, l'indemnité effective est inférieure au niveau des 3 % des Français aux plus hauts revenus. Elle va rester à ce niveau pendant près

---

69. Julien BOELAERT, Sébastien MICHON et Étienne OLLION, « Le temps des élites. Ouverture politique et fermeture sociale à l'Assemblée nationale en 2017 », *Revue française de science politique*, 68-5, 2018, p. 777-802.
70. Ces données, initialement collectées par Thomas Piketty dans le cadre de son travail sur les hauts revenus en France (Thomas PIKETTY, *Les hauts revenus en France au XXe siècle. Inégalités et redistributions, 1901-1998*, Paris, Grasset, 2001), ont été complétées et mises à disposition sur le site de la *World Inequality Database*, https://wid.world/data/.
71. Bertrand GARBINTI, Jonathan GOUPILLE-LEBRET et Thomas PIKETTY, « Income Inequality in France, 1900-2014: Evidence from Distributional National Accounts », *Journal of Public Economics*, 162, 2018, p. 63-77. Le choix du revenu fiscal comme référence peut paraître surprenant, car il agrège les revenus salariaux et ceux du capital, alors que l'indemnité peut être complétée par d'autres revenus. Comme expliqué dans l'annexe méthodologique, cet indicateur est toutefois le plus précis disponible, et il est le plus proche de ce que l'on cherche à mesurer.
72. En 1906, l'indemnité passe en effet de 9 000 à 15 000 francs annuels soit, si on applique la correction des 11/20e précédemment évoquée, de 4 950 à 8 250 francs. Le salaire d'un ouvrier qualifié est alors de 1 200 francs annuels, soit de 4 à 7 fois moins. Un conseiller d'État gagne alors environ 15 000 francs (donc 3 fois plus, puis, après 1906, presque 2 fois plus qu'un député), quand un chef de bureau d'une administration gagnait, selon son rang, entre 6 000 et 10 000 francs (soit à peu près autant qu'un député). Voir Alain BAYET, « Deux siècles d'évolution des salaires en France », *Document de travail de l'INSEE – Série Verte*, 9702, 1997, p. 15.

Figure 5 – L'indemnité parlementaire annuelle estimée dans la hiérarchie des revenus

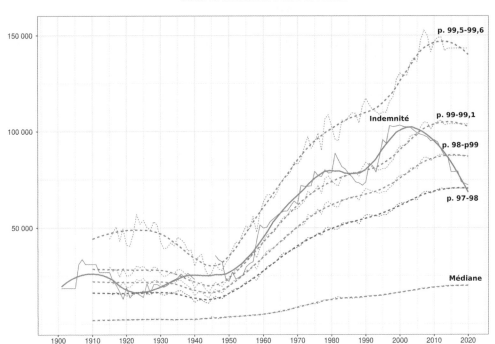

Source : Éric Buge et Étienne Ollion.
Note : En 2020, le revenu effectif estimé des députés français est de 73 000 euros nets et constants, ce qui les situe autour du 97e percentile. Dit autrement, les députés perçoivent avec leur indemnité environ autant que le revenu des 3 % des Français les plus aisés. Les courbes larges sont légèrement lissées pour mieux représenter la tendance, les courbes fines sont la visualisation exacte des données.

d'une dizaine d'années, avant que les augmentations de 1926, puis de 1928 ne viennent substantiellement augmenter le revenu des députés. L'indemnité place alors les parlementaires dans les 2 %, puis à proximité du dernier pour cent des Français les mieux payés. L'interruption due à la Seconde Guerre mondiale mise à part (l'indemnité parlementaire étant supprimée par la loi du 11 août 1941 à la suite de l'instauration de l'« État français »), les parlementaires demeurent parmi les Français les mieux payés pendant près de deux décennies, jusqu'à la fin des années 1950. En quelques années, l'indemnité connaît en effet une progression très forte – doublant même entre 1957 et 1959.

Lors de son installation, le pouvoir gaulliste a-t-il, en quelque sorte, offert une compensation aux députés auxquels il retirait une grande partie de leur pouvoir en imposant une nouvelle Constitution et le parlementarisme rationalisé[73] ?

---

[73]. Cette expression désigne l'ensemble des procédures et techniques constitutionnelles aboutissant à placer le Parlement, et en particulier la confection de la loi, largement sous le contrôle de l'exécutif.

À bien y regarder, cette hypothèse n'est pas corroborée par les sources disponibles. Les archives de la questure de l'Assemblée montrent, d'une part, que les augmentations ont commencé avant le retour au pouvoir du général de Gaulle. Elles ont lieu plusieurs fois par an entre 1956 et 1959 suivant l'évolution du point d'indice de la fonction publique. D'autre part, cette même année 1958 est celle où l'indemnité de secrétariat est supprimée. Votée en 1953, elle donnait chaque année lieu à des controverses au moment du vote du budget. Elle est alors remplacée par une somme destinée à la prise en charge d'une série de dépenses liées aux transports directement versée aux élus, ce qui explique une large partie de l'augmentation constatée. S'y ajoutent les effets de la loi organique du 13 décembre 1958, qui intègre dans l'indemnité parlementaire une indemnité de fonction, à l'image de celle dont bénéficient les fonctionnaires, représentant un quart de son montant et qui constitue la seule augmentation en bonne et due forme pour cette année – loin du doublement précédemment évoqué[74].

Ces évolutions placent toutefois, au début des années 1960, les élus parmi les 0,5 % (p. 99,5) des Français les mieux payés, sans compter les éventuels autres revenus dont ils pourraient disposer par ailleurs. Ils conservent cette position jusqu'aux années 2000. Un double décrochage se produit alors. D'un côté, les très hauts revenus connaissent une forte croissance relativement au reste de la population, ainsi que le montre la courbe la plus haute (p. 99,5-99,6) sur la figure 5. Les causes d'une telle augmentation ont été bien analysées : l'imposition d'un nouveau régime actionnarial, qui vise à maximiser les dividendes et favorise la rémunération du capital par rapport à celle du travail ; surtout, la financiarisation croissante de l'économie, en France comme dans d'autres pays, qui a fortement poussé les salaires très élevés vers le haut, augmentant par là même grandement les inégalités[75]. Par rapport aux autres revenus du travail, ceux des députés compris, seuls les revenus d'une petite élite financière ont connu une croissance marquée, au moins jusqu'à la crise de 2008. Ce n'est toutefois pas là le seul changement, la baisse relative du revenu des élus ne s'expliquant pas seulement par la hausse des revenus du capital dans les classes supérieures.

D'un autre côté, un second décrochage, encore plus notable, a aussi eu lieu avec la population dans son ensemble. Car si le revenu des élus évolue au même rythme que le revenu médian jusqu'aux années 2000, il décroît en termes réels ensuite. Le fait est remarquable : depuis les années 2000, le revenu effectif des députés a progressé au rythme des réévaluations légales des salaires de la fonction publique, ce qui signifie que leur pouvoir d'achat a baissé. Ce phénomène a touché bien d'autres groupes sociaux, les fonctionnaires en premier lieu. Une étude de long terme du salaire réel des enseignants du second degré a montré qu'il avait connu un sommet en 1980, avant de baisser continûment depuis[76].

---

74. Ordonnance du 13 décembre 1958 portant loi organique relative à l'indemnité des membres du Parlement et arrêté des questeurs du 31 décembre 1958.
75. Thomas PIKETTY, *Le capital au XXIe siècle*, Paris, Éd. du Seuil, 2013.
76. Btissam BOUZIDI, Touria JAAIDANE et Robert GARY-BOBO, « Les traitements des enseignants français, 1960-2004. La voie de la démoralisation ? », *Revue d'économie*

Reste toutefois que ce déclassement économique lié à l'érosion de l'indemnité parlementaire est certainement plus important que la courbe ne le laisse penser, pour deux raisons. D'une part, certaines facilités apportées par l'Assemblée à ses membres n'ont pas toujours été utilisées conformément à leur objet, s'agissant par exemple de l'IRFM ou du crédit collaborateur[77]. Le passage à un système de notes de frais et l'interdiction des collaborateurs familiaux en 2018 ont mis fin à ces pratiques et ont induit une diminution des ressources financières de certains parlementaires. D'autre part, la transformation plus structurelle du champ politique induite par la limitation drastique du cumul des mandats à partir de 2017 a conduit un grand nombre de députés à devoir renoncer à la rémunération supplémentaire liée à un mandat local. Les effets de ces mesures s'ajoutent à la diminution du montant réel de l'indemnité parlementaire.

D'une conception à l'autre

Le niveau de l'indemnité parlementaire connaît un point d'inflexion autour des années 1990, décrochant alors par rapport aux revenus des couches sociales supérieures. Cette évolution n'est pas isolée : l'étude du statut matériel des députés, en particulier concernant la retraite, le chômage, la fiscalité ou la couverture des frais montre également un profond basculement durant ces années. En creux, c'est une nouvelle conception de l'activité parlementaire qui se dessine. Alors que le statut matériel des députés les apparentait, depuis le début du XXe siècle, aux professions libérales, il les rapproche de plus en plus, à partir des années 1980, d'un statut de cadre salarié.

La conception libérale du mandat

Depuis la Révolution française, deux qualités sont invoquées de manière récurrente dans les débats parlementaires portant sur la condition matérielle des députés : l'indépendance et la dignité. L'indemnité doit permettre un exercice autonome du mandat, c'est-à-dire non susceptible de pressions, et garantir un niveau de vie digne[78]

---

politique, 117-3, 2007, p. 323-363. Ce constat d'une baisse du pouvoir d'achat rejoint celui effectué sur le cas britannique (au moins jusqu'en 2011) ainsi que dans le cas états-unien dans les textes précités.

77. La Haute Autorité pour la transparence de la vie publique (HATVP) relevait dans son rapport d'activité 2018 que : « De l'étude des relevés bancaires, il est ressorti que certains parlementaires pouvaient avoir fait un usage abusif de l'IRFM » (HATVP, *Rapport d'activité 2018*, p. 33). Le rapport décrit également l'évolution de la réglementation en la matière. Le cas le plus emblématique est sûrement celui de l'ancien Premier ministre François Fillon. Pour une analyse du « cas Fillon », voir Étienne OLLION, *Les candidats. Novices et professionnels en politique*, Paris, PUF, 2021, p. 252-260.

78. Sur les notions de dignité et d'indignité, voir Anne SIMONIN, « L'indignité ou les bonnes mœurs républicaines », *in* R. BELOT (dir.), *Tous républicains ! Origines et modernité des valeurs républicaines*, Paris, Armand Colin, 2011, p. 213-232.

aux élus de la nation, la fameuse « honnête aisance » déjà évoquée. Le mandat parlementaire n'étant comparable à nulle profession, il devient nécessaire, pour répondre à ces deux exigences, de créer un corpus de règles spécifique formant un statut financier *ad hoc*. C'est la réunion de ces trois éléments (indépendance et dignité garanties par un statut spécifique) que l'on se propose de dénommer « conception libérale » de l'activité parlementaire.

L'exemple de l'assistance parlementaire offre à cet égard un prisme éclairant. Après des tentatives avortées pour doter les parlementaires d'un secrétariat collectif[79], de longues négociations s'ouvrent entre 1969 et 1970 pour permettre aux députés de recruter du personnel. Un bras de fer se joue alors entre le président de l'Assemblée d'une part, s'appuyant pour l'occasion sur le groupe communiste, et les questeurs et plusieurs membres du Bureau d'autre part. Après cinq réunions du Bureau, le président Achille Peretti renonce à faire transiter l'indemnité de secrétariat par les groupes politiques, pour la verser directement et individuellement à chaque député qui pourra en disposer librement[80]. Dit autrement, les députés ont tordu le bras du président en refusant la « collectivisation » de certains de leurs moyens de travail. Il ne saurait non plus être question de brider la pleine liberté de recrutement du député. Ainsi, moins d'un an après la création de l'indemnité de secrétariat, une centaine de femmes et de filles de députés sont employées sur ces fonds, selon le questeur Lucien Neuwirth[81].

C'est cette vision libérale du mandat qui explique également que des mécanismes de reddition de comptes soient souvent envisagés, mais jamais mis en œuvre. L'idée de moduler l'indemnité des députés en fonction de leur présence, par exemple, est régulièrement avancée. En témoigne l'intervention très applaudie du même Maurice Deixonne en défense de l'indemnité de secrétariat, en 1953 : « […] si quelqu'un dépose un amendement pour demander qu'on cesse de payer l'indemnité d'un membre de cette assemblée qui n'y a pas paru depuis un an, je le vote des deux mains[82] ». Aucun amendement en ce sens n'est pourtant déposé, ou voté. Si la nouvelle loi organique de 1958 relative à l'indemnité des membres du Parlement permet, en théorie, de moduler le montant de l'indemnité de fonction en tenant compte de la participation aux séances, les sanctions afférentes ne sont pas mises en œuvre, le Bureau assumant cette inapplication alors même que les bancs vides de l'Assemblée sont un sujet de critiques récurrent[83]. Autre exemple, celui de la transparence financière du patrimoine ou des revenus des députés. Elle est parfois demandée, durant l'entre-deux-guerres, comme contrepoint

---

79. En 1953, évoquant la création d'une prime de rendement pour les conseillers d'État, la Chambre décide de créer une indemnité de secrétariat destinée à permettre le recrutement, qui suscite la polémique. Cette indemnité sera abandonnée en 1958. En 1968, le Bureau autorise les groupes à recruter une « dame secrétaire » pour cinq députés.
80. Réunion du Bureau des 6 novembre 1969, 4 janvier 1970, 20 mai 1970, 4 et 25 novembre 1970.
81. Réunion du Bureau du 25 novembre 1970.
82. *JORF*, séance du 13 décembre 1953, p. 6462.
83. Par exemple, réunion du Bureau du 15 juin 1971.

des augmentations de l'indemnité, et son principe est même adopté à plusieurs reprises, mais elle n'est, elle non plus, jamais mise en œuvre[84].

Cette conception libérale du mandat n'est cependant pas la seule à exister. D'une part, dans l'entre-deux-guerres, pour de nombreux élus conservateurs, une réelle indépendance nécessite d'avoir les moyens de vivre en dehors de son mandat parlementaire. Il s'agit donc d'une indépendance *par rapport au* mandat et non d'une indépendance *procurée par le mandat*. Fils de banquier, banquier lui-même et chargé des activités philanthropiques de l'entreprise, Ferdinand Bougère est l'un de ceux qui revendiquent cet amateurisme parlementaire. Lors du débat de 1926, il affirme que dans la mesure où les sessions ne sont pas permanentes, elles permettent amplement au député de conserver une activité professionnelle. Et le député conservateur de citer l'exemple de cet élu maréchal-ferrant qui avait été contraint de changer de profession à la fin de son mandat faute de pouvoir reprendre une activité dont il avait perdu la pratique. « Je me demande si nous devons nous considérer comme vivant du mandat parlementaire », s'interrogeait quelques années avant lui le député conservateur Charles Ruellan lors du débat de 1920.

D'autre part, si la position conservatrice ne trouve plus guère à s'exprimer après-guerre, la conception libérale du mandat continue à se heurter à celle promue par les députés communistes. Ces derniers opposent à ce modèle libéral une assimilation alternative du mandat au salariat. Ainsi les élus communistes ne perçoivent-ils pas directement leur indemnité. Cette dernière est versée au parti communiste, lequel leur reverse l'équivalent d'un salaire d'ouvrier qualifié[85]. À l'idée que l'honorabilité impliquerait une rémunération élitaire, les élus communistes opposent un revenu commun, aligné sur celui de la majorité des travailleurs. En séance publique, le député Alexandre-Étienne Piquemal ironise, en 1926, sur la métamorphose qui se produirait chez ses collègues juste après leur élection : « Est-ce que, parce que l'on est député, le lendemain de la conquête du mandat législatif, on est dans l'obligation d'aller dans la boutique qu'on ne fréquentait pas la veille pour s'y transformer et devenir un représentant plein de morgue du peuple, dédaignant ses habitudes

---

84. Voir notamment Jean-Noël JEANNENEY, *L'argent caché. Milieux d'affaires et pouvoirs politiques dans la France du XX*[e] *siècle*, Paris, Éd. du Seuil, 1984, chap. 6, ainsi que *JORF*, deuxième séance du 11 avril 1930. Le seul précédent en la matière est donc celui du décret du 4 vendémiaire an IV (26 septembre 1795). À ce sujet, voir Philippe BOURDIN, « Fortunes et représentation au crépuscule de la Convention », *in* M. BIARD, P. BOURDIN et H. LEUWERS (dir.), *Vertu et politique. Les pratiques des législateurs (1789-2014)*, Rennes, PUR, 2015, p. 215-230 ; *id.*, « Démocratie tronquée, Convention transparente. Les Deux Tiers au crible des déclarations individuelles d'état-civil et de patrimoine », *Annales historiques de la Révolution française*, 381-3, 2015, p. 155-187.

85. Le député communiste Jacques Grésa disait, en séance le 1er février 1938 : « [...] un parlementaire communiste, du jour où il est investi de son mandat par le suffrage universel, signe une procuration permettant à son parti d'encaisser une partie de son indemnité parlementaire et, en échange [...] reçoit le montant du salaire d'un ouvrier qualifié dans l'industrie privée » (*JORF*, séance du 1er février 1938, p. 175). En 1997 encore, le député Daniel Colliard indique au Bureau que « les indemnités allouées à ses élus sont versées au parti, à charge pour ce dernier de payer un salaire aux élus » (procès-verbal du Bureau du 29 janvier 1997, p. 15).

de la veille[86] ? » En conséquence, les députés communistes offrent une opposition systématique à toute augmentation de l'indemnité et dénoncent la prise en charge croissante des frais des députés par l'Assemblée. Pour eux, les représentants de la classe ouvrière doivent demeurer à son image, y compris sur le plan financier[87]. Ce modèle demeure cependant isolé, les socialistes eux-mêmes faisant leur la vision libérale du mandat[88], et leur objection tend par ailleurs à s'affaiblir à partir des années 1960, lorsque les communistes entrent dans une logique de négociation, au Bureau, plutôt que de contestation, dans l'hémicycle.

Bien que remise en cause, la conception libérale du mandat domine pendant la plus grande partie du XXe siècle. On pourrait penser que cette vision du mandat de député n'est qu'un paravent destiné à protéger le monde politique de contraintes nouvelles, mais elle conduit aussi les députés à refuser de s'octroyer des protections analogues à celles du salariat. Il en va ainsi, par exemple, de la reconversion des députés battus, question qui se pose notamment avec une particulière acuité à la suite des dissolutions de 1962 et de 1968. À chaque fois, une interprétation rigoureuse des règles est retenue, conduisant à interrompre, dès le mois suivant l'annonce de la dissolution, le versement de l'indemnité parlementaire et n'autorisant pas, autrement que par des secours ponctuels[89], le versement d'une allocation facilitant la reconversion professionnelle des anciens parlementaires ou le versement d'une allocation-chômage qui aurait pu être prise en charge par l'institution[90]. Les parlementaires assument donc une partie des sujétions que peut engendrer une conception libérale du mandat parlementaire. Est également refusée, jusqu'en 1997, la dissociation, proposée à plusieurs reprises, de l'indemnité personnelle du député et de ses frais de mandat. L'objectif de cette mesure était simple : assurer à tous les élus une rémunération qui ne soit pas dépendante de l'accomplissement du mandat, et ainsi distinguer l'élu de la personne privée du représentant. Si cette proposition n'est pas sérieusement discutée alors qu'elle pourrait bénéficier matériellement aux parlementaires, c'est non seulement que le sujet de l'indemnité reste délicat, mais aussi que la dissociation proposée pourrait conduire à brider la liberté du parlementaire dans l'allocation de ses ressources.

---

86. *JORF*, séance du 8 juin 1926, p. 2405.

87. Pour un exemple éloquent de ce positionnement, voir la séance du 29 novembre 1947, où le député Fernand Grenier déclare que le député communiste « comprend d'autant mieux les difficultés des travailleurs que ses élus, fidèles à la glorieuse tradition de la Commune de Paris, continuent à vivre aussi modestement qu'avant leur élection » (*JORF*, séance du 29 novembre 1947, p. 5274).

88. Après avoir rappelé l'exigence d'indépendance des parlementaires, le député socialiste Charles Lussy conclut, en 1947, à l'intention de ses collègues communistes : « Autrefois, c'était à droite qu'on parlait ainsi ! », avant de refuser que les députés se voient attribuer le traitement « du facteur de 6e classe, moins l'indemnité de chaussure » (*JORF*, séance du 18 février 1947, p. 369).

89. Compte rendu du Bureau du 11 décembre 1962 : « [...] pour tenir compte de certains cas sociaux douloureux, les questeurs se déclarent prêts à accorder à leurs anciens collègues, après enquête, toute l'aide nécessaire » (p. 2).

90. Cette possibilité est par exemple rejetée par le Bureau le 13 octobre 1961. Voir aussi la proposition de loi du député radical Pierre Ferrand, annexe no 6021 à la séance du 28 novembre 1957, *Documents parlementaires*, p. 146.

Les cadres de la République

De la fin du XIXᵉ siècle jusqu'au tournant des années 1980, la condition matérielle des députés est donc principalement marquée par le souci d'assurer l'indépendance et la dignité des parlementaires; elle aboutit à les doter d'un statut financier autonome, construit sur mesure. Cette conception libérale du mandat va connaître une série d'inflexions à partir des années 1980. À compter de cette décennie, la revendication d'indépendance des députés va devoir se concilier avec d'autres préoccupations, conduisant à la convergence progressive, quoique toujours incomplète, de la condition financière des parlementaires avec le droit commun du salariat.

Ce rapprochement transparaît en premier lieu dans le domaine fiscal. Alors que, depuis 1938, l'indemnité parlementaire avait un caractère hybride (entre une partie imposable, assimilée à un revenu, et une partie exonérée d'imposition, représentative de frais de mandat), reflet de la dualité du corps du député, ce système prend fin le 1ᵉʳ janvier 1994 avec son assujettissement à l'impôt sur le revenu, à l'image d'un revenu du travail[91]. De même, l'indemnité se voit désormais assujettie aux cotisations et contributions sociales.

Cette métamorphose salariale est aussi marquée par la création d'un véritable régime d'assurance chômage pour les députés non réélus. Alors que les législatures successives avaient refusé cette perspective, une première allocation générale est créée au bénéfice des députés sortants, en 1991[92]. À la suite des élections de 1993, qui voient un renouvellement majeur de l'Assemblée puisque 282 députés ne sont pas réélus, une allocation de fin de mandat est créée, qui permet de maintenir pendant cinq mois au plus l'indemnité parlementaire des députés sortants (hors indemnité de fonction et de résidence) qui n'ont pas encore atteint l'âge de la retraite et ne disposant pas de ressources équivalentes à cette dernière, allocation qui devient dégressive pendant les dix-huit mois suivants. Même si les caractéristiques de cette allocation de fin de mandat diffèrent du régime de chômage des salariés, c'est bien une véritable assurance chômage que les députés créent en 1994, visant à garantir, moyennant une cotisation acquittée sur l'indemnité parlementaire, un revenu de substitution en fin de mandat à celles et ceux qui se trouveraient dépourvus de ressources[93]. Ce régime spécifique aux parlementaires est définitivement aligné sur le droit commun en 2018.

Si la fiscalisation de l'indemnité et la création d'une assurance chômage traduisent la même évolution – celle de la fin de l'exceptionnalisme du statut

---

91. La dernière partie alors non fiscalisée de l'indemnité, l'indemnité de fonction, l'a été en 2017.
92. Arrêté de questure du 13 novembre 1991. Réservée aux députés de moins de 50 ans qui n'avaient aucune activité professionnelle, elle n'a profité qu'à dix parlementaires à la suite des élections de 1993. Il faut noter que les députés disposent d'un régime autonome de retraite depuis 1904.
93. Cette allocation se serait élevée au tiers environ de l'indemnité parlementaire. Voir la note préparée en vue de la réunion du Bureau du 6 juillet 1994.

matériel des parlementaires – dans un sens tantôt défavorable, tantôt favorable pour les finances des parlementaires, la création d'une enveloppe dédiée aux frais de mandat démontre la forte tension qui existe entre le souci de l'indépendance matérielle et le rapprochement avec le droit commun du salariat. L'IRFM, fondée en 1997 par le Bureau de l'Assemblée et d'un montant sensiblement équivalent à l'indemnité parlementaire, a pour objet de bien distinguer le revenu des députés des dépenses afférentes à leur activité, mimant par là même les frais professionnels dont peuvent bénéficier les salariés, en particulier les cadres du secteur privé. Elle n'est acceptée par les membres du Bureau qu'à condition de demeurer exempte de contrôles, lesquels empiéteraient sur l'indépendance d'exercice du mandat parlementaire. Le président de l'Assemblée, Philippe Séguin, souhaite ainsi pouvoir opposer à l'administration fiscale un « certificat magique »[94] qui empêcherait toute vérification de l'utilisation de l'IRFM. Ce n'est qu'en 2018 que les frais de mandat des parlementaires sont soumis à un examen interne à chaque Chambre, sur présentation de justificatifs, achevant ainsi en grande partie le rapprochement avec le salariat.

Cette évolution manifeste de façon exemplaire la tension entre préservation de l'indépendance des députés et identification au salariat qu'illustre également la limitation progressive du cumul des mandats (en 1985, 2000 et 2014[95]), destinée à faire du mandat parlementaire l'activité unique de son titulaire. Il en va de même de la soumission des députés à des déclarations de situation patrimoniale à partir de 1988 ; de la modulation du montant de l'indemnité parlementaire en fonction de la présence effective des députés en commission à partir de 2010 (qui instaure un contrôle inédit des présences et des rythmes de travail) ; de la création de règles déontologiques en 2011 ; ou encore de l'alignement progressif du régime de pension des députés sur le droit commun, achevé en 2018. Dans ce contexte, les réformes des années 2017-2018 qui interdisent le recrutement de collaborateurs familiaux ou suppriment les sommes discrétionnaires mises à disposition des élus pour les associations et collectivités (connues sous le nom de réserve parlementaire[96]) ne font que poursuivre cet alignement progressif du mandat parlementaire sur le statut matériel des salariés, concrétisant la comparaison que formulait, dès 1992, le président de la commission des finances, Jean Le Garrec : « […] si chacun de nous s'y prêtait, on s'apercevrait alors que le revenu d'un parlementaire accomplissant convenablement sa fonction – c'est la grande majorité des cas – correspond à peu près à celui d'un cadre moyen d'une entreprise moyenne, ni plus, ni moins[97] ».

---

94. Selon l'expression du questeur Henri Cuq, compte rendu de la réunion du Bureau du 29 janvier 1997, p. 12. L'interdiction de pratiquer des contrôles sur l'usage de l'IRFM est inscrite dans la loi en 2002.
95. Globalement, pendant toute la période étudiée, le principe général est que les activités privées sont compatibles avec le mandat parlementaire, à la différence des activités publiques (sauf, avant ces lois, les autres mandats électifs).
96. Lois du 15 septembre 2017, qui, notamment, interdisent le recrutement de collaborateurs familiaux, suppriment la réserve parlementaire et instaurent un contrôle des frais des parlementaires.
97. *JORF*, deuxième séance du 22 décembre 1992, p. 7831.

D'autres travaux restent à mener pour expliquer les raisons de cette profonde inflexion conduisant à remettre en cause l'exceptionnalisme du mandat parlementaire. L'une d'elles réside sûrement dans le mouvement de réglementation du financement de la vie politique à partir des années 1980, sous la pression de l'opinion publique et des scandales[98]. Dans ce contexte, la condition financière des députés, exorbitante du droit commun, est perçue comme un privilège. Le député Jean-Jacques Jegou déclare en 1990 à la tribune, de manière typique : « [...] dans toutes nos circonscriptions, on parle des indemnités qui nous sont versées. [...] nous sommes parlementaires, et nous devons être plus blanc que blanc[99] ». Cette volonté de rapprochement du droit commun ressort par exemple des débats de 1991 sur la fiscalisation de l'indemnité parlementaire, thème hautement symbolique puisque c'est à l'occasion d'un débat de nature fiscale qu'avait été forgée l'expression d'« indemnité parlementaire » en 1792, pour la distinguer d'un traitement. Le ministre de l'Intérieur, Philippe Marchand, dévoile les ressorts de cette proposition en déclarant que « l'alignement de la situation fiscale de tous les élus locaux et parlementaires sur le droit commun de l'imposition des revenus serait, nous le pensons, de nature à atténuer l'incompréhension que peut nourrir l'opinion publique à l'égard de la classe politique[100] ».

Cette normalisation progressive ne doit pas masquer qu'ont été élaborées, durant la même période, de nouvelles règles spécifiques aux députés. Elles ne portent cependant plus sur leur situation matérielle, mais visent à les soumettre à un niveau d'exigence et de contrôle renforcé par rapport à celui applicable à leurs concitoyens, règles que l'on peut regrouper sous l'expression de normes d'exemplarité[101]. Régularité fiscale, déontologie, publication des intérêts détenus, possibilité de consulter le patrimoine des députés sont autant de nouveaux impératifs qui contribuent au maintien de la spécificité du mandat parlementaire, tout en en bouleversant les contours.

Voilà plusieurs décennies que les sciences sociales ont pris l'activité politique pour objet. Sous le terme de professionnalisation, les chercheurs ont décrit les étapes de la carrière des élus, le profil des personnes qui le deviennent ou encore

---

98. Éric Phélippeau, *L'argent de la politique*, Paris, Presses de Sciences Po, 2018. Sur les scandales politico-financiers, voir Violaine Roussel, *Affaires de juges. Les magistrats dans les scandales politiques en France*, Paris, La Découverte, 2002 ; Jean Garrigues, *Les scandales de la République. De Panama à l'affaire Cahuzac*, Paris, Nouveau Monde, 2013 ; J.-N. Jeanneney, *L'argent caché, op. cit.*
99. *JORF*, deuxième séance du 13 décembre 1990, p. 6880. Le député du Front national, Jean-Claude Martinez, avait proposé, à plusieurs reprises à la fin des années 1980, de mettre fin au « privilège » fiscal des parlementaires et de les faire rentrer « dans le droit commun » en instaurant un régime de frais professionnels (*JORF*, troisième séance du 14 octobre 1987, p. 4320).
100. *JORF*, première séance du 11 décembre 1991, p. 7598.
101. Sur cette notion, voir les actes du colloque du 10 février 2022 à l'université Panthéon-Assas sur l'exemplarité des gouvernants : Cécile Bargues *et al.* (dir.), dossier « L'exemplarité des gouvernants », *Jus Politicum*, 28, 2022, p. 3-167.

les savoir-faire acquis dans le champ politique. Bien moins nombreux ont été les travaux dédiés aux conditions de vie matérielle, malgré la centralité de la question de l'argent pour la définition de la « professionnalisation de la politique » évoquée par M. Weber au siècle passé. Comme nous avons pu le montrer, cette absence tient moins à un désintérêt qu'à une difficulté intrinsèque : connaître le revenu effectif qu'on pouvait tirer de l'activité politique n'avait rien d'évident.

Un tel silence est toutefois regrettable, pour trois raisons au moins. D'abord parce que l'existence, mais encore plus l'organisation du secret sont des éléments révélateurs d'une difficulté récurrente à parler d'argent en politique. À travers le long XXe siècle, en dépit de variations de revenus importantes, il n'a jamais été possible d'évoquer sereinement la rétribution des élus, et ceux-ci ont presque toujours tenté d'éviter le sujet. Ensuite parce que cette rétribution positionne la politique dans la hiérarchie des revenus et, par conséquent, dans la hiérarchie sociale. Cette information permet de situer, dans la société française, le type d'activité qu'est la politique : dans notre cas, une activité d'élite, mais en déclassement depuis quelques décennies[102]. Enfin parce que ces informations sur le montant, le régime indemnitaire et les avantages associés complètent notre compréhension du type d'activité qu'est la politique : conçue comme une profession libérale au début du XXe siècle, la condition matérielle des élus les rapproche du traitement des cadres depuis un peu moins d'un demi-siècle.

L'étude matérielle de la rémunération politique met en lumière plusieurs facettes du métier politique. Elle fournit, en dépit de son caractère apparemment aride, une série d'informations qui dépassent largement la question des revenus pour interroger l'activité politique, les formes de sa professionnalisation, le type de personnel politique qu'elle peut engendrer, l'antiparlementarisme et ses évolutions ou encore la théorie de la représentation politique.

Éric Buge
eric.buge@gmx.fr

Étienne Ollion
CNRS (CREST)
etienne.ollion@polytechnique.edu

---

[102]. Sur le lien ténu entre déclassement monétaire et déclassement social d'une activité, voir É. OLLION, *Les candidats, op. cit.*, chap. 6.

Crédit et justice

Dossier

Hommes de mauvaise réputation
Usuriers, débiteurs et créanciers en procès (Pistoia, 1287-1301)

Arnaud Fossier

En mars 1300 se tint à Pistoia – ville toscane d'environ 15 000 habitants – un procès présidé par l'évêque de la ville, Tommaso Andrei, ou plus exactement par son « vicaire général », Arnoldo, archidiacre de la cathédrale de San Zeno[1]. La procédure impliquait, d'un côté, un usurier public du nom de Giovanni (ou *Iohannes*) Buscii qui, du fait de sa mort, était représenté par son frère Insegna et, de l'autre, certains de ses clients qui l'accusaient d'avoir pratiqué le prêt d'argent à des taux d'intérêt trop élevés[2]. Pendant un ou peut-être plusieurs jours, quatre témoins comparurent devant la cour et furent sommés de dire la « vérité » sur les actes de

---

* Cet article a fait l'objet d'une présentation, en mai 2020, lors de deux séminaires de l'Institute for Advanced Study (IAS) à Princeton. Je tiens à remercier les participantes et participants pour leurs remarques constructives. Il a par ailleurs été relu, dans des versions sensiblement différentes, par Guillaume Calafat, Jacques Chiffoleau, Rowan Dorin, Clément Lenoble, Éric Monnet et Francesca Trivellato, à qui je souhaite exprimer toute ma reconnaissance.

1. Gaetano Beani, *La chiesa pistoiese, dalla sua origine ai tempi nostri. Appunti storici*, Pistoia, Pagnini, [1883] 1912, p. 248 ; Natale Rauty, *L'antico palazzo dei Vescovi a Pistoia*, vol. 1, *Storia e restauro*, Florence, L. S. Olschki, 1981, p. 356 ; Sabatino Ferrali, « La serie dei vicari generali della diocesi di Pistoia dal sec. xiii al sec. xviii », in S. Ferrali, *Chiesa e clero pistoiese nel Medioevo*, éd. par G. Francesconi et R. Nelli, Pistoia, Società pistoiese di storia patria, 2005, p. 201-226, ici p. 216 ; Elena Vannucchi, « X. Chiesa e religiosità », in G. Cherubini (dir.), *Storia di Pistoia*, vol. 2, *L'Età del libero comune dall'inizio del xii alla metà del xvi secolo*, Florence, F. Le Monnier, 1998, p. 347-386.

2. Florence, Archivio di Stato (ci-après ASF), « Tribunale vescovile di Pistoia » (ci-après TvP), Reg. 3, fol. 13r-18r.

l'usurier, jusqu'à ce que le vicaire soit en mesure de rendre son verdict. À Giovanni Bonvassallo, Perino Roncinetto, Vannes Bonvicini et Bertino Gherardi, issus des paroisses urbaines de San Paolo, Santa Maria Maggiore et Santo Stefano, le juge posa les mêmes questions. Il leur demanda tout d'abord ce qu'était, selon eux, un « usurier public » ; puis, combien Giovanni Buscii prêtait habituellement, et à quel taux ; s'il avait contraint Romanino Aldebrandini, le demandeur du procès, à lui verser 6 florins d'or et demi en plus de la somme de 74 florins et demi qu'il lui avait prêtée ; et, pour finir, dans quelle mesure tous ces faits étaient corroborés par la « renommée publique » (*publica fama*). C'est seulement après avoir recueilli ces quatre témoignages – fournissant un certain nombre d'informations sur les noms des clients, les taux d'intérêt et les délais de remboursement accordés par l'usurier – que le juge laissa à Insegna une période de six jours (entre le mardi 1er mars et le lundi suivant) pour leur apporter contradiction.

Nous ne connaîtrons malheureusement jamais la fin de cette histoire. En effet, ces procès allaient rarement jusqu'à la sentence définitive, à savoir l'excommunication de l'usurier ou la restitution de l'usure à sa victime. Dans le cas contraire, les sentences n'étaient pas toujours consignées par les notaires actifs auprès de l'évêque. Le quatrième concile du Latran (1215) avait certes exigé que les cours ecclésiastiques conservent une trace écrite de leurs procédures[3], mais si les documents (*acta*) relatifs à chaque affaire ont été enregistrés avec une plus grande régularité tout au long du XIIIe siècle – qu'il s'agisse des libelles, des citations à comparaître, des allégations des parties, des « dépositions » (*attestationes*) de témoins, et même des « conseils » (*consilia*) que le juge ou les parties pouvaient solliciter auprès d'experts en droit –, les premiers registres de justice épiscopale qui nous sont parvenus pour la Toscane, voire pour toute la péninsule italienne, sont tardifs et incomplets.

Ces registres, au nombre de quatre, aujourd'hui conservés à l'Archivio di Stato de Florence[4], contiennent la transcription d'environ 80 procès en tous genres (crimes commis par des clercs, revenus et bénéfices ecclésiastiques, empêchements canoniques au mariage, adultères, etc.) et forment un ensemble de 900 feuillets de papier. L'étude de ces « causes » (*causae*), plaidées entre 1287 et 1301, aide à comprendre le fonctionnement de la justice épiscopale à une époque relativement ancienne. D'importants historiens du droit comme Paul Fournier, Anne Lefebvre-Teillard, Richard H. Helmholz et Charles Donahue Jr.[5] ont bien montré que des

---

3. *Conciliorum oecumenicorum generaliumque decreta*, vol. 2, éd. par G. Alberigo et A. Melloni, *The General Councils of Latin Christendom: From Constantinople IV (869/870) to Lateran V (1512-1517)*, t. 1, *1215 Lateran IV*, Turnhout, Brepols, 2013, p. 185, can. 38 (*Quoniam contra falsam*).

4. Au sujet de la conservation de ces registres, voir Luigi Schiaparelli, Pietro Fedele et Alfonso Gallo (dir.), *Guida storica e bibliografica degli Archivi e delle Biblioteche d'Italia*, vol. 2, *Provincia di Pistoia*, éd. par R. Piattoli, Rome, Libreria dello Stato, 1937, partie I, « Pistoia », p. 102 ; Luigi Chiappelli, « Una nuova fonte per l'antica storia di Pistoia », *Bullettino storico pistoiese*, 15-1, 1913, p. 75-77.

5. Paul Fournier, *Les officialités au Moyen Âge*, Paris, Plon, 1880 ; Anne Lefebvre-Teillard, *Les officialités à la veille du concile de Trente*, Paris, Librairie générale de droit

cours épiscopales appelées « officialités » étaient apparues en France et en Angleterre au tournant du XIIIe siècle, mais très peu de sources ont survécu pour cette période à l'échelle de l'Europe. Cela vaut pour la France[6] comme pour l'Espagne, où les archives de la justice ecclésiastique criminelle ne remontent qu'au XVe siècle[7]. La seule exception jusqu'ici était l'Angleterre, les cours anglaises ayant laissé des registres datés du début du XIIIe siècle[8]. La documentation italienne n'en est donc que plus précieuse dans la perspective d'une meilleure connaissance du système juridique de l'Église dans son ensemble.

Jacques Le Goff a décrit l'Italie médiévale comme une « exception documentaire » au sein de l'Europe, et il est vrai que les archives qu'elle a laissées sont uniques tant par leur volume que par leur diversité. Elles ont donc été, sans surprise, étudiées dans de nombreux domaines. Un vide historiographique relatif persiste pourtant concernant les cours de justice ecclésiastiques et leurs transformations au XIIIe siècle. Robert Brentano, en son temps, avait certes tenté une comparaison audacieuse entre les chancelleries épiscopales anglaise et italienne et, depuis son remarquable essai paru en 1968, plusieurs études ont été publiées sur les « bureaucraties » épiscopales[9]. Mais le thème de la justice rendue par les évêques et leurs vicaires n'a été que fort peu traité, si l'on excepte l'enquête d'Ezio Claudio Pia fondée sur les registres d'actes judiciaires et les minutes notariales d'Asti[10] et, plus récemment, l'essai de Lorenzo Tanzini qui compare un grand nombre de registres de justice toscans de la fin du XIIIe siècle et du XIVe siècle

---

et de jurisprudence, 1973 ; Richard H. HELMHOLZ, *The Oxford History of the Laws of England*, vol. 1, *The Canon Law and Ecclesiastical Jurisdiction from 597 to the 1640s*, Oxford, Oxford University Press, 2004 ; *id.*, « Judges and Trials in the English Ecclesiastical Courts », *in* M. MULHOLLAND et B. PULLAN (dir.), *Judicial Tribunals in England and Europe, 1200-1700*, Manchester, Manchester University Press, 2001, p. 102-116 ; *id.*, « Local Ecclesiastical Courts in England », *in* W. HARTMANN et K. PENNINGTON (dir.), *The History of Courts and Procedure in Medieval Canon Law*, Washington, The Catholic University of America Press, 2016, p. 344-391 ; Charles DONAHUE Jr., « Procedure in the Courts of the Ius Commune », *in* W. HARTMANN et K. PENNINGTON (dir.), *The History of Courts and Procedure…, op. cit.*, p. 74-124.

6. Charles DONAHUE Jr. et Sara McDOUGALL, « France and Adjoining Areas », *in* W. HARTMANN et K. PENNINGTON (dir.), *The History of Courts and Procedure…, op. cit.*, p. 300-343.

7. Yolanda SERRANO SEOANE, « El sistema penal del tribunal eclesiástico de la diócesis de Barcelona en la Baja Edad Media », *Clío & Guida storica e bibliografica degli Archivi e delle Biblioteche d'Italia, crimen. Revista del centro de historia del crimen de Durango*, 3, 2006, p. 334-428 ; Martine CHARAGEAT, *La délinquance matrimoniale. Couples en conflit et justice en Aragon au Moyen Âge (XVe-XVIe siècles)*, Paris, Publications de la Sorbonne, 2011.

8. Norma ADAMS et Charles DONAHUE Jr. (éd.), *Select Cases from the Ecclesiastical Courts of the Province of Canterbury, 1200-1301*, Londres, Selden Society, 1981.

9. Robert BRENTANO, *Due chiese : Italia e Inghilterra nel XIII secolo*, Bologne, Il Mulino, [1968] 1972 ; Attilio BARTOLI LANGELI et Antonio RIGON (dir.), *I registri vescovili dell'Italia settentrionale (secoli XII-XV)*, Atti del convegno di studi (Monselice, 24-25 novembre 2000), Rome, Herder, 2003.

10. Ezio Claudio PIA, *La giustizia del vescovo. Società, economia e Chiesa cittadina ad Asti tra XIII e XIV secolo*, Rome, Viella, 2014.

(Volterra, Lucques, Pise ou Fiesole)[11]. Dans ces travaux, comme dans ceux, plus anciens, de Gero R. Dolezalek sur les formulaires notariaux de l'archevêque de Pise en 1230[12], l'intérêt est souvent centré sur les notaires, leurs *instrumenta* et leurs registres, plutôt que sur le droit, la procédure et l'inscription de la justice dans le tissu social. De plus, lorsque les historiens se sont penchés sur les affaires qui étaient jugées, ils ont souvent privilégié les cas criminels (en particulier ceux impliquant le clergé) ou matrimoniaux[13]. Or l'analyse des registres de Pistoia, qui n'a encore jamais été menée de façon extensive, ouvre non seulement de nouvelles perspectives sur la justice ecclésiastique à la fin du XIIIe siècle, mais aussi sur certains aspects socio-économiques de la vie rurale et citadine que sont l'usure et le crédit[14] – deux formes de prêt créatrices de dettes.

Le nombre d'affaires de crédit, d'endettement et d'usure à Pistoia est pour le moins réduit (cinq cas d'usuriers « publics », quatre d'emprunteurs accusés de n'avoir pas remboursé leurs dettes et quatre de prêteurs accusés de n'avoir pas reconnu le paiement de certaines dettes), mais il permet de tirer quelques enseignements sur les mécanismes du crédit et de l'endettement – dans une société, faut-il le rappeler, dépourvue d'institutions financières et où les cadres éthiques et juridiques de l'échange sont pensés principalement par l'Église. Il s'agit là d'une question bien connue des historiens du commerce et de la banque – qui font du crédit un élément essentiel de la révolution commerciale qui a touché l'Europe médiévale – autant que des spécialistes des campagnes européennes de la fin du Moyen Âge et de la première modernité[15]. Cependant, le prêt d'argent a rarement été examiné au prisme

---

11. Lorenzo Tanzini, *Una Chiesa a giudizio. I tribunali vescovili nella Toscana del Trecento*, Rome, Viella, 2020.
12. Gero R. Dolezalek, *Das Imbreviaturbuch des erzbischöflichen Gerichtsnotars Hubaldus aus Pisa, Mai bis August 1230*, Cologne, Böhlau, 1969.
13. Giuliano Pinto, « Clero e chiese rurali nel Pistoiese alla fine del Duecento », in E. Vannucchi (dir.), *Pistoia e la Toscana nel Medioevo. Studi per Natale Rauty*, Pistoia, Società pistoiese di storia patria, 1997, p. 104-129 ; Gene A. Brucker, « Ecclesiastical Courts in Fifteenth-Century Florence and Fiesole », *Medieval Studies*, 53-1, 1991, p. 229-257 ; Silvana Seidel Menchi et Diego Quaglioni (dir.), *Coniugi nemici. La separazione in Italia dal XII al XVIII secolo*, Bologne, Il Mulino, 2000 ; *id.*, *Matrimoni in dubbio. Unioni controverse e nozze clandestine in Italia dal XIV al XVII secolo*, Bologne, Il Mulino, 2001 ; *id.*, *Trasgressioni. Seduzione, concubinato, adulterio, bigamia (XIV-XVIII secolo)*, Bologne, Il Mulino, 2004 ; *id.*, *I tribunali del matrimonio (secoli XV-XVIII)*, Bologne, Il Mulino, 2006 ; Cecilia Cristellon, *Marriage, the Church, and its Judges in Renaissance Venice (1420-1545)*, trad. par C. McNamara, Cham, Palgrave Macmillan, [2010] 2017.
14. À ce sujet, voir le bref article exploratoire d'Armando Sapori, « L'usura nel Dugento a Pistoia » [1929], *in Studi di storia economica medievale (secoli XIII-XIV-XV)*, vol. 1, Florence, Sansoni, 1955, p. 181-189 et, plus récemment, Giampaolo Francesconi, « Qualche considerazione sull'attività creditizia a Pistoia in età comunale », in A. Duccini et G. Francesconi (dir.), *L'attività creditizia nella Toscana comunale, Atti del convegno di studi (Pistoia-Colle di Val d'Elsa, 26-27 settembre 1998)*, Pistoia, Società pistoiese di storia patria, 2000, p. 151-190.
15. Dossier « Les réseaux de crédit en Europe (XVIe-XVIIIe siècles) », *Annales HSS*, 49-6, 1994, p. 1335-1442 ; Craig Muldrew, *The Economy of Obligation: The Culture of Credit and Social Relations in Early Modern England*, New York, Palgrave, [1998] 2001 ;

de la justice (ecclésiastique, en particulier) et, quand il l'a été, les travaux ont surtout porté sur les sanctions réservées aux insolvables, soit l'excommunication, le bannissement ou la prison pour dettes[16]. Quant à l'usure, elle est étudiée depuis fort longtemps, mais principalement sous l'angle des définitions théologiques et canoniques qui en ont été données au Moyen Âge[17]. Cela signifie qu'à l'exception de quelques rares analyses de procès d'usure dans les tribunaux ecclésiastiques anglais[18] ou de

---

Maurice BERTHE (dir.), *Endettement paysan et crédit rural dans l'Europe médiévale et moderne, Actes des XVIIe journées d'histoire (abbaye de Flaran, 1995)*, Toulouse, Presses universitaires du Mirail, 1998 ; Phillipp R. SCHOFIELD et Nicholas J. MAYHEW (dir.), *Credit and Debt in Medieval England, c. 1180-c. 1350*, Oxford, Oxbow Books, 2002 ; Laurence FONTAINE, *L'économie morale. Pauvreté, crédit et confiance dans l'Europe préindustrielle*, Paris, Gallimard, 2008 ; Christopher D. BRIGGS, *Credit and Village Society in Fourteenth-Century England*, Oxford, Oxford University Press, 2009 ; Daniel L. SMAIL, *Legal Plunder: Households and Debt Collection in Late Medieval Europe*, Cambridge, Harvard University Press, 2016.

16. Dossier « Le bannissement pour dettes à Bologne au XIIIe siècle », *Mélanges de l'École française de Rome - Moyen Âge*, 109-2, 1997, p. 477-567 ; Julie CLAUSTRE, *Dans les geôles du roi. L'emprisonnement pour dette à Paris à la fin du Moyen Âge*, Paris, Publications de la Sorbonne, 2007 ; Tyler LANGE, *Excommunication for Debt in Late Medieval France: The Business of Salvation*, Cambridge, Cambridge University Press, 2016. De manière plus générale sur les procès pour dettes, voir Elaine G. CLARK, « Debt Litigation in a Late Medieval English Vill », in J. A. RAFTIS (dir.), *Pathways to Medieval Peasants*, Toronto, Pontifical Institute of Mediaeval Studies, 1981, p. 247-279 ; Phillipp R. SCHOFIELD, « L'endettement et le crédit dans la campagne anglaise au Moyen Âge », in M. BERTHE (dir.), *Endettement paysan et crédit rural…, op. cit.*, p. 69-98 ; Daniel L. SMAIL, *The Consumption of Justice: Emotions, Publicity, and Legal Culture in Marseille, 1264-1423*, Ithaca, Cornell University Press, 2003 ; *id., Legal Plunder, op. cit.* ; Elizabeth L. HARDMAN, *Conflicts, Confessions, and Contracts: Diocesan Justice in Late Fifteenth-Century Carpentras*, Leyde, Brill, 2016.

17. Aujourd'hui dépassée, la première synthèse sur le sujet est celle de Benjamin N. NELSON, *The Idea of Usury: From Tribal Brotherhood to Universal Otherhood*, Princeton, Princeton University Press, 1949. Voir également Gabriel LE BRAS, « Usure », *Dictionnaire de théologie catholique*, XV-2, 1950, col. 2316-2372 ; John T. NOONAN, *The Scholastic Analysis of Usury*, Cambridge, Harvard University Press, 1957 ; John W. BALDWIN, *Masters, Princes and Merchants: The Social Views of Peter the Chanter and His Circle*, Princeton, Princeton University Press, 1970 ; Jacques LE GOFF, *La bourse et la vie. Économie et religion au Moyen Âge*, Paris, Fayard/Pluriel, [1986] 2011 ; Odd I. LANGHOLM, *Economics in the Medieval Schools: Wealth, Exchange, Value, Money and Usury according to the Paris Theological Tradition, 1200-1350*, Leyde, Brill, 1992. À l'inverse, les travaux de Giacomo Todeschini montrent que l'interdit de l'usure n'a en rien empêché l'avènement d'une pensée capitaliste. Voir en particulier son ouvrage *Il prezzo della salvezza. Lessici medievali del pensiero economico*, Rome, La Nuova Italia Scientifica, 1994 ; *id., Les marchands et le temple. La société chrétienne et le cercle vertueux de la richesse du Moyen Âge à l'époque moderne*, trad. par I. Giordano avec la collaboration de M. Arnoux, Paris, Albin Michel, [2002] 2017. Dans ce sens, voir également Giacomo TODESCHINI, Diego QUAGLIONI et Gian Maria VARANINI (dir.), *Credito e usura fra teologia, diritto e amministrazione. Linguaggi a confronto (sec. XII-XVI)*, Rome, École française de Rome, 2005 ; Pierre DE JEAN OLIVI, *Traité des contrats*, éd. par S. Piron, Paris, Les Belles Lettres, 2012. Enfin, sur la doctrine des canonistes concernant l'usure, l'étude la plus complète à ce jour reste celle de Terence P. MCLAUGHLIN, « The Teaching of the Canonists on Usury (XII, XIII and XIV Centuries) », *Mediaeval Studies*, 1, 1939, p. 81-147, et 2, 1940, p. 1-22.

18. Richard H. HELMHOLZ, « Usury and the Medieval English Church Courts », *Speculum*, 61-2, 1986, p. 364-380.

celui, désormais fameux, de Bondavin de Draguignan[19] et des grandes campagnes pontificales et princières de lutte contre les usuriers[20], les théories de l'usure ont été relativement peu confrontées aux documents de la pratique comme les contrats notariaux et les actes de procès. Il faut dire aussi que la compréhension et l'application des canons et des traités concernant l'usure ont tellement varié selon les lieux et les époques – les prêteurs d'argent professionnels ayant été tantôt épargnés par l'Église[21], tantôt sévèrement poursuivis, comme ce fut le cas à Albi à la fin du XIIIe siècle ou à Narbonne en 1314[22] – qu'il convient de résister à la tentation de généralisations trop hâtives.

Que faire, dans ces conditions, de notre dossier d'archives pistoïen? Les quelques procès en usure ou pour dettes conservés dans les registres de l'évêque Tommaso Andrei rendent incontestablement visibles plusieurs processus au long cours tels que la monétarisation de l'économie, la professionnalisation du prêt d'argent et le pouvoir grandissant des instances séculières (en particulier communales) face à une Église luttant pour préserver sa part d'autorité dans l'espace public. Depuis le XIIe siècle déjà, le prêt d'argent a en effet changé de main. Alors que l'Église s'adonne depuis longtemps à cette pratique – en dépit de l'interdiction antique faite aux clercs de percevoir des usures[23] –, le crédit se généralise jusqu'à devenir, dans les années 1180, la principale raison du recours à l'écrit et au notariat. Ces vingt-cinq dernières années, les historiens ont éclairé cet incroyable essor des opérations de crédit ainsi que la diversité des instruments formalisant les relations entre débiteurs et créanciers[24]. Dans ce contexte, l'Église

---

19. Joseph SHATZMILLER, *Shylock revu et corrigé. Les juifs, les chrétiens et le prêt d'argent dans la société médiévale*, trad. par S. Piron, Paris, Les Belles Lettres, [1990] 2000.
20. Claude DENJEAN, *La loi du lucre. L'usure en procès dans la couronne d'Aragon à la fin du Moyen Âge*, Madrid, Casa de Velázquez, 2011; Elsa GABAUDE, «L'usure en procès. Le gouvernement économique de l'Église au temps des papes d'Avignon (milieu du XIVe siècle-début du XVe siècle)», thèse de doctorat, École nationale des chartes, 2011.
21. Rowan DORIN, «A Heretical Perspective on Medieval Usury», *American Society for Legal History Congress*, 2015; id., *No Return: Jews, Christian Usurers, and the Spread of Mass Expulsion in Medieval Europe*, Princeton, Princeton University Press, 2023.
22. Jean-Louis BIGET, «Aspects du crédit dans l'Albigeois à la fin du XIIIe siècle», *Castres et pays tarnais, Actes du XXVIe congrès d'études régionales, organisées à Castres, les 5-7 juins 1971, par la Société culturelle du Pays castrais et la Société des sciences, arts et belles lettres du Tarn*, Albi, Éditions de la Revue du Tarn, 1972, p. 1-50; Julien THÉRY, «*Fama, enormia*: l'enquête sur les crimes de l'évêque d'Albi Bernard de Castanet (1307-1308). Gouvernement et contestation au temps de la théocratie pontificale et de l'hérésie des bons hommes», thèse de doctorat, Université Lumière Lyon 2, 2003; Sylvain PIRON, «Marchands et confesseurs. Le *Traité des contrats* d'Olivi dans son contexte (Narbonne, fin XIIIe-début XIVe siècle)», *in* SOCIÉTÉ DES HISTORIENS MÉDIÉVISTES DE L'ENSEIGNEMENT SUPÉRIEUR PUBLIC, *L'argent au Moyen Âge, XXVIIIe actes du congrès de la SHMESP (Clermont-Ferrand, 30 mai-1er juin 1997)*, Paris, Publications de la Sorbonne, 1998, p. 289-308.
23. G. LE BRAS, «Usure», art. cit., col. 2329-2330, cite, entre autres, les conciles d'Elvire (vers 306) et de Nicée (325).
24. François MENANT et Odile REDON (dir.), *Notaires et crédits dans l'Occident méditerranéen médiéval*, Rome, École française de Rome, 2004; M. BERTHE (dir.), *Endettement et crédit rural…, op. cit.* Parmi les travaux les plus récents sur les instruments notariés

a peut-être cherché à rétablir un semblant de contrôle sur le marché du crédit et à se débarrasser de ses créanciers en les accusant d'usure. Mais n'a-t-elle pas aussi essayé de retrouver une certaine maîtrise de l'espace public ? Au coin de la rue ou en place publique, il était difficile de distinguer l'usurier du simple prêteur (comme le montrent les affaires de dettes non soldées ou de créanciers niant avoir été remboursés). Dans le cadre de ces procès (même inaboutis), l'Église tentait justement de définir l'usure – ou plus exactement l'usurier, car elle ne voulait pas tant proscrire la pratique du prêt à intérêt que la réguler – et de déterminer qui était autorisé à occuper l'espace public en en chassant tous ceux que la *fama*, c'est-à-dire l'opinion collective recueillie par le juge, désignait à sa vindicte[25].

Cette source nous permet donc, en partant de la procédure et de qualifications juridiques alors employées dans toute l'Europe, de revisiter l'histoire économique et sociale d'une cité italienne et de son *contado* – voire au-delà, puisque l'histoire du droit, par les comparaisons qu'elle offre, aide à s'extraire des pesanteurs ponctuelles de la micro-analyse. Ce sont en effet ces règles qui donnent les contours des relations économiques et des échanges fondés sur le crédit. Ce sont elles aussi qui permettent de distinguer l'usure d'une myriade d'autres transactions et qui tracent une frontière, labile, certes, entre le crédit autorisé et le prêt à intérêt condamné – en particulier le statut d'« usurier public » établi par la *fama*. En se situant au niveau pratique du procès, pour ainsi dire « au ras » de la procédure, il devient possible de poser sur l'usure un regard différent de celui dans lequel l'histoire des doctrines l'a parfois enfermée et de celui de l'histoire économique qui, au contraire, ignore tout du poids des constructions institutionnelles quand elle accorde une attention exclusive aux *realia*.

Crédit et endettement dans le *contado* pistoïen

Le crédit en procès

On compte, dans les registres de Pistoia, quatre causes pour les années 1300-1301 impliquant des créanciers accusés de ne pas vouloir reconnaître avoir été remboursés (causes que nous signalerons dans la suite de l'article par les lettres a, b, c et d) et quatre autres datant des années 1292-1293 et 1299 de personnes endettées et convoquées devant le juge à la demande de leurs créanciers (causes que nous indiquerons

---

du crédit, voir la thèse de doctorat de Matthieu ALLINGRI, « Le métier de notaire en Europe méridionale à la fin du Moyen Âge. Étude comparée de deux modèles régionaux (Italie communale, pays catalans, v. 1280-1420) », Université Lumière Lyon 2, 2014, en particulier p. 705-715 et 792-831.
25. Sur la *fama* comme opinion collective saisie par le juge, voir Julien THÉRY, « *Fama* : l'opinion publique comme preuve judiciaire. Aperçu sur la révolution médiévale de l'inquisitoire (XIIe-XIVe siècles) », *in* B. LEMESLE (dir.), *La preuve en justice de l'Antiquité à nos jours*, Rennes, PUR, 2003, p. 119-147.

par les chiffres romains I, II, III et IV)[26]. L'endettement était, en effet, une matière contentieuse dès lors qu'un créancier insatisfait s'adressait au juge pour faire citer à comparaître l'emprunteur qui ne s'était pas acquitté de sa dette et faire ainsi pression sur lui. La menace de l'excommunication pour dettes, que seul un tribunal d'Église pouvait prononcer, était encore une réalité à la fin du Moyen Âge, d'autant que les cours ecclésiastiques en tiraient l'essentiel de leurs revenus[27]. À l'inverse, un emprunteur pouvait traîner son créancier devant une cour de justice si ce dernier niait avoir été remboursé. Dans le sud de la France, par exemple, « les prêteurs d'argent avaient la fâcheuse réputation de conserver les reconnaissances de dette, même après remboursement[28] ». Certains allaient jusqu'à contraindre leurs clients à payer deux fois une dette identique, en négociant avec eux de nouveaux contrats dans lesquels le montant de l'ancienne dette était inclus. À Pistoia, il arriva ainsi que des créanciers aient été mis en accusation par des débiteurs mécontents, comme en témoigne l'affaire de Carbonis et Soldus, deux notaires et procureurs actifs à la curie épiscopale, mais aussi exécuteurs testamentaires d'un certain Baroncino de Carmignano ayant refusé de reconnaître qu'il avait été remboursé (b).

Si l'Église prenait en charge de telles accusations, c'est sans doute, comme le suggère Giacomo Todeschini, parce qu'en définissant les paramètres de l'usure, elle était devenue compétente et légitime pour juger la myriade des opérations de crédit et leur validité[29], à plus forte raison si celles-ci impliquaient des clercs (ce qui est le cas dans nos huit affaires de crédit et d'endettement). En vertu du « privilège du for », ceux-ci ne pouvaient en effet être jugés, au civil comme au pénal, que par un tribunal ecclésiastique[30]. Cela s'explique peut-être aussi par le fait que nombre de transactions de crédit entraînaient à l'époque des quittances, des reconnaissances de dette ou des contrats rédigés par des notaires actifs à la cour de l'évêque au sein de ce que l'historiographie moderne a appelé, pour le nord de la France, la juridiction « gracieuse »[31].

---

26. ASF, TvP, a = Reg. 3, fol. 27r-30v; b = Reg. 3, fol. 31r-32v; c = Reg. 3, fol. 33r-36r; d = Reg. 3, fol. 79r-82v; I = Reg. 4, fol. 131r-132v; II = fol. 153r-154v; III = Reg. 3, fol. 85r-89v; IV = Reg. 4, fol. 115r-120v.
27. T. Lange, *Excommunication for Debt…, op. cit.*
28. J. Shatzmiller, *Shylock revu et corrigé, op. cit.*, p. 27.
29. Giacomo Todeschini, *Au pays des sans-nom. Gens de mauvaise vie, personnes suspectes ou ordinaires du Moyen Âge à l'époque moderne*, trad. par N. Gailius, Lagrasse, Verdier, 2015, p. 129 : « Puisque l'usurier 'manifeste', à savoir reconnu comme tel par la science et par les tribunaux canoniques, n'était pas crédible, et que les engagements envers lui pouvaient, voire devaient ne pas être reconnus, étaient inconsistants du point de vue tant moral que juridique, c'était à la science et aux tribunaux canoniques, ou à ceux qui en adoptaient les préceptes, de passer au crible le système des accords, des compromis, des transactions dont l'entrelacs composait les communautés civiques. »
30. P. Fournier, *Les officialités au Moyen Âge, op. cit.*; Robert Génestal, *Le privilegium fori en France du décret de Gratien à la fin du XIVe siècle*, Paris, E. Leroux, [1921] 1924.
31. Julie Claustre (dir.), *La dette et le juge. Juridiction gracieuse et juridiction contentieuse du XIIIe au XVe siècle (France, Italie, Espagne, Angleterre, Empire)*, Paris, Publications de la Sorbonne, 2006 ; J. Claustre nuance au passage l'opposition entre juridiction « gracieuse » et notariat public, mais ne prend pas en compte le cas des juridictions ecclésiastiques.

Dans le cadre contentieux qui nous occupe, il revenait au demandeur, qu'il soit débiteur ou créancier, de fournir les preuves de son bon droit. Si le demandeur était l'emprunteur, il devait apporter la preuve qu'il avait bel et bien remboursé sa dette ; inversement, le créancier devait prouver que la dette contractée n'avait pas été acquittée. Dans les registres de Pistoia, des quittances de dette sont parfois mentionnées (b), de même que des contrats notariaux (*cartae* ou *instrumenta*)[32]. Mais, en dépit de la culture notariale qui s'était épanouie dans la Toscane du XIIIe siècle sous la forme d'une riche documentation financière, allant de la simple reconnaissance de dette à d'autres modes d'obligation écrite plus complexes[33], les créanciers de Pistoia s'avéraient généralement incapables de fournir les preuves écrites de leur activité, soit que la plupart des promesses aient été faites oralement – une somme symbolique étant parfois versée devant témoins –, soit que les montants de ces prêts aient été si faibles (encore qu'ils ne l'étaient pas tant que ça, nous y reviendrons) que l'établissement d'un contrat écrit n'avait pas été jugé nécessaire, en particulier s'il liait des personnes d'une même paroisse ou d'un même village.

Les témoins n'en étaient que plus appréciés : ayant souvent assisté à la transaction (ou du moins à une partie de celle-ci)[34], ils étaient à même de fournir des détails sur les acteurs impliqués et les lieux concernés comme sur les gestes et les paroles des deux parties en présence[35]. On apprend, par exemple, que les alentours des églises, voire l'intérieur de celles-ci, étaient des espaces privilégiés de ce genre d'échanges (III et a ; ce qui est logique dans des affaires impliquant un recteur d'église paroissiale ou un prieur d'abbaye), de même que la maison du prêteur ou celle du notaire ayant rédigé le contrat[36]. Les témoins pouvaient aussi citer les mots prononcés (ou supposément prononcés) par le créancier au moment de recevoir la

---

32. ASF, TvP, Reg. 3, fol. 33r (c) ; Reg. 3, fol. 27r (a) ; Reg. 3, fol. 31r (b) : *[...] predicti Guidottus et Iohannes et Donna sive Donnuccia cuiusdam Caruccii receperunt mut[uum] a dicto Baroncino de quo debito fuit carta manus ser Ranerii Scharlacti notarius [...]. Item qualiter dictus Baroncinus notavit sibi solutus de dicta pecuniae quantitate et licentia concessit dicto ser Ranerio Cancellandi instrumentum mutui supradicti.*

33. Voir François MENANT, « Notaires et crédit à Bergame à l'époque communale » et Jean-Louis GAULIN, « Affaires privées et certification publique : la documentation notariale relative au crédit à Bologne au XIIIe siècle », *in* F. MENANT et O. REDON (dir.), *Notaires et crédit dans l'Occident méditerranéen médiéval, op. cit.*, respectivement p. 31-54 et 55-95.

34. ASF, TvP, Reg. 2, fol. 86r (III) : *Interrogatus si vidit tunc mensurare dictum frumentum, respondit quod non, set vidit scriptos fratres ire cum dicto presbiteri Melliore in domo ecclesie pro ipso frumento et postea vidit ipsos fratres exire domum ecclesie cum uno saccho in quo dicebant ipsi fratres esse frumentum mensuratum.*

35. ASF, TvP, Reg. 2, fol. 87v (III) : *[...] testis qui loquitur ivit cum Duccio Ormanni predicto apud ecclesiam de Campillio et invenerit presbiterum Melliorem qui nunc est rector dicte ecclesie qui tunc cantaverat missam et ipse Duccius tunc dixit eidem presbitero Melliori « Ego veni pro illo quod scitis » et non nominavit tunc aliquod et ipse presbiter tunc dixit « Et ego dabo tibi », et tunc iverunt ambo in domo ecclesie et vidit postea ipsum Duccium exire domum cum uno sacco in celle in quo erat granum quod dederat sibi, dictus rector prout audivit tunc dic[it] a dicto Duccio, quia ipse Duccius dixit ipsi testi tunc quod ipse rector dederat sibi granum.*

36. ASF, TvP, Reg. 3, fol. 33r (c) : *[...] in terra Carmignano loco dicto prato justa [sic] domum Scharlacti Galghani.*

somme payée par le débiteur[37]. Quelques-uns, encore, répondant aux questions du juge, étaient capables de faire le récit de la transaction et de ses circonstances, de citer le prêteur et de décrire sa tenue[38].

Les témoins devaient, en outre, montrer leur sincérité afin que leur déposition soit prise au sérieux. Le crédit de leur parole était certes lié à leurs statuts sociaux (raison pour laquelle chacun était interrogé sur son niveau de richesse[39]), mais il fallait aussi qu'ils admettent « honnêtement » s'ils connaissaient le demandeur, s'ils le soutenaient, et qu'ils écartent tout soupçon de collusion possible ou de complicité avec lui[40]. C'est pourquoi tous promettent de ne rechercher que la « vérité » et d'éviter la moindre partialité en faveur de l'une des deux parties (II et c). Daniel L. Smail invite, évidemment, à ne pas prendre au pied de la lettre de telles déclarations, invariablement inscrites dans le formulaire de procédure, d'autant que, « pour de nombreuses personnes, les litiges pour dettes étaient avant tout un moyen approprié ou satisfaisant de se venger, faire sanctionner ou humilier un ennemi[41] ». La chose était vraie aussi bien pour les demandeurs que pour les témoins qui, souvent, figuraient par exemple parmi les clients des créanciers et qui étaient parfaitement capables de répondre aux attentes du juge tout en cherchant à assouvir leur haine ou leur désir de vengeance. Quant aux témoins des créanciers, ils n'hésitaient pas à ruiner la crédibilité des témoins du débiteur ou l'honneur de ce dernier. Évitons, néanmoins, de donner une lecture psychologique des rapports de force lisibles dans ces procès, car l'« inimitié »

---

37. ASF, TvP, Reg. 3, fol. 27v-28r (a): « *Tu [subuisti] a me LXVI suprascripti in una parte et VIII in alia, et XVI staria panichi in alia et unam pançeriam [modo] tibi satisfact. de dicto instrumento paratus sum satisfacere vobis ad libitum [...] et restituam vobis instrumentum mutui ad voluntatem vestram* ». Reg. 3, fol. 33v (c): « *Ego sum confessus quod habeo a Bando sex libras et XII solidos et voco me [...] solutus* » et vocavit tunc ser Nerium Scharlacti notarius qui conficiat instrumentum mutui et dixit eidem « *Dampno et cancella instrumentum quod fecisti inter me et Bandum de sex libris et solidis XII* ». [...] *Interrogatus quando facta fuit dicta confessio, respondit quando facta fuit solutio [inibi] et in uno momento.*

38. ASF, TvP, Reg. 3, fol. 28v (a): *Respondit quia ipse testis erat ad abbatiam de Sancto Fabiano et vidit mensurare Cuicchino frumentum et Cianus erat et recipiebat dictum frumentum et ipse testis interrogavit cuius est istud frumentum et ipse Cianus dixit « est meum quia accipio pro una carta quam habeo contra ipsum priorem ».* Reg. 3, fol. 31v (b): *Interrogatus de quo [panno] erat tunc indutus dictus Baroncinus, respondit de uno albaxio. Interrogatus quantum tempus est quod facta fuit dicta solutio, respondit vigilia.* Reg. 3, fol. 33v (c): *Interrogatus de quo panno erat tunc indutus dictus Baroncinus, respondit de panno viride.*

39. ASF, TvP, Reg. 3, fol. 29r (a): *Interrogatus quantum habet in bonis, respondit C. libras vel circha.*

40. ASF, TvP, Reg. 3, fol. 32r (b): *Interrogatus quare facit dictum testimonium, respondit quia fuit appellatus pro teste a dictis Guidotto et Iohanne. Interrogatus si actinet alicui partium, respondit non. Interrogatus quam partem vellet obtinere, respondit jus habentem. Interrogatus si est doctus vel rogatus de hac testimonium faciendo, respondit non et dixit quod non testificatur hodie, amore, pretio, precibus vel timore nisi pro veritate dicenda.* Reg. 2, fol. 86r (III): *Interrogatus si ipse testis cognoscit filios et fratres olim Ormanni, respondit quod sic. Interrogatus quantum etatis sunt, respondit quod nescit bene sed cognoscit bene eos, quia unus vocatur Duccius qui est maior, secundus vero vocatur Nuccius, tertius qui est minor vocatus Ghinus.*

41. D. L. SMAIL, *The Consumption of Justice*, op. cit., p. 136.

(*inimicitia*) était une catégorie avant tout procédurale consistant à disqualifier l'accusateur ou ses témoins[42].

En définitive, les juges encourageaient la négociation et la coopération entre demandeurs et défendeurs et les créanciers se contentaient bien souvent d'un enregistrement des dettes impayées, ce qui suffisait à mettre les débiteurs sous pression. Si un accord pouvait être trouvé, le conflit était résolu sans condamnation ; sinon, le tribunal ordonnait le paiement de la dette et menaçait, en cas de non-paiement, d'excommunication – c'est-à-dire de privation des moyens de préparer le salut de son âme[43]. Le juge pouvait aussi ordonner ou confirmer la saisie des biens des débiteurs et leur incarcération ; à Pistoia cependant, des mesures aussi draconiennes et coercitives ont rarement été appliquées, pour ne pas dire jamais.

Débiteurs et créanciers

Carmignano, Vignole, Quarrata, Serravalle, Campiglio ou Montemagno : la plupart des lieux mentionnés dans les affaires de crédit des registres judiciaires de Pistoia sont des villages de plaine, situés dans un rayon de 20 à 30 kilomètres autour de la ville (la seule affaire urbaine, le cas IV, concerne les paroisses de San Prospero, San Marco et San Barco, à Pistoia). L'endettement paysan y était sans doute plus fort que dans les villages des Apennins, où les ressources collectives (pâturages ou forêts) avaient été mieux préservées. Il faut dire qu'à la campagne, « tout le monde vit à crédit[44] ». Celui-ci y est pratiqué « comme une forme de réciprocité » et fait souvent partie du « système de solidarité villageois »[45] (ce qui explique d'ailleurs la rareté des poursuites en justice). « Par conséquent, les cas de litiges pour dettes ne font que refléter des situations dans lesquelles les débiteurs s'opposent aux revendications des créanciers[46] » et inversement, pourrait-on ajouter. Mais, tous ces cas sont-ils, comme dans le sud de la France étudié par Elizabeth L. Hardmann[47], des prêts interpersonnels entre des gens de statut social équivalent ?

Parmi les emprunteurs, on trouve d'abord des clercs. Par exemple, Melior, prêtre et recteur de l'église de Campiglio, emprunte du blé à Ormano de Forteguerri (III). De même, Cursus, prieur de l'église San Fabiano à Prato, semble avoir donné à Ciano une certaine quantité de blé (*frumentum*), d'une valeur équivalente à la somme qu'il avait empruntée. Il s'agit peut-être d'une *datio in solutum* (dation en paiement) – laquelle avait lieu lorsqu'un débiteur insolvable payait sa

---

42. L. Tanzini, *Una Chiesa a giudizio…*, op. cit., p. 131-132.
43. Véronique Beaulande-Barraud, *Le malheur d'être exclu ? Excommunication, réconciliation et société à la fin du Moyen Âge*, Paris, Publications de la Sorbonne, 2006.
44. Jean-Louis Gaulin et François Menant, « Crédit rural et endettement paysan dans l'Italie communale », in M. Berthe (dir.), *Endettement paysan et crédit rural…*, op. cit., p. 35-67, ici p. 48.
45. *Ibid*.
46. D. L. Smail, *The Consumption of Justice*, op. cit., p. 150.
47. E. L. Hardmann, *Conflicts, Confessions and Contracts*, op. cit., p. 169 ; *id*., « Regulating Interpersonal Debt in the Bishop's Court of Carpentras: Litigation, Litigators and the Court, 1486 and 1487 », *Journal of Medieval History*, 40-4, 2014, p. 478-498.

dette en nature –, ou de l'achat, par Ciano, d'une récolte sur pied (a). Par ce genre de contrat, le débiteur s'engageait à rembourser le capital emprunté en payant une partie d'une ou de plusieurs récoltes à venir. Pour finir, on voit apparaître, parmi les emprunteurs, un certain Ceus (I et II), chanoine de son état, suspecté d'avoir mis à profit ses compétences de notaire pour rédiger un faux contrat de prêt.

Du côté des prêteurs, on trouve le clergé local et des habitants qui avancent des sommes d'argent, parfois infimes, ou diverses denrées alimentaires (châtaignes et blé, notamment). Les mêmes peuvent d'ailleurs être à la fois créanciers et débiteurs, ce qui brouille la frontière entre « patrons » créanciers, d'un côté, et « clients » débiteurs, de l'autre. Parmi les prêteurs occasionnels, ancrés dans le monde rural, se dégagent les cas de deux clercs : Chele Tedici (IV)[48] et Iacopo de Serravalle, présenté comme *plebanus*, c'est-à-dire titulaire d'une église paroissiale (d). Le curé prêteur d'argent est une figure familière des campagnes italiennes, et nombre de prêtres impliqués dans des transactions de crédit usuraire semblent avoir été dénoncés par leurs paroissiens. Les monastères aussi prêtaient fréquemment, en particulier à leurs dépendants, parfois par l'intermédiaire de convers ayant développé un certain appétit pour les affaires[49].

Loin d'être des manieurs d'argent ou des professionnels du commerce, les prêteurs ruraux étaient donc essentiellement des clercs, des notaires, voire de petits artisans – Bolognettus Iannis, par exemple, tient une « boutique » (*apoteca*) (II). Les veuves comptaient également parmi les principaux créanciers du monde rural, car il s'agissait pour elles d'un moyen de subsister, voire de s'enrichir, après la mort de leur mari[50]. Dans les registres de Pistoia toutefois, Moltocara est la seule femme impliquée dans des transactions et des opérations de crédit (I). Nous savons très peu de choses sur elle, si ce n'est qu'elle fut mariée à un certain Biçus, recensé dans le *Liber hominum* de Pistoia effectué en 1292[51].

Et les familles les plus aisées ? Ne prêtaient-elles jamais d'argent ou de semences ? Ormano de Forteguerri, représenté par ses trois fils (Nuccio, Duccio et Gino) lors du procès qui lui est fait *post mortem*, est bien qualifié de « seigneur » (III), ce qui tend à prouver qu'il existait aussi des relations « verticales » entre créanciers

---

48. Ce cas est, du reste, assez singulier puisqu'il n'oppose pas un créancier à l'un de ses débiteurs, mais un débiteur à un autre. Pauluccius Schiatte prétend, en effet, qu'il n'a jamais reçu sa part de la somme empruntée auprès de Chele Tedici, car son codébiteur, Marchus Albertini, a tout pris et ne lui a rien laissé (pas plus qu'à Simone Lunardi, le troisième emprunteur).

49. Francesca Bocchi, « I debiti dei contadini (1235). Note sulla piccola proprietà terriera bolognese nella crisi del feudalesimo », *in Studi in memoria di Luigi Dal Pane*, Bologne, CLUEB, 1982, p. 169-209. F. Bocchi a bien montré que, dans la campagne bolonaise des années 1230, les créanciers sont généralement des notaires ou des membres du clergé local (moines, convers et même archiprêtres, autant de prêteurs qu'elle qualifie de « semi-professionnels »).

50. William C. Jordan, *Women and Credit in Pre-Industrial and Developing Societies*, Philadelphie, University of Pennsylvania Press, 1993, en particulier p. 22-38, 58-60 et 67-71.

51. *Liber hominum et personarum comitatus pistorii (1293-1294)*, éd. par G. Francesconi, Florence, L. S. Olschki, 2010, p. 31.

et débiteurs dans le *contado* pistoïen. Alain Guerreau parle à ce sujet d'« avances monétaires » ou en nature visant à maintenir les ruraux « dans des réseaux de dépendance » déjà existants, plutôt que de « crédit »[52].

De l'argent et du blé

Les prêts d'objets ou en nature étaient courants : Ormano semble avoir prêté du blé (III) – chose fréquente en cas de mauvaise récolte pour l'emprunteur (à moins qu'il ne se soit agi de spéculer sur le marché du grain, ce qui est ici peu probable) – quand une autre affaire évoque le prêt d'une *matarassa* (d'une certaine quantité donc) de laine (II). Dans le Comtat Venaissin également, on achetait du grain à crédit ainsi que des produits bruts comme la laine[53], et en Angleterre les sources judiciaires des cours manoriales distinguent le *commodatum*, par lequel un villageois pouvait emprunter un objet en particulier (tel qu'une charrue), qu'il rendait une fois qu'il n'en avait plus besoin, et le *mutuum*, destiné à la consommation d'un objet (par exemple, du grain), que le débiteur remboursait ensuite à hauteur équivalente[54].

Si les actes notariés de la fin du Moyen Âge permettent de connaître la nature des biens prêtés et, par conséquent, les motivations des emprunteurs[55], il n'en va pas de même pour notre poignée de procès, trop pauvres en données. Cela étant, Giuliano Pinto a montré que, pour la Toscane du XIVe siècle, les prêts faits aux paysans, dans leur majorité, étaient de « simples » prêts (gagés ni sur des terres ni sur des récoltes) et qu'ils correspondaient à des formes de crédit à la consommation. Il s'agissait de petites dettes contractées entre voisins habitant le même village, et non de dettes commerciales (qui eussent été d'un montant plus élevé). Quant aux prêts pour les semis et les soudures, liés à la rotation des cultures, ils formaient une multiplicité de petites promesses écrites ou orales, enregistrées en argent à la valeur du prix des céréales au moment du prêt. Si l'argent était emprunté pour remédier à une mauvaise récolte, il pouvait aussi l'être pour payer des impôts ou des baux dont les loyers étaient élevés[56]. Derrière la participation paysanne au

---

52. Alain GUERREAU, « Avant le marché, les marchés : en Europe, XIIIe-XVIIIe siècle (note critique) », *Annales HSS*, 56-6, 2001, p. 1129-1175, ici p. 1150.
53. Monique ZERNER, « La question du crédit dans les campagnes du Comtat Venaissin au début du XVe siècle : enquête dans les registres notariés », *in* M. BERTHE (dir.), *Endettement paysan et crédit rural...*, op. cit., p. 199-216. Sur le prêt d'argent et la vente à crédit de textile ou de blé dans le Comtat Venaissin, voir également Michel LACAVE, « Crédit à la consommation et conjoncture économique : L'Isle-en-Venaissin (1460-1560) », *Annales ESC*, 32-6, 1977, p. 1128-1153.
54. P. R. SCHOFIELD, « L'endettement et le crédit dans la campagne anglaise au Moyen Âge », art. cit., p. 78-79.
55. Christian CASTELLANI, « Le rôle économique de la communauté juive de Carpentras au début du XVe siècle », *Annales ESC*, 27-3, 1972, p. 583-611 ; l'auteur y propose une étude statistique de plus de 3 500 opérations de crédit effectuées par les notaires de Carpentras entre 1396 et 1418.
56. Giuliano PINTO, « Note sull'indebitamento contadino e lo sviluppo della proprietà fondiaria cittadina nella Toscana tardomedievale », *Ricerche storiche*, X-1, 1980, p. 3-19,

marché financier se cache donc, avant tout, le besoin de se prémunir des fluctuations des cycles agricoles, des mauvaises récoltes, des catastrophes naturelles ainsi que la nécessité de payer les impôts et autres prélèvements seigneuriaux, en particulier en temps de pénurie. Enfin, on peut aussi y trouver le désir de s'agrandir et d'améliorer l'exploitation (c'est alors un investissement productif).

Ce « crédit de circonstance », comme l'appelle D. L. Smail[57], offrait aux paysans la possibilité de disposer d'argent rapidement. Les montants étaient faibles en comparaison des sommes prêtées par les usuriers, et même des taux d'intérêt élevés que ces derniers pratiquaient – nous y reviendrons –, mais relativement conséquents si nous les rapportons aux salaires mensuels des ouvriers agricoles ou des maîtres (environ 43 sous pour les premiers, 110 sous pour les seconds[58]) : 6 livres (soit 120 sous) dans le cas b, 6 livres auxquels s'ajoutent 12 deniers (soit un sou) dans le cas c, 17 livres dans le cas I, 3 florins (soit 36 sous) et 20 sous dans le cas d, 11 florins et 20 sous dans le cas IV, 9 florins et 8 livres dans le cas a. On ne doit pas s'étonner de voir certains prêts libellés en florins, monnaie d'or la plus répandue dans les campagnes. En revanche, il peut paraître curieux que ces montants relativement importants n'aient pas donné lieu à la rédaction d'un contrat devant notaire. Mentionnés dans les cas où les débiteurs tâchent de prouver qu'ils ont remboursé leurs dettes (a, b et c), les contrats ne le sont plus guère quand ce sont les créanciers qui tentent de faire payer les débiteurs récalcitrants – ce qui ne laisse pas de surprendre puisque de tels contrats, en donnant une force légale à l'obligation, auraient pu aider les créanciers à gagner leurs procès. Une autre différence entre cette forme souple et souvent orale de crédit et les affaires d'usure (systématiquement contractualisées) consiste en l'absence de taux d'intérêt, en tout cas apparent – ce qui peut expliquer que la durée du prêt ne soit jamais mentionnée dans les affaires de dettes impayées (ou alors dans des termes très vagues[59]). Et pourtant, la frontière entre le crédit et l'usure – cette dernière impliquant certes des sommes plus élevées et des contrats plus sophistiqués – paraît dans bien des cas assez floue[60]; la différence de traitement judiciaire entre les deux n'en est que plus frappante.

---

rééd. sous le titre « Aspetti dell'indebitamento e della crisi della proprietà contadina », in Giuliano Pinto, *La Toscana nel tardo medioevo. Ambiente, economia rurale, società*, Florence, Sansoni, 1982, p. 207-223.

57. D. L. Smail, *The Consumption of Justice, op. cit.*, p. 144.

58. Charles-Marie de La Roncière, *Prix et salaires à Florence au XIVe siècle (1280-1380)*, Rome, École française de Rome, 1982, p. 394-405.

59. ASF, TvP, Reg. 4, fol. 131r (I) : *[...] restituere promisit eidem donne Moltocare ad certum terminum jam elapsum.*

60. G. Todeschini (dans *Au pays des sans-nom, op. cit.*) met à raison l'accent sur la porosité entre l'usure et la « myriade de transactions de crédit » (p. 123), qui avaient en commun les mêmes outils et techniques de prêt. Il souligne aussi combien « la condamnation des usuriers évidents et manifestes, des usuriers montrés du doigt, projet[a] indubitablement une ombre sur la vaste gamme des relations économiques qui [...] se mouvaient dans l'espace incertain des liens obligatoires entre les personnes et entre les groupes » (p. 124).

Procès en usure

Enquête ou accusation ?

À Pistoia, les cinq procès en usure conservés dans les registres de l'évêque s'ouvrent tous par une accusation en bonne et due forme de la part de débiteurs mécontents[61], et non par une enquête judiciaire ou une dénonciation collective comme le droit canonique l'encourageait depuis 1206. La procédure inquisitoire, formalisée par le pape Innocent III dans sa décrétale *Qualiter et quando*, autorisait en effet n'importe quel juge à se saisir d'une cause de sa propre initiative (*ex officio*) ou sur la base d'une dénonciation[62]. Cette démarche, qui allait s'avérer décisive dans la poursuite de nombreux crimes, en particulier tous ceux commis par des clercs perturbant la paix de l'Église ou compromettant l'exemplarité du clergé, fut d'emblée utilisée à l'encontre des usuriers. Dans une lettre de 1207, Innocent III demandait ainsi aux évêques de procéder *ex officio* contre ceux qui auraient la réputation d'être usuriers et de réunir toutes les preuves possibles de leur crime (vente à crédit, comptes révélant la nature de leur activité, contrats de vente apparente, etc.)[63]. Six ans plus tard, le concile de Paris ordonnait à quiconque de communiquer aux autorités religieuses les informations concernant les transactions d'usuriers, au risque, sinon, d'être excommunié[64]. Cette législation « prévoyait que le 'fléau de l'usure' soit éradiqué par des enquêtes d'officiers ecclésiastiques chargés de recueillir les témoignages, dresser les listes de suspects, admonester ces derniers à trois reprises, pour finalement les excommunier publiquement, au cours d'une grande cérémonie, s'ils refusaient d'abandonner leurs pratiques usuraires et de restituer les profits qu'ils avaient générés[65] ».

---

61. Ce qui peut surprendre quand on sait que les débiteurs étaient souvent réticents à accuser leurs créanciers d'usure, comme le souligne R. H. HELMHOLZ, « Usury and the Medieval English Church Courts », art. cit., p. 369 : « De nombreux débiteurs ne porteront pas l'affaire au grand jour. Ils peuvent craindre, en effet, de se retrouver eux-mêmes impliqués dans le crime (possibilité que le droit canonique laissait ouverte). Ils peuvent aussi estimer que la honte qui en résulte est plus coûteuse socialement que l'usure payée. Ils peuvent, pour finir, vouloir protéger de futures sources de crédit » (nous traduisons).
62. Winfried TRUSEN, « Der Inquisitionsprozeß. Seine historischen Grundlagen und frühen Formen », *Zeitschrift der Savigny-Stiftung für Rechtsgeschichte. Kanonistische Abteilung* (ci-après Kan. Abt.), 74-1, 1988, p. 168-230 ; Richard M. FRAHER, « IV Lateran's Revolution in Criminal Procedure : The Birth of 'Inquisitio', the End of Ordeals and Innocent III's Vision of Ecclesiastical Politics », *in* R. I. CASTILLO LARA (dir.), *Studia in honorem eminentissimi cardinalis Alphonsi M. Stickler*, Rome, LAS, 1992, p. 97-111 ; J. THÉRY, « *Fama* : l'opinion publique comme preuve judiciaire… », art. cit.
63. X, 5, 19, 15, *Corpus iuris canonici*, t. 2, *Decretalium collectiones*, éd. par E. Friedberg et A. L. Richter, Leipzig, Tauchnitz, 1879-1881 (ci-après Fr. II), col. 815.
64. Gian Domenico MANSI, *Sacrorum conciliorum nova et amplissima collection […]*, éd. par L. Petit et J.-B. Martin, Paris, Hubert Welter, [1759-1798] 1901-1927, t. 22, col. 850-851. Au sujet de ce concile et de ses dispositions contre l'usure, voir J. W. BALDWIN, *Masters, Princes and Merchants…*, op. cit., p. 302.
65. Deborah G. SHULEVITZ, « Heresy, Money, and Society in Southern France, 1175-1325 », thèse de doctorat, Columbia University, 2017, p. 107.

À Pistoia pourtant, ce qui amène les usuriers, leurs procureurs ou leurs héritiers devant la cour, ce sont bien les accusations portées par ceux qui disent avoir payé des usures et qui demandent réparation, soit du vivant de l'accusé, soit après sa mort – et non une initiative *ex officio* des autorités ecclésiastiques. La voie judiciaire pouvait en effet être empruntée si l'usurier avait manqué à l'obligation – vigoureusement rappelée par le concile de Lyon II (1274) et formulée dès le *Decretum Gratiani* – de restituer *via* testament les biens qu'il avait « mal acquis » et de dédommager ainsi ses victimes[66], ou si l'exécution de son testament n'avait pas été respectée. Dans les cas où l'usurier était mort mais où nul testament n'avait été rédigé, il restait aux clients dudit créancier la possibilité d'obtenir une réparation *post mortem*. Ceux-ci déposaient alors plainte auprès de l'évêque afin d'établir la réputation d'usurier du défunt et justifier ainsi la demande de restitution des sommes extorquées par ce dernier. Comme le montre le tableau qui suit, la majorité de nos procès (trois, en toute certitude) s'est déroulée après la mort du créancier mis en cause.

**Tableau 1 – Cinq procès en usure
(Pistoia, 1292-1300)**

Date et lieu	Demandeur	Défendeur	Libelle	Témoins
(1) mars 1292, Prato	*Aliottus Struffaldi* et son épouse *Tavernaria*, représentés par *Lapus Consiglii*, notaire et procureur	*Berricordatus*, jadis appelé *Datuccius* († ?), représenté par ser *Bomiparis*, procureur	Vente d'une maison à un prix frauduleux (*in fraudem usurarum*) ; *Berricordatus* a été usurier public et a publiquement « pratiqué l'usure » (*exercere usuras*) pendant 12 ans et plus ; ceci est de voix et de renommée publiques (*est publica vox et fama*)	*Ranuccius Ramonis* ; *Isbrigatus Iunte* ; *Allegrettus Bonaiuti* ; *Spinellus Arrighi* ; *Voglia Uberrini* ; *Pratese Iunte* ; *Simonuccius Pertempi*
(2) mars 1300, Pistoia	*Romaninus Aldibrandini*	*Insegna*, frère de *Iohannes Buscii* (†)	Usurier public, *Iohannes* prêtait publiquement de l'argent à usure (*mutuabat pecuniam suam ad usuras*) ; *Romaninus* lui a versé les intérêts de la somme prêtée ; ceci est de voix et de renommée publiques	*Iohannes Bonvasalli*, notaire ; *Perinus Ronçineti*, chapelle San Paulo ; *Vannes Bonvicini*, chapelle Santa Maria Maggiore ; *Bertinus Gherardi*, chapelle San Stefano

---

66. G. TODESCHINI, *Les marchands et le temple*, op. cit., chap. 4 ; Jean-Louis GAULIN et Giacomo TODESCHINI (dir.), Male ablata. *La restitution des biens mal acquis, XIIe-XVe siècle*, Rome, École française de Rome, 2019.

CRÉDIT ET JUSTICE

(3) 28 mai-2 juin 1300, Pistoia	*Bartromuccius* ou *Bartolus Chiariti*, représenté par *Falcone Rolandi*, notaire	*Cinus Belli Caccialostis* (†), représenté par *Pardo Bonaiuti*	*Bellus Caccialostis* prêtait publiquement à usure de son vivant; ceci est de voix et de renommée publiques	*Puccius Bonaiuti*, chapelle San Vitale; *Nardinus Simonis*, chapelle Santa Maria al Prato; *Ghuccius Guidi*, chapelle San Vitale; *Vannes Ugholini*, chapelle San Vitale; *Lapus Johannis*, chapelle San Vitale; *Michele Simonis*, chapelle Santa Maria al Prato
(4) sept. 1300, Pistoia	*Insegna Buscii*	*Muccius Lanfranchi* et son procureur *Iohannes Caccialeonis*	Rejet des témoins produits par *Iohannes Caccialeonis*, au motif qu'ils sont usuriers publics; ceci est de voix et de renommée publiques	*Salvettus Iacobi*, chapelle San Andrea; *Soldus Cini*; *Bartromeus Junte*, chapelle San Andrea; *Tancredus Vannes Iusti*, chapelle Santa Maria Forisporte; *Cicchus Venture*, chapelle San Andrea
(5) 15 nov. 1300, Pistoia, San Stefano	*Philippus Buonus*, représenté par *Fredianus Tancredi*, procureur	*Vannes* et *Melliorinus*, fils et héritiers de *Iacobus Framerrighi* (†)	Usurier public, *Iacobus* a prêté publiquement de l'argent à usure pendant 16 ans et plus; ceci est de voix et de renommée publiques	*Matheus Iunte*, chapelle San Vitale; *Mellius Iacobi*; *Tassimannus Michelis*, chapelle San Vitale; *Ricciardus Baldis*, chapelle San Vitale; *Iacobus Maçei*, chapelle San Paulo

Dans ces différents procès d'usure, ce sont bien les débiteurs qui sont les demandeurs. Ils sont en général représentés par leurs procureurs. Dans le cas 1, par exemple (nous numérotons les cas dans l'ordre chronologique, et non selon leur ordre d'apparition dans les registres), Aliottus Struffaldi, originaire de Prato, et sa femme Tavernaria sont représentés par un certain Lapus Consiglii, l'un des notaires et procureurs les plus en vue à la cour épiscopale[67]. Il n'est pas impossible, par ailleurs, que Tavernaria se trouve aux côtés de son mari à titre de garante (voire de *fideiussor*) afin de couvrir l'obligation de ce dernier si jamais il venait à mourir au cours du procès ou s'il n'était plus solvable[68]. Dans le cas 3, Bartromuccius Chiariti

---

67. ASF, TvP, Reg. 1, fol. 40v; Reg. 1, fol. 149v et 159r. D'autres mentions de lui dans Reg. 4, fol. 170r, fol. 201r et fol. 234r.
68. Pour des exemples du mécanisme procédural de la *fideiussio* dans les cas d'usure, voir John H. Mundy, « Un usurier malheureux », trad. par P. Wolff, *Annales du Midi*, 68-34/35, 1956, p. 217-225.

est représenté par Falcone Rolandi, également notaire de son état. Dans le cas 5, Philippus Buonus a embauché Fredianus Tancredi comme procureur et, dans le cas 2, Insegna Buscii représente son frère défunt Giovanni (*Iohannes*).

La force des témoignages

Une fois le libelle – c'est-à-dire l'ensemble des chefs d'accusation – présenté au juge, et la *litis contestatio* du défendeur enregistrée, la comparution des témoins commençait. Si elles étaient faites en toscan, les dépositions étaient rédigées en latin par les notaires. Nous n'avons donc pas accès à la parole des témoins telle qu'elle résonna dans la salle d'audience, mais uniquement à sa transcription dans le langage juridique de l'époque. Lorsque le juge demande aux témoins de définir l'usure, nombre d'entre eux répondent d'ailleurs dans les termes de son interdiction officielle. L'un d'eux, par exemple, dit qu'elle est « ce que l'Église prohibe » (*ea est qua vetatur ab ecclesia*) (4).

Sans entrer dans le détail – bien connu – des formes de cette condamnation, que l'on fait généralement remonter aux livres de l'Exode, du Lévitique et du Deutéronome[69] ainsi qu'aux Pères de l'Église, en particulier Augustin, Jérôme et Ambroise[70], il importe de souligner, à la suite de G. Todeschini, qu'il n'y a jamais eu de doctrine fixe et intangible de l'Église sur l'usure, ni même de définition stable[71]. Dans les œuvres exégétiques des Pères susmentionnés, l'usure concerne non seulement le prêt d'argent, mais aussi tout « profit illégitime » tiré de la situation de faiblesse de l'emprunteur. Au XIIIe siècle encore, l'usure renvoie à de multiples manières abusives de s'enrichir (simonie, extorsion, etc.)[72]. Les canons conciliaires interdisent toute une série de transactions qui, techniquement, ne sont pas des prêts, mais que l'on appelle néanmoins « usure ». Quant aux canonistes, ils enseignent qu'il existe « bien des sortes d'usure »[73] et que certains contrats inventés pour contourner l'interdit (*in fraudem usurarum*) en relèvent[74].

Les décrétistes, notamment, semblent avoir eu quelques difficultés à décrire en des termes précis la réalité de l'usure. Ce flou était cependant peut-être volontaire, dans la mesure où il donnait une certaine latitude aux établissements ecclésiastiques ayant besoin d'hypothéquer leurs terres ou de mettre leurs biens en gage. Gratien

---

69. Exode, 22:25; Lévitique, 25:35-37; Deutéronome, 23:19.
70. Voir les analyses de David GRAEBER, *Debt: The First 5,000 Years*, Brooklyn, Melville House, 2011, p. 283-286, en particulier au sujet de Basile de Césarée.
71. Giacomo TODESCHINI, « Usury in Christian Middle Ages: A Reconsideration of the Historiographical Tradition (1949-2010) », in F. AMMANNATI (dir.), *Religione e istituzioni religiose nell'economia europea, 1000-1800*, Florence, Firenze University Press, 2012, p. 119-130. G. Todeschini rappelle que les relations de crédit n'ont cessé de changer de forme et de signification au gré des contextes sociaux et politiques.
72. Clément LENOBLE, « L'économie des hérétiques. Note sur le rapprochement entre usure et hérésie », in F. MERCIER et I. ROSÉ (dir.), *Aux marges de l'hérésie. Inventions, formes et usages polémiques de l'accusation d'hérésie au Moyen Âge*, Rennes, PUR, 2017, p. 111-152.
73. BERNARD DE PARME, *Decretales papae Gregorii IX, una cum glossis restituae*, ad *X*, 5, 19, 1, v. *genus*: *Multa enim sunt genera usurarum*.
74. JEAN LE TEUTONIQUE, *Glossa ordinaria*, Venise, 1487, ad Grat., 47, 2, v. *transigens*: *[…] id est quodcumque novum pactum vel contractum invenies in fraudem usurarum*.

consacra, vers 1140, l'une des « Causes » de son *Decretum* à la question de l'usure (cause 14). Alors qu'il s'appuyait principalement sur les vieux textes conciliaires et patristiques des IVe, V^e et VIe siècles, il ajouta, dans l'une de ses *paleae*, que « l'on appelle usure tout ce qui est attendu au-delà du principal » ou bien « du sort » (*ultra sortem*)[75] (le « sort » étant évidemment ce qui rend le gain incertain). Cette définition frappante se retrouve telle quelle dans les dépositions de certains témoins pistoïens : « L'usure est ce que l'on reçoit au-delà du sort » (*ultra sortem* ou « en plus du capital » (*ultra capitale*)[76], lequel doit être compris comme l'avance monétaire et non, tel que le suggère Pierre de Jean Olivi à la même époque, comme l'argent « destiné à être investi en marchandises et à produire un profit au terme d'un cycle commercial[77] ».

Ce témoin du cas 4 exprime donc une opinion (*ut credit*) conforme à la doctrine de l'Église, quand un autre affirme, de manière en apparence plus tautologique (en apparence seulement, car il s'agit en fin de compte d'une définition assez restrictive de l'usure), que « l'on appelle usurier celui qui prête avec usure[78] ». Or Gratien avait précisé qu'il y avait usure lorsqu'on attendait, en retour d'un prêt, plus que ce que l'on avait prêté : l'usure était une violation de la loi, fondée sur l'intention de faire un profit[79]. Et tous les canonistes qui, dans les décennies suivantes, ont glosé ou commenté Gratien s'entendent sur le fait que l'intention suffit à établir l'usure, y compris dans des contrats qui *a priori* ne sont pas usuraires[80].

Pratiques de l'usure

L'usure, en droit canonique, ne dépendait donc pas seulement d'un contrat de prêt (*mutuum*), d'un accord formel (*pactum*) ou d'une extorsion réelle, mais bien de l'espoir de tirer profit d'un prêt[81]. Pourtant, ce critère de l'intention, en soi criminelle, qui devait permettre de distinguer l'usure du crédit, ne se retrouve qu'une seule fois dans les registres de Pistoia sous l'aspect de la *voluntas lucrandi* et de la *cupiditas denariorum*[82]. Sans doute parce que, dans le cadre du for externe, il fallait que le

---

75. Grat., 14, 3, 4 : *[...] quod quicquid ultra sortem exigitur usura est*. Voir également Grat., 16, 3, 2 : *Quicquid supra datum exigitur, usura est* (« Toute somme exigée en sus de ce qui a été donné est une usure »).
76. ASF, TvP, Reg. 3, fol. 56r (4) : *Interrogatus quid est dicere usura, respondit illa quam [...] accipit ultra capitale ut credit*.
77. Sylvain Piron, « Présentation », in P. de Jean Olivi, *Traité des contrats*, op. cit., p. 68.
78. ASF, TvP, Reg. 3, fol. 56r (4) : *Interrogatus quid est dicere usurarius, respondit ille qui mutuat ad usuras*.
79. J. T. Noonan, *The Scholastic Analysis of Usury*, op. cit., p. 32-37.
80. T. P. McLaughlin, « The Teaching of the Canonists on Usury... » [I], art. cit., p. 106-107 et 112-113.
81. Sur cette idée que « le seul espoir fait l'usurier », ses origines et ses développements chez les canonistes, voir l'article fondamental de Sylvain Piron, « Le devoir de gratitude. Émergence et vogue de la notion d'*antidora* au XIIIe siècle », in D. Quaglioni, G. Todeschini et G. M. Varanini (dir.), *Credito e usura fra teologia, diritto e amministrazione*, op. cit., p. 73-101.
82. ASF, TvP, Reg. 2, fol. 37 : *cupiditas denariorum illorum qui habent voluntatem lucrandi denarius* ; Reg. 2, fol. 45 : *voluntas lucrandi denarios et parum curare de animo* ; Reg. 2, fol. 57 : *voluntas facere et habere denarius*.

vicaire de l'évêque puisse juger *secundum allegata et probata* (sur la base d'arguments et de preuves). Les procès abondent, par conséquent, en renseignements sur les pratiques et le fonctionnement du prêt usuraire dans la cité.

Au-delà de la définition standard qu'en donnent plusieurs témoins – imprégnée, on l'a vu, de celle formulée par Gratien dans son *Decretum* –, la plupart parviennent à quantifier, et même à chiffrer les sommes prêtées par l'usurier. L'un d'eux énonce une règle générale : « Les usuriers publics sont ceux qui, s'ils peuvent recevoir trois deniers pour le prêt d'une livre, n'en réclament pas deux » (5). Le juge demande alors plus précisément « combien le prêteur prêtait », « combien d'usures il en tirait », « quel délai il laissait à l'emprunteur », « quels mots il avait prononcés », « s'il avait usé d'un contrat ou non » (*cum carta vel sine carta*) et, le cas échéant, « qui s'était chargé de rédiger le contrat » (*instrumenta*). Les réponses à la première question varient selon les cas, sachant que les témoins cités à comparaître ne se souviennent pas toujours du montant exact du prêt ni de sa durée[83]. Les sommes pouvaient être relativement importantes (50 livres dans le cas 5, 74 et même 100 florins dans le cas 2).

Les usuriers ne prêtaient-ils que de l'argent? Pour les canonistes, en particulier pour les décrétistes, il ne faisait pas de doute que l'usure découlait d'un prêt (*mutuum*) en général, et que celui-ci pouvait être en nature. Dans les registres de Pistoia, l'un des cas les plus intéressants est précisément celui d'un contrat de vente « simulé » (1), c'est-à-dire d'une transaction qui, à première vue, n'implique pas d'usure et ressemble à la vente normale d'une maison (incluant un four et une vigne), mais se voit qualifiée d'usuraire parce que la maison a été achetée par l'usurier en dessous du prix du marché[84]. Les canonistes avaient de longue date attiré l'attention sur le fait que l'usure pouvait être « dissimulée » (*in fraudem usurarum*), ce qui consistait généralement à cacher l'intérêt dans le capital[85] ; tous étaient d'accord pour dire que l'intention frauduleuse suffisait à établir l'usure et que les contrats qui n'étaient pas usuraires à strictement parler pouvaient le devenir aussitôt le cas échéant. La décrétale *Consuluit* d'Urbain III (1187) avait synthétisé cette position en précisant que pratiquer des prix plus élevés dans une vente à crédit était considéré comme de l'usure[86].

---

83. ASF, TvP, Reg. 3, fol. 13v (2) : *Interrogatus quantam pecuniam mutuabat ad usuras, respondit multam pecuniam, tamen de quantitatibus non recordatur nec ad quem terminum.*
84. ASF, TvP, Reg. 4, fol. 133r : *[...] probare qualiter domus cum area fornace et pe[ti]o terre pro parte vineato ad unum se simul tenentia posito in Ser[ravalli] [...] precii libr. CLX Bon. denar. florin. par. tempore vendicionis facte [...]. Item qualiter dicta vendicio fuit in fraudem usurarum contracta.*
85. T. P. McLaughlin, « The Teaching of the Canonists on Usury… » [I], art. cit., p. 95. Au sujet des développements qu'y consacre le théologien parisien Pierre le Chantre dans son *Verbum abbreviatum*, voir J. W. Baldwin, *Masters, Princes and Merchants…, op. cit.*, p. 273-279.
86. X, 5, 19, 10 : *[…] et an negotiator poena consimili debeat condemnari, qui merces suas longe maiori pretio distrahit, si ad solutionem faciendam prolixioris temporis dilation prorogetur, quam si ei in continenti pretium persolvatur.*

Il semble qu'il y ait aussi eu, parmi les « usuriers publics » de Pistoia, des prêteurs sur gages (*super pignore*)[87]. Ces gages, non nécessaires au prêt, étaient souvent présentés comme une alternative au contrat car, tel que le souligne D. L. Smail, quand les dettes étaient petites et les biens mis en gage portatifs, on n'établissait généralement pas de contrats notariés ; les biens étaient directement remis au prêteur, qui les gardait tant que le remboursement du prêt était pendant[88]. Toutefois, dans les registres de justice de l'évêque de Pistoia, la plupart des usuriers ont eu recours au contrat écrit (*cum carta*, cas 3) – même si l'on voit quelques emprunteurs mettre en gage des biens de consommation courante tels que des vêtements[89] –, faisant appel, pour cela, à des notaires. Les témoins présents au moment de la transaction étaient d'ailleurs souvent capables de nommer ces derniers, qu'il s'agisse de Vannes Ranerii (2), de Iohannes Armaleoni (2) ou encore de Cursus Landi (5). Il y a un cas dans lequel le témoin répond au juge qu'il ne se souvient pas du nom de la personne chargée de la rédaction du contrat (3), et un autre dans lequel le témoin se dit certain qu'il existe une preuve écrite du prêt (5). Le contrat donnait de fait à la dette une garantie légale et constituait, pour le prêteur, une protection plus forte en cas de non-remboursement ; il avait aussi vocation à neutraliser la force des affects, conformément à la pensée contractualiste qui s'affirme alors dans certains traités d'économie comme celui de Pierre de Jean Olivi[90].

Les deux parties, le prêteur et l'emprunteur, étaient tout de même supposées échanger quelques paroles rituelles pour sceller le contrat, phrases que les témoins citaient « de mémoire », ou du moins dont la transcription dans les dépositions laisse croire qu'ils s'en rappelaient : « Je te donne ces 6 florins d'or comme intérêt [*pro usuris*] des 66 florins [que tu m'as prêtés][91]. » Ou bien, si c'est le prêteur qui parle : « Je reçois présentement de toi la somme de 6 florins d'or qui est l'intérêt que tu me dois pour la somme de 70 florins que je t'ai prêtée[92]. » De telles phrases n'étaient sans doute pas réellement prononcées, mais le juge attendait des témoins qu'ils donnent cette « preuve » supplémentaire qu'un contrat, même oral, avait été passé entre le prêteur et l'emprunteur.

Parmi les autres preuves matérielles pouvant être signalées se trouvent les cahiers dans lesquels les usuriers enregistraient les sommes qu'ils avaient prêtées ainsi que les taux d'intérêt (*merita*) qu'ils requéraient[93], ce qui témoigne du caractère organisé de leur activité de prêteur. Le taux d'intérêt – dont on sait qu'il pouvait

---

87. ASF, TvP, Reg. 4, fol. 133r (1) : *Interrogatus qui sunt publici usurarii, respondit tabulerii ut credit et illi qui mutuant super pignore.*
88. ASF, TvP, Reg. 3, fol. 40r (3) : *tam super pignora quam sine pignore* ; Reg. 2, fol. 44r : *sunt usurarii qui prestant ad meritum danarios super pignora aut super carta*. Voir D. L. SMAIL, *Legal Plunder, op. cit.*, p. 116-117.
89. A. SAPORI, « L'usura nel Dugento a Pistoia », art. cit.
90. S. PIRON, « Le devoir de gratitude… », art. cit. ; P. DE JEAN OLIVI, *Traité des contrats, op. cit.*, p. 49-61 ; S. PIRON, « Marchands et confesseurs… », art. cit.
91. ASF, TvP, Reg. 3, fol. 15r (2).
92. ASF, TvP, Reg. 3, fol. 13r (2).
93. ASF, TvP, Reg. 2, fol. 44r.

être régulé par les autorités publiques et était toléré par les canonistes à condition d'être « modéré »[94] – était, en dernier recours, imposé par l'usurier en personne. À Pistoia, et plus largement en Toscane, le taux mensuel était d'environ quatre sous (*solidi*) pour une livre (*libra*), soit un taux annualisé de 20 %. Ceci dit, les témoins sont en désaccord sur cette moyenne – ce qui, au passage, montre leur aptitude à évaluer les dettes et les taux d'intérêt. Quelques-uns parlent de trois deniers pour une livre, d'autres d'un quart du prêt ou d'un dixième seulement, et parfois même d'un peu moins[95]. L'estimation peut être volontairement très floue, comme avec ce témoin qui, à la question « De combien était le taux d'intérêt ? », n'hésite pas à charger l'usurier mis en cause en répondant sans ambages : « Le plus possible[96]. » Un taux de 40 % semble toutefois être le maximum de ce qu'ont exigé les usuriers de Pistoia à cette époque – et encore s'est-il probablement agi d'un stratagème de la part de témoins qui, contraints d'emprunter de plus en plus, cherchaient à se venger d'un prêteur dont ils soulignaient l'esprit de lucre. Les autres témoignages sont d'ailleurs si divergents qu'ils ne laissent aucun doute sur le caractère mensonger ou sur l'exagération volontaire de la part des témoins revanchards[97]. Quant au délai laissé à l'emprunteur pour rembourser sa dette, il était en théorie de six mois (sachant que le taux d'intérêt augmentait légèrement au fil des mois impayés)[98].

Le contrôle de l'espace public

Usuriers « publics », *vox et fama*

Dans ces procès en usure, la même question revient, inlassablement (preuve s'il en est que les interrogatoires s'inspirent d'un formulaire et que les témoignages répondent aux attentes du juge) : « Qui sont les usuriers publics ? » ; « Qu'est-ce qui fait un usurier public ? » ; « Qu'est-ce que veut dire public ? »[99] Cette qualification

---

94. R. H. HELMHOLZ, « Usury and the Medieval English Church Courts », art. cit., p. 374-375 ; J. SHATZMILLER, *Shylock revu et corrigé, op. cit.*, chap. 3 ; Renato BORDONE et Franco SPINELLI (dir.), *Lombardi in Europa nel Medioevo*, Milan, F. Angeli, 2005.
95. ASF, TvP, Reg. 3, fol. 13v (2) : *ad tres denarios et ad duos et ad plures et ad minus, ut faciunt alii publici usurarii* ; Reg. 3, fol. 14v (2) : *mutuabat ad duos denarios et ad tres et ad plus si plus petant ut faciunt alii usurarii* ; Reg. 3, fol. 49r (5) : *et postea habet inde LV et accipit meritum et usuras super usuris* ; Reg. 3, fol. 15r (2) : *sex floreni pro usuris LXX florenos auri*.
96. ASF, TvP, Reg. 3, fol. 37v (3).
97. ASF, TvP, Reg. 3, fol. 13r-18v (2). Selon certains témoins, Giovanni Buscii récupérait 106 ou 107 livres quand il en prêtait 100, mais d'autres parlent plutôt de 6 florins d'usure pour 70 prêtés.
98. ASF, TvP, Reg. 3, fol. 17r (2) : *C. florenos de capitali et in instrumento dicitur et continetur CVII ad terminum VI mensorum* ; Reg. 3, fol. 37v (3) : *Interrogatus ad quem terminum, respondit VI mensibus et plus et minus ut erat in concordia cum partibus* ; Reg. 3, fol. 56r (5) : *Interrogatus quando accepit, respondit iam sunt sex mensis et ultra* ; Reg. 3, fol. 17r (2) : *VI florenos C. pro sex mensibus et ad XIIII pro anno*.
99. ASF, TvP, Reg. 3, fol. 13r (2) : *Interrogatus quid est dicere publice, respondit quod publicum dicitur. Interrogatus qui sunt publici usurarii, respondit illi qui publice mutuant pecuniam ipsorum*

d'usurier « public » – qui montre que la question pour le tribunal était moins de définir l'usure en tant que telle, que la figure de l'usurier – ne manque pas de surprendre quand on sait que la législation canonique usait plutôt, depuis le concile de Latran III (1179), de la qualification d'usurier « manifeste »[100]. Des conciles plus tardifs ou certains canonistes, comme le pape Innocent IV (1243-1254), avaient quant à eux privilégié la catégorie d'usurier « notoire »[101], pour désigner ceux ayant avoué leur crime devant un juge ou ceux dont l'activité était si connue qu'elle ne pouvait être dissimulée[102]. Pour Bernard de Parme, l'auteur de la *Glose ordinaire* sur les *Décrétales de Grégoire IX* (vers 1241), soit un usurier était « notoire », auquel cas il n'était pas nécessaire de réunir des preuves, soit il ne l'était pas, ce qui requérait alors de mener une enquête pour établir les faits et rendre son crime « manifeste »[103]. Personne, en somme, ne pouvait être considéré comme usurier « manifeste » avant d'avoir été condamné comme tel par une cour de justice. Dès lors, le fait d'être qualifié d'usurier « public » signifiait-il être un usurier « manifeste » ou simplement exercer son commerce au vu et au su de tous, comme une prostituée – à laquelle la doctrine théologique et canonique le comparait parfois[104] – l'eût fait dans un bordel ? Et quel rôle la *fama* – autrement dit la renommée de l'usurier – jouait-elle dans ces affaires ? Était-elle suffisante pour établir le « fait » de l'usure, ou des témoins, voire d'autres preuves, étaient-ils requis ?

À toutes ces questions, que les théologiens et les canonistes se posaient aussi, le juge avait la tâche délicate de répondre en s'appuyant d'abord et avant tout sur les témoins du demandeur. Ceux-ci commençaient par répondre que l'usurier exerçait son métier « publiquement », et non « clandestinement » (3, par exemple). Dans le contexte judiciaire, il était crucial d'établir la visibilité de l'activité des usuriers, car si la pratique du prêt d'argent était clandestine et ignorée de tous, elle ne pouvait être jugée (ou alors au « for de la confession », comme le laissaient

ad usuras. Interrogatus que sunt illa que requiruntur ad hoc ut faciant et reddant aliquem publicum usurarium, respondit publice mutuare ad usuras hominibus et [personis] petentibus pecuniam.
100. *Conciliorum oecumenicorum generaliumque decreta, op. cit.*, vol. 2/1, p. 144-145, concile de Latran III, can. 25.
101. Innocent IV, *Apparatus super V libro decretalium*, Venise, 1481, ad *X*, 5, 19, 2, v. *manifesti*. Sur l'émergence et la signification de la qualification de « notoire » en droit canonique, voir Mathias Schmoeckel, « *Excessus notorius examinatione non indiget*. Die Entstehung der Lehre der Notorietät », *in* O. Condorelli (dir.), *Panta rei. Studi dedicati a Manlio Bellomo*, vol. 5, *Telle est la question*, Rome, Il Cigno edizioni, 2004, p. 133-164 ; Jacques Chiffoleau, « '*Ecclesia de occultis non iudicat*' ? L'Église, le secret et l'occulte du XIIe au XVe siècle », n{o} spécial « Il Segreto/The Secret », *Micrologus: Nature, Sciences and Medieval Societies*, 14, 2006, p. 359-481 ; Wolfgang P. Müller, « The Internal Forum of the Later Middle Ages: A Modern Myth? », *Law and History Review*, 33-4, 2015, p. 887-913.
102. T. P. McLaughlin, « The Teaching of the Canonists on Usury… » [II], art. cit., p. 12-13.
103. T. P. McLaughlin, « The Teaching of the Canonists on Usury… » [II], art. cit. Voir Bernard de Parme, *Decretales papae Gregorii IX…, op. cit.*, ad *X*, 5, 19, 15, v. *manifestos*.
104. Benjamin N. Nelson, « The Usurer and the Merchant Prince: Italian Businessmen and the Ecclesiastical Law of Restitution, 1100-1550 », n{o} spécial « Economic Growth: A Symposium », *The Journal of Economic History*, 7-S1, 1947, p. 104-122, ici p. 108.

entendre les manuels de confesseurs[105]). Quelles preuves les témoins avaient-ils ? D'abord, la localisation de l'usurier. Il pouvait s'agir d'un endroit public, comme les abords du palais du Capitaine du Peuple (*sub palatio populi* dans le cas 2), la « place communale » (*in platea comunis*, dans le cas 2 également) ou encore les environs de la maison de l'usurier, à condition que celle-ci se trouve dans une rue passante et connue (3). Ensuite, l'usurier était facilement reconnaissable au banc (*banchum*) derrière lequel il prenait place (5). « Public » signifiait aussi que les témoins avaient pu assister à la transaction entre le prêteur et l'emprunteur (et, quand ce n'était pas le cas, qu'ils avaient au moins vu le contrat notarié, le *publicum instrumentum* [2]), ce qui en faisait des témoins oculaires, capitaux dans l'établissement de la vérité[106]. Quelques-uns avaient assisté à plusieurs transactions (5) ; d'autres avaient emprunté directement de l'argent à l'usurier mis en cause (2). Dans le cas de Giovanni Buscii, certains témoins dirent avoir vu, en personne, une voire plusieurs transactions entre l'usurier et ses clients (2). Ceux-là furent à même de décrire où elle s'était déroulée, si un notaire avait établi un contrat, à combien s'élevaient les montants du prêt et de l'intérêt, quel avait été le délai de paiement laissé à l'emprunteur, qui étaient les autres personnes présentes lors de la transaction et parfois qui étaient les autres clients de l'usurier (parmi eux figuraient l'un des témoins, Bertino, mais aussi deux hommes appelés Muccio Lanfranchi et Guittencino Tancredi). Certains se remémorèrent même – c'est du moins ce que laisse croire la transcription de leurs dépositions – les propos tenus par chacune des deux parties au moment du prêt[107]. D'autres, au contraire, ne se souvenaient pas des présents, d'autant qu'ils n'étaient pas tous d'anciens clients de Giovanni. Il valait mieux, du reste, qu'ils ne le soient pas, afin d'éviter tout soupçon de complicité avec le plaignant ou, pis encore, de « haine » à l'encontre de l'usurier.

Tous, en effet, s'efforçaient d'éviter les soupçons de collusion avec le demandeur ou d'exprimer de la haine à l'encontre du défendeur, étant supposés souhaiter que celui « ayant le droit de son côté » (*ius habentem*) l'emporte[108] ; le cadre judiciaire ne devait en aucun cas être utilisé à des fins de revanche personnelle. On a déjà souligné le caractère très stéréotypé de ces formules et leur emploi par les témoins. Les dépositions transcrites avaient vocation à neutraliser toute manifestation éventuelle d'hostilité et indiquent donc surtout quels étaient les cadres de pensée imposés par la procédure. Enfin, quand les témoins disaient ne pas avoir

---

105. Thomas OF CHOBHAM, *Summa confessorum*, éd. par F. Broomfield, Louvain, B. Nauwelaerts, 1963, p. 515-516.
106. Voir les analyses de Renaud DULONG, *Le témoin oculaire. Les conditions sociales de l'attestation personnelle*, Paris, Éd. de l'EHESS, 1998, sur les récits et les rapports de témoins oculaires.
107. ASF, TvP, Reg. 3, fol. 13v (2) : *Accipio istos VI florenos pro merito LXX florenos auri quos tibi mutuavi et si indiges istis VI florenos, facias modo de ipsis ad libitum tuum.*
108. ASF, TvP, Reg. 3, fol. 14r (2) : *Interrogatus si est amicus dicti Romanini, respondit sic. Interrogatus si est inimicus vel hodiosus dicti Insegne, respondit quod non, vel si fuit inimicus vel hodiosus dicti domini Iohannis, respondit quod non iam sunt VI anni. Interrogatus quam partem plus diligit, respondit utramque [...]. Interrogatus quam partem vellet obtinere, respondit ius habentem, et si fuit doctus vel rogatus, respondit quod non.*

assisté à la transaction, ils se référaient à la rumeur venue à eux, ou, plus exactement, à ce qu'ils avaient entendu dire (*auditu, audivit dici*)[109]. C'est là qu'intervient la *fama*. Non pas au sens de réputation à défendre (ou d'honneur à laver), mais d'opinion publique collectée par le juge. Telle était, effectivement, la signification que le mot avait acquise en droit canonique depuis l'instauration de la procédure d'enquête par Innocent III en 1207[110], reprise par bon nombre de traités de procédure italiens des années 1270-1290, en particulier ceux de Tommaso di Piperata et d'Alberto Gandino[111]. Cette *fama*, bien sûr, n'était pas étrangère à la réputation de l'accusé, puisque c'est elle qui permettait de mesurer le « crédit », voire la « crédibilité » (*fides*) de l'usurier. Les deux étaient liés dès lors que l'évaluation de la réputation de l'accusé était confiée au soin des voisins ou des personnes qui le connaissaient[112]. Avec la décrétale *Qualiter et quando* d'Innocent III cependant, la *fama* cessa de désigner la réputation de l'accusé (comme cela avait été le cas dans plusieurs procédures en vigueur au XIIe siècle) pour devenir l'élément déclencheur du procès, véritable substitut à la figure de l'accusateur[113].

Désormais essentielle à la procédure *ex officio*, la *fama* n'en garda pas moins un rôle prépondérant dans la procédure accusatoire qui, elle, faisait s'opposer deux parties l'une à l'autre. Elle se trouvait, en effet, au cœur des dépositions faites devant le juge, ce dernier demandant systématiquement aux témoins comment ils savaient ce qu'ils affirmaient, s'ils le savaient par la *fama* et, le cas échéant, s'ils pouvaient définir ce qu'ils entendaient par *fama*. À Pistoia, le vicaire de l'évêque posait ainsi les deux questions suivantes : « Quand la voix publique et la *fama* se sont-elles formées ? » (*quando fit publica vox et fama*) ; « Combien de personnes font la voix publique et la renommée ? » (*quot persone faciunt publicam vocem et famam*). Les réponses variaient : 5 ou 6 hommes suffisaient pour former la « voix publique », selon certains témoins ; 10 ou plus, voire 15 ou 20, pour d'autres[114]. L'importance

---

109. ASF, TvP, Reg. 3, fol. 48v (5) : *Interrogatus quomodo scit, respondit quia audivit dici a personis* ; Reg. 3, fol. 49v (5) : *Interrogatus si testificaret visu, auditu vel credulitate, respondit audito et pro eo quod inde vidit*.

110. J. Théry, « *Fama* : l'opinion publique comme preuve judiciaire… », art. cit.

111. Sur ces deux traités et la place qu'y occupe la *fama*, voir Richard M. Fraher, « Conviction According to Conscience: The Medieval Jurists' Debate Concerning Judicial Discretion and the Law of Proof », *Law and History Review*, 7-1, 1989, p. 23-88 ; Massimo Vallerani, « La *fama* nel processo tra costruzioni giuridiche e modelli sociali nel tardo medioevo », *in* P. Prodi (dir.), *La fiducia secondo i linguaggi del potere*, Bologne, Il Mulino, 2007, p. 93-111 ; id., « Il giudice e le sue fonti. Note su inquisitio e fama nel *Tractatus de maleficiis* di Alberto da Gandino », *Rechtsgeschichte. Zeitschrift des Max-Planck-Instituts für europäische Rechtsgeschichte*, 14, 2009, p. 40-61.

112. M. Vallerani, « La *fama* nel processo… », art. cit., p. 103, parle du « mécanisme inductif de l'évaluation d'une personne au sein d'une communauté » qui contribue à « restituer aux voisins et aux connaissances de la personne une part de 'pouvoir' décisionnel », puisque ceux-ci, au travers de leurs témoignages, sont en mesure « d'orienter dans un sens ou un autre l'issue du procès ».

113. *Id.*, « Il giudice e le sue fonti », art. cit., p. 48-49.

114. ASF, TvP, Reg. 3, fol. 14r (2) : *Interrogatus quid est dicere publica vox et fama, respondit illud quod publicum dicitur per maiorem partem gentium. Interrogatus quot homines faciunt publicam vocem et famam, respondit VI et X et ab inde supra* ; Reg. 3, fol. 48v (5) : *Interrogatus*

et la récurrence de ces questions laissent penser que la valeur des témoignages ne dépendait pas tant, en tout cas pas seulement, de ce qu'avaient *vu* les témoins, que de leur capacité à se référer à une forme d'opinion publique. Il s'agissait là de l'un des principaux moyens dont le juge disposait pour établir à la fois la réputation de l'accusé et les faits, et, par là même, la vérité dans le procès.

La notoriété « publique » d'un usurier était non seulement liée au lieu d'exercice de sa profession, mais aussi au fait d'être diffamé comme tel par plusieurs personnes. Par conséquent, la définition de l'usure était moins fondée sur des données objectives (telles que la répétition des prêts ou le taux d'intérêt, celui-ci pouvant toujours être régulé et modulé par les autorités publiques) que sur une évaluation au cas par cas des comportements économiques et de la crédibilité des parties en jeu. Comme le résume Renato Bordone, « la question de la validité formelle des opérations financières passa[it] au second plan pour laisser place au champ de la reconnaissance sociale des sujets en cause[115] ». Il faut donc fortement nuancer l'idée selon laquelle il y aurait eu une catégorie spécifique d'acteurs économiques appelés « usuriers » – qu'il s'agisse de prêteurs sur gage professionnels ou de prêteurs d'argent en général. Jusqu'au XVe siècle au moins, la frontière entre prêteurs d'argent et banquiers ou marchands resta fort ténue, et pour cause : un banquier pouvait être, dans certains contextes, qualifié d'« usurier », et il eût été difficile de distinguer l'un de l'autre sur le seul fondement de leurs pratiques du crédit ou des modes de transaction[116]. Les théologiens de la fin du XIIIe siècle eux-mêmes disaient avec force que la catégorie d'usurier reposait avant tout sur la mauvaise *fama* des individus prêtant de l'argent et sur le scandale que leur activité pouvait provoquer[117].

Des procès politiques ?

Si l'on en croit le décompte d'Armando Sapori, une quinzaine d'individus auraient été infamés (ou diffamés) en tant qu'« usuriers » pour l'ensemble du territoire pistoïen, ville et *contado* inclus[118], mais nous n'en avons compté que sept qui soient nommés dans les registres de l'évêque. Ceux pratiquant en ville étaient sans doute les plus nombreux, encore qu'il soit parfois difficile de s'en assurer car certaines phrases attribuées aux témoins – « comme le font tous les usuriers », « comme le font les autres prêtant de l'argent à intérêt » ou « de manière usuraire »[119] – s'y réfèrent de manière vague. Outre Berricordatus (1), qui exerce à Prato, on trouve Giovanni Buscii (2), Bellus Caccialostis (3), Marsoppinus Rocchigiani et Bischi Bonaiuti (4),

---

quid est publica fama, respondit quando dicunt X, XV aut XX homines et quanto plus sunt tanto faciunt plus publicam famam. Interrogatus quot persone faciunt publicam vocem et famam, respondit X, XV et XX.

115. R. Bordone et F. Spinelli (dir.), *Lombardi in Europa nel Medioevo*, op. cit., p. 124.
116. G. Todeschini, *Les marchands et le temple*, op. cit., p. 292-309.
117. G. Ceccarelli, « L'usura nella trattatistica teologica… », art. cit.
118. A. Sapori, « L'usura nel Dugento à Pistoia », art. cit., p. 183.
119. ASF, TvP, Reg. 3, fol. 14v.

Iacobus Framerrighi (5) et Nardoccius (cité comme témoin dans une affaire de violence commise à l'encontre d'un clerc). Au contraire de certains usuriers de Perpignan ou de Marseille à la même époque[120], aucun de ces infâmes n'est juif ou qualifié comme tel, et nous ne disposons du reste pas d'attestation documentaire de la présence de juifs ou d'une communauté juive à Pistoia avant la fin du XIVe siècle. Ils ne sont pas non plus membres des grandes compagnies chrétiennes bien connues de banquiers, changeurs et marchands, tels les Ammannati, les Cancellieri, les Visconti ou les Panciatichi[121]. Il s'agit donc vraisemblablement de prêteurs de moindre envergure qui pratiquent l'usure depuis parfois fort longtemps : plus de douze ans dans les cas 1 et 5[122], davantage selon certains témoins (seize, voire vingt ans[123]), et au moins six ans dans le cas 2[124].

Les procès datent pourtant tous de 1300, à l'exception de l'un d'entre eux, qui remonte à 1292, et d'un autre de 1293 – celui mentionnant Nardoccius. Ce fait n'a pas manqué de retenir notre attention, étant donné l'implication de longue date de l'Église dans les affaires d'usure (au moins dans la péninsule italienne). Est-ce parce que les actes des procès d'usure furent plus rarement conservés avant 1300 ? Il est vrai que les actes des procès des années 1294-1298 n'ont malheureusement pas été conservés, et que les années 1299-1301 constituèrent pour l'évêque une période d'enregistrement particulièrement intense, le registre de comptes (certes incomplet) du trésorier épiscopal Mino datant aussi de cette époque. On y trouve d'ailleurs un grand nombre de prêts enregistrés entre le 26 décembre 1300 et juillet 1301[125]. Une autre hypothèse peut néanmoins être formulée : les accusations d'usure auprès du vicaire de l'évêque semblent avoir brutalement augmenté au moment où guelfes noirs et blancs s'affrontaient en ville[126] ; peut-être certains citoyens cherchèrent-ils,

---

120. Richard W. EMERY, *The Jews of Perpignan in the Thirteenth Century: An Economic Study Based on Notarial Records*, New York, Columbia University Press, 1959 ; J. SHATZMILLER, *Shylock revu et corrigé, op. cit.* ; C. DENJEAN, *La loi du lucre…, op. cit.*

121. David HERLIHY, *Pistoia nel Medioevo e nel Rinascimento (1200-1430)*, Florence, L. S. Olschki, 1972, p. 162-164 ; Sergio TOGNETTI, « Mercanti e banchieri pistoiesi nello spazio euromediterraneo dei secoli XIII-XIV », in P. GUALTIERI (dir.), *La Pistoia comunale nel contesto toscano ed europeo, secoli XIII-XIV*, Pistoia, Società pistoiese di storia patria, 2008, p. 125-148 ; Giampaolo FRANCESCONI, « L'espansione di un centro minore : Pistoia. Una storia regressiva e qualitativa », in *La crescita economica dell'Occidente medievale. Un tema storico non ancora esaurito, Venticinquesimo convegno internazionale di studi (Pistoia, 14-17 maggio 2015)*, Rome, Viella, 2017, p. 277-289.

122. ASF, TvP, Reg. 4, fol. 133r ; Reg. 3, fol. 51r : *ab anno Domini 1288*.

123. ASF, TvP, Reg. 3, fol. 52r : *iam sunt sedecim anni, et etiam viginti*.

124. ASF, TvP, Reg. 3, fol. 15v.

125. Elena VANNUCCHI, « Debiti e crediti degli enti ecclesiastici pistoiesi nei secoli XIII e XIV : ipotesi per una ricerca », in A. DUCCINI et G. FRANCESCONI (dir.), *L'attività creditizia nella Toscana comunale. Atti del convegno di studi (Pistoia, Colle di Val d'Elsa, 26-27 settembre 1998)*, Castelfiorentino, Società Storica della Valdelsa, 2000, p. 209-222.

126. Vieri MAZZONI, « Tra mito e realtà : le fazioni pistoiesi nel contesto toscano », in P. GUALTIERI (dir.), *La Pistoia comunale nel contesto toscano ed europeo…, op. cit.*, p. 223-240 ; Piero GUALTIERI, « Oltre Bianchi e Neri. I rapporti fra Pistoia e Firenze negli anni della vita politica di Dante », *Reti Medievali Rivista*, 18-1, 2017, p. 473-492 ; Giampaolo FRANCESCONI, « 'Come l'una pecora malata corrompe tutta la greggia.'

par la voie judiciaire, à éliminer des ennemis politiques – membres de la faction adverse –, convaincus qu'une cour ecclésiastique montrerait peu de clémence à l'endroit d'usuriers présumés ou de leurs héritiers (en tout cas moins que des statuts communaux relativement peu explicites sur le traitement réservé aux usuriers[127]) et saurait sévir en conséquence, en allant éventuellement jusqu'à l'accusation d'hérésie – comme pour Nardoccius, simple témoin dans un cas de violence commise à l'encontre d'un clerc, mais finalement récusé pour usure qualifiée d'hérésie (*pravitas eretica*)[128]. Quant à l'évêque, il a peut-être encouragé le dépôt de plaintes contre des usuriers (dont certains étaient morts depuis plusieurs années), menant ainsi une « campagne » anti-usuraire non par le truchement de l'enquête – comme cela se fit à Toulouse en 1255[129] –, mais par celui de la procédure accusatoire.

E. C. Pia l'a montré pour Asti, où les guelfes bénéficièrent, dans les années 1280, du soutien de l'évêque (au point que leur pratique de l'usure était tolérée, voire encouragée), tandis que les gibelins furent poursuivis en justice pour les mêmes pratiques[130]. C'est aussi ce que David Kusman a mis en évidence pour certaines villes du Brabant, dont les prêteurs lombards, pourtant bien intégrés à la société locale, furent brutalement accusés d'usure, puis incarcérés (notamment à Malines) en 1318-1319[131]. Cependant, pour prouver cette politisation des procès d'usure, il faudrait identifier plus clairement les usuriers et leurs débiteurs ; cette tâche n'est pas aisée dans la mesure où les documents notariaux, tels que les testaments ou les contrats de prêt, n'ont pas été conservés. Il faudrait aussi pouvoir montrer que l'appartenance aux factions de l'époque traversa les générations – la majorité des procès de Pistoia ayant eu lieu après la mort des créanciers –, ou du moins que les héritiers des usuriers mis en cause furent eux-mêmes pris dans les jeux de faction locaux. Les plaignants auraient alors choisi, pour les atteindre, d'accuser d'usure leurs parents ou leurs pères, ce qui les aurait rendus inaptes à hériter.

Malheureusement, les sources fournissent peu de détails sur les demandeurs et sur les témoins des procès pour usure. Comme l'ont bien montré Joseph Shatzmiller et D. L. Smail pour Marseille, « les débiteurs capables de poursuivre quelqu'un pour usure jouissaient d'un certain pouvoir sur la bonne réputation des

---

La faziosità pistoiese di fine Duecento come linguaggio del dominio e dell'Infamia », *in* G. FRANCESCONI et L. MANNORI (dir.), *Pistoia violenta. Faide e conflitti in una città italiana dall'età comunale allo Stato moderno. Atti della giornata di studi, 16-17 maggio 2014*, Pistoia, Società pistoiese di storia patria, 2017, p. 31-50.

127. Lodovico ZDEKAUER (dir.), *Statuti pistoiesi del secolo XIII. Studi e testi*, vol. 3, *Statutum potestatis comunis Pistorii (1296)*, Pistoia, Società pistoiese di storia patria, 2002, p. 249, IV, 122 : *Nullus publics usurarius sit in civitate Pistorii vel diocesii et nullus det sibi domum ad pensionem vel alio modo.*

128. ASF, TvP, Reg. 2, fol. 18r : *Item qualiter dictus Nardoccius est publicus usurarius et erat tempore dicte testificationis et fuit crucesignatus per delictum heretice pravitatis et de hoc est publica vox et fama.*

129. J. SHATZMILLER, *Shylock revu et corrigé, op. cit.*, p. 122.

130. E. C. PIA, *La giustizia del vescovo, op. cit.*

131. David KUSMAN, *Usuriers publics et banquiers du prince. Le rôle économique des financiers piémontais dans les villes du duché de Brabant (XIIIe-XIVe siècle)*, Turnhout, Brepols, 2013, ici p. 319-334.

créanciers[132] », mais il est souvent difficile d'en savoir plus sur eux et leur environnement social. À Pistoia, on sait surtout qu'ils vivaient en ville – sont en effet mentionnées les paroisses de San Paolo, Santa Maria Maggiore, San Stefano, San Vitale, Santa Maria al Prato, Santa Maria Forisporte et San Andrea – sans connaître généralement leur métier. L'un d'eux est qualifié de « notaire » (Giovanni Bonvassallo, du cas 2), un autre pourrait être marchand puisqu'il dit « voyager beaucoup en raison de son travail » (5)[133]. On les questionne essentiellement sur leur âge – l'un a 30 ans, un autre 45[134] – et leur niveau de richesse. Dans le cas 5 par exemple, l'un des témoins dit posséder plus de 1 000 livres, un autre 2 000 et un troisième seulement 300. Toutefois, il faut garder à l'esprit qu'afficher de telles sommes ou un tel patrimoine était aussi un moyen pour les témoins de se donner de l'importance, et peut-être de souligner qu'ils étaient suffisamment riches pour ne pas être insolvables et suspectés d'esprit de vengeance.

Morales de la restitution

Il est difficile de savoir comment ces procès se sont terminés – quand ils n'ont pas été interrompus avant leur terme – faute d'enregistrement des sentences. Dans l'Angleterre du XVe siècle, les tribunaux ecclésiastiques favorisèrent souvent l'accord et le compromis[135], mais en fut-il de même dans la Toscane du XIIIe siècle ? Sans doute pas, si l'on s'en tient à l'hypothèse d'un usage politique du procès ; peut-être davantage si l'on comprend ces procès comme un moyen de faire pression sur les héritiers pour qu'ils restituent les sommes extorquées par leur père ou leur frère. Un laps de temps d'une semaine ou huit jours leur était laissé pour contester les dépositions des témoins du plaignant et rassembler leurs propres témoins en vue de la défense, mais les registres de Pistoia ne conservent aucune trace de cette séquence (sauf, peut-être, pour le cas 4). Sur la condamnation des usuriers, on ne sait donc que ce que la législation canonique en dit.

Rappelons qu'au concile de Latran III (1179), peut-être même dès le concile de Latran II (1139) – encore que l'authenticité textuelle des mesures prises contre les usuriers dans le canon 13 soit sujette à interprétation[136] –, il avait été prévu que les usuriers « manifestes » seraient exclus de la communion (et, plus généralement, de tous les offices religieux, si l'on en croit certains commentaires de canonistes), que leurs offrandes et aumônes seraient refusées et que, s'ils mouraient en état de péché, la sépulture chrétienne leur serait interdite[137]. Dans la lignée de ce décret,

---

132. D. L. SMAIL, *The Consumption of Justice, op. cit.*, p. 147.
133. ASF, TvP, Reg. 3, fol. 49v.
134. ASF, TvP, Reg. 3, fol. 15r (2) et 29 r (a).
135. R. H. HELMHOLZ, « Usury and the Medieval English Church Courts », art. cit., p. 377.
136. Martin BRETT et Robert SOMERVILLE, « The Transmission of the Councils from 1130 to 1139 », *in* J. DORAN et D. J. SMITH (dir.), *Pope Innocent II (1130-1143): The World vs the City*, New York, Routledge, 2016, p. 226-271, ici p. 242-243.
137. *X*, 5, 19, 3 (Fr. II, 812): *[…] constituimus quod usurarii manifesti nec ad communionem admittantur altaris, nec christianam, si in hoc peccato decesserint, accipiant sepulturam.*

le concile de Lyon II (1274) avait également clarifié la doctrine de l'Église sur l'usure et la restitution des biens mal acquis (*male ablata*).

Si la préoccupation du salut de l'âme transparaissait déjà dans les testaments d'usuriers de la seconde moitié du XIIe siècle, elle fut assurément renforcée par la naissance du Purgatoire[138]. Des actes témoignent, à Sienne, au milieu du XIIIe siècle, des dispositions testamentaires prises par les usuriers pour restituer leurs biens et les léguer à des établissements ecclésiastiques[139], mais le canon 27 du concile de Lyon II fut le premier à légiférer en détail sur la question de la « restitution testamentaire », devenue la condition *sine qua non* de l'absolution de l'usurier. Ce dernier restait en effet excommunié jusqu'à ce qu'il ait opéré la restitution ou que ses héritiers s'en soient chargés *post mortem*[140]. Ceux-ci étaient d'ailleurs censés subir la même peine que leur père s'ils échouaient à restituer les « biens mal acquis » – une disposition qui se trouvait déjà chez le pape Alexandre III (1159-1181)[141]. C'est ainsi qu'à Pistoia, en février 1299, l'évêque fut nommé par le pape Boniface VIII (1294-1303) pour régler un litige opposant les héritiers de Losus Iacobus – usurier florentin mort à une date incertaine – et Andreas, le vicaire de l'évêque de Florence. Ce dernier avait décidé d'excommunier les héritiers de Losus, et même aggravé leur sentence, estimant qu'ils n'avaient pas restitué les sommes correspondant à ce que leur père avait avoué sur son lit de mort avoir mal acquis, « par dépravation usuraire »[142].

Les traités de la seconde moitié du XIIIe siècle, abordant la question brûlante de la restitution au travers d'une casuistique toujours plus sophistiquée[143], distinguaient les *certa* et les *incerta*. Les *certa* étaient les biens dont l'origine était connue et qui, par conséquent, pouvaient être retournés aux emprunteurs. De tels cas nous sont connus grâce aux documents notariaux qui encadraient la réparation du débiteur par le prêteur (reconnaissance en restitution, absolution des créanciers

---

138. Sur les testaments d'usuriers, voir Benjamin N. NELSON, « Blancardo (the Jew?) of Genoa and the Restitution of Usury in Medieval Italy », *in Studi in onore di Gino Luzzatto*, t. 1, Milan, A. Giuffrè, 1949, p. 98-116; Armando SAPORI, « L'interesse del denaro a Firenze nel Trecento », *in* A. SAPORI, *Studi di storia economica, op. cit.*, p. 223-243; Nolens intestatus decedere. *Il testamento come fonte della storia religiosa e sociale*, Pérouse, Regione dell'Umbria, 1985; Gian Maria VARANINI, « L'attività di prestito ad interesse », *in* G. CRACCO (dir.), *Storia di Vicenza*, vol. 2, *L'Età medievale*, Vicence, N. Pozza, 1988, p. 203-217.

139. Michele PELLEGRINI, « Attorno all'economia della salvezza'. Note sue restituzione d'usura, pratica pastorale ed esercizio della carità in una vicenda senese del primo Duecento », *in* G. PICCINNI (dir.), *Fedeltà ghibellina, affari guelfi. Saggi e riletture intorno alla storia di Siena fra Due e Trecento*, Ospedaletto, Pacini, 2008, p. 395-446. Pour d'autres cas de restitution d'usures au XIIIe siècle, voir Massimo GIANSANTE, *L'usuraio onorato. Credito e potere a Bologna in età comunale*, Bologne, Il Mulino, 2008 et Giovanna PETTI-BALBI, « Fenomeni usurari e restituzioni: la situazione ligure (secoli XII-XIV) », *Archivio storico italiano*, 169-2, 2011, p. 199-220.

140. *VI*, 5, 5, 2 (Fr. II, 1082), Lyon II, can. 27.

141. *X*, 5, 19, 9 (Fr. II, 813-814).

142. ASF, TvP, Reg. 2, fol. 114r-114v.

143. Giovanni CECCARELLI, « L'usura nella trattatistica teologica sulle restituzioni dei 'male ablata' (XII-XIV secolo) », *in* D. QUAGLIONI, G. TODESCHINI et G. M. VARANINI (dir.), *Credito e usura fra teologia, diritto e amministrazione, op. cit.*, p. 3-23.

par leurs débiteurs, engagement pris par les créanciers de dédommager leurs victimes, etc.), mais aussi grâce aux procès qui faisaient suite aux promesses de restitution non tenues (comme en témoigne le cas de Losus). Ces procès rendent manifeste la part de négociation, parfois très tendue, qui pouvait se faire jour après la mort de l'usurier, sachant qu'à Pistoia, il ne s'agit pas tant de testaments qui n'auraient pas été exécutés que de plaintes d'anciens débiteurs cherchant à établir la réputation d'usurier « public » du défunt afin d'obtenir une juste réparation. Lorsque les demandes en restitution ou les accusations d'usure intervenaient après le décès du créancier, donc en l'absence de repentance ou de clause de restitution des *male ablata*, l'évêque procédait à une enquête afin d'établir la *fama* du prêteur et d'imposer la restitution[144].

Dans le cas des *incerta* – richesses mal acquises dont les provenances étaient inconnues puisque l'usurier lui-même était incapable d'identifier ses victimes ou de quantifier avec précision les montants dus –, l'Église s'érigeait là encore en intermédiaire obligatoire. En tant que « père des pauvres », l'évêque avait le devoir de faire bénéficier les pauvres de ces biens et des gains illicites des usuriers, dès lors que ces derniers n'étaient réclamés par personne[145]. Selon le droit canonique, c'était à chaque évêque d'en déterminer le montant dans son diocèse[146], et c'est ensuite l'Église tout entière qui en profitait grâce à la redistribution des richesses de l'usurier (fondations pour églises rurales et hôpitaux, construction d'autels et de chapelles afin que des messes puissent y être célébrées pour l'âme du testateur, vêtements donnés aux pauvres, aide versée aux funérailles, etc.). À Pistoia, par exemple, les Mendiants bénéficièrent de plus en plus souvent des largesses des usuriers au cours du XIIIe siècle, en particulier parce que les exécuteurs testamentaires ou le testateur lui-même choisissaient d'être inhumés dans l'un des cimetières des églises conventuelles de ces ordres.

Dans ces conditions, l'Église ne pouvait pas condamner de manière univoque les usuriers, puisque ceux-ci étaient supposés redistribuer leurs richesses au travers de legs pieux. Le grand mouvement de restitution qui commence dans la seconde moitié du XIIIe siècle ne saurait être interprété comme « une simple moralisation hypocrite de pratiques spéculatives[147] ». La procédure de restitution autorisait non seulement l'Église à employer comme elle l'entendait les richesses rendues, mais aussi à contrôler les comportements économiques, et même à décider de l'inclusion des individus dans la communauté. En restituant les biens mal acquis de son vivant, l'usurier se donnait ainsi les moyens d'être réintégré dans la communauté chrétienne – il retrouvait le droit d'avoir une sépulture digne de ce nom – et dans le corps civique dont il avait été exclu du fait de

---

144. Massimo GIANSANTE, « Eretici e usurai. L'usura come eresia nella normativa e nella prassi inquisitoriale dei secoli XIII-XIV. Il caso di Bologna », *Rivista di storia e letteratura religiosa*, 23-2, 1987, p. 193-221.
145. Richard C. TREXLER, « The Bishop's Portion: Generic Pious Legacies in the Late Middle Ages in Italy », *Traditio*, 28, 1972, p. 397-450.
146. *VI*, 5, 5, 2 (Fr. II, 1082), Lyon II, can. 27.
147. G. TODESCHINI, *Les marchands et le temple, op. cit.*, p. 120.

son infamie. L'on voit plus globalement combien les relations de crédit étaient source d'inclusion ou d'exclusion sociale et déterminaient l'appartenance ou non au corps civique[148].

Pourquoi l'usure fut-elle tout à coup jugée (et sans doute condamnée) à Pistoia, en cette fin du XIIIe siècle ? Si G. Todeschini nous aide à comprendre qu'il n'y eut jamais, dans la doctrine chrétienne, de condamnation naturelle de l'usure, et s'il suggère au contraire que celle-ci renvoyait avant tout à une position de marginalité sociale dans certains contextes socio-politiques donnés, l'on peut, à l'appui des sources judiciaires, aussi ténues soient-elles, être encore plus constructiviste : l'usurier n'était-il pas, à la différence du banquier ou du marchand, celui dont la réputation était abîmée dans le cadre judiciaire ? Que la procédure soit accusatoire ou inquisitoire, c'est bien la *fama* qui dessinait les contours de l'usure et entachait l'usurier d'infamie – même si celui-ci gardait la possibilité, par la restitution des *male ablata*, de restaurer sa bonne réputation et de « récupérer de [sa] crédibilité publique[149] ».

De ce point de vue, on peut se demander si l'accusation d'usure ne fut pas le moyen, pour certains, de discréditer ou de disqualifier un concurrent, voire un ennemi – ainsi de la procédure inquisitoire, lorsqu'elle servit, dans l'Italie de la fin du XIIIe siècle, à incriminer les ennemis politiques de la Commune[150]. Répondre à cette question supposerait une enquête approfondie du tissu social pistoïen et du profil politique des usuriers de ce temps, que l'absence de sources notariales comparables, par exemple, à celles d'Asti nous empêche malheureusement de mener. Mais, dans la mesure où les marchands et les banquiers, de plus en plus perçus par l'Église comme de « bons » prêteurs, étaient aussi les principaux acteurs politiques de la ville, ils pourraient avoir cherché à faire condamner – par l'Église, dont ils pensaient qu'elle les jugerait avec sévérité – certains individus qu'ils considéraient comme des ennemis politiques, des partisans de la faction adverse ou de sérieux concurrents sur un marché du crédit grandissant, en taxant leurs pratiques d'« usuraires ».

Quant à l'Église, en jugeant ceux qu'elle appelait « usuriers » et en exposant sur la place publique leur infamie, elle s'est peut-être fait l'écho des intérêts de la classe dominante – allant jusqu'à procurer le monopole du prêt à certaines grandes compagnies familiales[151] –, mais elle s'est surtout donné la possibilité de reprendre le contrôle de l'espace public et de réguler le marché en discriminant les mauvais

---

148. *Ibid.*, p. 292-309.
149. G. Todeschini, *Au pays des sans-nom, op. cit.*, p. 141.
150. Mario Sbriccoli, « Justice négociée, justice hégémonique. L'émergence du pénal public dans les villes italiennes des XIIIe et XIVe siècles », trad. par J. Théry, *in* J. Chiffoleau, C. Gauvard et A. Zorzi (dir.), *Pratiques sociales et politiques judiciaires dans les villes de l'Occident à la fin du Moyen Âge*, Rome, École française de Rome, 2007, p. 389-421.
151. R. Bordone et F. Spinelli (dir.), *Lombardi in Europa nel Medioevo, op. cit.*; Renato Bordone, « Tra credito e usura : il caso dei 'lombardi' e la loro collocazione nel panorama economico dell'Europa medievale », *in* G. Boschiero et B. Molina (dir.), *Politiche del*

prêteurs des honnêtes banquiers, à un moment où sa juridiction était grièvement affaiblie par les pouvoirs communaux. Assurément, l'Église avait depuis longtemps la juridiction sur les cas d'usure – ne serait-ce que parce qu'elle avait développé, la première, une doctrine cohérente sur le sujet, allant jusqu'à assimiler l'usure à l'hérésie, ce que consacrera le canon *Ex gravi* du concile de Vienne de 1311 en déclarant « hérétiques » ceux qui osaient dire ou penser que l'usure n'était pas un péché[152]. En déterminant qui pouvait légitimement occuper l'espace public (après tout, les usuriers n'étaient-ils pas qualifiés de « publics » parce qu'ils disposaient illégitimement de cet espace ?), l'Église faisait aussi la démonstration que, en dépit des limites juridictionnelles que n'avaient de cesse de lui opposer les pouvoirs séculiers, elle avait encore quelque pouvoir et, à tout le moins, une « préséance dans les questions touchant à la crédibilité publique[153] ».

Arnaud Fossier
Université de Bourgogne
Arnaud.Fossier@u-bourgogne.fr

---

credito. Investimento, consumo, solidarietà, Atti del congresso internazionale, Cassa di Risparmio di Asti *(Asti, 20-22 marzo 2003)*, Asti, Comune di Asti, 2004, p. 141-161.

152. C. Lenoble, « L'économie des hérétiques », art. cit.; D. G. Shulevitz, *Heresy, Money, and Society…, op. cit.*

153. G. Todeschini, *Au pays des sans-nom, op. cit.*, p. 129.

Guerre et violences politiques
(de l'Antiquité à l'âge des Révolutions)

David A. Bell
Nils Bock
Jean-Pierre Bois
Yannick Bosc
Howard G. Brown
Patrice Brun
Jérémy Clément
Matteo Di Tullio
Séverin Duc
Murielle Gaude-Ferragu
Thomas Grillot
Xavier Hélary
Olivier Jacques
Thibaud Lanfranchi
Nicolas Le Roux
Jean-Clément Martin
Isabelle Mathieu
Natalia Muchnik
Stéphane Péquignot
François Ploux
Yann Rodier
Raphaël Rousseleau
Pierre-Jean Souriac
Paul Vo-Ha
Clément Weiss

Comptes rendus

GUERRE ET VIOLENCES POLITIQUES

Anne Lehoërff
Par les armes. Le jour où l'homme inventa la guerre
Paris, Belin, 2021, 360 p.

Ce livre fait écho à la récente découverte des vestiges exceptionnellement bien conservés d'une bataille ayant engagé plusieurs centaines de combattants dans la vallée de la Tollense, au nord-est de l'Allemagne, vers 1300 av. n. è. Il s'agissait de la première preuve indiscutable que des guerres s'étaient déroulées à cette époque entre des sociétés non étatiques. À partir de cette preuve, Anne Lehoërff reprend la question des origines de la guerre, dont elle souligne elle-même le caractère périlleux et risqué lorsqu'elles sont analysées à partir de sources uniquement matérielles. Son livre n'en affiche pas moins en guise de titre un écrasant postulat : l'homme aurait un jour inventé la guerre. Plusieurs faiblesses apparaissent aussi d'emblée.

La première est le point de vue trop contemporain adopté pour définir la guerre, à savoir un « conflit légitimé par la société et organisé par les hommes qui détiennent le pouvoir ». Des sources incomplètes en sont une autre. Dans l'histoire de l'invention de la guerre, « la naissance de l'épée entre 1700 et 1600 avant notre ère, en différents points d'Europe, marque un moment clef » (p. 10), est-il affirmé, alors que la première épée européenne est déjà attestée dans la culture de Maïkop qui s'étendait en Russie actuelle le long des piémonts du nord-ouest du Caucase environ 1500 ans plus tôt. Il s'agit d'une arme de poing dotée d'une lame en cuivre arsénié de 52 cm de long, découverte dans la tombe 31 sur le site de Klady.

L'autrice est consciente de son manque de recul chronologique, mais l'assume :

« [...] plutôt que de plonger dans les profondeurs du temps pour tenter d'y déceler des traces de guerre éventuelles, le choix a été fait de partir des certitudes que livre l'âge du bronze et de les mettre en perspective » (p. 11). Cette approche, dénoncée dès les années 1960 en tant qu'une archéologie stérile de l'objet, la conduit à présenter de simples évidences comme des révélations, issues de patientes observations de laboratoire. Il en va ainsi, par exemple, avec les producteurs de ces pièces d'armement métalliques qui « avaient mis leur savoir-faire au service d'une production destinée à combattre, à blesser, à tuer » (p. 19). Ce livre prétend pourtant « offrir de nouvelles perspectives sur l'écriture de l'histoire libérée de certains de ses carcans poussiéreux ; donner à comprendre la naissance de la guerre comme un acte technique et social, il y a plusieurs milliers d'années en Europe, dans un modèle à inventer » (p. 28).

L'ambition trouve très vite ses limites : « [...] l'épée, arme de guerre individuelle a des origines dans les brumes de l'Europe non méditerranéenne. Elle n'est pas le résultat d'une diffusion lointaine exportée selon le principe de l'*ex oriente lux* cher à Gordon Childe », ose A. Lehoërff (p. 160). Exprimée de façon aussi tranchante, l'affirmation est non seulement fausse du point de vue chronologique, mais aussi en ce qui concerne l'évolution technique globale, l'Europe étant redevable de l'innovation agropastorale, puis de l'innovation urbano-étatique élaborées au Moyen Orient.

Même dans son domaine de spécialité, l'archéométallurgie, elle montre des failles étonnantes lorsqu'elle écrit : « [...] le cuivre non allié est peu propice à la fabrication d'objets longs si l'on veut frapper, car il est, en quelque sorte, trop tendre pour être efficace » (p. 161). C'est n'avoir, là encore, pas suivi les progrès de la recherche qui ont montré que les alliages de cuivre arsénié possèdent des qualités équivalentes au bronze, c'est-à-dire à un alliage de cuivre et d'étain. Elle semble ignorer aussi que des cnémides, analogues aux exemples grecs, faisaient partie de l'armement défensif des élites masculines à la fin de l'âge du bronze.

Par ailleurs, l'autrice le sait bien, d'autres indices que les seuls objets fonctionnellement indiscutables suggèrent fortement des pratiques guerrières dès le Paléolithique supérieur ; elle persiste pourtant à considérer comme significatif que l'on ne peut en être sûr qu'à partir du début du IIe millénaire av. n. è. Elle en cite quelques cas, en relativise l'importance et admet par-là que son hypothèse s'en trouve fragilisée. Elle se raccroche pourtant au fait que le bronze à l'étain a été adopté au même moment dans la seconde moitié du IIIe millénaire av. n. è en Mésopotamie et en Europe occidentale, donc par des sociétés organisées de façon très différentes, à savoir des États archaïques pour la première, des chefferies simples pour la seconde. Elle propose alors, plus modestement, que « le jour d'un hypothétique 21 avril 1688 avant notre ère, l'homme n'inventa sans doute pas 'la' guerre, mais une forme de guerre et de société, constitutive de l'histoire européenne » (p. 285). En somme, une innovation technique socialement majeure aurait amplifié les capacités de faire la guerre ; ce qui va là encore de soi.

Ce livre n'est pas à la hauteur d'un sujet qui exige de ne surtout pas s'enfermer dans une discipline, un type de source et d'espace-temps. La démarche interdisciplinaire s'avère en effet indispensable. Lorsqu'il est question de sociétés pré-étatiques, l'anthropologie sociale est même primordiale. Elle a listé de longue date les quatre théories les plus communes sur la cause originelle de la guerre : 1) la guerre comme entretien de la solidarité et de la cohésion sociale – c'est l'approche fonctionnaliste ; 2) la guerre comme jeu, un jeu de rôle valorisé par l'éducation – c'est l'approche culturaliste ; 3) la guerre comme expression de la nature humaine – c'est l'approche naturaliste ; 4) la guerre comme continuation de la politique – c'est l'approche utilitariste, celle du fameux théoricien prussien du début du XIXe siècle, Carl von Clausewitz. Et elle a révélé que la guerre de raid était la plus courante, opérée sans déclaration préalable. Les attaquants agissaient de préférence par surprise et l'assaut se terminait souvent par un massacre et une mise en esclavage des survivants, surtout les femmes et les enfants. Ce mode d'action fait écho à de nombreux autres témoignages de voyageurs et d'ethnologues dans divers types de sociétés de chasseurs-pêcheurs-collecteurs ou d'horticulteurs comme les Indiens d'Amazonie.

Philippe Descola et Michel Izard ont proposé dans le *Dictionnaire de l'ethnologie et de l'anthropologie* (2002) une théorie synthétique dont la pertinence semble bien rendre compte de la plupart des cas connus. La guerre serait le moyen de consolider la cohésion et la solidarité sociales au sein de chacun des groupes et de maîtriser, au moins temporairement, l'emploi de la violence interne en tournant cette violence vers un ennemi extérieur. C'est bien à ce niveau que le problème aurait dû être posé.

Patrice Brun
patrice.brun@univ-paris1.fr
AHSS, 77-4, 10.1017/ahss.2023.10

Pierre Ducrey
Polemica. Études sur la guerre et les armées dans la Grèce ancienne
éd. par S. Fachard, Paris, Les Belles Lettres, 2019, 560 p. et 24 p. de pl.

Ce livre rassemble 22 articles publiés, pour la plupart dans des ouvrages collectifs, par Pierre Ducrey entre 1968 et 2016, dont cinq dans la dernière décennie et l'un inédit (« 4. Guerre et esclavage »). Sylvian Fachard, qui a édité le volume en collaboration avec l'auteur dont il a été l'étudiant, en propose une version révisée et mise à jour par l'ajout de renvois à la bibliographie récente (p. 283 n. 4, sur l'économie de guerre ; p. 287-288 n. 10 et 15, sur la solde des mercenaires ; p. 332 n. 10, sur le coût des fortifications ; p. 413 n. 2, sur la crucifixion dans l'Antiquité). Avec son organisation raisonnée, son index développé et son feuillet central de 46 illustrations, ce recueil fournit un accès pratique et confère une unité et une cohérence à cinquante années de réflexions sur la guerre en

Grèce ancienne, desquelles plusieurs problématiques transversales se dégagent.

La première, à notre sens, questionne l'existence et le degré de reconnaissance parmi les Grecs de « lois communes » non écrites contribuant à une limitation sociale de la violence et servant, par leurs multiples expressions religieuses (chap. 3) et iconographiques (chap. 21) – comme les scènes d'*Ilioupersis* –, à fixer des normes de comportements guerriers dont les transgressions étaient dénoncées comme des injustices (*adikiai*). Ainsi, le traitement des vaincus, s'il pouvait être des plus rigoureux (massacre des hommes, asservissement des femmes et des enfants) en cas de prise d'une ville par la force, devait aussi respecter certains usages communs, en particulier ceux qui étaient négociés dans des conventions (*homologiai*) engageant autant le vainqueur que le vaincu. « Ces usages de la guerre ont force de loi morale. Bien que leur nature religieuse soit généralement tombée dans l'oubli, ils tirent de leur origine leur force de persuasion. Toutefois, une infraction à ces usages n'est pas perçue comme une impiété mais comme une injustice, une irrégularité voire une illégalité » (p. 398).

La deuxième problématique consiste à mettre en évidence les réalités guerrières oblitérées par la survalorisation, dans la documentation, d'un idéal hoplitique consubstantiel à la cité. Le combat d'infanterie des citoyens-soldats a ainsi eu tendance à polariser les recherches modernes (dont P. Ducrey estime les résultats limités depuis *Le modèle occidental de la guerre* de Victor Davis Hanson en 1989, chap. 6) au détriment d'autres versants de la guerre, non conventionnels et souvent invisibilisés par les sources. Ainsi, l'auteur porte son attention sur les femmes, tour à tour victimes et actrices des sociétés en guerre même si leur participation effective aux combats reste circonscrite à des situations exceptionnelles (défaite des hommes et guerre urbaine, chap. 2), réflexions poursuivies par d'autres à partir des contre-modèles de Platon et des Amazones[1].

Au fil de l'ouvrage, P. Ducrey réévalue aussi la place des esclaves dans les armées grecques en discutant la thèse de Peter Hunt (*Slaves, Warfare, and Ideology in the Greek Historians*, 1998), selon laquelle les sources anciennes ont dissimulé le recrutement massif et régulier de forces serviles. Même s'il semble séduit par les arguments concernant les marines de guerre, il émet des doutes sur la systématisation du raisonnement pour les armées terrestres, tant le phénomène semble y être exceptionnel. Les levées d'Hilotes par les Spartiates (encore faut-il distinguer ceux de Messénie de ceux de Laconie) ne sont pas représentatives du traitement des esclaves en Grèce ancienne.

Dans les pratiques également, P. Ducrey porte son intérêt sur cet « autre Guerrier » (pour reprendre le titre de l'ouvrage de 1990 du regretté François Lissarrague) qu'est le frondeur, dont l'arme, réprouvée par la littérature, semblerait bien secondaire si l'archéologie ne venait attester son importance dans les armées à partir du IVe siècle (chap. 9-10). La charge quasi magique dont les Grecs investissent ces projectiles rappelle l'intérêt d'aborder ces formes de violence par une anthropologie du sensible[2].

Parmi les aspects *a priori* non conventionnels de la guerre antique se distinguent les pratiques de la piraterie (chap. 14) et du siège des villes (chap. 16-18). La première est, en fait, difficile à distinguer des actions régulières des marines civiques car, d'une part, ces dernières se livrent fréquemment à des actes de piraterie et, d'autre part, les États n'hésitent pas à engager dans les conflits des flottes de corsaires. Par ailleurs, malgré la légère révision de cet article en 1983 pour tenir compte du *Piracy in the Graeco-Roman World* de Philip de Souza (1999), P. Ducrey tend à opposer à la piraterie des puissances navales qui auraient cherché à pacifier les mers, ce qui a été réfuté par Vincent Gabrielsen, parmi d'autres, en soulignant les liens de dépendance mutuelle entre activités marchandes, piraterie et politique navale des cités[3].

Quant à l'attaque des villes, P. Ducrey s'appuie essentiellement sur le corpus des 67 sièges mentionnés dans *La guerre du Péloponnèse* de Thucydide pour parvenir à des conclusions importantes, et acceptées depuis longtemps, selon lesquelles une ville emportée par assaut ou trahison (25 cas) appartenait entièrement (hommes et biens) à l'ennemi. Pour une communauté, l'alternative à une résistance acharnée était de négocier une convention (14 cas) qui, en principe, livrait la ville au pillage mais protégeait la population. Cependant, dans 28 cas, le siège est levé sans résultat car, selon P. Ducrey, la réduction par la faim, considérée par l'auteur comme la seule méthode poliorcétique valable à l'époque classique, présente l'inconvénient de durer longtemps (selon les vivres stockés par les assiégés) et de coûter cher à l'assiégeant. En reprenant ce dossier, Thierry Lucas, dans un article de la *Revue des Études anciennes* (2021), a récemment réévalué à la hausse la fréquence des prises de ville par assaut et soutenu que la pratique était déjà commune à l'époque de Thucydide.

Les murailles ont représenté pour les cités des investissements considérables, consentis progressivement à partir du VIᵉ siècle (cela ne concerne encore que 10 % des cités), ce qui interdit tout lien de causalité avec le développement de la *polis*. En revanche, elles sont devenues rapidement un moyen symbolique d'affirmer l'indépendance d'une communauté, leur entretien et surveillance étant une affaire publique, notamment en matière de contrôle des portes, point névralgique révélateur des fractures internes de la communauté en temps de siège à l'occasion des trahisons (chap. 19)[4]. Selon P. Ducrey, l'objectif des fortifications est de créer, par un rapport de force avec l'assiégeant, un effet dissuasif permettant les conditions d'une négociation, et donc de protéger la population. Le développement de la poliorcétique et des tactiques d'assaut systématiques sous Philippe II semble toutefois marquer une rupture dans le relatif équilibre dépeint par l'auteur, comme en témoigne l'exemple de la prise d'Olynthe en 348.

Les réflexions de P. Ducrey dépassent de loin les deux problématiques que nous venons d'identifier, car elles embrassent aussi la question du commandement militaire en démocratie, dont l'auteur souligne, comme plus tard le *Périclès* de Vincent Azoulay (2010), que ce pouvoir militaire a toujours été collégial et responsable devant les institutions athéniennes (chap. 1). L'inflexion des cités, au IVᵉ siècle, en faveur des forces mercenaires que P. Ducrey justifie par une supposée « désaffection pour les valeurs civiques traditionnelles, au nombre desquelles figurait la participation aux activités militaires » (p. 297 et 315), est une idée désormais dépassée, mais ses explications de l'essor du mercenariat emportent l'adhésion. Plutôt que la conséquence d'une conjoncture (ravages de la guerre du Péloponnèse, émigration économique spontanée, *staseis* et exils politiques), l'auteur met en évidence, à travers la comparaison des cités crétoises avec la Suisse moderne (chap. 15), les facteurs structurels d'une émigration temporaire, supervisée et régulée par les cités pour surmonter l'incapacité des structures agraires à répondre au défi démographique.

Cela rappelle que le mercenariat a bien souvent été affaire de relations diplomatiques entre États plutôt que d'aventures individuelles, comme le confirme l'inscription du traité d'Attale Iᵉʳ avec la cité crétoise de Malla que P. Ducrey a publié en 1970 (chap. 12), avec des conclusions décisives sur les modalités du recrutement de mercenaires en Crète, notamment le montant et la nature de l'*opsônion* (la solde), lequel ne comprend pas l'indemnité de nourriture (*sitos*), versée à part et en nature.

En somme, même si les révisions et ajouts bibliographiques ne suffisent pas toujours à réactualiser tous les articles, cet ouvrage demeure un outil utile par la qualité des synthèses sur certaines questions, notamment le chapitre 3 sur la religion, par l'habileté de l'auteur à exposer les problèmes historiographiques et par son intuition pour ouvrir de nouveaux champs.

Jérémy Clément
jeremyclement.upv@gmail.com
AHSS, 77-4, 10.1017/ahss.2023.11

1. Nathalie Ernoult, « La guerre et le genre : le contre-exemple platonicien », *in* V. Sebillotte Cuchet et N. Ernoult (dir.), *Problèmes du genre en Grèce ancienne*, Paris, Éd. de la Sorbonne, 2007, p. 171-184 ; Violaine Sebillotte Cuchet, « Femmes et guerrières, les Amazones de Scythie (Hérodote, IV, 110-117) », *Mètis*, nᵒ hors-série « Des femmes en action. L'individu et la fonction en Grèce antique », 2013, p. 169-184.

2. Benoît Lefebvre, « Faire la guerre avec des mots. L'exemple des *glandes plumbeae* », *Mètis*, 16, 2018, p. 215-235 et *id.*, « Le visible et l'invisible : réflexions romaines sur l'utilisation des projectiles dans la guerre antique », *HiMA*, 7, 2018, p. 135-156.

3. Vincent Gabrielsen, « Economic Activity, Maritime Trade and Piracy in the Hellenistic Aegean », *Revue des Études anciennes*, 103-1/2, 2001, p. 219-240 ; Hans-Ulrich Wiemer, *Krieg, Handel und Piraterie. Untersuchungen zur Geschichte des hellenistischen Rhodos*, Berlin, Akademie Verlag, 2002, p. 160. Voir la synthèse récente de Pascal Arnaud,

« La piraterie dans la Méditerranée antique », in G. Buti et P. Hrodej (dir.), *Histoire des pirates et des corsaires. De l'Antiquité à nos jours*, Paris, CNRS éditions, 2016, p. 21-70.

4. Sur la livraison des cités par trahison, voir le récent collectif Mathieu Engerbeaud et Romain Millot (dir.), *Livrer sa patrie à l'ennemi dans l'Antiquité*, Aix-en-Provence, Presses universitaires de Provence, à paraître en 2023.

Nathalie Barrandon
Les massacres de la République romaine
Paris, Fayard, 2018, 448 p.

Tandis que les périodes historiques récentes peuvent se prévaloir d'une solide tradition historiographique sur l'étude des violences – notamment des violences de guerre –, l'Antiquité est demeurée à l'écart de ce champ d'investigation. L'un des grands mérites de Nathalie Barrandon est ainsi d'affronter, pour la première fois ou presque, le problème. Le sujet est dans l'air du temps puisqu'il fait l'objet d'un ouvrage américain paru depuis, qu'il est au cœur d'une thèse récemment soutenue et qu'un projet ANR, auquel participe N. Barrandon, lui est consacré[1]. Dans ce livre tiré de son habilitation à diriger des recherches, l'autrice s'efforce d'en faire le tour le plus complet possible à travers un découpage en trois grands moments : les récits, les faits, les jugements. Ces titres ne doivent pas être pris au pied de la lettre, car on trouve des faits dans les chapitres de la première ou de la troisième partie et des jugements dans la première ou la deuxième partie. Plutôt que d'un découpage strict, il s'agit d'une orientation.

La lecture de l'ouvrage soulève cependant au moins deux problèmes. Le premier est le titre du livre, qui rend mal compte de son contenu réel. Les massacres n'en constituent qu'une partie : comme l'autrice le reconnaît elle-même, les tueries de masse furent plutôt rares (onze cas assurés). De façon révélatrice, le recensement sous forme de tableau des cas sur lesquels l'étude de N. Barrandon est fondée s'intitule : « Massacres romains, exécutions et violence de guerre de/sur des personnes non armées aux deux derniers siècles de la République » (p. 241). L'ouvrage traite de bien d'autres choses qui ne relèvent parfois que de très loin de la thématique générale : comportement des populations lors d'un siège, sort des non-combattants à la guerre, mutilations, place des femmes et des enfants dans les situations de conflit, etc. Il est donc plus question des violences de guerre que des massacres et le traitement conjoint de ces différents aspects aurait sans doute gagné à mieux sérier les thématiques soulevées. Ce choix de titre (sans doute dû à l'éditeur) se combine par ailleurs à une introduction dont on peut regretter la taille (trop courte) et le temps (trop bref) qu'elle consacre à poser les bases théoriques du sujet. De quoi parle-t-on lorsqu'on parle de massacres ? Quelle typologie peut-on faire parmi les violences de guerre ? Comment peut-on insérer ces réflexions dans l'historiographie très consistante qui existe sur le sujet ? Peut-on transposer les réflexions sur l'époque contemporaine aux sociétés antiques ? Tout cela n'apparaît que fort peu en préambule alors même que l'autrice souligne le fait que, de façon significative, les Romains n'avaient pas de mot pour désigner les massacres. Or cette inexistence à leurs yeux de cette catégorie rend d'autant plus nécessaire de poser un cadre conceptuel ferme. L'introduction fournit de la sorte plusieurs définitions du massacre sans qu'il soit aisé de savoir laquelle est retenue. Le lecteur francophone est en particulier surpris de voir si peu mentionnée dans la bibliographie la très riche historiographie (notamment française) sur les violences de guerre des deux conflits mondiaux du XXe siècle[2]. Le livre oscille ainsi entre toute une série d'événements : massacres proprement dits, exterminations, lynchages, violences politiques, violences de guerre, sans que les points de distinction ou de jonction soient toujours bien clairs. Les typologies ne se dévoilent que dans la deuxième partie, notamment dans les chapitres 5 et 6.

L'absence d'un cadre théorique plus ferme est d'autant plus regrettable que le livre offre au lecteur une très riche moisson d'analyses et de cas concrets, qui témoigne non seulement de l'intérêt du sujet, mais aussi des nombreuses questions, que soulève à juste titre N. Barrandon. De ce point de vue, la première partie, sur les récits de guerre dans l'Antiquité, montre à quel point ces derniers font l'objet de multiples reconstructions et stéréotypes qui les rendent difficiles à utiliser comme source pour l'étude des massacres et des violences de guerre. Le motif de la cité détruite, par exemple, ne correspond quasi jamais à une destruction totale réelle d'après les relevés archéologiques. N. Barrandon développe ici des analyses pertinentes sur les manières possibles d'utiliser ou non ces récits. De même, dans la deuxième partie, elle utilise de façon passionnante sa très bonne connaissance de la péninsule Ibérique pour ajouter au témoignage des sources littéraires des exemples archéologiques venant attester crûment la réalité des massacres (par exemple, avec le site de Cerro de la Cruz). Cette partie comporte aussi de suggestives discussions sur le problème du passage à l'acte (un des rares cas de discussion transpériodique), sur la question de l'accoutumance à la violence et sur la motivation politique du massacre (en particulier dans le chapitre 6). Là aussi, toutefois, la discussion laisse le lecteur sur sa faim et aurait pu être poussée plus loin, par exemple en utilisant les travaux (certes discutés) de George L. Mosse et son concept de brutalisation et en s'appuyant sur ce qui s'est fait en la matière en histoire contemporaine. Peut-on imaginer des formes de « brutalisation » de la société romaine ? L'expérience militaire d'un L. Opimius à Frégelles en 125 a-t-elle pu jouer dans son comportement contre C. Gracchus en 121 ? L'intérêt de cette question a été montré dans un article récent de Clément Bur[3]. De même, la mise sur un plan similaire de massacres en contexte de guerres extérieures et en contexte de politique intérieure soulève toute une série de questions qui ne sont pas directement affrontées : la mort des Gracques, les proscriptions, si elles relèvent indéniablement du sujet, ne sont pas tout à fait comparables aux massacres commis durant des guerres extérieures, et l'autrice souligne d'ailleurs par moments qu'il y a de vraies différences.

L'ultime partie s'attache alors à revenir sur les jugements antiques à propos des massacres en partant des procédures judiciaires. Le choix peut paraître curieux puisqu'en l'absence de notion, les Romains ne pouvaient avoir de procédure spécifique pour cela. Ce sont donc plus les violences au sens large qui sont de nouveau ici au centre de l'attention, avec des choix là encore discutables. Ainsi de Q. Pleminius à Locres en 204, à qui l'on reproche moins les violences envers les locaux que le sort fait à un sanctuaire. Les cas suivants sont du même ordre : des affaires politiques, dénuées de portée morale, dont beaucoup concernent, en outre, les populations grecques. Cela renvoie à la thématique du traitement différencié des populations romaines de l'Empire, thématique abordée de façon discontinue mais qui aurait pu faire l'objet d'un point spécifique. Le propos est en revanche très convaincant lorsqu'il explore la perception des violences par les Anciens, de Polybe à Dion Cassius. Sont mis en avant les discours classiques sur les vices ; la cruauté étant l'un des vices que l'on peut reprocher aux gouvernants, mais pas un vice suffisant à lui seul. L'autrice soulève aussi que les massacres de 133 et 121 et, surtout, l'expérience syllanienne avec les proscriptions ont fait basculer le point de vue sur la cruauté. Elle identifie ainsi l'émergence d'une corrélation massacre-cruauté-tyrannie à la fin de la République. Sur les événements de 133, le livre de Claudia Moatti[4] fournit désormais des clefs supplémentaires pour comprendre le basculement dans la violence, mais l'ouvrage a paru trop tard pour pouvoir être utilisé par N. Barrandon. L'ultime chapitre pose la question du génocide, un choix étonnant de prime abord car l'idée de génocide n'est que rarement reprise par les historiens de l'Antiquité. L'autrice y revient sur les cas qualifiés parfois de la sorte (le sort de Carthage en 146 et les massacres de César en Gaule). Sa fructueuse démonstration, grandement fondée sur les sciences sociales et les autres périodes, devrait conduire à enfin abandonner l'idée de génocide pour ces cas.

Le livre de N. Barrandon réussit incontestablement dans sa volonté de faire des violences (et du massacre parmi elles) un objet d'histoire pour les spécialistes de Rome. Le livre est riche des nombreux cas examinés et offre une mine d'éléments pour la discussion. On regrettera cependant l'exclusion, malheureusement habituelle, des premiers siècles de la République, sans doute pas totalement justifiée ici, et cette période mériterait d'être mieux prise en compte à l'avenir, d'autant que les travaux de Mathieu Engerbeaud sur les premières guerres de Rome en ont démontré le potentiel. L'ouvrage souffre en outre des défauts relevés plus haut qui nuisent à une démonstration plus convaincante quand certains points auraient gagné à être approfondis. C'est cependant aussi le mérite d'un livre que d'ouvrir des pistes pour d'autres.

Thibaud Lanfranchi
thibaud.lanfranchi@univ-tlse2.fr
AHSS, 77-4, 10.1017/ahss.2023.12

1. Gabriel Baker, *Spare No One: Mass Violence in Roman Warfare*, Lanham, Rowman & Littlefield, 2021 ; Sophie Hulot, « La violence de guerre dans le monde romain (IIIe siècle av. J.-C.-fin du Ier siècle ap. J.-C.) », thèse de doctorat, Bordeaux 3, 2019 ; voir le projet ANR PARAIBAINO : « Massacres, violences extrêmes et transgressions en temps de guerre (Antiquité grecque et romaine) », https://www.parabaino.com/parabaino/.

2. Là aussi, des contraintes éditoriales ont certainement joué si on se reporte à Nathalie Barrandon, « Les massacres de la République romaine : De l'*exemplum* à l'objet d'histoire (XVIe-XXIe siècles) », *Anabases*, 28, 2018, p. 13-45, dont le contenu faisait à n'en pas douter partie du manuscrit initial de l'HDR.

3. Clément Bur, « Effets de génération et brutalisation : pour une relecture de la crise de la République romaine », *Cahiers du Centre Gustave Glotz*, 31, 2020, p. 193-218.

4. Claudia Moatti, Res publica. *Histoire romaine de la chose publique*, Paris, Fayard, 2018.

Upinder Singh

Political Violence in Ancient India
Cambridge, Harvard University Press, 2017, 616 p.

Ce livre est une somme impressionnante sur les aspects de la violence politique en Inde ancienne, d'environ 600 av. J.-C. à 600 ap. J.-C., débutant avec l'émergence des premiers États connus et s'achevant avant la conquête musulmane (qui ouvre la période dite du « haut Moyen Âge »). L'autrice est professeure à l'université de Delhi, historienne de l'Inde antique, initialement spécialiste de l'histoire épigraphique de l'Orissa (aujourd'hui orthographiée Odisha) à l'est de l'Inde, avant qu'elle n'étende ses recherches.

L'ouvrage se présente sous la forme de trois chapitres historiques et deux chapitres thématiques consacrés à la guerre et à la « sauvagerie » comme lieux spécifiques d'exercice de la violence. Il s'agit essentiellement d'une histoire des idées politiques centrée sur la tension entre les témoignages de violence, leurs justifications étatiques et l'idéal affiché de non-violence. Comme le rappelle l'introduction, cet idéal est célèbre depuis son utilisation par Gandhi ainsi que par l'élection par Nehru de symboles bouddhiques pour l'État indien indépendant.

Pour restituer cette histoire, Upinder Singh exploite de nombreuses sources sanskrites « classiques » : les traités de l'*Arthashastra* et du *Nitisara*, les épopées du *Ramayana* et du *Mahabharata* et quelques œuvres littéraires et poétiques pertinentes pour le sujet (les œuvres de Kalidas, les contes bouddhiques de *Jataka* ou ceux du *Panchatantra*). Ici, l'apport de l'autrice tient surtout à sa maîtrise des textes, qui lui permet des analyses détaillées, et à l'examen complémentaire d'inscriptions (dont les panégyriques : *praśasti*), de monnaies et de statuaire. L'ouvrage ne prétend pas à l'exhaustivité et se concentre sur les moments clefs et les œuvres les plus influentes ou révélatrices. Ainsi, les discussions portent sur des sources brahmaniques et bouddhistes du nord de l'Inde, plutôt que jain et du sud. Cette analyse intertextuelle n'empêche pas la contextualisation des sources, avec la présentation de leur différence de statuts, de leurs genres littéraires et des désaccords entre elles.

Les premières pages introduisent bien sûr aux notions utilisées dans ces textes, correspondant à différentes sphères d'activité du pouvoir/coercition politique (*danda*), de « l'économie politique » (*artha*, suivant Louis Dumont) ou du gouvernement (*niti*), même si ce dernier domaine était aussi relié à des dimensions socio-éthiques (buts de l'existence, devoirs de caste et rituels) et métaphysiques (notions d'ordre socio-cosmique : *dharma*, de mérite et de péché, de renaissance et de conséquences des actes : *karma*). De façon similaire, U. Singh utilise la notion de violence non seulement au sens de coercition physique, mais aussi morale. Dans le contexte indien (jain en particulier), la violence (*himsa*) est corrélée à son opposé littéral, la « non-violence » (*ahimsa*), ainsi qu'à d'autres termes, tels que la compassion. L'autrice évoque rapidement la question des relations complexes entre roi et brahmanes, abondamment discutée par le passé, tout comme celle d'une relative sécularisation de la royauté en Inde. De fait, les textes antiques abondent en contradictions, occultées par une rhétorique du respect d'une « tradition » affichée comme immuable et unitaire.

Depuis les textes védiques, les sources témoignent de guerres, de violents conflits de succession et de rois non nécessairement issus de l'élite guerrière héréditaire (Kshatriya). Comme l'avait déjà établi Romila Thapar dans ses travaux, les textes rendent globalement compte de la transformation qui s'opère de chefs de clans à rois héréditaires en s'appuyant sur l'ordre des *varna* (ancêtre des castes), le développement des cités et des rituels de consécration ritualisant le pouvoir. Bien qu'elle semble omniprésente dans la vie politique de l'époque, la violence n'apparaît comme question, dans les textes rituels, que dans le cadre des sacrifices. Celle envers les animaux sacrificiels y est euphémisée, et la responsabilité diluée. Face à cette « cuisine du sacrifice »[1], les milieux ascétiques brahmaniques, jain et bouddhistes diffusent un idéal de non-violence plus radical, sans que l'autrice ne tranche sur leur chronologie relative. *A contrario*, le chapitre sur la guerre montre que le vocabulaire guerrier imprègne encore la terminologie même du renoncement, de la quête de libération et de la royauté. Le jainisme, en particulier, réprouve les occupations liées à la mise à mort (chasse, etc.), mais ne condamne pas directement la guerre, et les rois jain – et bouddhistes – n'étaient pas pacifistes. Plus tard, les textes épiques regorgent d'analogies entre guerre et sacrifice. En complément, l'autrice évoque les trois grands témoignages de persécutions contre des communautés bouddhistes en Inde antique, même s'il semble s'agir d'exceptions à une politique de patronage plutôt pragmatique (« sectarisme inclusif », p. 173 et 241-242), où la définition du *dharma* reste matière à interprétation circonstancielle.

Du fait des inscriptions disponibles, l'autrice se concentre sur les périodes bien connues des « empires » Maurya (IVe-IIe siècles av. J.-C.) puis Gupta (IIIe-VIe siècles ap. J.-C.), qui posent « la plupart des éléments clefs de ce qu'on peut définir comme le modèle classique de la royauté et du politique indiens » (p. 16). Ashoka, troisième empereur de la dynastie Maurya, fait l'objet d'un long traitement. U. Singh le présente comme un souverain pragmatique, mais aussi comme un véritable défenseur et propagandiste de l'éthique bouddhiste, insistant sur les vertus attendues à la fois du roi et de ses sujets au service du *dhamma* ou règle des préceptes bouddhistes. L'autrice discute en particulier un sujet très débattu : la profession de foi bouddhiste et pacifiste d'Ashoka à la suite de la sanglante guerre avec le Kalinga (édit sur rocher n° 13), en considérant que l'empereur a manifesté un réel regret face à ce royaume alors qu'il met sévèrement en garde les « gens des forêts », ceux-ci restant un danger et la guerre contre eux ne faisant pas l'objet des mêmes règles que celles entre États. L'argument repose sur une distinction innovante, mais l'autrice nous paraît écarter trop rapidement la logique impériale d'une telle conversion[2], qu'elle évoque pourtant au sujet d'une déclaration similaire de Darius comme « une justification *post facto* de campagnes militaires et un discours de paix à la conclusion d'une carrière militaire victorieuse » (p. 273). Elle affirme en effet des différences de contextes et d'idéaux trop importantes, lesquelles ne nous apparaissent pas si nettes.

Comparées aux brèves inscriptions, les épopées fleuves du *Mahabharata* et du *Ramayana* font résonner une plus grande pluralité de voix. Centrés sur des luttes dynastiques et des batailles apocalyptiques (et des coups bas de la part même des héros), ces récits héroïques mettent en scène les regrets des uns, les doutes des autres, les lamentations sur les morts, mais le message dominant demeure qu'il existe une violence juste, au service du maintien de l'ordre socio-cosmique (*dharma*). L'attention à cet ordre va de pair avec le contrôle de soi (*vinaya*), contre des personnages – royaux ou non – guidés par leurs vices. Plus pragmatique, le traité politique de l'*Arthashastra* et les très normatives *Lois de Manu* recommandent des peines (*danda*), notamment de mort et de tortures (pour atteinte à l'État ou à l'ordre des *varna*), afin d'éviter la fameuse « loi des poissons », où les plus gros mangent les petits... Les premiers siècles de notre ère voient aussi l'auto-identification croissante (dans des inscriptions en sanskrit) des rois en « suprêmes dévots » d'un dieu souverain, lié à un temple ainsi qu'à des dons fonciers à des brahmanes. L'empire Gupta devient alors un nouveau modèle de souveraineté, plus associé à des qualités de magnanimité, de diplomatie, de connaissances littéraires et poétiques, etc. Révélateur de ces évolutions, le traité du *Nitisara* de Kamandaka (écrit vers la fin des Gupta, entre 500 et 700 de notre ère) reprend les grandes lignes de l'*Arthashastra*, mais en invoquant davantage de textes littéraires et religieux ou de principes éthiques, et en insistant sur la violence entourant le roi lui-même, qui doit rester éveillé tel un yogi, même dans ses visites au harem.

Plus concrètement, les conditions réelles de la guerre apparaissent dans les descriptions techniques, notamment la référence à « l'armée quadruple » (fantassins, chars et archers, cavaliers-archers, éléphants) qui se développe vers 1000-500 av. n. è. Plus localement, les « pierres de héros » (*natukal, virakal*) disent l'omniprésence de la guerre et de l'idéal héroïque, sous des formes plus simples (inscriptions d'hommes tombés dans des razzias de bétail, puis de guerriers, princes, généraux des IIIe-IVe siècles de notre ère, témoignages de la littérature tamoule du Sangam). Comme le montrent les inscriptions, cet idéal n'empêchait pas la pratique régulière du pillage guerrier.

Le chapitre sur la sauvagerie regroupe enfin plusieurs aspects de la forêt : lieu d'épreuves et d'exploits princiers (thème de la chasse comme passion, mais aussi potentiel vice royal), ressource économique et militaire (dont les éléphants), lieu de « créatures » aussi bien détruites par le feu que parfois protégées (dans les épopées), lieu de vie de populations ambivalentes. Sur ce dernier point, la terminologie varie selon les textes et les époques, entre les noms de groupes (par exemple Kirata, Nishada) et les catégories génériques (*dasyu* et *mleccha*, désignant plutôt des barbares, impies ; *vanacaras, araṇyavāsins, āṭavikas* qualifiant les « habitants des forêts »). Certains de ces termes sont utilisés de façon interchangeable, mais, suivant une habitude dominante, l'autrice tend à aplanir les différences entre ces catégories en les identifiant finalement aux « tribus » actuelles.

Cela nous paraît problématique à divers titres, le principal étant que *tribe* est une catégorie coloniale et n'est défini ici que négativement face à l'ordre étatique des castes, même si les textes mentionnent aussi des « rois des forêts » et des groupes alliés aux royaumes des plaines. Les passages les plus intéressants à ce sujet concernent l'*Arthashastra*, où ressort plus clairement l'ambivalence des relations avec ces groupes, chasseurs et bandits de grands chemins ; indépendants des grands royaumes, ils sont aussi des intermédiaires obligés pour accéder aux ressources forestières, aux routes caravanières et à des refuges montagnards pour des rois vaincus.

U. Singh offre ainsi un bel ouvrage de synthèse, faisant le point sur les sources classiques, ô combien utile à une période où celles-ci sont instrumentalisées à des fins politiques. Par son ambition même, un tel livre ne peut qu'évoquer en passant les débats spécialisés – tels ceux entre Patrick Olivelle et Johannes Bronkhorst sur les relations entre traditions brahmaniques et bouddhistes, les travaux de Gérard Fussman sur la diversité interne des structures d'administration dans l'empire Maurya ou l'apport de Daud Ali sur la sociogenèse de la culture de cour et des idéaux royaux en Inde, décalée par rapport à une genèse purement érudite, brahmanique. Souhaitons que le dialogue amorcé ici entre épigraphistes et historiens d'autres époques, voire avec d'autres chercheurs de sciences sociales, complexifie l'examen des systèmes politiques à l'échelle du sous-continent.

RAPHAËL ROUSSELEAU
raphael.rousseleau@unil.ch
AHSS, 77-4, 10.1017/ahss.2023.13

1. Charles MALAMOUD, *Cuire le monde. Rite et pensée dans l'Inde ancienne*, Paris, La Découverte, 1989.
2. Voir par exemple Federico SQUARCINI, « La ogica della tolleranza di Ashoka e la genealogia di una nuova politica religiosa, a lato del mondo ellenistico », in G. A. CECCONI et C. GABRIELLI (dir.), *Politiche religiose nel Mondo Antico e Tardoantico. Poteri e indirizzi, forme del controllo, idee e prassi di tolleranza*, Bari, Edipuglia, 2011, p. 67-96.

Martin Aurell (dir.)
Gouverner l'Empire Plantagenêt (1152-1224).
Autorité, symboles, idéologie
Nantes, Éditions 303, 2021, 388 p.

Outre l'introduction de Martin Aurell et la conclusion de Maïté Billoré, le présent ouvrage regroupe dix-neuf contributions réparties selon sept thèmes qui viennent judicieusement éclairer le gouvernement de l'espace Plantagenêt entre 1152 et 1224, ce qui correspond aux règnes d'Henri II, Richard Cœur de Lion, Jean sans Terre et à une partie de celui d'Henri III.

Le choix de la date de 1152 renvoie à l'union d'Henri II Plantagenêt et d'Aliénor d'Aquitaine. Par ce mariage, il met la main sur le Poitou et la Gascogne alors même qu'en 1151, il a déjà hérité des terres continentales de son père (Anjou, Maine, Bretagne) et qu'il est couronné roi d'Angleterre en 1154, récupérant ainsi la Normandie. À cet égard, la date retenue ici est intéressante puisqu'elle marque pour Henri II le début d'une certaine complexité à gouverner des territoires étendus et relevant de statuts différents, celui-ci étant roi outre-Manche mais également vassal du roi de France sur le continent. Comme le rappelle très justement M. Aurell, « sur le plan des représentations juridiques, le roi d'Angleterre n'est jamais tout à fait le maître absolu de ses principautés de ce côté-ci de la Manche » (p. 11). Il a donc dû mettre en œuvre de nombreuses stratégies (diplomatie, recours à la force, dons, alliances, etc.) pour asseoir sa présence et son autorité, particulièrement sur le continent mais aussi en Angleterre, et contrer de nombreuses révoltes nobiliaires.

Concernant le second jalon chronologique retenu pour clore l'étude, plusieurs dates auraient pu être choisies, comme celle du traité de Paris signé entre la France et l'Angleterre en 1259, mettant fin au conflit entre Capétiens et Plantagenêt, ou bien celle de la fin de la dynastie Plantagenêt, en 1399. La date pourtant retenue est celle de 1224, moment où la veuve de Jean sans Terre, Isabelle d'Angoulême, et son second époux, Hugues de Lusignan, décident de se soumettre au roi de France, ce qui signe le retour d'un certain nombre de territoires sous la coupe de la monarchie capétienne et la mort lente de ce que l'on a coutume de nommer l'Empire Plantagenêt. L'ouvrage s'inscrit dans un contexte historiographique bien balisé, comme l'atteste un certain nombre de synthèses, biographies, ouvrages thématiques et régionaux. Si les historiens en France mais également en Angleterre ont particulièrement œuvré en ce sens depuis la fin des années 1990, on notera également l'implication des archéologues du bâti et des historiens de l'art qui ont permis, chacun à leur manière, d'enrichir la réflexion en croisant les angles d'approche.

La notion d'Empire Plantagenêt fut ainsi interrogée à plusieurs reprises et si aujourd'hui la formule fait globalement consensus, c'est uniquement parce que les chercheurs en ont précisément défini les limites, voire les écueils[1]. L'ouvrage interroge donc l'acte de gouverner et, comme le souligne M. Billoré, « [g]ouverner l'Empire Plantagenêt n'est pas une sinécure ! » (p. 372). Confrontés à des difficultés liées à la répartition même de leurs domaines à cheval sur la Manche, mêlant des terres et des populations aux histoires plurielles, les Plantagenêts ont passé de très longues années à s'adapter aux impératifs qu'imposent ces différentes échelles, à imaginer et développer des stratégies de gouvernement, à hiérarchiser les priorités en fonction de la conjoncture, du poids politique et économique de chaque entité territoriale et à apprivoiser les spécificités identitaires de chacun des territoires concernés. M. Aurell explique que, depuis un centre correctement administré et maîtrisé (les territoires anglo-normands), les rois d'Angleterre peinent à imposer leur pouvoir à une périphérie encline à l'indépendance. De fait, au XIIe siècle, gouverner s'est souvent résumé pour les Plantagenêts à devoir engager des actions visant à ramener la noblesse, parfois très remuante, dans le giron du pouvoir, comme ce fut le cas pour les Lusignan étudié par Clément de Vasselot. Si, en matière de gouvernement, les Plantagenêts peuvent en partie s'appuyer sur de solides institutions (la cour bien étudiée par Fanny Madeline, la chancellerie examinée par Nicholas Vincent), des officiers dévoués et un certain nombre de fidélités, il n'en demeure pas moins que gouverner un tel espace, profondément hétérogène, tient, pour une grande part, à la personnalité du prince, plus ou moins enclin à respecter les habitudes et les attentes de l'aristocratie, à l'instar de Jean sans Terre.

Mobilisant des sources de natures différentes (chartes, ordonnances, actes de la pratique, littérature, architecture, iconographie, etc.) et des angles d'approche pluriels, les contributeurs ont accepté de réfléchir, chacun à leur manière, aux moyens déployés par les Plantagenêts pour maintenir sous leur joug ce vaste ensemble territorial – avec comme objectif d'en faire un espace politique commun –, particulièrement durant les moments de tension. Les communications permettent également d'appréhender les outils concrets auxquels recourt le pouvoir : l'oral, certainement, même si les traces sont ténues, l'écrit, à travers par exemple l'échange de lettres, le marquage incessant du territoire *via* les déplacements – nombreux et bien organisés en ce qui concerne le règne d'Henri II – ou encore l'architecture civile comme religieuse. Parmi cet outillage déployé en soutien du pouvoir, Peter J. A. Jones en retient un tout à fait original en s'interrogeant sur la façon dont « Henri II s'est servi de l'humour (sciemment ou non) comme d'un outil dans les affaires gouvernementales » (p. 87).

Malgré bien des embûches, la longévité de l'Empire Plantagenêt a retenu l'attention des chercheurs, qui ont démontré l'énergie et l'inventivité développées par une poignée d'hommes pour le maintenir en place. Les différentes contributions rendent ainsi compte des réussites et des échecs, des difficultés et des défis constants qu'ils ont dû relever ainsi que des stratégies, parfois risquées, déployées. Dans ce contexte que transcrit à sa manière la poésie des troubadours, analysée par Sébastien-Abel Laurent, le prince a souvent payé chèrement la fidélité de l'aristocratie et de ses proches en devant éteindre de nombreuses révoltes sur le continent et en Angleterre.

L'intérêt de cet ensemble est également de montrer que l'Empire Plantagenêt ne peut absolument pas se comprendre, du point de vue de la France ou de l'Angleterre, sans évoquer les ambitions des Capétiens. La délimitation des aires d'influence induit des tensions qui peuvent, au premier chef, se muer en guerres, mais relève également d'équilibres et d'arbitrages à plus grande échelle faisant intervenir, par exemple, la papauté ou le Saint Empire. Au Moyen Âge, si le pouvoir s'impose en partie par la coercition et l'usage de la force (militaire, judiciaire, administrative, économique, etc.), ce que plusieurs contributions retracent avec précision, il est également nécessaire de recourir à des méthodes visant à convaincre du bien-fondé des décisions prises. Pour ce faire, il convient de nouer des fidélités durables, de négocier des appuis et de communiquer. Le pouvoir Plantagenêt n'a ainsi pas échappé à son devoir de communication, voire de propagande, orchestré dans certains textes, comme les chroniques étudiées par Pierre Courroux, et mis en scène dans la pierre et les déplacements qui jalonnent la vie du prince sur terre et par mer comme le rappelle Amélie Rigolet à travers un dossier original traitant de la nef que Guillaume de Briouze met au service d'Henri II entre 1177 et 1203.

À cet égard, une des forces du livre est de proposer une approche de cette matérialité du pouvoir qui se donne aussi à voir dans les châteaux de Caen, auquel s'intéresse Bénédicte Guillot, et d'Angers, étudié par Jean Brodeur, Emmanuel Litoux et Teddy Veron. Les travaux de Claude Andrault-Schmitt et de Bénédicte Fillion-Braguet montrent que les Plantagenêts rendaient compte de leur pouvoir à travers leur choix de certaines formes architecturales et le recours à certains décors, un pouvoir qu'Henri II a mis en scène jusque dans la mort en choisissant Fontevraud comme nécropole dynastique ; le site a bénéficié des largesses des souverains, comme le montre Jean-Yves Hunot. Il convient également de souligner la place faite dans ce livre aux hommes qui ont œuvré, parfois dans l'ombre, aux côtés du prince, qu'ils soient gouverneurs, chanceliers, sénéchaux, baillis ou clercs, à l'instar d'Hubert Gautier, dont Amaury Chauou retrace la carrière et souligne les qualités de *mediator-negociator*.

Cet ouvrage, qui présente ainsi de multiples facettes du pouvoir Plantagenêt, saura contenter de nombreux lecteurs. Sa fabrication s'avère toutefois décevante au regard de ce que publient habituellement les Éditions 303 ; la composition ne rend pas hommage aux textes des contributeurs. Certains passages ont été grossis sans aucune logique apparente, l'iconographie livrée, on l'imagine, en couleur, se retrouve imprimée dans un dégradé de marron, ce qui affaiblit la pertinence des nombreuses images proposées (portrait, miniatures, sceau, cartes, restitutions et élévations d'architecture, sculptures, photographies de monuments toujours en place, etc.). On regrettera d'ailleurs l'absence d'une table de l'ensemble de l'iconographie et d'un index des noms de lieux et de personnes, outils de travail toujours très pratiques pour le lecteur. En revanche, le choix a été fait de proposer une traduction en français des six contributions initialement en anglais. Cette remarque de forme faite, cela n'obère en rien les nombreux apports de ces travaux.

Isabelle Mathieu
isabelle.mathieu@univ-angers.fr
AHSS, 77-4, 10.1017/ahss.2023.14

1. Pour une approche synthétique de la notion, voir l'article de Maïté Billoré, « L'Empire Plantagenêt (milieu du xiie-début du xiiie siècle) », in S. Gouguenheim (dir.), *Les empires médiévaux*, Paris, Perrin, 2019, p. 325-345.

Hussein Fancy
The Mercenary Mediterranean: Sovereignty, Religion, and Violence in the Medieval Crown of Aragon
Chicago, The University of Chicago Press, 2016, xv-311 p.

Formée au milieu du xiie siècle par l'union personnelle du comté de Barcelone et du royaume d'Aragon, agrandie durant la première moitié du xiiie siècle par les conquêtes des Baléares et du royaume de Valence, la Couronne d'Aragon constitue depuis cette période et jusqu'à la fin du xve siècle un observatoire d'analyse privilégié des relations et des interactions de tout ordre entre des puissances, des groupes et des personnes ne se reconnaissant pas comme membres d'une même religion. Dans ces terres sous domination chrétienne, juifs et musulmans sont nombreux ; les échanges commerciaux, militaires et diplomatiques avec des puissances chrétiennes ou musulmanes voisines de la péninsule Ibérique comme de la Méditerranée occidentale sont très denses ; et des archives remarquablement riches rendent possibles des enquêtes difficiles à réaliser pour d'autres territoires à la même période[1]. Il en a résulté, depuis plusieurs décennies, un véritable boom historiographique. La pertinence de notions longtemps structurantes dans la recherche au xxe siècle, telle la *convivencia* entre chrétiens, juifs et musulmans, a été remise en cause. Dans le même temps, une place particulièrement importante a été accordée aux figures comme aux rôles des intermédiaires, des passeurs, des transfuges et des convertis.

L'ouvrage d'Hussein Fancy, issu d'une thèse, s'inscrit dans cet ample mouvement, transatlantique et hétérogène. Son objet est d'étudier les *jenets*, des cavaliers musulmans armés à la légère, recrutés par les rois d'Aragon essentiellement pour lutter contre des ennemis chrétiens, internes ou étrangers, en l'espèce français et castillans. L'enjeu est double : retracer l'histoire d'un groupe de combattants et, surtout, analyser « l'alliance » entre rois et *jenets* dans le but de « repenser l'étude de la religion de façon plus large » (p. 4). H. Fancy entend en effet se départir d'un « biais séculier » consistant, selon lui, à assimiler de façon réductrice le recours à ces combattants musulmans par des rois chrétiens à un arrangement pragmatique ou à une forme de dépassement des logiques d'appartenance religieuse. Un tel biais conduirait à sous-estimer le rôle de la religion et de la différence religieuse dans cette histoire, alors même que le cas des *jenets* permet, selon l'auteur, de reconsidérer à nouveaux frais les relations entre la souveraineté, la religion et le recours à la violence armée. De là une double proposition centrale du livre : l'emploi des *jenets* est une pièce importante de la politique d'affirmation impériale et de souveraineté des rois d'Aragon ; ces derniers suivent ainsi les traces et les modèles de l'empereur Frédéric II et des califes almohades, qui ont eux-mêmes employé à leur service des combattants d'autres religions, respectivement des musulmans et des chrétiens.

La démonstration se fonde sur un vaste corpus combinant des sources narratives arabes, notamment les œuvres d'Ibn Khaldūn (1332-1406) et d'Ibn al-Khaṭīb (1313-1375), des correspondances arabes, latines et en vernaculaires romans ainsi que de nombreuses autres pièces d'archives latines, pour partie publiées, en majorité inédites. La plupart des lettres et des documents utilisés – comptabilités, ordres, actes divers – proviennent des Archives de la Couronne d'Aragon, à Barcelone, soit de la section des *cartas árabes*, soit, surtout, des registres de la chancellerie royale et du *mestre racional*, le maître des comptes. La profondeur des dépouillements effectués transparaît nettement dans des notes étoffées comportant de nombreuses transcriptions d'inédits. L'on découvre ainsi le contrat, fort bien analysé, d'un prince mérinide s'engageant à lutter pour le roi d'Aragon contre des chrétiens et les Nasrides de Grenade.

Néanmoins, l'absence, en introduction comme *in fine*, d'une présentation systématique des fonds dépouillés voile des choix, tout à fait légitimes au regard de l'ampleur de la fonds, mais qu'il aurait été utile d'expliciter. De la lecture des notes, il ressort que les citations proviennent pour l'essentiel des registres de chancellerie produits durant les règnes de Jacques Ier d'Aragon (1213-1276), de Pierre III (1276-1285), d'Alphonse III (1285-1291) et de Jacques II (1291-1327) dans la première partie de son règne. Est-ce à dire que les *jenets* n'apparaissent plus ensuite, ce qu'infirment quelques citations plus éparses, ou, plus probablement, que ce choix, à quelques études de cas près, résulte d'un arrêt de l'étude en 1309, comme l'indiquait d'ailleurs le titre de la thèse ? Cette précision aurait été utile pour estimer dans quelle mesure disparaissent et s'effacent – ou pas – les *jenets* au cours du XIVe siècle dans la Couronne d'Aragon. Quelques approximations sur les fonds d'archives eux-mêmes méritent d'être corrigées. Le règne d'Alphonse IV (1327-1336) n'a pas, à la différence de son successeur Pierre IV (1336-1387), laissé 1 240 registres de chancellerie (p. 9 et 22), mais seulement 157. Chaque registre ne comporte pas plusieurs milliers de documents, mais ordinairement plusieurs centaines, ce qui, là encore, est déjà beaucoup !

L'abondant dossier ainsi réuni permet en tout cas à H. Fancy de composer une histoire raffinée des *jenets*. L'auteur multiplie habilement les échelles et les points de vue, adoptant tour à tour la perspective des rois d'Aragon et des *jenets*, celle des princes musulmans du Maghreb ou encore des autorités locales chrétiennes en zones frontalières. Relativement bref (155 pages de texte), porté par une langue vive et un ton souvent incisif, d'une forme soignée (sauf pour les références bibliographiques en français, souvent malmenées), cet ouvrage fait la part belle aux récits de micro-histoire, aux développements théoriques et à la mise en scène de rapprochements inattendus facilités par l'examen d'une ample bibliographie. L'analyse sérielle et les bilans chiffrés restent en revanche à l'arrière-plan, mais il est vrai que la documentation ne s'y prête guère.

La genèse des *jenets* est retracée de façon très stimulante, avec un soin particulier prêté au mot, à ses variations de forme et de sens, depuis ses origines berbères jusqu'à ses occurrences modernes, sans oublier les nombreux échanges de cadeaux (armes, brides, selles, etc.) suivant la mode des *jenets* (*a la jineta*). H. Fancy montre en particulier comment, alors que les sources latines n'en soufflent mot, les combattants zénètes constituent, selon les sources arabes, un groupe de guerriers religieux, les *al-Ghuzāh al-Mujāhidūn*, employés le plus souvent au Maghreb par les Mérinides, avant de passer pour partie au service des Nasrides, dans l'émirat de Grenade, et, pour certains, à celui des rois d'Aragon.

Les premières traces de leur emploi par la dynastie de Barcelone apparaissent en 1265, puis en 1284, avec des références, pour ce deuxième cas, à des services antérieurs. Si l'auteur en déduit peut-être un peu rapidement un usage continu des *jenets* entre ces deux dates, le recours à leurs services devient ensuite assurément plus régulier. Leur capacité à harceler la cavalerie lourde les rend particulièrement précieux. Des raisons circonstancielles, la dernière croisade, la lutte contre les Français, les Angevins et des ennemis intérieurs, expliquent en partie l'appel à ces combattants, qui s'avèrent vite efficaces, redoutables. Les conditions de leur travail sont stipulées dans des accords passés avec des souverains musulmans où figure souvent en contrepartie l'interdiction de combattre des coreligionnaires.

Les contingents peuvent être imposants. Le sultan promet ainsi en 1286 à Alphonse III d'Aragon 2 000 *jenets* en échange de navires. Les combattants ne forment pas un groupe homogène. Ils viennent en famille, et leur insertion s'avère délicate dans une Couronne d'Aragon où ils restent par ailleurs distingués des *mudejares*. Les dons et les faveurs dont ils bénéficient, par exemple l'octroi de la *quinta*, un cinquième du butin de leurs prises, suscitent de fortes tensions. Mahomet Abenadalil, un *jenet* devenu vassal du roi Alphonse III d'Aragon, se heurte violemment aux autorités et aux habitants de Calatayud, qui se jugent lésés par les privilèges lui ayant été accordés. Sa trajectoire et celles d'autres *jenets* éclairent de façon convaincante les difficultés du roi à imposer son autorité souveraine à ses propres sujets, mais aussi le caractère fragile, complexe et sinueux de la loyauté de combattants qui peuvent tour à tour servir le roi d'Aragon et l'émir de Grenade. Plus encore, lorsqu'ils sont au service des rois d'Aragon, leur extranéité, loin d'être effacée, est mise en exergue par leurs vêtements colorés, des *aljubas*. Ils demeurent musulmans, et même, estime H. Fancy, des guerriers saints inscrivant par contrat leur action dans une forme de *jihād*.

Instrument de puissance, marque de prestige, et sans doute objet d'effroi, ces *jenets* ambivalents participent-ils pour autant à une politique d'affirmation impériale et de souveraineté des rois d'Aragon ? Les preuves avancées en ce sens par H. Fancy sont solides et convaincantes. Les similitudes sont éclatantes entre le statut des *jenets* et celui de la garde musulmane frédéricienne ; les rois aragonais revendiquent effectivement l'héritage Staufen, en Sicile notamment, à la suite du mariage de Pierre III d'Aragon avec Constance, fille de Frédéric II ; et nombreux sont les exilés et les offices de la cour Staufen à avoir circulé dans la deuxième moitié du XIIIe siècle depuis la Sicile vers la péninsule Ibérique.

Cette interprétation « transimpériale » particulièrement séduisante semble néanmoins devoir être précisée, car l'impérialité même de la Couronne d'Aragon fait l'objet de discussions parmi les historiens[2]. Quelques détails tout d'abord : la Catalogne n'est pas un royaume ; à la fin du XIIIe siècle, l'autorité aragonaise sur la Corse demeure théorique ; l'opposition entre un Jacques Ier d'Aragon « négociateur », qui a tout de même conquis Majorque et Valence, et un Pierre III plus violent, est sans doute à relativiser. Deux cartes (p. 5 et 7) distinguent en outre la « Couronne d'Aragon » de l'« Empire d'Aragon » autour de 1300, dans le premier cas avec les seuls territoires ibériques, dans le second (en indiquant néanmoins en légende « Couronne d'Aragon ») en y ajoutant les Baléares, les royaumes de Sicile, de Sardaigne et de Corse. Il y a là un peu de confusion.

Plus profondément, l'adoption du modèle impérial frédéricien par les rois d'Aragon est envisagée de manière assez univoque (« la cour aragonaise prit l'apparence de celle de Frédéric [II], en adaptant ses institutions, ses usages et ses rituels de façon à élever l'image du roi », p. 71), sans tenir compte des traditions autochtones aragonaises ni d'éventuelles autres influences, venues de Castille ou de France par exemple. Il est en outre imprécis d'affirmer que les rois d'Aragon ambitionnaient d'agir comme des empereurs romains. Ils ne revendiquaient pas le titre d'empereur, à la différence notable d'un Alphonse X de Castille, qui porta sa candidature pendant un quart de siècle, dans « l'affaire de l'Empire » (*fecho del imperio*). Corrélativement, l'emploi de la formule *rex imperator in regno suo* (« le roi est empereur dans son propre royaume ») par les légistes du roi de France ne prouve pas non plus une aspiration au titre impérial, mais la volonté d'être indépendant d'une autorité impériale par ailleurs reconnue. Enfin, l'absence des nombreux travaux consacrés aux textes prophétiques et à l'imaginaire apocalyptique dans la Couronne d'Aragon à la suite des Vêpres siciliennes est sans doute dommageable. Il y aurait eu là un argument supplémentaire en faveur de la thèse d'un transfert des références impériales – eschatologiques notamment – de la Sicile vers la Couronne d'Aragon. Cela aurait permis d'étayer encore la démonstration de l'ouvrage tout en affinant la vision de cette Couronne comme un empire qui y est présentée.

Ces quelques remarques, on l'aura compris, ne remettent pas en cause le cœur de la thèse, mais visent à prolonger les discussions d'ores et déjà nombreuses qu'elle a suscitées. L'ouvrage s'achève sur un long épilogue intitulé « médiévalisme et sécularisme », dans lequel l'auteur reprend l'argument conducteur et ses conclusions, critique à nouveau l'oubli de la religion et des approches trop dichotomiques du rapport entre religion et politique, dénonce ces catégories comme anachroniques et rappelle l'imbrication de la théologie et du droit dans les aspirations souveraines impériales.

Stéphane Péquignot
Stephane.Pequignot@ephe.psl.eu
AHSS, 77-4, 10.1017/ahss.2023.15

1. Voir par exemple David Nirenberg, *Violences et minorités au Moyen Âge*, trad. par N. Genet, Paris, PUF, [1996] 2001, Brian A. Catlos, *The Victors and the Vanquished: Christians and Muslims of Catalonia and Aragon, 1050-1300*, Cambridge, Cambridge University Press, 2004.

2. Voir notamment Flocel SABATÉ (dir.), *The Crown of Aragon: A Singular Mediterranean Empire*, Leyde, Brill, 2017 (donc paru après l'ouvrage ici recensé).

Philip J. Caudrey
Military Society and the Court of Chivalry in the Age of the Hundred Years War
Woodbridge, Boydell & Brewer, 2019, 238 p.

Trois affaires de contestation d'armoiries sont au point de départ de l'étude de Philip J. Caudrey. Entre 1385 et 1390, Richard, lord Scrope of Bolton, et Robert Grosvenor se disputent la possession des armoiries qu'ils portent. À peu près à la même époque (1386-1387), John, lord Lovel, et Thomas, lord Morley, revendiquent les armes d'une famille éteinte, les Burnell, certainement dans l'espoir de mettre la main, dans un second temps, sur l'héritage proprement dit. C'est aussi une question d'héritage qui, en 1407, suscite le litige entre Richard, lord Grey, et Edward Hastings : tous deux, en effet, réclament le droit de porter les armes des comtes de Pembroke, dont le dernier titulaire, leur parent, vient de mourir. Si elles avaient débuté en Angleterre, ou si leur enjeu avait été la question de l'héritage proprement dit, les trois affaires auraient été entendues devant les institutions ordinaires. Mais, dans le contexte très guerrier du XIVe siècle, c'est le plus souvent à l'extérieur du royaume, lors des expéditions conduites par le roi d'Angleterre ou un de ses lieutenants, que les protagonistes portent leurs armoiries et sont amenés à entamer une procédure à leur sujet, s'ils estiment en être les détenteurs légitimes. C'est ainsi au cours de l'invasion de l'Écosse par Richard II, en 1385, que les deux premières affaires prennent naissance. La « Cour de chevalerie » (*Court of Chivalry*), présidée par le connétable et le maréchal d'Angleterre, se trouve compétente en la matière, la première occurrence de ce tribunal datant de l'expédition d'Édouard III sur le continent en 1346-1347. Ce n'est d'ailleurs qu'une part de l'activité de cette institution qui statue également sur les litiges autour du paiement des gages ou des rançons. En 1347, devant Calais, le roi d'Angleterre a sous ses ordres 26 000 hommes d'armes : les litiges devaient nécessairement être nombreux.

Les trois affaires étudiées ici sont bien connues des historiens de l'Angleterre des XIVe et XVe siècles, de nombreuses études s'étant appuyées sur l'importante documentation qui les concerne, en dépit de la perte des premiers registres de la Cour de chevalerie. Les deux premières affaires sont attestées par des copies quasiment contemporaines ; la troisième, Grey contre Hastings, par une copie faite au XVIIe siècle. Il ne s'agit pas pour autant de documents juridiques à proprement parler. Seules sont conservées des copies, partielles, des dépositions des centaines de témoins invités à certifier le port par l'une ou l'autre partie, dans le passé, des armoiries contestées.

C'est cet aspect qui a jusque-là retenu principalement l'attention des historiens. Les hommes d'armes interrogés mentionnent en effet toutes les campagnes au cours desquelles ils ont eu l'occasion de voir les armoiries portées par l'un ou l'autre ; dans leur ensemble, ils évoquent une vingtaine de campagnes conduites entre 1314 et 1400. Alors que les plus anciens d'entre eux ont pris part aux grandes victoires d'Édouard III ou du Prince Noir, P. J. Caudrey insiste sur le fait que ceux de la génération suivante, actifs dans les années 1360 ou 1370, mettent davantage en avant les petits succès individuels, faute de victoires éclatantes. Néanmoins, prenant le contrepied des historiens précédents, notamment Maurice Keen, il rejette l'idée d'un changement de perception de l'activité guerrière d'une génération à l'autre : à ses yeux, même si le contexte du début du XVe siècle n'est plus le même, l'ardeur belliqueuse n'est pas moindre à cette époque, et elle est même encore très vive un siècle plus tard quand Henri VIII, au début de son règne, tente de lancer une nouvelle invasion en France.

Au fil des dépositions se dessine ainsi la carrière militaire de centaines de combattants anglais, parmi lesquels, bien entendu, il n'y a pas que des chevaliers. Dans l'*armigerous society* (que l'on peut traduire par « société des hommes d'armes »), les membres de la *gentry*, parfois peu fortunés, sont majoritaires, et c'est bien ce groupe social, sans équivalent net sur le continent, qui se trouve mis en lumière dans l'ouvrage. À l'évidence, il s'agit d'une catégorie profondément militarisée. Souvent pratiqué depuis l'adolescence, le service des armes est une tradition familiale. Quand les combats cessent en France, il est encore possible de suivre l'ordre Teutonique en Prusse ou de se risquer en Méditerranée. Pour les membres de l'élite laïque, la guerre n'est qu'une occupation parmi d'autres, à côté du rôle politique au niveau local (dans le *shire*) ou dans l'entourage du roi ; pour beaucoup de membres de la *gentry*, en revanche, les expéditions militaires constituent l'activité principale, à tel point que P. J. Caudrey les caractérise comme des « socioprofessionnels » de la guerre. Contrairement à la plupart des historiens britanniques qui évoquent souvent avec complaisance les exploits d'Édouard III, sans évoquer les conséquences terribles pour les populations du royaume de France qui en furent les victimes, P. J. Caudrey se montre d'ailleurs assez critique à l'égard du comportement des combattants anglais, avides et sans scrupule.

Comment les groupes de témoins ont-ils été formés ? Les réunir pour les interroger est parfois facile : ceux qui déposent en faveur de Richard Scrope sont aussi ceux qui s'embarquent à Plymouth pour suivre le puissant duc de Lancastre, Jean de Gand, le quatrième fils d'Édouard III, dans son expédition dans la péninsule Ibérique (1386). De moindre stature que Scrope, qui réunit 250 témoins, Grosvenor n'en appelle toutefois pas moins de 200. La logique qui préside à la constitution des groupes de témoins reflète en partie la structure de la société politique. Du côté de Scrope, en plus de ses parents, amis et dépendants locaux, on trouve les partisans de Jean de Gand et, pour une part d'entre eux, les *retainers* de celui-ci (formellement liés à lui par un contrat les retenant à son service) ; Jean de Gand lui-même dépose en sa faveur... De son côté, Grosvenor mobilise surtout des hommes venus des comtés où il a des possessions, notamment dans le Cheshire. Les retenues princières ont la vie longue : parmi les témoins qui, en 1407 et ensuite, défendent Edward Hastings contre Richard Grey, beaucoup ont évolué dans le large entourage de Jean de Gand, mort en 1399. Si la force des fidélités créées dans le cadre des retenues princières était déjà bien connue, la dimension locale des affinités au sein de la *gentry* est brillamment explorée par P. J. Caudrey, qui montre de façon convaincante la diversité des liens unissant les témoins aux protagonistes. Beaucoup d'hommes d'Église sont sollicités : lord Morley peut ainsi compter sur 102 témoins laïcs et 58 ecclésiastiques. Peut-être regrettera-t-on, en conséquence, que peu de place leur soit accordée, alors même que leurs déclarations sont souvent appuyées par la mention d'armes figurant sur des vitraux ou par la production de documents scellés conservés dans leurs archives, comme c'est le cas en faveur de Richard Scrope.

C'est ainsi toute une « mémoire chevaleresque » qui se forme – « mémoire belliqueuse » serait sans doute plus pertinent. De façon très neuve, P. J. Caudrey postule l'existence de « communautés militaires » (*military communities*), à l'échelle de la *gentry* d'un comté, soudées par les souvenirs communs, qui remontent parfois à cinq générations, et susceptibles de se mobiliser en faveur d'un de leurs membres. Si un individu se voit contester le droit de porter les armoiries qu'il revendique, en effet, c'est non seulement lui-même qui se trouve attaqué dans son identité et dans son prestige, mais aussi toute la communauté à laquelle il appartient : c'est en dernier ressort ce qui explique la réunion si aisée de centaines de témoins prêts à appuyer la légitimité des assertions des protagonistes. C'est un des points forts de l'ouvrage, qui pourra être utilement médité et transposé à d'autres espaces.

Xavier Hélary
xavier.helary@sorbonne-universite.fr
AHSS, 77-4, 10.1017/ahss.2023.16

Erika Graham-Goering
Princely Power in Late Medieval France: Jeanne de Penthièvre and the War for Brittany
Cambridge, Cambridge University Press, 2020, 302 p.

L'excellent ouvrage d'Erika Graham-Goering sur Jeanne de Penthièvre pose dans son titre même la problématique essentielle suivie par l'autrice : loin d'une simple biographie sur la prétendante au « trône » de Bretagne, E. Graham-Goering s'interroge sur le pouvoir princier, que celui-ci se conjugue au masculin ou au féminin. Elle utilise Jeanne de Penthièvre comme un cas d'école, disséquant dans le moindre détail tous les aspects de sa longue carrière, pour proposer une réflexion sur l'agir politique dans la France du XIVe siècle. L'ouvrage est issu de sa thèse de doctorat, soutenue à l'université de York en 2016. Avant la parution de *Princely Power*, l'autrice avait déjà codirigé, en 2019, une édition critique de sources sur la guerre de succession bretonne[1].

Le choix d'étudier Jeanne de Penthièvre s'explique aisément tant la comtesse joua un rôle déterminant dans la guerre de Succession de Bretagne. Certes, au Moyen Âge, une femme est avant tout épouse et mère. Jeanne de Penthièvre remplit sa « mission » : elle épousa Charles de Blois en 1337 et eut six enfants (dont Marie, femme de Louis Ier, duc d'Anjou, et Jean Ier de Châtillon, comte de Penthièvre). Mais, loin d'être cantonnée à la seule sphère privée, elle fut une femme « au cœur d'hommes » – selon la terminologie des chroniqueurs médiévaux (notons que ces permutations de circonstance permettaient de ne pas remettre en cause le paradigme de la supériorité masculine). À la mort sans héritiers directs de Jean III, duc de Bretagne, en 1341, Jeanne de Penthièvre revendiqua la succession ducale contre Jean de Montfort, son oncle, époux de Jeanne de Flandre. La guerre des deux Jeanne se prolongea jusqu'en 1364 (bataille d'Auray, où Charles de Blois trouva la mort).

E. Graham-Goering déploie avec brio toute la panoplie du pouvoir, réel et symbolique, détenu par Jeanne de Penthièvre. Car c'est elle, et non son époux, qui fut héritière du duché. C'est elle qui eut à se battre pour faire valoir ses droits, refusant, au début de son principat, tout compromis. Elle déploya tous les domaines d'action politique que détenaient les princes, y compris le champ guerrier. Cet aspect du pouvoir au féminin est particulièrement riche d'enseignements. Le renouvellement de l'histoire militaire comme de l'histoire du genre a permis d'élargir la notion de commandement, libérée de l'étroite association avec le combat sur le champ de bataille. Dans cette perspective, la « princesse » (terme générique désignant aussi bien les reines, les duchesses, les comtesses ou les « seigneuresses ») peut donc assumer des fonctions militaires *a priori* masculines en préparant une campagne, en convoquant des vassaux, en réunissant les fonds nécessaires pour une expédition, en organisant le ravitaillement des troupes ainsi qu'en s'occupant de la mise en état des places fortes.

Loin d'être dévolue à un simple rôle procréateur ou à l'image stéréotypée de la femme pacificatrice – à l'image de la Vierge Marie –, Jeanne de Penthièvre agit militairement et diplomatiquement « comme un seigneur » (chap. 5, p. 156-189). Sa grande rivale, Jeanne de Flandre, comtesse de Montfort, fit de même, selon Jean Froissart qui décrit son intervention guerrière lors du siège d'Hennebont en 1342 par les troupes de Philippe VI : à cheval, elle admonestait chacun dans les rues, appelant hommes et femmes à défendre la ville. Montée à la tour de guet, et voyant le camp français vide, elle aurait conduit elle-même une sortie pour y mettre le feu. Si Jeanne de Penthièvre confia à son époux, Charles de Blois, la tête de l'armée sur le champ de bataille (il trouva la mort en combattant), elle joua un rôle dans la préparation des campagnes et la mise en état des places fortes.

E. Graham-Goering montre que son action fut aussi diplomatique. Héritière en titre de la principauté, elle eut une correspondance politique fournie, siégea lors de rencontres diplomatiques et négocia des traités de paix et des alliances. Elle refusa, entre autres, le compromis qui lui était proposé au début de la guerre de Succession, préférant réclamer l'ensemble de ses droits. Après la défaite d'Auray, en 1364, et la mort de son mari, elle dut renoncer par le traité de Guérande à sa souveraineté sur la Bretagne tout en conservant le titre ducal sa vie durant. Par le second traité de Guérande (15 janvier 1381), elle obtint une rente substantielle et la possibilité pour ses héritiers de récupérer le duché si Jean IV, alors duc de Bretagne, n'avait pas de descendance.

L'autrice s'interroge aussi sur la liberté laissée à l'héritière dans le gouvernement de sa principauté. Jeanne de Penthièvre était « chef » au féminin d'un territoire, mais pouvait-elle réellement le gérer ? E. Graham-Goering distingue avec beaucoup de finesse plusieurs périodes dans la longue carrière de la comtesse, d'abord épouse puis veuve. Une femme devait en théorie soumission et obéissance à son époux. En droit, le mari était ainsi maître des biens de sa femme. Il avait le gouvernement des propres de celle-ci, dont il était, d'après le *Grand Coutumier*, « administrateur et usufruitier ». Comme toutes les femmes héritières, Jeanne de Penthièvre demeurait en revanche « seigneur naturel » des terres (chap. 3 et 4). À ce titre, elle intervint fréquemment aux côtés de Charles de Blois pour administrer les terres en sa possession. Le décès de son époux en 1364 modifia sa position : elle put dès lors gouverner seule, disposant de la pleine autorité et de l'entière administration de ses terres.

Si l'ouvrage permet d'entrer avec minutie dans toutes les sphères du gouvernement au féminin, il serait intéressant de replacer le « cas Jeanne de Penthièvre » dans une plus large perspective, en le comparant à celui d'autres femmes de pouvoir. On peut penser à Mahaut, héritière du comté d'Artois, ou à Jeanne de Navarre, épouse de Philippe IV le Bel, héritière du royaume de Navarre et du comté de Champagne. Ainsi, si la principauté de Champagne demeurait sa propriété, la gestion en était commune : Philippe IV assuma une grande partie de l'administration du comté, mais la reine, comme « seigneur naturel », intervint à ses côtés, approuvant et scellant de son propre sceau – en sus du grand sceau royal – un certain nombre d'actes, notamment ceux à valeur perpétuelle, chartes ou lettres patentes. Elle donna notamment son accord aux dons et échanges de terres ou de rentes et confirma les octrois de franchises et de privilèges aux villes.

E. Graham-Goering montre ainsi de façon subtile que le pouvoir se conjugue au masculin comme au féminin. Pénétrant dans l'écheveau complexe de l'autorité par une étude de cas, elle souligne par maints exemples l'extrême variabilité de la gouvernance, les permutations de pouvoir étant nombreuses, sans que se pose la question du genre. L'attention aux expériences individuelles témoigne que, loin d'une concurrence entre les sexes, il faut évoquer une complémentarité des fonctions et des pouvoirs.

MURIELLE GAUDE-FERRAGU
murielle.gaude-ferragu@univ-paris13.fr
AHSS, 77-4, 10.1017/ahss.2023.17

1. Michael JONES, Bertrand YEURC'H et Erika GRAHAM-GOERING (dir.), *Aux origines de la guerre de succession de Bretagne. Documents (1341-1342)*, Rennes, PUR, 2019.

Amalie Fößel (dir.)
Gewalt, Krieg und Geschlecht im Mittelalter
Berne, Peter Lang, 2020, 543 p.

Le présent ouvrage est issu d'un colloque de 2016. Le point de départ de ce dernier était l'observation d'Amalie Fößel selon laquelle la recherche sur la guerre et la violence au Moyen Âge n'avait jusqu'à présent pas suffisamment abordé les questions et les perspectives de l'histoire du genre. Son objectif fut ainsi de discuter des rapports entre la violence, la guerre et le genre au niveau interdisciplinaire et en prenant en considération l'histoire des deux sexes, leurs interactions et leurs rôles sociaux. Le genre devait être utilisé comme une catégorie d'analyse interdépendante nécessitant d'être étudiée dans le contexte d'autres catégories de différences. Les vingt contributions de l'ouvrage sont réparties en six sections : « Masculinité guerrière » ; « Féminité en temps de guerre et de violence » ; « Transgression des sexes et échange des rôles » ; « Genre, violence et droit » ; « Guerre, amour courtois et émotions » ; « Le concept de genre dans une perspective transculturelle ». Les deux premières sections, avec respectivement six et cinq contributions, sont les plus riches en termes de contenu.

La section sur la masculinité guerrière commence avec la contribution de Laury Sarti, qui s'attache à une analyse sémantique des termes *virilitas* », « *fortitudo* » et « *utilitas* » afin d'évaluer les valeurs militaires du haut Moyen Âge et la perception des identités militaires masculines. L'analyse soutient que cette période a connu une montée en puissance des capacités et des réalisations militaires qui, dès lors, ont de plus en plus défini l'identité et l'appréciation des hommes au détriment des fonctionnaires de la société tardo-antique.

Jitske Jasperse, ensuite, s'intéresse au manuscrit d'Heidelberg de la *Chanson de Roland* dans une perspective d'histoire de l'art. En s'appuyant sur la relation texte/images, elle étudie les liens entre espace et genre dans les situations de défaite et de triomphe présentes dans le récit. Alors que les représentations d'espaces et de lieux sont soigneusement construites comme des sites où la masculinité est façonnée et négociée, l'auteur rompt par moments avec cet idéal. La *Chanson de Roland* aurait alors été conçue par lui comme un antidote aux éventuelles menaces contre la masculinité.

La contribution d'Ingrid Schlegl traite des différentes formes d'une masculinité marginalisée que l'on peut trouver dans les chroniques de croisade, manifestée notamment dans le refus de se battre. L'attribution de caractéristiques féminines en est la principale conséquence dans les sources normatives. La désertion et le refus de combattre en général n'étaient cependant pas nécessairement soumis à l'ostracisme social, tant qu'il était possible de se déclarer inapte à la guerre en raison de l'âge, de la maladie ou d'autres circonstances.

Sous le titre « Tous contre lui, lui contre tous », Bastian Walter-Bogedain met en lumière l'idéal du roi combattant, fondé sur un ethos héroïque et chevaleresque et donc sur une construction spécifique de la masculinité. La question de savoir si les rois devaient participer à la bataille restait une question ouverte à la fin du Moyen Âge. La propagande de guerre, les crises politiques et la logique d'État sont autant de facteurs qui ont pu influencer cette discussion qui a duré jusqu'à l'époque moderne.

La masculinité du Moyen Âge tardif est au centre de la contribution de Jörg Rogge qui propose une analyse des schémas et styles narratifs que différents auteurs utilisent pour décrire et raconter la masculinité guerrière. Parmi les notions récurrentes, J. Rogge relève la capacité de régénération et celle d'endurer la souffrance, les blessures et cicatrices, les relations entre les corps ainsi que la bravoure et le mépris de la mort.

La section sur la masculinité guerrière se clôt par l'article de Zdeněk Beran sur la perception des rôles de genre dans le contexte de la réforme bohémienne et de la révolution hussite. Partant du modèle de la masculinité guerrière exhibé dans les textes normatifs, Z. Beran met en avant une plus grande marge de manœuvre des deux sexes dans les pratiques sociales. Par conséquent, l'article aurait pu trouver sa place dans la section consacrée à l'échange des rôles.

Ouvrant la section sur la féminité, Christoph Mauntel part du constat que les femmes en tant qu'autrices de violences ne sont guère mentionnées dans la documentation. Cependant, il observe qu'elles peuvent avoir un rôle actif lors de guerres et de combats. La défense de soi et celle de leurs biens peuvent en être les motifs. À un niveau supérieur, les mêmes raisons se retrouvent dans les conflits militaires où des femmes nobles s'engagèrent véritablement. Le cadre de référence reste toutefois masculin. C'est d'ailleurs ce que visent les descriptions contemporaines : les femmes qui s'engagent militairement montrent un courage d'homme, le cœur d'un lion.

Johanna Wittmann n'était pas présente lors du colloque. Elle propose un texte sur des reines qui ont assumé le rôle de cheffe militaire ou de régente, ou qui étaient en conflit direct avec leur famille. En deuxième partie de son article, elle approfondit l'analyse par les exemples de Mathilde l'Empéresse et de la reine Mathilde de Boulogne. Loin d'être uniformes, les représentations des deux reines en tant que cheffes militaires dépendent fortement de la perspective des auteurs médiévaux.

Danielle E. A. Park révèle la relation mouvementée de la reine Mélisende de Jérusalem avec son fils Baudouin III à travers le récit de Guillaume de Tyr. La description de la guerre civile qu'en a tiré l'archevêque est construite autour des questions du genre, de l'âge et du statut. Le conflit répondait ainsi à une double dynamique dans la mesure où il impliquait des antagonistes masculin et féminin et la position d'autorité d'une reine-mère sur un jeune roi-fils. Cette relation nous instruit aussi bien sur la féminité que sur la relation entre les genres.

Sophia Menache propose une révision de l'action politique de celle qui est connue sous le nom de « Louve de France », Isabelle de France, reine d'Angleterre. Contrairement à son image, S. Menache insiste sur la volonté qui fut celle d'Isabelle de France d'instaurer la paix entre le roi et les barons et entre les royaumes d'Angleterre, de France et d'Écosse. Il est regrettable que l'article ne comporte pas de divisions internes étant donné sa longueur.

C'est à une autre image que s'attaque Jessika Nowak. Blanche Marie Visconti est représentée dans de nombreux tableaux de la Renaissance comme une madone angélique. En se penchant sur sa correspondance avec son mari, Francesco Sforza, J. Nowak dévoile une femme très puissante, dotée d'un réseau important, exerçant une influence politique considérable, notamment en temps de guerre et en tant que régente de son fils – ce qui offre un parallèle intéressant avec l'article de D. Park.

Dans la section « Transgression des sexes et échanges des rôles », Martin Clauss thématise la question du *crossdressing*, c'est-à-dire la transformisme, dans le contexte de la guerre. Cette pratique a l'avantage, selon l'auteur, de montrer de façon efficace la fluidité des catégories du masculin et du féminin. En tant que ruse de guerre, le transformisme est largement accepté par certains chroniqueurs. De plus, le genre n'est pas au centre de tous les récits ; il interagit avec d'autres catégories, comme l'âge et le corps. Le rôle adopté peut en effet impliquer de changer de statut social (une domestique), d'altérer le corps (se raser) ou d'effectuer des travaux physiques « non masculins » (comme chercher de l'eau).

Puis Mirjam Reitmayer examine, à travers deux femmes – l'une bourgeoise, l'autre noble –, les marges de manœuvre des épouses dont les maris ont été faits prisonniers. Dans cette situation, celles-ci peuvent devenir les intermédiaires de leurs maris dans leurs affaires. Cette observation rappelle fortement l'analyse de J. Nowak, raison pour laquelle on peut se demander pourquoi les deux contributions ont été classées dans des sections différentes.

La section « Genre, violence et droit » est inaugurée par l'article de Gisela Drossbach, qui retrace l'évolution de l'idée du mariage en tant que contrat consensuel en se fondant sur différentes décrétales pontificales. Trois raisons peuvent être avancées pour expliquer l'inapplicabilité de la protection de l'épouse contre la violence dans les faits : le consensus entre époux n'est pas garanti ; les parents ou la famille, principalement dans les milieux nobles et bourgeois, s'immiscent dans les accords maritaux ; l'absence de cadre précis lors de la conclusion du mariage.

Dirk Jäckel analyse le droit islamique (*fiqh*) en ce qui concerne la légalisation de l'esclavage des femmes contraintes de fournir des services sexuels. En effet, des sources remontant au début de la période islamique confirment la longévité de ce concept. Dans la pratique, le concubinage des esclaves fut entretenu par la guerre en raison des captures de femmes et d'enfants. De plus, le concubinage jouait un rôle important dans l'islamisation de la société, car les enfants que ces esclaves avaient eus avec leur maître musulman étaient considérés comme musulmans. Le spectre de la relation entre l'esclave et le maître va de la romance (*Les Mille et Une Nuits*) à l'humiliation.

Quel rôle les femmes jouent-elles dans les représentations de la guerre dans l'art et la littérature ? Les articles de la section « Guerre, amour courtois et émotions » peuvent être lus sous cet angle. Alexandra Gajewski analyse la représentation gravée sur le dos de miroirs en ivoire du siège du château d'amour – une allégorie du rapport sexuel – du point de vue du genre et de la guerre. Cette allégorie peut être interprétée comme l'inversion parodique d'une tradition ancienne, gravée dans la mémoire et la conscience collective, où un grand nombre de femmes de la noblesse étaient prises par la force.

Judith Lange se penche, quant à elle, sur les trois cas de scènes de guerre dans le *Parzival* de Wolfram von Eschenbach. Elle souligne combien l'utilisation du *Minnekrieg* se prête efficacement à la description du rôle social des femmes tout en attirant l'attention sur les tendances destructrices qui pourraient résulter du déséquilibre des relations entre les hommes et les femmes, mais aussi entre les hommes eux-mêmes.

Avec l'Orgeluse des romans du Graal de Chrétien de Troyes et de Wolfram von Eschenbach ainsi qu'avec le roi Etzel de la plainte du *Nibelungenklage*, Sonja Kerth analyse ces personnages littéraires sous l'angle du traumatisme. La violence excessive de la guerre peut être associée à des dysfonctionnements de genre, donnant naissance à des personnages féminins qui parlent et agissent au masculin et à des personnages masculins efféminés. Par ses observations, S. Kerth complète l'éventail des transgressions mises en évidence par M. Clauss.

On retrouve ensuite la problématique de la transgression, mais dans une autre section, à savoir celle sur la transculturalité. Ce choix est certes justifié dans la mesure où Nadeem E. Khan analyse les mémoires d'Usāma ibn Munqiḏ et le récit de voyage de Muḥammad ibn Ǧubayr. Toutefois, l'auteur montre la fonctionnalisation de la représentation d'un comportement transgressif dans le but de diminuer l'adversaire. De la même manière que la contribution de D. Jäckel sur le droit islamique a trouvé sa place dans la section sur le droit (et non sur la transculturalité), la section sur la transgression aurait pu être, grâce à cet article, nettement plus étoffée.

Pour finir, Bea Lundt appelle à étudier le genre de manière globale et transculturelle à travers l'analyse du *Roman des sept sages*. Une lecture sensible peut amener à rencontrer des univers sexuels multiples, dotés de caractéristiques fluides, et des espaces d'action entre les sexes dans ce roman qui a, jusqu'à présent, posé des problèmes d'interprétation à la recherche.

Malgré une organisation qui ne convainc pas toujours et l'absence d'un index, cet ouvrage a le mérite de remettre en question la masculinité supposée de la guerre au Moyen Âge en pointant du doigt les procédés de construction des modèles masculin et féminin. Les contributions les plus pertinentes sont celles qui croisent d'autres catégories, telles que le pouvoir, l'âge et le rang social, avec la question du genre. Cette perspective conduit à souhaiter d'autres travaux abordant les enjeux de genre dans la politique, la religion et la culture au Moyen Âge.

Nils Bock
nils.bock@uni-muenster.de
AHSS, 77-4, 10.1017/ahss.2023.18

John Gagné
Milan Undone: Contested Sovereignties in the Italian Wars
Cambridge, Harvard University Press, 2021, 464 p.

Les guerres d'Italie du XVIe siècle ont représenté un tournant très important dans l'histoire italienne, et même européenne. Cette très longue période de guerre a déterminé la fin de l'équilibre entre les États italiens, si difficilement conservé pendant la seconde moitié du XVe siècle, le début des dominations étrangères sur différentes régions de la péninsule et, surtout, l'affirmation politique, militaire et économique des grandes monarchies européennes, contrebalancée par le déclin de la centralité italienne dans le vieux monde. Ce changement des dominations dans le système de pouvoir italien, toutefois, a eu besoin d'être soutenu par une dialectique constante entre dominants et sujets, notamment pour définir une sorte de légitimité à ces nouveaux souverains et à leur pouvoir. Le nouveau livre de John Gagné cherche à reconstituer cette dialectique et à établir la base culturelle du pouvoir souverain.

Ce livre peut même être considéré comme une dissertation très intéressante sur la définition et la création de la souveraineté dans un État de la première époque moderne, durant une période complexe de changements continus, au fil des guerres, de domination. Pendant le XVIe siècle, l'État de Milan va s'effondrer, comme nous le dit l'auteur, peut-être avec un peu d'exagération. Cette narration forcée s'avère toutefois fonctionnelle pour donner une idée de la nature exceptionnelle et de la gravité de la période et pour renforcer le contexte dans lequel tout le récit de ce livre est construit. Finalement, au-delà de l'alternance des dominations, reste la nécessité de la légitimation du pouvoir établi de temps à autre. La souveraineté – c'est la thèse principale du livre – n'est pas quelque chose qui peut simplement être transféré d'un sujet à un autre, mais « un argument, un investissement. Ou mieux encore : c'est une idée qui aspire à devenir une pratique » (p. 1) et qui nécessite d'être construite et alimentée en continu. Autrement dit, pour paraphraser une catégorie très populaire des sciences sociales, il s'agit d'une sorte de capital social immatériel, qui, comme les autres typologies de capital, doit être gagné, conservé ou accumulé pour faire face à toute éventualité.

Comparée à celle réservée aux autres États et villes de la péninsule (Florence, Venise et Rome, surtout), l'attention de l'historiographie anglophone pour la Milan des Sforza a été moindre, au contraire de l'historiographie italienne qui a largement traité ce sujet depuis plusieurs décennies. En effet, l'auteur s'appuie abondamment et de façon pertinente sur cette production, en allant des ouvrages traditionnels aux plus récents. Il puise également dans les sources manuscrites, consultées dans différentes archives et bibliothèques en Italie (à Milan, Crémone, Florence, Mantoue, Parme, Pavie, Plaisance, Rome, Venise et Vérone), dans toute l'Europe (en Autriche, France et Grande-Bretagne) et même aux États-Unis. Finalement, J. Gagné combine les citations abondantes des sources secondaires avec l'étude directe des sources primaires, largement inédites ou peu considérées jusqu'à présent, pour construire un volume organisé thématiquement. Ce choix a été préféré à un plan chronologique dans la mesure où il permet de se concentrer sur des problèmes spécifiques, de faciliter la reconstruction de ceux liés à la concurrence souveraine dans différentes arènes et de dégager des modèles et des dispositifs systématiques.

Le livre est divisé en trois parties, chacune composée de trois chapitres. La première concerne le défi posé à l'État de Milan par les dominations françaises. La question, qui peut être considérée d'un certain point de vue comme « traditionnelle », concerne les répercussions de ces nouvelles dominations sur les structures de l'État des Sforza. L'auteur analyse ainsi comment les Français se sont intégrés dans le système de pouvoir constitué, d'une part, en s'adaptant à la situation telle qu'établie et, d'autre part, au contraire, en introduisant des changements et en constituant de nouveaux réseaux d'alliance et de pouvoir. Il est bien connu que Charles VIII et ses successeurs ont légitimé leurs droits sur Milan par une ligne directe des Visconti, mais ils sont aussi à la fois passés par la médiation et l'imposition de leur autorité aux élites locales. Le livre constitue ici un excellent exemple de clarté explicative, soulignant et intégrant les questions dynastiques, la création du consensus et du contrôle social dans un territoire aux caractéristiques typiquement communales comme celui de l'Italie septentrionale, l'action de délégitimation simultanée de Ludovic le More et la recherche d'un compromis pour la gestion de ses héritiers.

Ensuite, J. Gagné porte son attention sur les aspects caractéristiques de la propriété, c'est-à-dire la dialectique que les souverains ont nécessairement développée avec la multitude des nobles, des patriciens et des institutions qui étaient de grands propriétaires fonciers et qui avaient des juridictions judiciaires et fiscales un peu partout dans la région. Encore une fois, le livre traite de questions plutôt débattues par l'historiographie, pour la Lombardie comme pour le reste de la péninsule, aboutissant à des conclusions qui ne diffèrent pas trop de celles jusqu'à présent proposées. En somme, il est réitéré que le prolongement de l'état de guerre, ajouté au changement de dominations, rend la transmission de la possession instable, devenant également une occasion d'ascension et de descente sociale rapide.

Les nombreuses actions entreprises par les Lombards et les autres Italiens qui ont développé leurs propres intérêts dans l'État de Milan pour obtenir l'accréditation auprès des nouveaux dominants sont lues et systématisées d'une manière plus originale. Ainsi, la tentative de repositionnement plus ou moins rapide de différentes familles, à la fois pro-françaises et partisanes de Sforza, pour sauver au moins en partie leurs places et leurs biens est clairement mise en évidence. Encore plus intéressante et originale, nous semble-t-il, est l'histoire de la façon dont tous les acteurs impliqués ont tenté de se légitimer en certifiant leur propre mémoire, en recherchant et, si nécessaire, en détruisant des documents conservés dans les archives milanaises. Il s'agit d'un aspect méconnu des rapports de force de cette période, que l'auteur reconstitue de manière approfondie, claire et captivante.

Dans la dernière partie, l'accent est plus proprement mis sur les personnes, particulièrement sur les *banniti* (c'est-à-dire ceux qui sont forcés ou décident de fuir l'État, en essayant de s'intégrer ailleurs ou en cherchant un moyen d'être à nouveau acceptés dans « leur patrie »), mais aussi sur des individus qui, grâce à leur rôle sur les institutions ecclésiastique ou les communautés rurales et urbaines, contestent et s'opposent au nouveau pouvoir souverain. En parallèle, évidemment, il est également considéré comment ce dernier utilise ces conflits pour limiter la juridiction ecclésiastique (aussi bien que la souveraineté de l'Église en Lombardie) ou des institutions locales. Sur ces aspects, l'auteur confirme que l'expulsion de l'État n'est nullement définitive et que souvent cette forme de diaspora milanaise devient une opportunité pour la construction de réseaux internationaux de crédit et de commerce. Il est en même temps rappelé que la dialectique entre souverain et institutions a été l'occasion de redéfinir certains privilèges et caractéristiques de la fiscalité lombarde qui n'ont pour ainsi dire pas résisté à l'épreuve de « l'État militaire-fiscal » qui s'était progressivement établi, bien que de manière embryonnaire, précisément au début du XVIe siècle.

Tout en évoluant dans un domaine pas totalement inconnu de l'historiographie, notamment italienne, l'ouvrage nous offre un récit clair et convaincant de la construction, de l'affirmation et de la légitimation du pouvoir souverain en Lombardie au début de l'époque moderne. Grâce à la lecture généralisée des sources secondaires et à l'intégration de sources inédites, J. Gagné nous emmène dans les plis d'une phase historique importante pour l'État de Milan et aux transitions signifiantes. En effet, cette période n'est pas uniquement celle de la dévolution de Milan à différentes dominations, c'est aussi celle de la fondation des États prémodernes – une construction qui émerge du chaos plutôt que d'une stratégie rationnelle, favorisée par la période de guerre, par une « souveraineté vacillante », pour reprendre une expression maintes fois répétée par l'auteur. Pour tenter d'appréhender cette transformation sortie du désordre, que l'auteur appelle la « défaite de Milan », celui-ci a tendance à accentuer certains aspects de discontinuité au détriment des nombreuses persistances qui traversent – bien que changeantes – la période mouvementée des guerres d'Italie. Au-delà de ces marquages, que l'on peut lire comme une tentative de faire ressortir plus clairement l'ossature de la thèse présentée, l'ouvrage est assurément d'un grand intérêt. Cette histoire politique de la construction de la souveraineté dans l'État de Milan à l'aube de l'époque moderne, fort stimulante, offre un point de départ original pour quiconque souhaite traiter les relations entre les élites milanaises, les institutions locales et les dominations étrangères dans la Lombardie de cette période.

Matteo Di Tullio
matteo.ditullio@unipv.it
AHSS, 77-4, 10.1017/ahss.2023.19

Séverin Duc
La guerre de Milan. Conquérir, gouverner, résister dans l'Europe de la Renaissance
Ceyzérieu, Champ Vallon, 2019, 360 p.

Ce livre s'intéresse aux conflits pour le contrôle du *stato* de Milan qui opposent, entre 1515 et 1530, le roi de France François Ier, l'empereur Charles Quint et les Sforza. Cette lutte à trois pour la mainmise sur la plaine lombarde, l'un des espaces les plus riches et les plus convoités d'Europe, est analysée par Séverin Duc au prisme de la notion de « champ de forces », qui vise à rendre compte de l'évolution constante du rapport de forces politique dans la région, au gré des retournements d'alliances, de l'importance des troupes disponibles et des exigences fiscales des occupants, français ou impériaux, qui braquent inévitablement les Milanais.

L'ouvrage suit une progression chronologique : la première partie est consacrée à l'étude du Milanais royal sous domination française entre 1515 et 1522. François Ier, après son entrée dans Milan, qui rejoue les rites habituels des entrées princières dans les « bonnes villes » du royaume, reçoit le serment de fidélité de ceux qui, par droit de conquête, sont désormais ses nouveaux sujets et confie le commandement au connétable de Bourbon, habile négociateur. Pendant quelques mois, celui-ci se révèle capable de séduire les nouveaux sujets du roi de France, en dépit de la recomposition par le pouvoir royal des institutions et des pouvoirs locaux. Son remplacement par le maréchal de Lautrec, en mai 1516, change la donne et marque le début d'une succession de malentendus qui atteste l'écart entre la culture politique des Valois, qui attendent de leurs sujets obéissance et déférence, et celle des Milanais, qui rechignent à acquitter les sommes considérables exigées par leur nouveau souverain. La cité lombarde, traversée par des factions, entend négocier pied à pied chaque concession au nouveau maître de la ville. Face aux familles gibelines pro-impériales et réputées francophobes, les Français s'appuient sur des clans guelfes comme celui des Trivulzio. Les logiques de vendetta et les tensions entre grandes familles milanaises compliquent la tâche de Lautrec alors que les exigences fiscales de la monarchie pour solder les Suisses, payer les garnisons du Piémont et défendre les conquêtes ultramontaines suscitent rapidement la défiance, puis la haine des Milanais : le royaume de France se révélerait incapable de se transformer en « monarchie composite ». Habité par ce que S. Duc décrit comme une « angoisse obsidionale » (p. 115), alors qu'il sent le *stato* lui échapper, Lautrec gouverne avec brutalité, multiplie les listes de proscrits, qui, partisans de Sforza ou de l'Empereur, prennent le chemin de l'exil et s'agitent aux frontières du duché. Ces rebelles entretiennent un état endémique d'insécurité et sont traqués par les Français alors que la guerre reprend. S. Duc dépeint le projet de

Lautrec comme celui d'une éradication des opposants, en particulier des bannis. Se déploierait alors une cynégétique du pouvoir fondée sur la traque des rebelles, une « prédatocratie » qui tenterait, par une politique terroriste, de conserver l'initiative, alors que le duché semble échapper aux Français.

La deuxième partie de l'ouvrage étudie le retour du duc de Milan, Francesco II Sforza, dans son fief, entre 1521 et 1525, qui aboutit à des recompositions au sein des institutions civiques pour promouvoir fidèles ou ralliés, même si l'agitation francophile continue. Offres d'amnistie suivies de jugements par contumace et de proscriptions frappent les soutiens des Français. Concurrents ou perçus comme tels sont assassinés, à l'exemple d'Ettore Visconti. Mais le pouvoir sforzesque doit céder, aux Français d'abord, qui entrent dans Milan en octobre 1524, aux Impériaux ensuite, maîtres du jeu après la capture du roi de France à Pavie.

La dernière partie de l'ouvrage s'attarde sur la période de domination hispano-impériale sur le *stato*, entre 1525 et 1530. L'auteur analyse les méthodes mises en œuvre par les lieutenants de Charles Quint, Pescara et Antonio de Leyva entre autres, pour contrôler Milan. Leurs troupes sont présentées comme autant de *Conquistadores* qui s'emparent du Milanais de la même manière que leurs frères d'armes provoquent l'effondrement, outre-Atlantique, des Empires aztèques et incas. Pour contrôler la ville, les Hispano-impériaux quadrillent l'espace urbain. Comme au temps de la domination française, le logement des gens de guerre, véritable impôt en nature qui pèse sur les populations occupées, leur vaut rapidement l'hostilité des habitants. L'année 1526 est ainsi marquée par plusieurs *tumulto*, rapidement réprimés, alors que Sforza est assiégé dans sa citadelle. S. Duc décrit une stratégie contre-insurrectionnelle mise en œuvre par la garnison hispano-impériale. Les troubles éclatent en février puis en avril 1526 alors que les troupes, non soldées, vivent chez l'habitant. Le *popolo* se soulève et les émeutes provoquent une cinquantaine de morts. Mais c'est en juin 1526 que se déroulent les heurts les plus violents. Au son du tocsin, les Impériaux se replient avant d'entamer des opérations méthodiques de reconquête de la ville : incendie, sac, pillage, viols frappent alors les révoltés. La répression de l'insurrection débouche finalement sur une domination impériale de la cité que S. Duc lit à l'aune d'une dialectique de la chasse et du pastoralisme. Traquer et abattre les loups et les rebelles d'abord, ce qui passe par la constitution de longues listes de proscrits et de bannis ; prélever, de gré ou de force, les ressources nécessaires à l'entretien des troupes sommées de vivre sur le pays surtout ; prendre soin des bons sujets obéissants, qui doivent paître comme des brebis sous l'égide de Charles de Bourbon, désormais au service de Charles Quint, enfin.

Très classique dans son plan chronologique, ce volume propose une histoire des imaginaires du pouvoir dans le Milanais du début du XVIe siècle. Si l'introduction enlevée pose des bases conceptuelles très ambitieuses en proposant d'appliquer au territoire du *stato* de Milan le concept bourdieusien de champ de forces, on peine, dans le corps du texte, à mesurer les apports de ces emprunts aux sciences sociales. L'ouvrage reprend une chronologie et un espace travaillé par l'historiographie récente (que l'on songe, pour la seule historiographie française, aux travaux de Benjamin Deruelle sur la culture chevaleresque ou de Julien Guinand sur les campagnes des armées du roi de France en Italie entre 1515 et 1557) et s'appuie en partie sur des sources connues (Marino Sanudo constitue une référence essentielle dans de très nombreux développements). Or les acquis de cette historiographie manquent parfois : certaines formules, quoiqu'élégantes et percutantes, paraissent exagérées. Il est peut-être excessif de qualifier le demi-blocus de Milan entrepris par les Français à l'automne 1523 de « guerre à outrance » (titre du chapitre 5), de « guerre cruelle » (p. 203), ou de « guerre sans fin » (p. 20). L'idée d'une extrême violence des guerres d'Italie, sous-jacente, portée par des formulations parfois outrées, peine à convaincre. Comme l'a montré J. Guinand, la guerre en Italie est conduite avec pragmatisme, calcul, souci de l'économie des forces, et l'emploi de la violence y est toujours mesuré, réfléchi, proportionné aux objectifs des belligérants et aux moyens humains, financiers et matériels disponibles, ce qui n'exclut évidemment pas, ponctuellement, des phénomènes de franchissements de seuils de violence et de montée aux extrêmes nourris par les représailles ou par un discours d'altérisation de l'adversaire inhérent aux conflits armés. De même, la brutalité de la répression de ceux que le pouvoir qualifie de rebelles n'est guère étonnante, pas plus que la sévérité des jugements rendus par contumace, même si cette violence politique est ici accentuée par la culture de la vendetta.

Comme ailleurs, les pouvoirs qui se succèdent dans la cité lombarde alternent entre répression des opposants, amnésie/amnistie, grâce et négociations. Le dialogue asymétrique entre le souverain et ses sujets n'est jamais rompu. Quant aux concepts de « prédatocratie » et de « cynégétique du pouvoir » qui renvoient aux travaux pionniers d'anthropologie historique de la violence analysant la guerre comme chasse, leur emploi interpelle. Il ne paraît guère surprenant que des troupes d'occupation mal payées vivent sur le pays en volant et en pillant en un temps où la guerre doit nourrir la guerre, alors que les recettes des États ne suffisent jamais à acquitter les soldes. Sous la plume de S. Duc, la guerre reste le plus souvent appréhendée comme une somme de violence illimitée et l'éventuel écart entre imaginaires de violence et pratiques n'est que rarement interrogé. Bien sûr, la guerre tue, les soldats pillent, la violence est présente et les troupes répriment les révoltes. Mais l'enjeu d'un travail sur la violence n'est-il pas de s'efforcer de mesurer celle-ci, d'identifier des seuils, des niveaux de violence, et de mieux distinguer discours, imaginaires, effets de sources et pratiques combattantes ? Les titres de certains paragraphes, « des Français à la lisière des vêpres » par exemple, sont à la limite de l'histoire contrefactuelle : sans doute cet imaginaire vespéral hante-t-il les Français enfermés dans Milan entre octobre 1524 et février 1525, sans doute les Milanais sont-ils travaillés par la crainte millénariste de l'imminence de la fin des temps au cours de l'année 1524, mais ces représentations apocalyptiques ne se concrétisent guère.

L'ouvrage aurait certainement gagné à recentrer l'analyse sur une histoire sociale des Milanais ballottés entre ces trois pouvoirs. Aurait-il été possible, au vu des sources disponibles, de retracer les trajectoires d'ascensions ou de descensions sociales des grandes familles milanaises, pro-impériales, sforzesques ou francophiles, au gré des recompositions du pouvoir local, avec leurs lots de récompenses, de promotions, de punitions, de proscriptions, d'exils et de confiscations ? Une telle approche aurait permis de mieux cerner les répercussions des mutations politiques sur les élites milanaises et leur recomposition sur la longue durée. Une étude plus précise de la sociologie et de la culture politique et civique de ce *popolo*, prêt à abaisser le rideau de ses boutiques pour prendre les armes, était-elle envisageable ? Enfin, il aurait été utile, en conclusion, de restituer le cas milanais dans l'Europe du premier XVIe siècle et de le comparer avec d'autres espaces de marches, conquis et reconquis, afin de mieux mesurer l'éventuelle exceptionnalité, ou au contraire l'exemplarité, de cet espace, pour qui s'intéresse à l'incidence des transferts de souveraineté sur les villes.

Cette contribution à une histoire des imaginaires et des pratiques du pouvoir dans le Milanais au début du XVIe siècle, très utile pour l'histoire des États européens et servie par une écriture agréable, n'emporte pourtant pas pleinement l'adhésion : la thèse d'une prédatocratie, d'une cygénétique du pouvoir et d'une domination brutale exercée par les différents pouvoirs sur le *stato* de Milan, fondée sur une violence « irréfrénée », paraît à la fois intuitive et quelque peu excessive.

Paul Vo-Ha
Paul.Vo-Ha@univ-paris1.fr
AHSS, 77-4, 10.1017/ahss.2023.20

Julien Guinand
La guerre du roi aux portes de l'Italie, 1515-1559
Rennes, PUR, 2020, 348 p.

Entre 1494 et 1559, la monarchie des Valois engage une bonne partie de ses ressources dans un vaste conflit européen qu'elle va finir par perdre. Ce conflit prend le nom de guerres d'Italie. Julien Guinand s'est proposé d'en étudier un des principaux théâtres d'opérations : les Alpes de l'ouest et ses piémonts, entre le Rhône et le Pô. Un Lyon-Turin au pas des chevaux. Tiré d'une thèse soutenue en 2017, son ouvrage est une enquête solide destinée aux spécialistes des guerres d'Italie ainsi qu'à celles et ceux qui s'intéressent à l'histoire de l'État moderne français, à son déploiement progressif dans l'espace, de part et d'autre des Alpes, et à ses capacités à mobiliser les ressources humaines et économiques pour faire la guerre. À partir d'un protocole de travail minutieux, l'auteur a conduit une enquête documentaire poussée et ce pour parvenir à des résultats particulièrement significatifs.

Chronologiquement, l'enquête commence en 1515, année du couronnement de François Ier et de sa première campagne d'Italie, marquée par la victoire de Marignan (14 septembre 1515) et achevée par la paix franco-suisse de Fribourg (29 novembre 1516). La borne finale du travail est celle des guerres d'Italie : la paix du Cateau-Cambrésis (2-3 avril 1559), qui voit le roi de France renoncer, notamment, à ses droits sur le duché de Savoie-Piémont. La zone d'enquête de J. Guinand a pour cœur, précisément, ce dernier duché, épicentre de ce qu'il appelle « le théâtre d'opérations des portes de l'Italie ». Ce qu'il nomme aussi, du point de vue français, « la frontière sud-est du royaume de France » est défini comme un « espace de passage et d'affrontements vers la péninsule italienne » (p. 24), un « espace frontalier lâche aux marges du royaume et dont les enjeux évoluent au gré des circonstances politiques et militaires » (p. 25).

Formellement, l'ouvrage se répartit en neuf chapitres relatifs à l'espace étudié, « les portes de l'Italie », au « commandement des armées », aux « hommes de guerre du roi », au « soutien matériel des troupes », au « financement de la guerre », à « l'art militaire », à « la guerre au quotidien » et à « la bataille ». Sa conclusion porte brièvement sur les « intérêts de guerre ». On recense 16 cartes inédites, de la facture de l'auteur, qui rythment le texte et 15 illustrations en couleur rassemblées dans un cahier central. En toute fin, l'ouvrage comporte 8 annexes tirées de transcriptions. À ce titre, une enquête sur plus d'un demi-siècle est un défi documentaire que J. Guinand a su relever en menant des missions de dépouillements au sein de 31 dépôts d'archives entre France et Italie. L'ampleur du travail est d'autant plus louable quand on connaît la complexité de la graphie française du XVIe siècle.

La description de la structure de l'ouvrage confirme l'attachement de l'auteur à livrer un produit fini de qualité portant sur « l'ensemble des dimensions de l'événement total qu'est la guerre faite au service du roi de France » (p. 24). Mais de quelle guerre parle-t-on ? Au XVIe siècle, dans le cadre de la rivalité exacerbée entre des monarchies à vocation hégémonique (le royaume des Valois et l'empire des Habsbourg), on assiste à la constitution de *borderlands* militarisés entre ces monarchies. C'est de cette longue et complexe histoire dont parle J. Guinand. Il montre combien la logique d'organisation de cet espace est loin d'être immuable entre 1515 et 1559. Les Alpes occidentales, donc pour bonne partie le duché de Savoie-Piémont, ne revêtent pas la même fonction si le roi de France tient ou non la plaine du Pô. De même, le sens et la conduite d'une guerre en Italie diffèrent radicalement selon que Chambéry, Turin, Gênes et Milan sont ou ne sont pas dans le giron du royaume de France.

Pour les Français, la plaine du Pô est bel et bien une porte qui donne et ouvre sur l'Italie. Elle est une promesse vers l'Italie orientale, centrale et méridionale, vers Venise, Florence, Rome et Naples. Il faut consolider cette tête de pont à tout prix. Jusqu'en 1536, François Ier devait tenir compte de l'existence du « portier des Alpes » : le duc de Savoie. Au loin, si la Lombardie pouvait être française, ses arrières ne l'étaient pas : il fallait un duché de Savoie-Piémont favorable à se transformer en artère logistique entre le royaume de France et le duché de Milan français. En 1525, le roi de France est capturé à Pavie. La veille, il tenait encore, dans l'angoisse, Milan. Le lendemain, et pour de bon, l'armée française perd le contrôle du duché de Milan. Un mal pour un bien, pourrait-on dire. Elle s'y était perdue dans une sorte de guerre lointaine, coloniale, paranoïaque et destructrice. En 1536, finalement, le roi de France fait les choses dans l'ordre : il conquiert la Savoie-Piémont, en attendant son retour (qui ne viendra jamais) à Milan. En prenant Chambéry et Turin, François Ier décide de devenir lui-même portier des Alpes. Son fils Henri II le sera jusqu'en 1559.

Là, entre Rhône et Pô, dans cet espace politiquement mouvant et militairement incertain, J. Guinand reconstruit « une société faisant la guerre pour son prince » (p. 15). Concomitamment au « maintien d'une culture de service liée à la personne du roi », il détecte « l'apparition d'un nouveau personnel civil, militaire et de nouvelles infrastructures » (p. 23). La guerre française est vectrice d'un certain type de pouvoir en Italie et, chemin faisant, donne corps à des logiques d'organisation militaire spécifique. Plus encore, sans le dire, l'étude historique de J. Guinand a quelque chose de géopolitique. On voit comment un certain type d'espace géographique à la frontière sud-est pèse sur le projet politique du royaume de France. En retour, on observe comment un certain type de guerre produit une territorialité spécifique, de par la façon de le concevoir, de l'administrer, de le défendre et de l'aménager comme base arrière d'une future offensive.

La guerre, ce sont d'abord des gens qui la font. L'auteur analyse avec précision la qualité et la quantité des « hommes de guerre du roi ». En temps de guerre, comme par exemple en 1536, cavaliers et fantassins forment un « agrégat de lourds effectifs » (p. 100) dont une bonne partie de la logistique et du ravitaillement repose sur les sociétés locales. Puis, la paix venue, la présence française se réduit tout en se normalisant : « […] il s'agit bien de maintenir en armes plusieurs milliers d'hommes au pied des Alpes. Leur engagement évolue. Il se professionnalise et se territorialise » (p. 106). La force de l'enquête réside dans le fait que l'auteur ne se contente pas de décrire un certain état de fait qu'on connaît aussi, par exemple, dans le duché de Milan français (1499-1513, 1515-1521 et 1524-1525). Il va plus loin et reconstitue les dynamiques et les particularités de la société militaire qui se déploie en Savoie-Piémont.

J. Guinand reconstitue minutieusement le triple défi que la monarchie française s'est imposé de relever à sa frontière sud-est : soutenir matériellement les garnisons, fortifier en profondeur le faible *borderland* piémontais et, en retour, multiplier ses efforts pour financer cette politique. Dans ce qu'il appelle « un espace de projection » (p. 116), l'auteur détecte « un pouvoir royal fortificateur » (p. 156) qui, entre 1547 et 1559, donne naissance à « un premier réseau fortifié frontalier ». Vers le haut, il y voit une « une démonstration de souveraineté » (p. 162). Vers le bas, il met à jour toute une société d'architectes, de techniciens et d'artisans, généralement italiens, qui se rassemble, pense et agit pour produire quelque chose d'inédit : un espace-frontière sûr, solide et fiable dans sa profondeur.

« Produire » un territoire militarisé est une chose, financer cette « production » en est une autre. Là comme ailleurs dans son enquête, J. Guinand fait preuve de précision, en particulier dans sa reconstitution du coût *per capita* des soldats du roi. L'argent leur manque toujours car, à la cour, le roi n'a pas et n'aura jamais les moyens de ses ambitions. Si faire la guerre était la joie première du roi, la préparer était probablement sa plus grande charge. Le paradoxe était que plus il renforçait ses finances pour la soutenir, plus il pensait pouvoir mener des guerres longues et coûteuses. Il en découle une « guerre à crédit » (p. 187) adossée à la confiance des banquiers (ceux de Lyon, notamment) dans les capacités fiscales du royaume de France. Il semblait alors qu'on pouvait se fier à la solvabilité de la dette du plus grand royaume agraire d'Occident. Jusqu'à un certain point seulement, au risque de la banqueroute du royaume lui-même et, avant cela, de la faillite des banquiers de Lyon.

Au quotidien de la guerre, l'auteur montre bien que le flux venant de France est tout sauf continu. Chaque armée ne pouvait compter que partiellement sur le soutien fisco-financier de la monarchie. Le reste du temps, il fallait pratiquer des expédients temporaires. En d'autres termes, les lieutenants généraux, les gouverneurs et les capitaines devaient autofinancer une partie de la guerre et fermer les yeux sur les déprédations des soldats. Selon J. Guinand, « la guerre livrée aux portes de l'Italie apparaît comme progressivement dépendante de la politique de crédit suivie par les hommes du roi, imposant l'engagement personnel des capitaines par ses manques » (p. 200).

J. Guinand restitue à notre connaissance un territoire qui gagne en cohérence à mesure que les années passent. Il en découle toute une série de dynamiques propres à un enracinement enfin serein de la France en Italie, après le désastre napolitain et l'échec lombard. Il ne s'agit plus de constituer une « Italie française » rêvée, affranchie des contingences de l'espace et des populations. En Piémont, la monarchie française, plus réaliste, semble enfin à son aise. La constitution et le renforcement de la « frontière des monts » (p. 27) étaient, en quelque sorte, mieux adaptés à l'histoire longue de la territorialité de la monarchie française qui, pièce après pièce, de manière contiguë, a donné naissance à l'État le plus compact d'Europe.

Toutefois, comme il était devenu de coutume depuis le début des guerres d'Italie, le royaume de France s'incline finalement face aux Habsbourg et lègue, en 1559, bien malgré lui, un écheveau solide mêlant réformes juridiques, réorganisation fiscale et aménagements militaires. Revenue en Savoie après vingt-cinq ans d'exil, la dynastie des Savoie hérite d'un territoire transformé et renforcé qui, paradoxalement, avait été conçu pour empêcher son retour victorieux et sa restauration. Quant à la monarchie française, en 1559, elle s'engage dans l'autodestruction des guerres de religion et va se frotter dangereusement à un autre type de territorialité, non plus militaire mais confessionnelle.

Séverin Duc
severin.duc@protonmail.com
AHSS, 77-4, 10.1017/ahss.2023.21

Stephen D. Bowd
Renaissance Mass Murder: Civilians and Soldiers during the Italian Wars
Oxford, Oxford University Press, 2018, xiv-288 p.

Le livre de Stephen D. Bowd traite de la violence de guerre pendant les guerres d'Italie : il se penche tout particulièrement sur la période débutant avec l'intervention française, en 1494, et s'achevant avec la paix de Cambrai, en 1529, qui met fin à une longue séquence de rivalité entre François Ier et Charles Quint, marquée par des événements d'une gravité sans précédent (bataille de Pavie, sac de Rome). Il ne s'intéresse pas aux campagnes ou aux batailles, mais aux usages de la violence lors des prises de villes. Il s'agit donc d'une approche d'une dimension particulière du fait guerrier qui analyse, d'une part, les pratiques et les émotions et, d'autre part, les théorisations de la violence et ses représentations. L'étude repose avant tout sur l'exploitation d'une vaste documentation éditée ou imprimée (Mémoires, chroniques, occasionnels, traités, correspondances diplomatiques) et sur une bibliographie très fournie.

L'ouvrage, clairement organisé et très agréable à lire, comprend une introduction et sept chapitres répartis en quatre parties :
la première plante le décor historique et présente les enjeux militaires et politiques de la période ; la deuxième s'intéresse aux pratiques de violence massacrante, et particulièrement à celle qui s'exerce contre les civils ; la troisième se penche sur les réflexions consacrées à la guerre juste et au droit de châtier des adversaires considérés comme rebelles, en utilisant largement les textes machiavéliens ; la dernière est consacrée aux images de la violence de masse, qu'il s'agisse des représentations graphiques ou de la poétique du massacre.

S. D. Bowd commence par brosser un panorama utile des événements militaires. Il inventorie les sacs de villes commis par les armées de Charles VIII en 1494-1495 (Rapallo, Monte San Giovanni Campano, Gaète) et de Louis XII en 1499-1502 (Rocca d'Arazzo, Annone, Capoue), puis par les Français, les Impériaux, les Vénitiens et les Espagnols lors de la terrible séquence 1509-1512 (Peschiera, Brescia, Ravenne, Prato) et finalement dans les années 1520, cette fois-ci par les forces de Charles Quint, avec l'acmé de 1527 (sac de Rome). S. D. Bowd analyse la stratégie de terreur amorcée par les armées françaises, qui se traduit par le massacre des garnisons des villes prises d'assaut dans le royaume de Naples en 1495 et en Lombardie en 1499-1500, puis par le châtiment des cités jugées rebelles. Si les Français – et spécialement les fantassins gascons ! – y gagnent une image de conquérants particulièrement brutaux, fixée par Guichardin et Machiavel, les Espagnols ne sont pas en reste, comme le démontre la prise de Prato. Les lansquenets germaniques, employés par toutes les armées, ne se comportent pas différemment, et les Italiens, contrairement aux assertions des historiens de l'époque, ne rechignent pas non plus à exterminer leur prochain : en témoigne le comportement de César Borgia, conjointement avec les Français (Capoue, 1501) ou sans eux (Fossombrone, 1502 ; Rimini, 1503) et de l'armée vénitienne (Treviglio, 1509).

Si les dévastations commises par les forces du roi de France au début de la période ont profondément marqué les esprits, une sorte de routinisation des pratiques de violence s'ensuit. On assiste à la formation d'une communauté de pratiques – extermination des défenseurs lors d'un assaut, sac et pillage conçus comme des récompenses nécessaires – partagées par toutes les armées : dans les années 1520, les sacs les plus terribles sont désormais commis par les troupes impériales.

Le principal intérêt de l'ouvrage réside dans l'attention accordée à la condition des civils, alors que la distinction entre combattants et non-combattants n'a rien d'évident et que les lois de la guerre justifient le pillage des villes prises d'assaut. À partir des mémorialistes et des chroniqueurs, S. D. Bowd donne des exemples de populations cherchant à échapper aux violences en fuyant ou en payant des rançons, évoquant notamment le sort des Juifs, qui sont régulièrement les premiers dépouillés. Il analyse aussi le rôle des femmes, souvent actives dans la défense des villes assiégées et qui, lors de la prise des places, subissent des viols, parfois systématiques, comme à Capoue en 1501. Il rappelle également la prégnance de la figure exemplaire de Lucrèce à la Renaissance, modèle de vertu féminine confrontée à la violence des hommes.

La partie consacrée aux théories de la guerre montre que les civils sont difficiles à identifier et qu'ils ne bénéficient guère de protection. Femmes et enfants sont censés être épargnés, mais le dominicain espagnol Francisco de Vitoria, qui analyse les justifications de l'usage de la violence dans *De jure belli* (1539), ne concède aucune protection aux civils jugés coupables d'avoir résisté au conquérant ; qu'ils soient femmes ou prêtres n'y change rien. Le XVIe siècle voit se multiplier les traités consacrés aux lois militaires et à la façon dont le capitaine doit mener ses troupes (Raymond de Fourquevaux, Girolamo Garimberto), mais il y a souvent loin de la théorie à la pratique. Machiavel est l'une des sources essentielles de ces auteurs. Le Florentin déclare que la crainte d'acquérir une réputation de cruauté ne doit pas arrêter le prince qui fait usage de la force, car celle-ci est nécessaire. La guerre apparaît ainsi comme un état quasi naturel de l'humanité, et le prince doit savoir motiver ses troupes en exploitant les passions de ses soldats (peur, appétit de profit, etc.) – aux dépens des civils.

Destructions et massacres sont intégrés à une rhétorique de la violence qui se déploie tout au long du XVIe siècle. S. D. Bowd fait appel à des représentations dues à des artistes qui, comme Urs Graf, ne craignent pas de traduire de façon réaliste les horreurs de la guerre, ou à des descriptions littéraires des combats et des ravages. Ce faisant, il constate que, la plupart du temps, les souffrances des civils sont passées sous silence ou évoquées sans guère de précision. Le sac de Rome lui-même est décrit à partir de modèles antiques (destruction de Carthage par Scipion ou de Jérusalem par Vespasien et Titus). On pense aussi la violence à partir de l'archétype que constitue le massacre des Innocents, dont les représentations affluent alors. Les récits de combats qui figurent dans les romans de chevalerie fascinent les lecteurs, comme en témoigne le succès de l'*Orlando furioso* de l'Arioste, qui se nourrit des événements des guerres d'Italie et évoque notamment la prise de Ravenne par les Français. Les récits d'actualité, comme les *lamenti* versifiés composés en Italie, peuvent évoquer les massacres et les souffrances des populations civiles, alors que les comptes rendus faits par les chroniqueurs ou les diplomates restent très allusifs. Une sorte de culture littéraire de la guerre, avec pour thème central les souffrances endurées par l'Italie, se construit ainsi au début du XVIe siècle[1].

S'il n'est pas contestable que l'Italie a été durement éprouvée par les guerres, il est difficile de proposer une approche globale des effets de la violence. La guerre était dans l'ensemble limitée à des régions et à des moments particuliers : elle concerna, par exemple, la république de Venise (Brescia), à partir de 1509, et la Lombardie (Milan, Pavie, Crémone), où les plus grandes villes virent leur population chuter. La reprise économique et démographique fut néanmoins énergique à partir du milieu du siècle. S. D. Bowd s'interroge *in fine* sur la possibilité d'appliquer aux guerres d'Italie le concept de « génocide ». La réponse est assurément négative.

Le livre de S. D. Bowd constitue une belle étude d'histoire socioculturelle de la violence de guerre à la Renaissance. La lecture de cet ouvrage fort recommandable pourra être poursuivie par celle du livre de Paul Vo-Ha, qui analyse la construction d'une culture de la reddition des forteresses et des armées entre 1550 et 1700[2]. Une forme de civilisation des mœurs militaires s'est ainsi dessinée à mesure que les troupes ont été mieux encadrées et mieux entretenues, et que le *jus in bello* s'est construit. Notons que les sacs généralisés et les massacres étaient donc loin d'être la règle, y compris pendant les guerres de Religion en France ou la guerre de Quatre-Vingts Ans aux Pays-Bas. Mais l'histoire n'a rien de linéaire : aux XXe et XXIe siècles, les populations civiles sont devenues les premières victimes des conflits armés.

NICOLAS LE ROUX
nicolas.le_roux@sorbonne-universite.fr
AHSS, 77-4, 10.1017/ahss.2023.22

1. Sur ce thème, voir Florence ALAZARD, *Le lamento dans l'Italie de la Renaissance. « Pleure, belle Italie, jardin du monde »*, Rennes, PUR, 2010.

2. Paul VO-HA, *Rendre les armes. Le sort des vaincus (XVIe-XVIIe siècles)*, Ceyzérieu, Champ Vallon, 2017. Voir la recension de cet ouvrage dans le présent numéro des *Annales* : Pierre-Jean SOURIAC, « Paul Vo-Ha, *Rendre les armes. Le sort des vaincus (XVIe-XVIIe siècles)* (compte rendu) », *Annales HSS*, 77-4, 2022, p. 813-816.

Howard G. Brown
Mass Violence and the Self: From the French Wars of Religion to the Paris Commune
Ithaca, Cornell University Press, 2018, 283 p.

Professeur à l'université de Binghamton, Howard G. Brown avait déjà proposé une relecture de la Révolution française dans son ouvrage *Ending the French Revolution*[1], récompensé par le Gershoy Award. L'historien lie la Révolution française à l'avènement de la démocratie libérale, mais démontre surtout que les violences endémiques qui l'ont accompagnée ont fait naître un État sécuritaire (*Security State*) contre ses ennemis. Ce nouvel essai se distingue par une triple ambition : chronologique, méthodologique et conceptuelle.

Premièrement, la dilatation de la période étudiée, du XVIe au XIXe siècle, brise le cadre chronologique habituel en proposant une vue panoptique de la violence collective des guerres de Religion jusqu'à la Commune. On appréciera que la Révolution française soit replacée dans une approche diachronique de la violence, et non posée comme un isolat synchronique d'une Révolution souvent lue à la lueur de l'exceptionnalisme.

L'historien nous invite à une relecture politique de l'émotion à travers quatre micro-études de cas insérées dans un contexte traumatique plus large que sont les guerres de Religion (la Saint-Barthélemy, en août 1572 à Paris), la Fronde (à l'été 1652 à Paris), la Révolution française (la Terreur dans le Paris thermidorien) et la Commune (Semaine sanglante en mai 1871, à Paris). On notera au passage que Paris incarne à la fois l'épicentre de ces traumas collectifs et le relais de ces poussées émotionnelles en dehors de ses murs, que ce soient les Saint-Barthélemy provinciales, la fronde bordelaise avec l'Ormée ou la Commune, médiatisée dans toute la France. Cette fresque nous convie à une histoire progressive de la compassion, d'une piété intériorisée et baroque à un humanitarisme international, au gré des traumas collectifs vécus et représentés.

Deuxièmement, le parti pris méthodologique consiste à se fonder sur un corpus de sources médiatiques, principalement, et iconographiques, en particulier. Des gravures sur bois renaissantes à la photographie naissante, H. G. Brown propose l'analyse de ces sources pour mieux comprendre les ressorts de la médiatisation de la violence. Les gravures des massacres protestants au XVIe siècle, les mazarinades sous la Fronde, les journaux révolutionnaires ou les portraits photographiques de cadavres lors de la Semaine sanglante, immortalisés dans des portraits diffusés dans la France entière, relaient l'expérience vécue de la violence. Une violence vécue qui, une fois (sur)médiatisée, se métamorphose en un trauma collectif, renforçant l'affirmation de soi et l'identité collective de la société. L'effet réceptif de telles représentations se décline en compassion, empathie et sympathie que l'auteur prend garde de bien définir dans son chapitre liminaire. L'attention portée au rôle de l'iconographie offre une approche originale et stimulante. Jacques Semelin avait démontré combien le massacre procède avant tout d'un processus mental[2]. Le vecteur de l'iconographie médiatique joue précisément ce rôle, à la fois support et diffuseur du trauma collectif dans les esprits.

Sans mentionner les travaux d'historiens ayant enrichi l'histoire des émotions, de William Reddy à Jan Plamper, on appréciera également certains emprunts à la biologie épigénétique et aux neurosciences comme cadre réflexif. Les approches cognitiviste et structuraliste semblent ici réconciliées de manière convaincante, voire iconoclaste pour l'historien. Ainsi, dans le chapitre méthodologique liminaire, la question de savoir si l'émergence de soi à la Renaissance n'est pas, au moins en partie, le fruit des adaptations biologiques plus qu'un processus culturel purement construit est posée. Le syndrome du « membre fantôme » (*phantom limb*) propose à cet égard un bel exemple pour s'interroger sur l'évolution de l'affirmation du « Moi » comme réponse aux conditions changeantes de la modernité, et non comme sa condition première. Ce questionnement est souvent éludé par les historiens des *Emotion Studies*, préférant une approche structuraliste.

Troisièmement, il convient ici d'évoquer les principales conclusions de l'auteur sur son appréciation de la violence. H. G. Brown part du postulat que les traumas collectifs s'accompagnent concomitamment d'une affirmation progressive du moi individuel et d'une identité collective, donnant peu à peu corps au sentiment national. Ce faisant, l'historien renverse l'approche classique d'une affirmation moderne du soi, de l'apparition des autoportraits renaissants à la littérature éclairée en passant par la conscience protestante. Le déclic serait toujours celui d'une violence collective puis de sa médiatisation.

Le massacre de la Saint-Barthélemy a aussi bien provoqué un trauma collectif chez les huguenots qu'un catalyseur pour la piété catholique. D'une part, les réformés ont développé une sensibilité victimaire, relayée par les martyrologes et autres gravures du massacre. De l'autre, ils furent aussi contraints de dissimuler leurs convictions pour éviter la répression, encouragée par les images polémiques qui incitaient à leur massacre. Cela a sans doute contribué à intérioriser la piété, sous couvert de nicodémisme, et à renforcer une conscience de soi. On passe peu à peu d'une piété pénitentielle durant les guerres de Religion à une piété ascétique sous la Fronde, pour sauver les âmes perdues. L'intérêt de l'épisode frondeur réside précisément dans l'analyse des Relations, courts textes imprimés cherchant à susciter l'empathie, par l'usage d'une rhétorique compassionnelle, envers les souffrances du petit peuple. L'idée, que l'on retrouve dans la piété janséniste, est que souffrir pour les autres permet d'en retirer des bénéfices personnels et spirituels. Dans un contexte de violence collective, compassion collective et intériorisation de la piété fonctionnent de pair.

Durant la Terreur, les mémoires autobiographiques, fleurissant tous azimuts, décrivent les souffrances des prisonniers à la première personne et des mémoires d'autojustification leur répondent. Avec les publications relayant et décrivant les horreurs thermidoriennes émerge un sentiment national puissant contre le régime de la Terreur et un sentiment de vulnérabilité, face à un régime politique associé à l'insécurité. Les vecteurs médiatiques, en particulier les images, ont transformé les expériences individuelles de la violence en un trauma collectif qui a paradoxalement construit une identité nationale. La Terreur peut être lue, en ce sens, comme une « reconstruction mémorielle » (« *recollective reconstruction* », p. 160).

La Semaine sanglante de la Commune, souvent lue à travers le prisme social, est ici revisitée à l'aune de l'expérience personnelle et des expressions émotionnelles. Les représentations de l'extrême violence à l'encontre de la Commune, alimentées par les nouveaux supports médiatiques, auraient largement contribué à l'émergence d'une conscience de classe chez les travailleurs. La dimension collective du trauma est particulièrement bien analysée à travers les supports médiatiques imagés que sont la lithographie et la photographie. Leur impression et la diffusion massive des épisodes les plus tragiques ont défini, par leur forte incidence émotionnelle, la mémoire collective et individuelle de la Commune. Des séries d'images satiriques mythifient le rôle des femmes, en Amazones combattantes et femmes incendiaires, les *pétroleuses*, alimentant la peur d'un renversement de l'ordre social. Ces surenchères médiatiques – frondeuses, thermidoriennes ou communardes – lors de traumas collectifs ont eu un effet mémoriel important. Les communards deviennent ainsi les martyrs de la classe des travailleurs lorsque la majorité républicaine fait voter une loi d'amnistie en 1880.

Là où le mur des Fédérés du Père-Lachaise achève ce processus d'intégration du trauma collectif des communards pour les uns, le

Sacré-Cœur, autre témoin du trauma de la violence communarde, vise à expier leurs crimes pour les autres. La conscience que naît une classe prolétarienne se serait formée à partir de cette Semaine sanglante, devenue le symbole de leur cause. Pourtant, H. G. Brown démontre bien que la lecture sociale est une construction *a posteriori*, si l'on en croit l'hétérogénéité sociale qui domine chez les communards. C'est donc bien une mémoire plus qu'une histoire que ces images ont peu à peu cristallisée dans les esprits et la fortune historiographique de ces événements.

À l'histoire des représentations médiatisées de la violence, l'auteur livre ici un essai convaincant articulant affirmation de l'individualisme et traumas collectifs. Différents âges compassionnels sont finalement distingués, à commencer par celui de la piété religieuse intériorisée, conséquence des guerres de Religion. Son apogée se situerait avec la mystique baroque et les confréries laïques inaugurant un « humanitarisme chrétien » qui s'exprime avec acuité lors de la crise frondeuse. La fin du XVIIIe siècle, ensuite, marquerait le début d'un nouveau « régime émotionnel », celui du déclin de la culpabilité universelle devant Dieu et de la montée d'une culture de la sensibilité que la Terreur thermidorienne entérine. Enfin, les temps de la Commune concordent avec l'avènement d'un humanitarisme international. La fondation, en 1863, de la Croix-Rouge pour aider les soldats lors de la guerre de Crimée, sans distinction de nationalité, nous permet de faire d'utiles rapprochements avec un âge de la compassion, sans cesse réaffirmé et renouvelé… à l'aune de nouveaux traumas collectifs auxquels l'Europe ne cesse d'être confrontée.

Yann Rodier
Yann.Rodier@sorbonne.ae
AHSS, 77-4, 10.1017/ahss.2023.23

1. Howard G. Brown, *Ending the French Revolution: Violence, Justice, and Repression from the Terror to Napoleon*, Charlottesville, University of Virginia Press, 2006.
2. Jacques Semelin, *Purifier et détruire. Usages politiques des massacres et génocides*, Paris, Éd. du Seuil, 2005.

Jérémie Foa
Tous ceux qui tombent. Visages du massacre de la Saint-Barthélemy
Paris, La Découverte, 2021, 350 p.

Dans *Les guerriers de Dieu*, publié en 1990, Denis Crouzet décrivait la Saint-Barthélemy, comme un « massacre populaire »[1], une irruption de violence collective commise par une foule catholique sans visage, soucieuse d'épuration religieuse, prélude au « désangoissement eschatologique ». Avec *Tous ceux qui tombent*, Jérémie Foa s'attache à identifier victimes et bourreaux pour décortiquer la mécanique du massacre.

En partant des sources imprimées qui nomment certains meurtriers et l'ont sans doute guidé dans ses investigations au Centre d'accueil et de recherche des Archives nationales (CARAN) – comme le Journal de Pierre de L'Estoile, le martyrologe de Simon Goulart ou les *Mémoires de Jacques Gaches sur les guerres de religion* – et en les croisant avec des archives manuscrites capables d'éprouver la patience des meilleurs paléographes, l'historien restitue un nom, un visage et une épaisseur sociale aux massacreurs et aux tués. Il décrit ainsi une Saint-Barthélemy au « ras du sang » (p. 7), au plus près des tueurs et de leurs victimes, et retrace la genèse et les logiques du massacre des protestants qui ensanglante Paris entre le 24 et le 30 août 1572 et se prolonge en une « saison » qui touche de nombreuses villes du royaume jusqu'au début du mois d'octobre. L'enquête se fonde sur une masse documentaire considérable largement citée, dans un ouvrage qui doit beaucoup à l'influence, revendiquée, d'Arlette Farge : les registres d'écrou de la Conciergerie, prison parisienne où sont détenus les réformés pendant la décennie de troubles qui précède le massacre, et, surtout, les archives notariales parisiennes, toulousaines, lyonnaises ou rouennaises, amplement dépouillées, permettent de suivre certains protagonistes de ces tueries de masse, décrites comme des massacres de l'interconnaissance, des massacres « de proximité, perpétrés en métrique pédestre par des voisins sur leurs voisins » (p. 8).

Là réside sans doute la thèse centrale de l'ouvrage : la Saint-Barthélemy n'est pas le déchaînement de violence spontanée d'une foule anonyme lynchant des protestants malheureux identifiés par hasard. Non seulement les bourreaux ont des noms, des adresses, une activité professionnelle, mais ils connaissent parfaitement leurs victimes. La tuerie est commise par des voisins, des proches, qui savent qui est hérétique et qui menace, par son existence même, le salut, pensé comme processus collectif. Ces tueurs appartiennent à l'élite bourgeoise de la cité. Membres de puissantes confréries catholiques extrêmement soudées, comme les porteurs de la châsse Sainte-Geneviève, très bien insérés socialement dans le monde des corporations ou de l'office, ils disposent de positions d'autorité et bien souvent de grades dans la milice bourgeoise. Depuis le déclenchement des premiers troubles confessionnels, en 1562, ils ont accumulé, en tant que miliciens impliqués dans la répression quotidienne des protestants parisiens, un précieux savoir, à force d'arrêter et d'inquiéter ceux qu'ils assassinent finalement lors de la Saint-Barthélemy.

Le massacre qui se déroule fin août 1572 a été maintes fois répété, fantasmé, rêvé durant la décennie précédente par les bourreaux. Cet *habitus* répressif, cette accumulation de tracasseries et d'emprisonnements a permis à ces hommes de construire des listes et des cartes mentales de « ceux de la Religion ». Seuls des voisins pouvaient effectivement savoir qui s'était absenté lors des prises d'armes huguenotes, qui ne fréquentait pas la messe, qui ne respectait pas les interdits alimentaires en plein carême, etc. Cette capacité à identifier les huguenots, qui manquait au pouvoir royal comme aux Grands, confère à ces hommes une importance décisive au moment de passer à l'action. Eux seuls savent exactement à quelle porte frapper pour débusquer l'hérétique et le « traîner à la rivière ». Le lecteur suit ainsi le sillage de sang laissé par les meurtriers qu'il recroise au fil des pages : Thomas Croizier, le tireur d'or de la « Vallée de Misère », son comparse Nicolas Pezou, milicien, « bon bourgeois d'abord mercier puis petit financier » (p. 55), Claude Chenet, un autre massacreur, savent faire tomber les masques et reconnaître l'hérétique qu'aucun signe extérieur ne permet de déceler. À l'heure du massacre, ils mobilisent un savoir policier patiemment construit depuis dix ans. La tuerie est aussi l'occasion pour eux de procéder à une gigantesque spoliation des biens de leurs victimes.

Si les bourreaux tiennent les premiers rôles dans ce livre, nombre de chapitres évoquent longuement les victimes : Mathurin Lussault, l'orfèvre assassiné et dépouillé par son voisin Thomas Croizier, Loys Chesneau, principal du collège de Tours, humaniste hébraïsant, qui après avoir perdu son poste, meurt, précipité sur le pavé, comme son collègue et ami Ramus chez qui il avait trouvé refuge. Dans cette galerie de victimes, les femmes tiennent une place de choix : assassinées, telle Marye Robert, battues, telle Anthoinette de Sesta, spoliées ou volées, comme la Toulousaine Marie Roubert, ou portant plainte, comme Rachel de la Personne. Lorsqu'il ne peut retrouver les noms des victimes, J. Foa mentionne les traces que ces anonymes ont laissées dans les sources imprimées, tel ce « petit enfant au maillot », traîné par le cou avec une ceinture sur le pavé de Paris (p. 213). À l'évocation de tels paroxysmes de violence, le lecteur se trouve emporté dans un torrent émotionnel. L'étonnement de l'auteur devant la continuation, en plein massacre, d'un quotidien fait de contrats de ventes, de baux de location, de baptêmes et de mariages paraît en revanche un peu feint. Sans doute beaucoup de contemporains ont-ils pu effectivement assister à l'événement sur un mode mineur.

Cet ouvrage est un tour de force littéraire : l'auteur réussit le prodige de transformer d'arides archives notariales en un précipité d'émotions qui explique probablement en partie le succès public remporté par l'ouvrage. J. Foa fait ici la démonstration que l'écriture savante peut aussi procurer un plaisir esthétique. De la première à la dernière page, ce livre allie la recherche de la prouesse stylistique à la convocation de références littéraires ou cinématographiques : dès l'introduction, Pierre Michon et ses *Vies minuscules*, puis, plus loin, René Char, Georges Perec, Victor Hugo, Milan Kundera, Raymond Queneau, Samuel Beckett ou Rithy Panh. J. Foa propose ici un plaidoyer pour une poétique de l'histoire, une expérience de l'écriture historienne qui prenne la forme au sérieux.

Toutefois, ce style enlevé suppose souvent une allusion de connivence, particulièrement perceptible dans la manière dont sont mobilisées l'historiographie et, plus généralement, les sciences sociales : les grands noms, Roland Barthes, Michel de Certeau, Gilles Deleuze,

Jacques Derrida, Pierre Bourdieu, Erving Goffman, Michel Foucault, Vladimir Jankélévitch, Maurice Godelier, Luc Boltanski, Bernard Lahire, entre autres, sont évoqués mais rarement expliqués, de sorte que ces références paraissent parfois plus ornementales qu'utiles à la démonstration. D'autant que disparaissent de cette illustre galerie certains spécialistes de la violence, comme Jacques Semelin ou Jan Philipp Reemtsma, plus directement en prise avec l'anthropologie historique du massacre qu'entreprend l'auteur. On déplorera aussi la quasi-invisibilisation, dans le corps du texte, et notamment en introduction, d'une riche historiographie consacrée à la Saint-Barthélemy et aux guerres civiles et religieuses, souvent reléguée dans les notes infrapaginales, sans instauration d'un véritable dialogue entre ce texte et les travaux des spécialistes qui l'ont précédé. Seule ressort la figure tutélaire de D. Crouzet. Bien sûr, les études de Natalie Zemon Davis, d'Arlette Jouanna, de Jean-Louis Bourgeon, de David El Kenz, de Philip Benedict, de Robert Descimon et surtout de Barbara B. Diefendorf, auxquelles ce livre doit tant, figurent dans la bibliographie et l'appareil de notes : mais l'historien le plus cité est peut-être… Jules Michelet. La place accordée à celui qui s'assignait l'objectif de « ressusciter les morts » n'est sans doute pas innocente dans un texte qui s'efforce d'abord de nommer les défunts, à partir d'un immense travail de paléographie.

La distance qu'instaure cette écriture parfois allusive entre l'historien et son lecteur est toutefois contrebalancée par le surgissement presque transgressif du « je », généralement banni de l'écriture historienne universitaire. Sans tomber dans les travers du « Narcisse historien », J. Foa s'inscrit en cela dans une tradition analysée par Enzo Traverso dans son ouvrage *Passés singuliers*[2]. S'agissant de la Saint-Barthélemy, ce choix d'écriture n'est pas neutre. Cette irruption du « je » casse la distance avec un objet froid, un massacre vieux de 450 ans, et contribue ainsi à actualiser un passé soudainement proche, charnel, incarné. Elle renforce le sentiment de proximité entre l'historien et son lecteur et permet finalement au dispositif historiographique de fonctionner. J. Foa captive ou irrite en évoquant la décapitation de Samuel Paty, le souvenir d'un féminicide commis à Clermont-Ferrand en 1991 ou les difficultés de la paléographie. Ce « je » indigné, qui exprime sa compassion vis-à-vis des victimes dans une écriture hyperempathique, participe encore de cet entraînement du lecteur dans un tourbillon d'affects, face au tragique des destins individuels fracassés par l'irruption des tueurs.

L'actualisation du massacre par ce surgissement de la première personne est encore renforcée par un usage immodéré de l'anachronisme, qui convoque un imaginaire des violences de masse et des génocides du XXe siècle. Certains titres de chapitres, certaines expressions sont à cet égard éloquents : « sans chagrin ni pitié », « au revoir les enfants », « le bruit des bottes », « pogrom » scandent la narration. Cet imaginaire s'accompagne de la mobilisation permanente de l'historiographie des violences paroxystiques du XXe siècle : les travaux sur la Shoah, sur le génocide perpétré par les Khmers rouges au Cambodge ou sur celui des Tutsi du Rwanda irriguent l'ouvrage. Les recherches de Stéphane Audoin-Rouzeau et, plus encore, d'Hélène Dumas qui, dans son *Génocide au village*, a formulé cette idée d'un massacre de l'interconnaissance, et qui, dans *Sans ciel ni terre*, paru dans la même collection que *Tous ceux qui tombent*, a donné la parole aux orphelins du génocide des Tutsi[3], nourrissent la réflexion de J. Foa, comme celles d'Arjun Appadurai, de Jan Tomasz Gross, de Nicolas Mariot ou de Christian Ingrao. Dans l'introduction de *Croire et détruire*[4], ce dernier soulignait l'apport, pour son travail consacré aux intellectuels dans la machine de guerre SS, des réflexions de D. Crouzet sur les violences religieuses dans la seconde moitié du XVIe siècle. Onze ans plus tard, l'effet de balancier historiographique est saisissant : alors que les violences de masse de l'époque contemporaine étaient étudiées à la lumière des travaux des modernistes, l'histoire de la Saint-Barthélemy est désormais réécrite au prisme des violences paroxystiques du XXe siècle.

Or c'est sans doute dans ce rapprochement implicite entre des objets séparés par quatre siècles que l'entreprise de J. Foa interpelle le plus. À plusieurs reprises, l'auteur souligne son souci de nommer les victimes et les bourreaux, afin d'honorer les premières et de dénoncer les seconds. Mais au contraire de la Shoah, des guerres de conquête coloniale ou d'indépendance, du génocide cambodgien, du génocide des Tutsi du Rwanda ou même de la traite Atlantique et de l'esclavage, la Saint-Barthélemy est un objet froid, artificiellement réchauffé par une écriture extrêmement empathique. Peut-on écrire l'histoire d'un massacre vieux de 450 ans comme d'autres écrivent celle des paroxysmes de violences du XXe siècle, dotés, eux, d'une incontestable actualité ? L'enquête de J. Foa ne répond à aucune demande sociale de réparation : nulle revendication mémorielle des protestants, nulle actualité politique ne justifient d'instruire ce procès de papier à des bourreaux « morts dans leurs lits », couverts d'honneurs. En l'absence totale d'enjeu judiciaire ou mémoriel, cette posture d'historien justicier interroge. L'instruction d'un tel procès à des fantômes est surprenante de la part d'un spécialiste des édits de pacification qui cherchèrent à enrayer la spirale des violences civiles et religieuses dans la seconde moitié du XVIe siècle : ces édits reposaient souvent sur des « clauses d'oubliance », qui visaient à refermer la fracture ouverte par les guerres civiles et à refonder une communauté. Sans plaider pour une amnésie-amnistie contestable, voire détestable, la tâche de l'historien est-elle vraiment de nommer les morts pour apaiser les âmes torturées et vouer les bourreaux à la damnation mémorielle ?

Avec cet ouvrage majeur, qui constitue sans nul doute la nouvelle et indispensable référence sur les ressorts de la Saint-Barthélemy analysée comme massacre de l'interconnaissance, J. Foa livre une proposition aussi stimulante qu'iconoclaste sur la manière dont peut s'écrire l'histoire et sur le rôle social de la discipline. En s'affranchissant de certaines conventions de l'écriture académique, en jouant sur l'anachronisme, il réussit le tour de force d'attirer vers l'histoire moderne un lectorat très large. Cette prouesse est d'autant plus remarquable qu'à l'inverse de bien des ouvrages qui connaissent le succès public en invisibilisant les sources, le livre de J. Foa est d'abord un très beau plaidoyer pour le « goût de l'archive ».

PAUL VO-HA
Paul.Vo-Ha@univ-paris1.fr
AHSS, 77-4, 10.1017/ahss.2023.24

1. Denis CROUZET, *Les guerriers de Dieu. La violence au temps des troubles de religion (vers 1525-vers 1610)*, Seyssel, Champ Vallon, 1990, vol. 2, p. 98.

2. Enzo TRAVERSO, *Passés singuliers. Le « je » dans l'écriture de l'histoire*, Montréal, Lux éditeur, 2020.

3. Hélène DUMAS, *Le Génocide au village. Le massacre des Tutsi au Rwanda*, Paris, Éd. du Seuil, 2014 ; ead., *Sans ciel ni terre. Paroles orphelines du génocide des Tutsi (1994-2006)*, Paris, La Découverte, 2021.

4. Christian INGRAO, *Croire et détruire. Les intellectuels dans la machine de guerre SS*, Paris, Fayard, 2010, p. 13.

Brice Cossart
Les artilleurs et la Monarchie hispanique (1560-1610). Guerre, savoirs techniques, État
Paris, Classiques Garnier, 2021, 674 p.

Cette étude de Brice Cossart est d'une importance que ne laisse peut-être pas pressentir un titre qui « éveille la curiosité » (p. 11), selon l'expression de Bernard Vincent, l'auteur de la préface, et qui est précisé, en sous-titre, par une formule un tant soit peu énigmatique : « Guerre, savoirs techniques, État ». Il ne s'agit pas d'un ouvrage d'histoire militaire ni d'une nouvelle étude sur l'Espagne de Philippe II : les dates retenues par l'auteur, 1560-1610, ne sont d'ailleurs pas exactement les limites chronologiques de ce règne. C'est bien plus. Quatre apports majeurs, situés sur un plan différent, peuvent être retenus.

Le premier est d'abord la mise en évidence d'une mutation profonde de l'art de la guerre, qui constitue l'arrière-plan de toute l'étude sans en être exactement l'objet. Au-delà de la « révolution militaire » consacrée par Geoffrey Parker – celle de l'art de la guerre sur le champ de bataille dès le courant du XVIe siècle avec l'avènement du feu de l'infanterie –, B. Cossart révèle la place majeure prise par l'artillerie qui s'impose dans les places fortes, devenant l'une des clefs de l'évolution générale de l'art de la fortification. Elle s'impose également en mer : pour l'Espagne, au fil de ses victoires et défaites navales en Méditerranée, encore au temps des galères – et des galéasses vénitiennes – de Lépante, jusqu'à la déroute de l'Invincible Armada du duc de Medina-Sidonia, puis de la seconde Armada espagnole de Martin de Padilla. Les galions espagnols se font ainsi, dans la mer Océane qui succède pour l'Espagne à son horizon méditerranéen, les outils majeurs de sa puissance maritime au XVIIe siècle, que l'historiographie a trop tendance à ne pas estimer à sa place réelle.

Deuxième apport, inédit, de cette étude, B. Cossart ne développe ni l'aspect tactique ni l'aspect stratégique qu'implique cette évolution, mais l'aspect politique et institutionnel de la place tenue par les artilleurs et l'artillerie dans l'armature générale de l'État espagnol – de l'État hispanique, plutôt, l'expression qu'il retient suivant en cela l'historiographie espagnole actuelle, car l'État espagnol, qui s'étend alors en Italie, aux Pays-Bas, au Portugal, aux présides d'Afrique et jusqu'aux Indes américaines, n'est pas réductible à la Castille, l'Aragon et l'Andalousie.

Le recrutement des artilleurs est l'un des domaines privilégiés de l'action directe de l'État. La charge de capitaine général de l'artillerie, stable avec Juan Manrique de Lara de 1551 à 1570, Francès de Alavo de 1572 à 1586, puis Juan de Acuña Vela de 1586 à 1606, prend une place politique de première importance grâce à la présence de ces hommes au Conseil de guerre, à l'exception de la période 1586-1595. Le capitaine général de l'artillerie est le chef d'un immense réseau d'agents de la monarchie disséminés dans les entrepôts de munitions, les fonderies de canon, les moulins à poudre noire et les fortifications. Les autres capitaines généraux ne sont pas appelés à siéger au Conseil de guerre quand lui-même y jouit d'un pouvoir exécutif géographiquement très étendu. Cette particularité notoire est sans doute due au coût très élevé de la fabrication des pièces d'artillerie, qui gagne à être gérée à grande échelle, soit par l'administration militaire elle-même, soit par l'*asiento*.

Une centralisation du pouvoir, donc. B. Cossart montre comment le royaume d'Espagne s'est doté de structures bureaucratiques étroitement liées au gouvernement central de Madrid, quasi strictement castillan, qui s'assure le contrôle direct des fortifications et de l'ensemble du matériel de guerre, y compris l'artillerie. Il le fait en s'adaptant à la fragmentation inhérente à sa condition d'État composite par une « structure transversale » de gestion (p. 115) qui connaît un succès indéniable au sein de la péninsule Ibérique et au-delà : il se trouve associé à l'institution vice-royale en Italie, ce qui favorise une certaine intégration des territoires méditerranéens du Roi Catholique. Cela laisse, au contraire, ses territoires des Pays-Bas et de l'Inde échapper à la centralisation souhaitée : aux Pays-Bas, l'armée de Flandre dépend d'un Conseil des finances aux mains de Flamands et de Wallons et se trouve dans une instabilité du fait d'une conjoncture de guerre permanente ; aux Indes, l'absence de structures administratives abandonne aux commandants militaires locaux toute la gestion d'une artillerie d'ailleurs peu présente.

Le troisième apport de l'étude de B. Cossart, tout à fait inédit lui aussi, est la présentation de l'école d'artilleurs de Séville sous une forme approchant l'étude de cas. Cette école est déjà connue par des travaux réalisés à partir de documents normatifs ou de textes législatifs, mais l'auteur se penche ici sur les artilleurs qui y sont formés et sur l'enseignement qu'elle dispense. Car l'école d'artilleurs de Séville repose d'abord sur le rôle d'enseignant confié à l'*artillero mayor* Andrés de Espinosa en 1575 et, plus largement, aux officiers de la *Casa de Contratación*. Vers 1590, l'enseignement de l'artillerie se démultiplie avec un nouvel acteur, le Conseil de guerre, qui le confie à Julián Ferrofino. Vers 1593, il n'y a plus qu'une école d'artilleurs à Séville, désormais placée sous le contrôle de la *Casa de Contratación* et du Conseil des Indes avec un nouvel *artillero mayor* aux commandes, Andrés Muñoz el Bueno, qui contribue largement à sa consolidation institutionnelle.

Les artilleurs, quelques dizaines au début du XVIe siècle, près de 4 000 au début du XVIIe siècle, sont formés par les « techniciens d'élite » que sont les ingénieurs militaires, capables de penser les armes savantes employées par les « techniciens bon marché » que sont les artilleurs, d'origine humble, qui doivent devenir des « technicien[s] qualifié[s] » (p. 289). L'étude sociale du corps des artilleurs, souvent passés à cette arme après l'expérience d'un autre métier, soldat ou marin, charpentier ou maçon, révèle en effet leur condition modeste. Grâce aux listes de personnels de l'*armada del mar Océano*, constituée en 1602, trésor archivistique découvert aux Archives nationales de Lisbonne, B. Cossart réhabilite l'utilisation de l'histoire quantitative – trop délaissée depuis ses grandes années 1970-1990 –, mais de manière presque plus littéraire que mathématique, soutenue par un appareil statistique mêlé à bien des destins individuels.

L'essentiel du cursus de l'école consiste dans l'enseignement pratique (des exercices de tir) sur un terrain d'entraînement implanté en 1604 dans le quartier extra-muros de San Bernardino, complété par un enseignement théorique approfondi. Ce double enseignementest sanctionné par un examen composé d'une interrogation orale devant un jury posant des questions très concrètes. Cet examen, en cas de succès, donne accès à la communauté des artilleurs, groupe formé, en quelque sorte, grâce aux structures de la Monarchie hispanique autour de l'objectif commun de la transmission des savoirs sur l'artillerie. L'école de Séville n'est pas restée un cas isolé. Héritage peut-être du modèle de la *scuola* qui existait à Venise au début du XVIe siècle, des écoles d'artilleurs se sont créées dans les ports et les grosses fortifications intérieures – en Castille, en Navarre, en Galice, au Portugal, dans le duché de Milan, en Sicile, etc., comme le montrent les cartes présentées dans le livre.

Le quatrième apport de l'étude de B. Cossart est de plus grande portée encore, et bouscule toute l'historiographie de la *leyenda nigra*, la légende noire, qui réduit le règne de Philippe II au fanatisme et à l'obscurantisme religieux, faisant de l'Espagne un espace qui aurait ignoré la révolution scientifique. Au-delà de l'enseignement dispensé dans les écoles d'artilleurs, la révélation d'un arrière-plan scientifique fait de cet ouvrage une contribution majeure à l'histoire de la science hispanique. L'école des artilleurs de Séville, qui forme plus de 150 artilleurs par promotion au début du XVIIe siècle, contribue exactement à la « [c]onstruction d'un champ de savoir sur l'artillerie » (p. 427). Là prend son sens la collection des 70 traités d'artillerie constituant les sources imprimées de l'étude. Ces traités, que quelques-uns de leurs propriétaires, en étudiants consciencieux, ont parfois minutieusement annotés, mais que d'autres, aristocrates bibliophiles, n'ont pas forcément ouverts, B. Cossart les a tous lus et situés les uns par rapport aux autres pour en faire le corpus de cet exceptionnel éveil scientifique.

Tout a commencé par la *Nova Scientia*, publiée en 1537 à Venise par Niccolò Tartaglia, dont le succès et la diffusion multiplient les contacts entre artilleurs italiens et espagnols et marquent une première génération d'ouvrages, jusqu'à la publication, à Mexico en 1583, du premier traité sur l'artillerie écrit en castillan, par Diego García de Palacio. Qu'on retienne encore, en 1592, le *Plática Manual de Artillería*, de Luis Collado, tourné vers la péninsule Ibérique par une dédicace à Philippe II. Entre 1610 et 1613, c'est presque une « école castillane » qui naît, marquée en 1607 par le traité de Cristóbal de Rojas sur l'artillerie et les fortifications, dédié à Philippe III, et couronnée en 1612 par une véritable synthèse due à Diego Ufano, capitaine d'artillerie à Anvers, le plus volumineux ouvrage jamais imprimé sur l'artillerie, dédicacé à l'archiduc Albert, gouverneur des Pays-Bas, traduit en allemand, en français, en anglais. On retrouve son influence chez François Blondel, dont le traité d'artillerie est dédié à Louis XIV, au moment où la « Science », le mot du XVIe siècle, semble laisser la place à l'« Art », le mot de l'*Encyclopédie* au XVIIIe siècle.

Cette série d'apports dus au travail de B. Cossart en fait un grand livre, l'un de ceux qui laissent une trace parce qu'ils sont novateurs. Ici, il révèle un pan ignoré de la construction par Philippe II et Philippe III d'un État centralisé, dont toutes les facettes politiques, économiques, sociales, culturelles sont réunies dans ses écoles d'artilleurs qui le placent à l'avant-garde de l'art militaire.

JEAN-PIERRE BOIS
jeanpierre.bois@gmail.com
AHSS, 77-4, 10.1017/ahss.2023.25

Paul Vo-Ha
Rendre les armes. Le sort des vaincus
XVIe-XVIIe siècles
Ceyzérieu, Champ Vallon, 2017, 440 p.

Le livre de Paul Vo-Ha, sorti en 2017 aux éditions Champ Vallon, est l'édition d'une thèse de doctorat soutenue en 2015 sous la codirection d'Hervé Drévillon et Nicolas Le Roux. Cette analyse vient jalonner une historiographie du fait militaire qui ne cesse de s'étoffer depuis la fin du XXe siècle et s'inscrit plus spécifiquement dans une approche anthropologique de l'affrontement armé. La guerre y est analysée comme une transaction entre deux belligérants ; à un moment de l'affrontement, ici le siège d'une place forte, l'un prend temporairement ou définitivement le rôle de vainqueur, l'autre de vaincu. La reddition devient l'objet principal de l'échange qui naît alors et l'auteur postule que l'intérêt des uns et des autres dicte les modalités de cette reddition (capitulation honorable, carnages, etc.). C'est dans ce dialogue que s'élabore une transaction autour d'intérêts au départ contradictoires mais finalement complémentaires pour arriver au dépôt des armes. La reddition impose qu'une telle dialectique puisse se nouer entre les belligérants et, selon la thèse de P. Vo-Ha, celle-ci obéit à une logique récurrente d'un cas à l'autre : celle de « l'économie des moyens ». L'auteur postule ainsi l'importance prise par les enjeux matériels qui dicteraient les modalités de l'accord, en intégrant la durée de l'opération militaire, les moyens mobilisés, le rapport de force et l'enjeu symbolique d'une défaite ou d'une victoire. L'économie de moyens est présentée ici comme une nécessité qui s'impose aux chefs de guerre et interfère avec le seul rapport de force militaire observable sur le champ de bataille. Ce livre nous propose alors une modélisation du moment de la reddition, analysé dans ses éléments structurants – les rites, les lieux, les signes, etc. – et conçu comme un moyen de réduire l'incidence du conflit.

L'auteur a pour ambition d'emmener son lecteur sur les principaux théâtres d'opérations militaires européens des XVIe et XVIIe siècles. Après les guerres d'Italie, il passe de la France des guerres de Religion aux interventions militaires des Flandres ou du Saint Empire, en cumulant les exemples de sièges et à grand renfort de cas précis. Le livre ne cesse de sauter d'un lieu à l'autre, de guerre en guerre, invitant le lecteur à de nombreux grands écarts chronologiques et territoriaux. Notons la part plus importante occupée par le XVIIe siècle, particulièrement les temps louisquatorziens, même si l'ouvrage cherche à couvrir une période plus large. Si P. Vo-Ha cumule les exemples, il ne propose pas d'études de cas très développées. Les événements militaires choisis sont exploités dans le sens de la problématique, sans que l'événement soit fouillé pour lui-même.

La démonstration se fait le plus souvent impressionniste, refusant l'angle monographique d'une étude de cas trop détaillée. Le livre, qui se construit selon une histoire discontinue ordonnée autour d'un questionnement thématique et non d'une trame narrative, se veut résolument dans l'élaboration d'un modèle, démarche totalement assumée par l'auteur.

En termes de sources, l'important inventaire des pièces mobilisées montre l'étendue de la documentation qui a présidé à la rédaction de l'ouvrage. Il s'appuie notamment sur les sources de l'administration militaire française, conservées aussi bien à Vincennes qu'à la Bibliothèque nationale de France (correspondance et états militaires du XVIe siècle). Le tropisme français est ici très net. Ce travail s'appuie également sur un très grand nombre de sources imprimées, qu'il s'agisse d'ouvrages juridiques – Vitoria, Grotius –, de textes législatifs, de mémoires de soldats, des occasionnels et des gazettes rapportant des événements militaires. Ce passage de l'imprimé au manuscrit, du récit au document administratif permet à P. Vo-Ha de multiplier les points de vue et d'étayer son propos au fil des cas. C'est l'une des grandes forces de ce travail, c'est aussi l'une de ses limites, ce qui est inhérent à son parti pris méthodologique. L'historien de la monographie regrettera que les exemples, saisis au travers d'une seule source, ne soient que rarement considérés dans leur complexité. Ainsi, si la ville de Castres, dans le sud-ouest de la France, est citée à plusieurs reprises car impliquée dans les conflits religieux, seul son mémorialiste, Jacques Gaches, est utilisé, offrant le point de vue d'un notable protestant à l'affût des exactions catholiques, y compris lors des redditions. Le choix de comparer les cas pour en dégager des tendances impose un tel traitement des événements. Il rappelle, s'il le faut, le grand écart qu'est conduit à faire l'historien entre analyse structurelle et approche monographique, grand écart particulièrement important en histoire militaire, où le poids de l'érudition est peut-être plus prégnant qu'ailleurs.

Cette approche se heurte aussi à l'un des enjeux de l'histoire militaire, soit celui d'une histoire quantifiée des faits de guerre. Tout historien des conflits armés se trouve ainsi submergé par la quantité d'événements qui jalonnent l'histoire d'un affrontement, et le risque le plus important est de céder à une narration érudite qui ferait perdre de vue une analyse plus globale du fait étudié. P. Vo-Ha fait tout pour éviter ce travers, ce qui justifie cette circulation permanente d'un théâtre à un autre ; ce qui justifie aussi quelques essais de quantification. On ne peut compter tous les sièges qui ont eu lieu en Europe de l'Ouest sur deux siècles, mais l'on peut partir de ceux que les historiens du temps ont retenus dans leurs ouvrages, ici Agrippa d'Aubigné et Jacques-Auguste de Thou. Ces deux historiens répertorient 399 sièges entre 1546 et 1621. Si un tel dénombrement n'est certainement pas exhaustif, il reste suffisamment significatif pour la construction du modèle. L'accumulation des cas et la comparaison de pratiques adoptées d'un lieu à l'autre, même si la démarche ne peut être que lacunaire et même si l'ensemble des points de vue ne sont pas convoqués autour d'un événement, permettent de dégager des traits communs ou singuliers, de repérer la récurrence des comportements, justifiant dès lors l'ébauche d'un modèle interprétatif.

Le livre se décompose en trois parties et huit chapitres autour d'une progression thématique centrée sur la logique transactionnelle de la reddition. La première partie cerne les éléments visibles de cette transaction : ses codes. P. Vo-Ha part des codes théoriques, hérités et inventés à l'époque, pour développer une véritable sémiologie de la reddition. La chamade, le drapeau blanc, la remise des clefs, le choix des otages, le rôle des tambours, le lieu de la négociation, la remise des armes, la mise en scène de la sortie, etc. : autant d'outils communicationnels qui inscrivent la reddition dans un dialogue maîtrisé où chacun doit trouver sa place. La deuxième partie inscrit ensuite la reddition dans un calcul militaire lié au coût de la guerre : est-il plus rentable d'organiser une reddition ou de continuer les opérations militaires ? Trois chapitres explorent cette question. Le premier étudie cette rentabilité sous l'angle de l'honneur – celui du gouverneur, celui des assaillants. Le deuxième, sous l'angle du coût financier. Le troisième sous celui de la captivité, des rançons et des gains espérés. La troisième partie achève ce tableau de la reddition honorable aux XVIe et XVIIe siècles en présentant ses limites. Les codes de la reddition, l'intérêt réciproque des parties dans cette transaction n'empêchent pas l'échec du processus, le risque d'un refus de cette humanisation de la guerre. Les gouverneurs de place qui se sont rendus à l'adversaire peuvent subir les foudres de leur prince qui contestent la pertinence de leur choix. Par la disgrâce, la perte de réputation ou la mise en place d'une justice d'exception, la sanction peut être sévère. En outre, si la reddition honorable doit protéger les parties, sa transgression par les soldats a très souvent débouché sur des massacres ou des exactions. Dans le dernier chapitre, P. Vo-Ha examine également la figure des ennemis, parmi lesquelles l'autre en religion, le voisin ou l'infidèle, pour qui l'acceptation d'une reddition honorable se montre particulièrement variable.

Sur le plan conceptuel, P. Vo-Ha part des travaux de Franco Cardini, notamment de son livre *La culture de la guerre*[1], pour formuler son souhait de mettre à distance la violence et l'accidentel afin de mieux comprendre les pratiques des soldats. La guerre est un métier dont la mort est une issue possible sans être une fatalité. Elle présuppose une culture de la guerre qui n'est pas celle de l'affrontement, mais un système cohérent dans lequel se développe une société militaire. Sous l'angle de la reddition honorable, cette culture de la guerre invite à comprendre la pratique de la défaite. P. Vo-Ha insiste sur ce point : la défaite, la reddition de la place, ne doit pas être comprise comme une stratégie de paix, mais comme la résolution d'une opération militaire en cours dotée de ses propres impératifs. L'idée est pertinente et tranche avec une historiographie récente centrée sur les processus de pacification et de reconstruction du politique. Ici, menée par des soldats, la reddition honorable est un temps de la guerre, la défaite est une catégorie militaire ; c'est bien sous l'angle d'une transaction entre soldats qu'elle prend une partie de son sens. P. Vo-Ha récuse alors l'idée d'une « guerre en dentelle », d'une guerre courtoise où l'honneur serait prévalant et la violence mise à distance dans un processus de disciplinarisation des mœurs caractéristique du XVIIe siècle. La guerre est d'abord l'affaire des combattants et du dialogue qui se noue entre eux par le prisme du combat. La défaite est une tactique qui n'appartient pas exclusivement au champ de bataille, bien d'autres aspects extérieurs interférant avec le sort des armes, et elle se doit d'être étudiée comme telle.

L'auteur emprunte alors aux travaux d'Erving Goffman, *Les rites d'interaction*, l'idée de la « préservation de la face »[2] et du respect de l'honneur de l'autre entre les protagonistes, accord sans lequel l'interaction n'est pas possible. Il s'appuie aussi sur la réflexion anthropologique de Marcel Mauss du don et du contre-don. Il mobilise enfin aussi bien Arnold Van Gennep que Pierre Bourdieu sur la sociologie du rite. Ce faisant, P. Vo-Ha place ainsi la reddition honorable dans la mise en œuvre d'un dialogue doté de ses codes et de ses finalités, la plaçant résolument sous le signe de la transaction interindividuelle.

Ce livre s'inscrit pleinement dans l'historiographie actuelle de la guerre et des armées. Il décevra ceux qui cherchent les aspects techniques des conflits, aussi bien sur l'art de mener un siège que sur son financement ou sa dimension logistique. Il frustrera encore les amateurs d'érudition, qui pourront toujours trouver à redire sur le traitement de tel ou tel exemple. Ni histoire sur l'art d'assiéger une place, ni histoire d'un conflit spécifique, cet ouvrage est celle d'un événement récurrent dans l'art de la guerre de cette époque : la reddition honorable. L'angle d'approche choisi par P. Vo-Ha réjouira ceux qui cherchent dans la guerre l'expression de rapports sociaux et des marqueurs anthropologiques des sociétés anciennes. Ce livre répond ainsi à son objectif, celui de fixer un modèle de la reddition honorable conçue comme un dialogue entre adversaires. Loin de tout hasard ou accident, ce dialogue s'opère selon une logique rationnelle que l'auteur place sous les auspices de l'économie de moyens. La reddition fait partie d'une stratégie globale de guerre et doit être considérée comme une étape dans un projet global. Comme tout modèle, il est à la fois représentatif de son objet et inapplicable aux situations particulières, mais P. Vo-Ha a la prudence de montrer comment celui-ci peut se déployer de manière singulière selon les cas. À la lecture de ce livre, nous savons comment la reddition est ritualisée, combien elle engage l'honneur et l'avenir d'un conflit et combien tout cela est vain et contingent si les acteurs décident de transgresser ces règles.

Pierre-Jean Souriac
pierre-jean.souriac@univ-lyon3.fr
AHSS, 77-4, 10.1017/ahss.2023.26

1. Franco Cardini, *La culture de la guerre (Xe-XVIIIe siècle)*, trad. par A. Lévi, Paris, Gallimard, [1982] 1992.
2. Erving Goffman, *Les rites d'interaction*, trad. par A. Kihm, Paris, Éd. de Minuit, 1974.

Renaud Morieux
The Society of Prisoners: Anglo-French Wars and Incarceration in the Eighteenth Century
Oxford, Oxford University Press, 2019, 448 p.

Dans cet ouvrage issu de son habilitation à diriger des recherches, Renaud Morieux, *Senior Lecturer* en histoire britannique à l'université de Cambridge, poursuit son approche comparée et transnationale des relations franco-anglaises aux xviie et xviiie siècles commencée par les représentations et les enjeux socio-économiques et identitaires qui entourent la Manche, espace-frontière de l'entre-deux s'il en est[1]. Il s'attaque désormais aux prisonniers de guerre au cours des conflits franco-anglais d'un large xviiie siècle qui englobe les guerres napoléoniennes. Il élargit également la focale, s'intéressant aussi bien à la Manche et à l'Atlantique, au cœur de son étude, qu'aux espaces caribéens et, dans une moindre mesure, méditerranéens. S'écartant des perspectives militaires et diplomatiques ou, plus récemment, « culturalistes » qui ont longtemps dominé l'historiographie du sujet, son analyse se veut à la fois juridique, politique et, surtout, sociale, soucieuse de comprendre ce que la captivité de guerre dit des États et des sociétés de la période. On appréciera à ce titre l'habile épilogue sur la captivité de Napoléon à Sainte-Hélène.

R. Morieux s'inscrit, ce faisant, dans le renouveau de l'histoire de l'enfermement dans l'Europe moderne qu'illustrent notamment, côté français, le programme de recherche pluriannuel (2012-2016) « Enfermements. Histoire comparée des enfermements monastiques et carcéraux – v^e-xixe siècle » et le réseau de recherche international Em#C (Enfermements modernes/Early Modern Confinement) ou, au-delà, à la suite des travaux précurseurs de Pieter Spierenburg dans les années 1980-1990, ceux de Daniel V. Botsman sur les prisons japonaises, de Xavier Rousseaux sur les Pays-Bas du Sud ou encore de Falk Bretschneider sur les forteresses du Saint Empire. Dépassant la césure entre la prison pour peine et l'incarcération comme mesure de sûreté, ces études montrent la diversité des pratiques et des lieux d'enfermement aux XVIe-XVIIIe siècles longtemps peu examinés, sinon par l'histoire du droit et des appareils judiciaires et en périphérie d'autres domaines de recherches : les galères et la guerre de course, l'esclavage, la mise au travail des pauvres, les répressions confessionnelles, etc.

Par contraste avec les analyses d'influence foucaldienne qui insistaient sur l'institutionnalisation des prisons et leurs fonctions dans la disciplinarisation des sociétés occidentales, l'attention est désormais portée sur les sociétés carcérales mêmes, leur hétérogénéité comme leurs liens avec leur environnement, proche comme plus lointain. La démarche se veut globale, incluant largement les espaces non-européens, comme en attestent par exemple les études de Fariba Zarinebaf sur Istanbul ou de Clare Anderson sur l'océan Indien. En ce sens, l'ouvrage de R. Morieux apporte une nouvelle pièce à l'édifice en montrant la spécificité de l'enfermement des militaires. Son approche, attachée à la spatialité des phénomènes et à la construction des espaces par les acteurs – dans le chapitre « The Anatomy of the War Prison » en particulier –, rejoint également une géographie du carcéral extrêmement dynamique (Dominique Moran, Nick Gill, Olivier Milhaud, etc.) qui examine notamment les effets sociaux de la configuration des lieux et leur approriation. Elle résonne aussi, dans son attention aux relations instaurées des deux côtés du mur, avec une sociologie de la prison en croissance exponentielle, en France particulièrement (Philippe Combessie, Corinne Rostaing, Claude Faugeron, etc.).

L'un des nombreux apports du livre est le très large corpus de sources inédites sur lequel il s'appuie, qu'elles soient manuscrites ou imprimées, issues aussi bien des fonds britanniques que français. Le texte se trouve en outre très utilement illustré – même si l'on regrette l'absence de cartes – et les données chiffrées sont extrêmement significatives. Ainsi le graphique page 12 révèle-t-il la frappante disparité entre le nombre de prisonniers pour guerre en Angleterre et en France – 30 000 soldats français contre quelque 18 000 anglais durant la guerre de succession d'Espagne –, la captivité étant véritablement employée comme arme de guerre par les Britanniques.

Le premier chapitre, consacré au cadre juridique et au statut du prisonnier de guerre, est particulièrement réussi. R. Morieux y examine la labilité des définitions et dévoile les tensions entre normes légales et usages, à travers une contextualisation fine des pratiques des acteurs et des différents pouvoirs et juridictions en présence et parfois en conflit. On verra, à ce titre, la fluidité des catégories d'otages, d'esclaves, de criminels et de prisonniers de guerre. Quant à celles de « traîtres » et de « rebelles », elles engagent les rapports entre les « les affiliations nationales et l'appartenance à un État » (« national affiliations and state belonging », p. 75) et, dès lors, la définition des appartenances et des identités. Elles suscitent d'ailleurs force incertitudes et discussions parmi les administrateurs, qui doivent se montrer spécialement inventifs pour s'adapter à la complexité des situations et des statuts. La création et l'action de l'Office of the Commissioners for the Sick and Wounded Seamen and Prisoners of War (The Sick and Hurt Board), temporairement sous le Commonwealth en 1653 puis durablement à partir du XVIIIe siècle, s'inscrivent dans ce cadre.

R. Morieux envisage également les manifestations d'une forme de « patriotisme humanitaire » parmi la population civile, né de la rencontre entre le cosmopolitisme des Lumières, l'affirmation des droits de l'homme et la montée des nationalismes. Il y consacre son deuxième chapitre, où il examine l'émergence des notions de guerre « civilisée » et des « droits humains » de l'ennemi que manifestent notamment les conventions bilatérales signées entre la France et l'Angleterre tout au long du XVIIIe siècle et les campagnes de propagande menées des deux côtés de la Manche. Il y montre aussi que l'action charitable en faveur des prisonniers de guerre, constante durant tout l'Ancien Régime – à travers les aumônes, les legs et les confréries dédiées en particulier –, s'accroît nettement dans la deuxième moitié du XVIIIe siècle, suscitant de véritables campagnes philanthropiques comme celle, examinée dans l'ouvrage, de 1759-1760 en Angleterre.

S'intéressant à la géographie de la captivité de guerre et soucieux d'envisager ses « trois étapes » (capture, détention, libération), l'auteur examine les « mobilités forcées » des (futurs) prisonniers dans le monde caribéen, mais aussi à travers l'Atlantique et en Europe même. Il relie ainsi deux pans de l'historiographie souvent scindés, l'histoire de la prison d'une part, celle des migrations et des circulations impériales de l'autre, se plaçant dans la lignée de travaux récents, tant des spécialistes des inquisitions ibériques que des différentes formes de transportation et de relégation. On pense, par exemple, pour l'empire français, aux études de Marie Houllemare qui analysent le rapatriement des blancs des colonies françaises des Antilles, condamnés à des peines de réclusion, pour être enfermés en métropole, une pratique alors courante.

De même, la conception de bâtiments dédiés à la réclusion des prisonniers de guerre, tels que Norman Cross en 1797 et Dartmoor en 1809, décrite par R. Morieux correspond bien au tournant du XVIIIe siècle au regard des siècles précédents, dominés par la réutilisation des structures et édifices préexistants (portes urbaines, tours, forteresses, etc.) et le mélange des détenus, indépendamment des motifs d'incarcération. Ce faisant, l'étude des modes d'appropriation de l'espace carcéral, construit et relationnel, par les reclus ainsi que l'analyse des hiérarchisations sociales et de leur recomposition des deux côtés du mur s'avèrent particulièrement éclairantes. Là encore, les prisonniers de guerre apparaissent comme des « intermédiaires sociaux et culturels » (p. 25) entre les sociétés anglaise et française et comme des laboratoires, des miroirs (« a form of 'trial' or 'testing' of society », « une forme de 'procès' ou de 'test' de la société », p. 238), même s'ils rejoignent par nombre de traits le reste des détenus de la période avec lesquels ils entrent également en relation.

L'attention à la diversité des lieux et des conditions d'incarcération, notamment de la fréquence des sorties hors de l'enceinte carcérale, et, partant, aux interactions avec les sociétés environnantes – qui sont au cœur du chapitre 6 – s'intègre d'ailleurs bien aux courants récents du champ qui insistent sur la porosité des espaces de l'enfermement des XVIe-XVIIIe siècles, comme du contemporain d'ailleurs. Il s'agit ainsi, tel que le souligne très justement R. Morieux, d'analyser ces microcosmes en continuité avec le dehors, comme des « synapse[s] entre le monde intérieur et extérieur » (« synapse[s] between the inside and the outside world », p. 286). L'évocation du « marché de la prison », apparu au milieu du XVIIIe siècle pour permettre aux reclus d'acquérir les biens dont ils ont besoin auprès des marchands des environs et de ne pas être à la merci des geôliers comme c'était le cas dans les établissements des XVIe-XVIIe siècles, est en tout point stimulante en ce qu'il apparaît comme un « espace de médiation » entre les détenus et la population locale. On signalera aussi le cas des prisonniers *on parole* (liberté conditionnelle), logés dans des maisons particulières, et des *parole zones* qui rappellent fortement la *liberty of the prison* et les *rules* des geôles anglaises des XVIe et XVIIe siècles ou la présence habituelle des guichetiers français payés pour accompagner les reclus au-dehors.

Le lecteur s'interroge toutefois sur les spécificités des prisonniers de guerre à cet égard. On regrettera peut-être à ce titre que l'analyse de la société pénitentiaire, des relations entre détenus et surveillants et de la gestion des conflits et de la violence, qui ont tant mobilisé la sociologie depuis les débats de la première moitié du XXe siècle, autour de la *prisonization* et des travaux de Donald Clemmer et de Gresham Sykes notamment, n'arrive qu'à la fin de cet excellent ouvrage qui fera date dans l'historiographie de l'enfermement.

Natalia Muchnik
natalia.muchnik@ehess.fr
AHSS, 77-4, 10.1017/ahss.2023.27

1. Renaud Morieux, *Une mer pour deux royaumes. La Manche, frontière franco-anglaise (XVIIe-XVIIIe siècles)*, Rennes, PUR, 2008 (traduction anglaise, mise à jour et augmentée, en 2016).

David J. Silverman
Thundersticks: Firearms and the Violent Transformation of Native America
Cambridge, The Belknap Press of Harvard University Press, 2016, 400 p.

Les violences auxquelles a donné lieu la colonisation de l'Amérique du Nord ont toujours été une part importante de la narration historique. En tant qu'objet de recherche distinct, en revanche, « la violence » émerge tardivement, fermement arrimée au concept de frontière. L'horizon de l'explication est national. Il s'agit d'examiner, souvent pour le dénoncer, le rôle de mythes, figures et récits glorifiant cette réalité à la fois matérielle et idéologique dans la construction d'un territoire et d'un caractère états-uniens. En mettant au centre de l'enquête les interactions entre indigènes et colons, la Nouvelle histoire de l'Ouest se détourne de cette approche dans les années 1990. Ses concepts ne peuvent guère être accusés d'édulcorer une histoire violente. Mais les objets des Nouveaux historiens sont avant tout le rapport de force, la perception de l'autre, la négociation, le compromis. Plus que la nation, c'est la création d'espaces intermédiaires qui les occupe, *middle grounds* et *borderlands*.

C'est par là pourtant que la violence revient sur le devant de la scène, du moment que ces espaces sont interprétés à travers le concept d'empire. Lesté de son histoire politique, celui-ci est par essence associé à l'idée d'une domination imposée par la violence. L'existence d'empires en Amérique du Nord fait l'objet de dénonciations, de glorification aussi, dès lors qu'il s'agit de mettre en évidence la puissance passée de peuples réduits, plus tard, au statut de sujets, Comanches ou Lakotas notamment. À partir des années 2000, études coloniales et impériales – en particulier dans leur veine *settler colonial* –, travaux consacrés à l'esclavage et aux génocides se rejoignent pour reprendre l'histoire de la scène nord-américaine à partir d'un questionnaire dans lequel la violence est de nouveau centrale et posée comme un impensé: dans sa variété comme dans ses effets à long terme, elle aurait été sous-étudiée par les historiens.

Les interrogations sur une violence spécifiquement américaine se développent à partir de la dénonciation d'une *gun culture* dont la force se donnerait à voir dans la puissance politique du lobby qui défend la possession et le libre usage des armes à feu aux États-Unis. Elles accueillent les mobilisations convergentes des féministes et des anciens combattants qui mettent en évidence le rôle du syndrome de stress post-traumatique comme lien entre guerre et violence domestique.

C'est cette actualité sociale et politique qui fait la toile de fond du livre de D. J. Silverman et le justifie. En consacrant une synthèse à la question du rapport entre Amérindiens et armes à feu du XVIIe au XIXe siècle, ce spécialiste de l'histoire de la Nouvelle-Angleterre retrace, avec de nouvelles étiquettes, un récit dont la trame est fermement établie. Elle est aussi fort complexe: c'est à peu près trois siècles d'histoire impliquant des dizaines de peuples qui sont passés au crible de l'idée de *gun culture*, avec pour matériau principal guerres et affrontements impliquant parties européennes et autochtones. Voir la violence et au-delà de la violence, tel est le pari du livre. Comme dans le précédent du *Middle Ground* de Richard White[1], il s'agit de repérer à travers le maquis parfois impénétrable des raids, contre-raids et embuscades, des schémas récurrents qui donneraient la clef d'une histoire dont un des traits les plus marquants est pour nous, aujourd'hui, sa très grande brutalité.

La réalité sociale dont D. J. Silverman s'avise pour mettre au jour cette clef, est le commerce des armes à feu. Par un travail de bénédictin, il reprend systématiquement les sources bien connues de l'histoire de l'Amérique après Christophe Colomb pour y dénicher non seulement des notations établissant l'appropriation rapide des armes à feu par les Amérindiens, mais surtout des chiffres du nombre de mousquets, fusils et munitions ayant circulé. Sous la plume des Européens désireux de contrôler la contrebande d'armes, d'évaluer les besoins de leurs alliés ou les arsenaux de leurs ennemis, il trouve des estimations qui lui servent à établir un constat sans appel, au besoin renforcé par les acquis de l'archéologie. L'histoire de l'« Amérique autochtone » a été celle d'une course aux armements. Le destin des peuples amérindiens s'est joué sur des *gun frontiers*, autrement dit dans leur capacité à contrôler les flux d'armes à feu en provenance d'Europe pour s'en approprier l'usage et l'interdire à leurs rivaux.

Selon D. J. Silverman, ce sont les peuples qui ont compris le plus tôt l'importance de ce contrôle, qui ont mené le jeu militaire et diplomatique, dominant non seulement leurs voisins indiens moins bien pourvus, mais aussi les Européens, pourtant producteurs de ces armes.

Le tableau est riche de paradoxes. Devenus rapidement de fins connaisseurs des armes à feu, de nombreux hommes amérindiens ont modifié en bricoleurs audacieux les modèles disponibles et, en usagers avertis, exigé qu'on leur en fournisse les plus performants. Mais le contrôle des flux que D. J. Silverman met en évidence ne s'est jamais accompagné de projets de maîtriser la production. Cette acculturation de consommateurs a-t-elle engagé les Amérindiens sur le chemin d'une dépendance fatale ? D'une manière parfois confuse, l'auteur souligne à la fois la dépendance militaire et alimentaire, qui résulte, pour certains, de l'usage exclusif du fusil et de l'abandon de l'arc pour la chasse, et le maintien de l'indépendance politique des Amérindiens, mais se refuse à répondre de manière tranchée.

Le paradoxe disparaît en partie dès lors qu'on considère, comme il y invite, les Autochtones dans leur diversité. Aux mieux armés la domination sur leurs voisins ; aux autres la réduction en esclavage pour payer les armes qui les subjuguent. Relation triangulaire avec les Européens qui n'est pas sans évoquer le commerce des esclaves sur le continent africain et qui crée bien, D. J. Silverman le concède, des formes de dépendance personnelles mais aussi collectives. La « transformation violente de l'Amérique autochtone » annoncée dans le titre est celle de massacres et de sujétions qui ne tracent pas une frontière entre Européens et Amérindiens mais entre vainqueurs et vaincus de la course aux armements. Toutefois, elle ne serait pas celle d'« une conquête *par* les armes à feu : si, en dernier recours, les Amérindiens perdent pied devant les Européens, c'est avant tout sous les effets du nombre. Les armes à feu leur ont, en somme, plus apporté qu'elles ne leur ont coûté » (p. 18).

Cette thèse provocatrice qui met en évidence sur tout le continent nord-américain une *gun culture* amérindienne aussi destructrice qu'admirable, D. J. Silverman la nuance cependant. Il n'élude ainsi pas les conséquences souvent désastreuses de l'adoption des armes à feu, même pour les peuples qui savent battre les Européens à leur propre jeu. La dépendance aux armements européens et l'arrimage aux circuits de commerces non indiens provoquent une exploitation intensive des ressources naturelles, ne permettant à certains peuples amérindiens qu'une domination passagère, suivie d'un effondrement : un cycle d'ascension et de déclin parfois très rapidement mené à son terme (voir le chapitre 5, consacré au commerce des loutres de mer sur la côte Pacifique).

L'argumentation retrouve ici l'historiographie du capitalisme colonial et précolonial. Elle hésite sur la place à donner aux armes à feu dans la dynamique de mise en dépendance et d'effondrement. Le facteur armement permet de relire les grandes scansions d'événements guerriers. Mais les armes à feu ont-elles plus compté que les maladies dans la dépopulation amérindienne, et comment en juger ? Sont-elles de purs outils, dont le rôle s'explique par les usages qui en sont faits, les visées politiques ou économiques de ceux qui les manient ? Un objet à part, incarnant et actualisant à lui seul toute la puissance destructrice du capitalisme ? Sont-elles, de par leur nature même, responsables d'une intensification des guerres menées en Amérique du Nord ? En dernier recours, qui, des Européens qui les produisent ou des Amérindiens qui les utilisent, porte la responsabilité de la violence infligée par leur moyen ?

Toutes ces questions, D. J. Silverman les formule mais les laisse en suspens. Même réécrit au prisme des armes à feu, le tableau qu'il dresse n'est pas nouveau : les Amérindiens ont été à la fois victimes et perpétrateurs de la violence ; ils ont été des négociateurs avisés mais ont également perdu un combat souvent plus environnemental que militaire ; leur capacité d'adaptation n'a eu d'égale que la rapidité de leurs effondrements ; ils ont dominé, comme certains sportifs, sans remporter le match.

Surtout, l'argumentation est entièrement tenue par deux préoccupations. L'une est politique : il s'agit de ne pas nuire aux Amérindiens d'aujourd'hui en mettant en avant la *gun culture* de leurs ancêtres. L'autre, méthodique : ne pas écraser la diversité des situations et leur incertitude. Elles imposent de faire le grand écart. Reconnaître l'autonomie des Amérindiens, leur participation volontaire, enthousiaste à des entreprises violentes, sans donner prise à une lecture moralisatrice et anti-indienne qui conclurait simplement que « qui vécut par l'épée périt par l'épée ». Évoquer toutes les positions occupées par les Amérindiens sur trois siècles, tout en statuant sur l'« Amérique autochtone » dans son ensemble comme si cette dernière était autre chose qu'une réalité rétrospective, vue de l'Amérique contemporaine. Désigner des vainqueurs « moraux » tout en prétendant renoncer à une lecture qui écrase l'histoire par une focalisation exclusive sur sa conclusion.

Ces contraintes opposées font du livre une source riche en cas et en nuances, mais interdisent à l'auteur de transformer l'objet « arme à feu » en question historique autonome. La clarté du propos s'en ressent, dans un texte qui abonde en palinodies et dont l'administration de la preuve pêche parfois par un usage purement suggestif de citations tirées des sources euro-américaines. La méthode de l'auteur reposant sur une collecte de tout ce qui, dans les archives, touche de près ou de loin aux armes à feu peut donner l'impression qu'il entend d'abord convaincre par la simple accumulation de matériaux.

Thomas Grillot
thomas.grillot@gmail.com
AHSS, 77-4, 10.1017/ahss.2023.28

1. Richard White, *Le* Middle Ground. *Indiens, empires et républiques dans la région des grands lacs, 1650-1815*, trad. par F. Cotton, Toulouse, Anacharsis, [2009] 2020.

Rachel Rogers
Friends of the Revolution: The British Radical Community in Early Republican Paris 1792-1794
Londres, Breviary Stuff Publications, 2021, 299 p.

Le retentissement considérable de la Révolution française dans toute l'Europe et jusqu'aux Amériques a conduit de nombreux étrangers, partisans des idées nouvelles et désireux de leur application dans leurs pays, à venir en France pour s'y établir pendant des mois ou des années et, éventuellement, s'engager dans la vie politique ou militaire. À côté des personnalités bien connues comme le Polonais Tadeusz Kosciusko, l'Hispano-Vénézuélien Francisco de Miranda, l'Allemand Georg Förster ou la Liégeoise Anne-Josèphe Therwagne (dite de Méricourt), une communauté « anglaise » – ou plutôt de langue anglaise – joua un rôle durable et important dans les premières années de la Révolution, notamment jusqu'en 1793-1794, avant d'être victime de lois visant tous les ressortissants de pays ennemis. Leur présence devint problématique après février 1793, quand l'Angleterre entra en guerre contre la France républicaine ; à la fin de l'année, tous les Anglais sont considérés comme suspects, et certains sont arrêtés ou chassés après avril 1794. Parmi les figures notables de cette communauté, peu nombreuse mais influente et marquante, se détachent notamment l'Anglo-Américain Thomas Paine (élu député à la Convention) ou l'Anglaise Mary Wollstonecraft, tous deux partisans de la Révolution et associés au courant ordinairement qualifié de girondin.

L'intérêt immédiat de ce livre est de ne pas s'arrêter à cette idée reçue et de présenter, dans sa complexité et sa quotidienneté, le groupe des Anglais, Irlandais, Gallois, Écossais, voire Américains installés à Paris entre août 1792 et juillet 1794 qui a fondé, en janvier 1793, la « Société des amis des droits de l'homme » (SADH). La société se retrouve dans l'hôtel de Christopher White, marchand de vin et hôtelier, passage des Petits Pères, non loin du Palais Royal et de la place des Victoires, là où le club anglais des Jacobins avait été fondé, le 18 novembre 1792, en soutien à la république française.

Les événements de 1789 avaient déjà attiré des Anglais, simples curieux ou observateurs avisés, mais le tournant politique de 1792 a suscité la venue de personnes plus impliquées dans les combats politiques, même si certains, comme Lord Fitzgerald, plus tard exécuté pour son rôle dans les soulèvements irlandais contre la Couronne anglaise, mélangent plaisirs de la vie parisienne et rencontres politiques ou dîners militants de l'hôtel White. S'y retrouvent alors des jeunes gens, hommes et femmes ayant essentiellement entre 25 et 40 ans, qui ont déjà eu une expérience dans les groupes dissidents ou politiques en Angleterre. Ils sont plutôt proches des whigs, tout en en étant le plus souvent critiques et, pour la plupart, hostiles au gouvernement de Pitt. Là s'arrêtent peut-être leurs points communs. Leur obsession, justifiée, est la présence d'espions, comme le capitaine George Monro, au service de Pitt au sein de leur groupe.

Si quelques-uns sont aisés, voire riches comme Fitzgerald, ils appartiennent presque tous à la classe moyenne, étant docteurs, chimistes ou soldats. Certains mêlent activités commerciales (commerce du tabac ou des grains) et militantisme politique ; plus nombreux enfin sont ceux qui écrivent dans des journaux anglais en France ou font publier leurs récits et leurs analyses de la situation française, comme le journaliste Sampson Perry. Leur maîtrise de la langue française est également très variée, et la plupart sont proches des révolutionnaires français anglophones, à commencer par Jacques-Pierre Brissot. Tous sont interdépendants dans leur vie quotidienne, car les difficultés ne manquent pas pour ceux, les plus nombreux, qui vivent chichement. L'autrice insiste ainsi sur les disparités qui divisent cette communauté incertaine, rendant difficile de qualifier politiquement ces femmes et ces hommes et qui, de fait, sont isolés en France et restent mêlés aux conflits internes des îles britanniques, où là aussi les dénominations sont brouillées. Ces divisions s'affichent clairement lors du procès de Louis XVI, la majorité d'entre eux étant favorable à l'emprisonnement (ou à la déportation) du roi et hostile à son exécution, ne serait-ce que par refus systématique de la peine de mort.

Des portraits croisés rendent compte de cette diversité d'opinions, d'implications et de destins. L'Américain Joël Barlow et le Gallois David Williams, qui ont été invités à participer à l'élaboration de la Constitution française en 1793, défendent tous deux la démocratie représentative, à la différence de John Oswald ou Robert Merry, partisans d'un système proche de la démocratie directe. Ces deux derniers sont porteurs d'idées particulièrement radicales, très hostiles à la monarchie parlementaire anglaise qui sert littéralement de contre-exemple. Se détache notamment la personnalité d'Oswald, tout à la fois poète, écrivain, soldat, végétarien depuis un séjour en Inde et très jacobin, tué en 1793, en Vendée, à la tête d'un bataillon de sans-culottes. À ce courant peut être rattaché le journaliste Sampson Perry, admirateur de Marat – ce qui ne lui évite pas pour autant d'être emprisonné en France, avant de partir en Angleterre où il est aussi jeté en prison pendant quelques années.

Les itinéraires de deux femmes, Helen Maria Williams et Mary Wollstonecraft, font l'objet d'un chapitre. Elles sont très critiques envers la monarchie anglaise et soutiennent l'expérience française, mais sans en gommer les difficultés et les contradictions et en en regrettant le cours trop rapide et peu réaliste.

Ce tableau d'une société souvent présentée dans ses seuls aspects politiques et internationalistes est incontestablement bien venu, démystifiant en quelque sorte le rôle des soirées de l'hôtel White. Le lecteur reste cependant un peu sur sa faim, notamment en ce qui concerne les personnalités les plus connues. Mary Wollstonecraft fait ainsi un long séjour en France durant lequel elle connaît une trajectoire personnelle, intellectuelle et politique riche et complexe qui n'apparaît guère ici[1]. En outre, la présentation de celle-ci à Fitzgerald ne rend pas compte de l'importance de ce personnage fascinant pour sa détermination, son action politique et sa fin tragique. Sans doute était-il difficile de porter une attention plus grande à Paine, qui est incontestablement le personnage le plus important de tout le livre, mais fallait-il en parler si peu ? Si la vie quotidienne ou la complexité des positions sont, en soi, intéressantes, le poids de cette communauté militante n'apparaît pas clairement, notamment en comparaison avec les autres groupes nationaux, suisse, allemand, qui jouent des rôles importants dans la vie politique française[2]. La xénophobie et, particulièrement, l'hostilité à l'Angleterre, si présente parmi les Jacobins, auraient également mérité une plus grande attention, puisqu'elles sont à l'origine de la désignation de cette communauté comme girondine. Le livre est, malgré ces réserves, utile pour éclairer la vie quotidienne et les modalités de l'action politique en France dans les années 1793-1794, période qui doit toujours être scrutée avec précision tant les enjeux historiques et mémoriaux demeurent essentiels et vivaces.

Jean-Clément Martin
jean-clement.martin@orange.fr
AHSS, 77-4, 10.1017/ahss.2023.29

1. Pour ne prendre qu'un article déjà ancien, voir Serge Aberdam, « Droits de la femme et citoyenneté. Autour du séjour de Mary Wollstonecraft à Paris en 1793 », in J. Guilhaumou et R. Monnier (dir.),

Des notions-concepts en révolution, Paris, Société des Études Robespierristes, 2003, p. 123-148.

2. Voir Michael RAPPORT, *Nationality and Citizenship in Revolutionary France: The Treatment of Foreigners 1789-1799*, Oxford, Oxford University Press, 2000 ; et, récemment, Paolo CONTE, Mathieu FERRADOU et Jeanne-Laure LE QUANG, « L'étranger en révolution(s) », *La Révolution française*, 22, 2022, https://doi.org/10.4000/lrf.5946.

Jeff Horn
Making of a Terrorist: Alexandre Rousselin and the French Revolution
Oxford, Oxford University Press, 2021, 243 p.

Très proche des cercles du pouvoir sans avoir véritablement cherché à l'exercer, Alexandre Rousselin (1773-1847) n'a pas retenu l'attention des historiens, à tort comme le montre cette étude bien documentée dans laquelle Jeff Horn raconte la vie d'un « terroriste ». Cette histoire ne concerne pas seulement l'action de Rousselin pendant la « Terreur », mais aussi la manière dont, jusqu'à sa mort, celui-ci dut faire face à son passé. À travers la biographie de ce personnage, l'auteur interroge la construction de « l'identité historique » (p. 188) d'une génération dans sa relation à la Révolution.

Alexandre Rousselin a 16 ans en 1789. Il vient d'achever ses études au collège d'Harcourt à Paris, où il a acquis une solide éducation et rencontré ceux qui l'aideront plus tard dans sa carrière. Au début de l'année 1790, il devient le secrétaire de Camille Desmoulins, puis, à partir de septembre 1791, celui de Georges Danton. En 1792, il est commis au ministère de l'Intérieur et secrétaire de la section des Quatre-Nations (future section de l'Unité). À la suite des journées des 31 mai-2 juin 1793, Rousselin est promu chef de division au ministère de l'Intérieur, prend en charge la coordination des signalements des espions de la police parisienne et dirige la *Feuille du salut public*, créée par le Comité de salut public en août 1793. Entre octobre et décembre 1793, à la demande du même comité, il est envoyé à Provins et à Troyes par le ministère de l'Intérieur. Dans ces deux villes, il purge l'administration en écartant les citoyens aisés et en choisissant ceux qui adhèrent à ce que l'auteur qualifie d'« idéologie rousseauiste-républicaine », un « programme radical » caractérisé par l'anticléricalisme et « l'inversion de l'ordre social ». Rousselin supprime toutes les fonctions sacerdotales, la cathédrale de Troyes est transformée en temple de la raison, et il entend, selon ses termes, « assurer les moyens d'existence des pauvres en prélevant un impôt sur les riches » (p. 50). Il demande au Comité de salut public d'approuver l'érection d'une guillotine et d'établir un tribunal révolutionnaire. Très vite, Rousselin et le comité révolutionnaire composé d'hommes qu'il a choisis se heurtent à l'hostilité d'une partie des Troyens qui dénonce des arrestations injustifiées. Les sections inculpent le maire, principal allié de Rousselin, et les modérés tentent de reprendre le contrôle de la société populaire. Fin décembre, le représentant en mission Jean-Baptiste Bô est envoyé à Troyes et reprend la situation en main : 83 militants modérés sont arrêtés, accusés de s'opposer à la taxe sur les riches et de répandre des pots-de-vin pour retrouver leur influence. La municipalité est réorganisée, les alliés de Rousselin retrouvent leurs places et la société populaire est épurée. Quatre prisonniers sont envoyés à Paris et sont exécutés un mois plus tard.

De retour à Paris, Rousselin est confronté à la « lutte des factions » et comprend vite le danger de la conversion de Danton à la modération, une position impopulaire au moment où l'effort de guerre est à son paroxysme. Danton et Desmoulins étant de plus en plus isolés, Rousselin est obligé de trouver de nouveaux mentors et de nouveaux réseaux. Il est rattrapé par sa mission dans l'Aube lorsque des Troyens dénoncent sa relation avec Danton, lui reprochent d'avoir agi en despote et gaspillé l'argent public. Il est incarcéré en mai 1794 à la prison de La Force. Le Comité de sûreté générale ordonne l'arrestation de 16 proches collaborateurs de Rousselin, alors que Robespierre fait relâcher 320 suspects dans l'Aube, ce qui sonne comme un désaveu. Jugé par le Tribunal révolutionnaire le 20 juillet 1794, Rousselin est acquitté et ses accusateurs sont à leur tour inquiétés. Sous la Convention thermidorienne, il est de nouveau plusieurs fois arrêté puis libéré grâce aux soutiens dont il dispose. Il retrouve définitivement la liberté après l'insurrection de Vendémiaire, le Directoire naissant mobilisant les « terroristes » repentis dans sa lutte contre le péril royaliste. Celui qui reste un républicain et un démocrate affirmé – et sera même suspecté de babouvisme – travaille à sa réhabilitation en se construisant un passé de victime de Robespierre. Toujours dans les coulisses du pouvoir, Rousselin est aux côtés de Lazare Hoche au moment où s'élabore le projet de débarquement en Irlande. Il est le secrétaire particulier de Paul Barras, sert d'intermédiaire entre le directeur et Charles Pichegru au moment du coup d'État de fructidor, puis devient le secrétaire général de Jean-Baptiste Bernadotte au ministère de la Guerre, dont il partage l'hostilité au 18 brumaire. Il est d'autant moins en odeur de sainteté auprès de Bonaparte qu'il entretient une liaison avec Joséphine de Beauharnais au moment de la campagne d'Égypte.

Rousselin entame alors une carrière d'homme de lettres, écrit des épigrammes à succès et des livrets d'opéra pour André Grétry et Étienne-Nicolas Méhul. Il rencontre Germaine de Staël et Benjamin Constant qui deviennent des amis proches. Sur le modèle de Plutarque, il publie, en 1797, une *Vie de Lazare Hoche*, biographie édifiante et plusieurs fois rééditée, une notice sur le général Chérin – un proche de Hoche – et une autre sur le général Marcellin Marbot, personnages qu'il traite comme des figures héroïques, incarnations vertueuses d'un républicanisme jacobin dont Bonaparte est le négatif. Il projette également sa propre histoire, Hoche et Marbot ayant comme lui été emprisonnés pour des raisons politiques. Sous l'Empire, il est à la fois employé comme espion par Joseph Fouché, contraint à un exil intérieur, et protégé par Talleyrand. Il se rapproche de Napoléon au moment des Cent-Jours. Entre-temps, il s'est uni par les liens du mariage à une famille royaliste et a pris le nom et le titre de noblesse de l'homme que sa mère avait épousé en secondes noces. Alexandre-Charles-Omer Rousselin devient comte de Corbeau de Saint-Albin. Sous la Restauration, il fonde *Le Constitutionnel*, le plus grand quotidien de son temps. Devenu un patron de presse aux revenus très confortables, possédant un château dans la vallée de la Loire, il adopte l'identité d'un noble libéral de vieille famille, espérant faire oublier la réputation de Rousselin le « terroriste ».

Étroitement lié à Jacques Lafitte, Casimir Périer, Lafayette, Adolphe Thiers et à Louis-Philippe qui est le parrain de son fils cadet, il soutient la révolution de Juillet mais craint les débordements populaires.

Son passé resurgit lorsque des pamphlets dévoilent ses actions à Troyes et ses arrangements avec la généalogie. Sa position sociale lui permet d'étouffer l'affaire. Il est également rattrapé par l'histoire de la Révolution française en train de s'écrire. Philippe Buchez et Pierre-Célestin Roux-Lavergne doivent imprimer une réponse de Rousselin dans leur *Histoire parlementaire de la Révolution française* et Joseph-Marie Quérard est obligé de se rétracter dans la notice qu'il lui consacre dans *La France littéraire*. J. Horn dresse le portrait d'un homme hanté par la Révolution, avec laquelle il entretient un rapport complexe – il partage cette obsession avec ses contemporains, à une époque où le contrôle de l'histoire révolutionnaire est capital. En dépit des reniements, il reste à certains égards fidèle à son passé, en tout cas fidèle en amitié. Il soutient financièrement Jean-Lambert Tallien lorsqu'il apprend son dénuement et aide la veuve du général Claude-François de Malet. Barras lui confie ses mémoires qu'il ne publie pas afin de ne pas divulguer des informations pouvant embarrasser ses proches. Il détient le journal et les notes de Pichegru, des papiers de Desmoulins et dispose d'une importante collection de portraits et d'objets révolutionnaires, le plus spectaculaire étant présenté par J. Horn dès les premières lignes de l'introduction. Le lecteur apprend ainsi que Rousselin possédait le crâne de Charlotte Corday, conservé dans l'alcool et caché dans un cabinet secret – une relique qu'il exhibe pour quelques visiteurs choisis.

Si le volume s'ouvre sur cette note macabre, J. Horn ne sacrifie pourtant pas à la fascination pour la violence révolutionnaire, une tendance qui caractérise souvent l'historiographie révolutionnaire lorsqu'elle aborde la « Terreur », en particulier dans le monde anglophone. Il la contextualise et rappelle combien la guerre est décisive. Contre l'historiographie dite « révisionniste » (François Furet, Keith M. Baker), il rejette l'interprétation selon laquelle la « Terreur », entendue comme répression, serait inhérente au projet de la Révolution française. Il met également à distance les clichés d'une « Terreur » qui serait l'instrument de Robespierre. Il aurait été cependant utile que les catégories de « Terreur » et de « terroriste », qui sont au centre de cette étude, soient davantage historicisées, et ce d'autant que l'historiographie de ces trente dernières années – brièvement présentée dans un appendice – les a revisitées. Peut-on encore évoquer le « redoutable 'Règne de la Terreur' » (p. 3) sans expliciter – autrement que de manière succincte dans l'appendice – la construction politique et historiographique de la formule ? Les « thermidoriens » qui forgent les notions de « Terreur » et de « terrorisme » ne les associent pas seulement à une justice expéditive, mais aussi, de manière plus surprenante compte tenu du récit dont nous avons hérité, à la démocratie. En 1795, Boissy d'Anglas partage avec Jeremy Bentham l'idée selon laquelle la Déclaration des droits de l'homme et du citoyen de 1789 est le « langage de la Terreur ». On aurait dès lors souhaité disposer d'un travail plus précis sur la nature du « républicanisme démocratique » (p. 22) auquel adhère Rousselin et ne pas rester sur des généralités. La mobilisation régulière de la catégorie d'« État » (« La Terreur dirigée par l'État », p. 4 ; « violence d'État », p. 61 et 189 ; « État central », p. 62 et 191, etc.) mériterait également d'être questionnée, puisque ce que nous appelons communément « l'État » aujourd'hui – l'État exécutif – n'a guère de sens avant le Consulat. Ces usages entretiennent la confusion classique entre la centralisation administrative (qui concerne le pouvoir exécutif) et le centralisme législatif, ce qui ne permet pas de comprendre la nature du gouvernement révolutionnaire. Ces remarques ne diminuent cependant en rien les qualités d'un ouvrage déjà dense – à l'image de la vie de Rousselin –, en particulier parce qu'il traite comme une unité des périodes de l'histoire qui sont la plupart du temps segmentées par la spécialisation.

YANNICK BOSC
yannick.bosc@univ-rouen.fr
AHSS, 77-4, 10.1017/ahss.2023.30

Jean-Clément Martin
Les échos de la Terreur. Vérités d'un mensonge d'État, 1794-2001
Paris, Perrin, 2018, 320 p.

Historien prolifique de la Révolution française, en particulier de la violence qu'elle a suscitée, Jean-Clément Martin a débuté sa carrière en étudiant l'histoire et la mémoire de la guerre civile de Vendée : il fallait en effet expliquer la violence contre-révolutionnaire qui y éclata au début de 1793 et y perdura de façon intermittente jusqu'à 1800, de même que la réaction féroce des révolutionnaires à son encontre. La répression exercée, les noyades dans la Loire, les fusillades à Angers et à Nantes, les colonnes infernales du général Turreau comptent parmi les tristement célèbres atrocités de la période révolutionnaire et en sont venues à définir « la Terreur » en tant que phase de la Révolution française. Depuis un certain temps cependant, J.-C. Martin estime impropre ce concept de Terreur, qu'il qualifie de noms divers, « fiction », « mythe », « fable » ou « légende ». Dans son ouvrage antérieur *La Terreur. Vérités et légendes*[1], il remettait en cause les postulats relatifs aux origines et aux contours de « la Terreur ». Il y soulignait que cette notion avait été inventée pour justifier l'élimination de Maximilien Robespierre le 9 thermidor ; qu'un mois plus tard, l'un de ses anciens rivaux, Jean-Lambert Tallien, avait inventé l'expression « système de terreur » comme arme politique ; et qu'en dépit de ses contradictions et incohérences, ce stratagème s'était révélé extrêmement utile à la consolidation du pouvoir des thermidoriens. En outre, son ouvrage étudiait des éléments essentiels de la gouvernance révolutionnaire des années 1793-1794 – la mise hors de la loi des rebelles et des traîtres, l'autorisation d'emprisonnement des « suspects », la suppression de la plupart des procédures du tribunal révolutionnaire –, tout cela dans le but d'invalider l'idée même de « Terreur » sous la Révolution. Dans la parfaite continuité de ce livre, ces thèses sous-tendent *Les échos de la Terreur*. L'auteur y insiste sur le fait qu'« il faut résister à penser que la Terreur a bien eu une réalité politique, qu'elle fut un régime, un moment précis ou une doctrine, quand elle ne fut que cette invention audacieuse et scandaleuse de Tallien, qu'il faut continuer de détricoter » (p. 101). Là réside le « mensonge d'État » évoqué dans le titre de l'ouvrage.

J.-C. Martin estime qu'il aura réussi dans son entreprise si les lecteurs développent après l'avoir lu une réaction négative à des expressions du type « surtout en pleine Terreur », « au cœur de la Terreur » ou « la Terreur proprement dite », qu'il propose de remplacer par « la périphrase 'la période qualifiée de Terreur' » (p. 266-267). Toutefois, son ouvrage repose sur l'idée selon laquelle, malgré les nombreux cas ultérieurs de violence extrême, surtout au cours du long XXe siècle, l'association systématique de « la Terreur » à la Révolution française n'a cessé qu'à la suite des attentats islamistes radicaux du 11 septembre 2001. Dès lors, les mots « terreur » et « terroriste » se sont vus associés à une nouvelle forme de violence politique indépendante d'un pouvoir d'État.

D'une part, J.-C. Martin nie que le terme « Terreur » puisse être appliqué à la Révolution française ; d'autre part, et paradoxalement, il affirme que cette association automatique a duré plus de deux siècles : ces deux volets forment la structure fondamentale des *Échos de la Terreur*. La première partie (chap. 1-3) développe les analyses exposées dans son ouvrage antérieur en étudiant de manière plus approfondie le contexte thermidorien dans lequel Tallien invente l'idée de « système de terreur », donc les révélations (et exagérations) relatives aux multiples exemples de répression extrême de l'an II, mais aussi les raisons du succès immédiat rencontré par cette idée. Elle a peut-être essentiellement contribué à l'avènement d'une forme de modernité politique, modernité qui demeure la nôtre, fondée sur la limitation de la souveraineté, le bicamérisme, l'équilibre des pouvoirs, la liberté individuelle, la séparation de l'Église et de l'État et la liberté de religion. Selon J.-C. Martin, les événements antérieurs au 9 thermidor ne relèvent pas de « la Terreur » ; il s'agit « simplement [de] l'enchaînement continu d'affrontements entre types de gouvernement et recours à la violence, débuté dès 1788-1789 et dont le point culminant se situe en 1793 » (p. 58). Dans l'ultime phase de ce processus, la Convention, dominée par les Montagnards et cédant aux demandes populistes, adopte une politique de terreur, mais seulement le temps d'affirmer son autorité et de combler le « vide d'État » qui a facilité le développement de diverses formes d'extrême violence. Selon cette version sujette à controverse, Robespierre s'oppose à l'emploi de la terreur (même si, dans son célèbre discours, il la présente comme le parfait complément de la vertu civique) et défend la loi particulièrement meurtrière du 22 prairial dans le seul but d'éliminer des rivaux qui soutiennent la terreur. Que cette loi entraîne un nombre stupéfiant d'exécutions à Paris (plus de 1 200 en six semaines) s'explique, selon l'auteur, du moins en partie, par l'attitude des opposants de Robespierre qui augmentent le lot de victimes afin d'en imputer la seule responsabilité à celui-ci. Après sa défaite, l'association de la violence populaire et de la trajectoire générale de la Révolution se voit subsumée sous le concept de « Terreur ». Selon l'auteur, cette fusion des exemples antérieurs de violence populaire et de la violence de 1793-1794 devient une sorte de fardeau historique que les Jacobins de l'an II, de Robespierre à Jean-Baptiste Carrier, n'ont pas réussi à faire porter à une autre faction ; c'est pourquoi ils en ont, depuis lors, payé le prix.

La seconde partie (chap. 4-7) se demande pourquoi « la Terreur », malgré son absence supposée d'ancrage empirique, a occupé une place aussi importante dans l'historiographie, la littérature, la philosophie, la science politique et la culture de masse au cours des XIXe et XXe siècles. J.-C. Martin, qui a passé plus de quarante ans à étudier la violence sous la Révolution française, a constitué un répertoire considérable de références qu'il utilise pour discuter d'un nombre impressionnant d'écrivains et de penseurs – les plus éminents allant de Joseph de Maistre à Jacques Derrida –, mais aussi de dramaturges du XVIIIe siècle, de romanciers du XIXe siècle et de cinéastes du XXe siècle. La fine observation se mêle ici à la critique acerbe. Le morbide, le macabre, le monstrueux, le mélodramatique ont pu gagner du terrain grâce au concept de « Terreur » et aux distorsions qu'il a engendrées. L'esthétique émotionnelle du sublime théorisée par Edmund Burke, contestée par Immanuel Kant, qui répond de façon rationnelle et volontariste à la violence révolutionnaire, finit par refaire surface chez Jean-François Lyotard dans sa vision de l'étude de l'histoire.

Après avoir analysé les réflexions de Friedrich Hegel sur la relation entre les ambiguïtés de « la Terreur » et la liberté humaine, J.-C. Martin fait une remarque dont la causticité reflète son approche inhabituelle : « Peut-être faudra-t-il féliciter Tallien pour avoir inventé un monstre tellement indéfinissable qu'il a pu devenir cet outil universel et polyvalent permettant la compréhension du devenir humain ! » (p. 191). Il se montre particulièrement féroce à l'égard des auteurs du XIXe siècle qui mêlaient activités politiques et historiographiques (de libéraux tels qu'Adolphe Thiers à des socialistes comme Auguste Blanqui), à qui il reproche d'avoir propagé des mythes sur les individus et les événements, mythes qui ont peuplé les récits depuis lors. Les généalogies selon lesquelles le rationalisme des Lumières conduit à « la Terreur », ou « la Terreur » au totalitarisme du XXe siècle ne sont pas simplement fausses : la première n'a pas la moindre valeur heuristique tandis que la seconde sape tout effort de modernisation, dont relève le modèle républicain. Jean Paulhan compte parmi les rares à recevoir l'approbation de l'auteur pour avoir vu que « les Terreurs », dont celle de 1793-1794, sont des moments où les États s'appuient non pas sur la répétition d'une rhétorique convenue, mais sur la pureté de cœur et la fraîcheur de l'innocence. Dans cette seconde moitié du livre, J.-C. Martin convoque un nombre étourdissant de commentateurs au sujet de la violence de la Révolution française, dont seule une poignée se voit consacrer un paragraphe entier ou davantage. Tous ces exemples cumulés prouvent que l'héritage intellectuel et culturel de « la Terreur », telle qu'elle fut formulée en août 1794, est demeuré pendant deux siècles un objet confus autant qu'une source de confusion. Trois dictionnaires historiques publiés en 1989, au moment du bicentenaire de la Révolution, en donnaient ainsi trois explications divergentes. Néanmoins, observe J.-C. Martin, tous trois assimilaient violence populaire et violence d'État, amalgamaient les massacres et l'idéologie et confondaient la vengeance avec un système de terreur. En outre, les biais interprétatifs antérieurs s'y substituaient à l'enquête historique proprement dite. Finalement, avant que celle-ci ait pu être menée à bien, les événements du 11 Septembre eurent raison de « la Terreur » avec majuscule et imposèrent sa forme asymétrique, la « terreur » en tant qu'objet d'analyse critique chez Noam Chomsky et consorts. Ainsi pourrait-on avancer qu'au XXIe siècle, ce sont des acteurs non étatiques qui ont pu, à maintes reprises, mettre la terreur « à l'ordre du jour ».

Cet ouvrage n'est pas une monographie historique mais un essai ; c'est pourquoi son auteur peut y multiplier les phrases exclamatives, les opinions personnelles tranchées, les remarques incidentes et même y exposer sa philosophie d'historien (« Je sais que l'histoire n'apprend rien, mais il faut l'écrire encore et toujours », p. 266). Toutefois, ce travail repose aussi sur deux idées fondamentales relatives à 1793-1794 que la plupart des historiens ne qualifieraient pas de « vérités » : les Français de l'époque comprenaient que le mot « terroristes » désignait des hommes « qui n'avaient jamais eu l'intention de terroriser le pays, mais bien de punir et d'éliminer leurs adversaires » (p. 9) ; « la réalité indéniable des violences liées à la Révolution ne gagne rien à être désignée par un terme aussi vague, 'la Terreur' » (p. 16). Il est vrai que les thermidoriens ont exagéré le caractère systématique du régime de l'an II, sa diffusion à travers le territoire français, de même que l'ampleur et le nombre des atrocités commises au nom de la République. Ils ont utilisé, à des fins polémiques, des révélations spectaculaires obtenues durant des procès ou des Mémoires de prison à sensation pour construire *a posteriori* un traumatisme national[2]. Néanmoins, le nombre considérable de dévoiements de la justice et d'abus de pouvoir arbitraires, les dizaines de milliers d'exécutions sommaires, les fréquentes invocations de la nécessité de la « terreur », que ce soit chez Robespierre lui-même, chez les agents du gouvernement central ou chez les relais des Jacobins dans les petites villes, sont des éléments suffisants pour considérer que la période allant de juillet 1793 à juillet 1794 constitue une phase distincte de la Révolution. Certes, sa désignation sous le nom de « Terreur » a donné lieu, depuis le mois d'août 1794, à toutes sortes de mésusages anachroniques, de méprises, de méfaits politiques ; mais, pour les historiens, elle a aussi démontré son utilité heuristique. Au XXIe siècle, l'utilisation du mot « terreur » n'évoquera que rarement le souvenir de la Révolution française ; lorsque ce sera le cas, l'ouvrage de

J.-C. Martin permettra de limiter les erreurs historiques et d'accroître la clarté conceptuelle.

HOWARD G. BROWN
hgbrown@binghamton.edu
AHSS, 77-4, 10.1017/ahss.2023.31
Traduction de Nicolas Vieillescazes

1. Jean-Clément MARTIN, *La Terreur. Vérités et légendes*, Paris, Perrin, 2017.
2. Howard G. BROWN, « The Thermidorians' Terror », *in Mass Violence and the Self: From the French Wars of Religion to the Paris Commune*, Ithaca, Cornell University Press, 2019, p. 113-160.

Anne Rolland-Boulestreau
Guerre et paix en Vendée (1794-1796)
Paris, Fayard, 2019, 350 p.

Dans son précédent ouvrage, Anne Rolland-Boulestreau montrait comment le « paroxysme » de violence provoqué par l'envoi, à partir de fin janvier 1794, de colonnes militaires mobiles chargées de sillonner le territoire vendéen, loin de démontrer la toute-puissance planificatrice et génocidaire du pouvoir central révolutionnaire, prouvait au contraire son incapacité à imposer une stratégie cohérente et efficace à des généraux qui profitent d'une autonomie se révélant désastreuse sur le terrain[1]. L'autrice poursuit ici son entreprise de réécriture « par le bas » de l'histoire des guerres de Vendée en s'intéressant à la séquence du « temps gris » (p. 97) de la pacification qui s'ouvre, en mai 1794, lorsque la Convention décide de saper cette « généralocratie » improvisée et de réaffirmer la suprématie du pouvoir civil sur le pouvoir militaire, mettant ainsi un terme à l'« anomie de la guerre » (p. 18) grâce à l'imposition d'un nouveau « contrat social » (p. 249) susceptible de réintégrer les Vendéens dans la nation.

Cette inflexion naît de la crainte suscitée par la persistance de ce front intérieur qui menace la crédibilité du régime républicain et détourne l'effort de guerre patriotique mené sur les frontières extérieures contre les armées de la Première Coalition. À partir du printemps 1794, représentants du peuple et généraux républicains font du désarmement des insurgés la condition de leur retour à la vie civile, le refus de beaucoup de déposer les armes justifiant le prolongement d'une stratégie républicaine de « petite guerre » – moins improvisée et plus adaptée au terrain –, dont le général Hoche se fait le théoricien.

Suivant Olivier Christin dans l'idée que la « paix n'est qu'un mot, la pacification, un 'travail' » (cité p. 21), A. Rolland-Boulestreau se revendique de la micro-histoire pour situer sa démonstration au plus près des mots, des gestes et des rites mis en œuvre par les « faiseurs de paix », qu'ils soient représentants du peuple, membres de la Commission de l'agriculture et des arts, soldats, notables locaux ou anonymes, mais aussi par ces transfuges de la pacification que sont traîtres, espions, déserteurs ou réfugiés. L'ouvrage se concentre ainsi sur les modalités concrètes d'élaboration, de diffusion, de réception et d'application des quatre textes successifs qui, entre 1794 et mai 1795, ont offert un cadre législatif à la sortie de guerre en Vendée.

Résumer cette pacification à un « bricolage » (p. 239) paraît justifié tant le schéma initial fait l'objet de corrections et d'adaptations à des particularismes que cette République une et indivisible réputée si dogmatique doit pourtant se résoudre à accepter comme d'irréductibles privilèges. L'arrêté pris le 21 mai 1794 par le Comité de salut public entendait pourtant soumettre tout à la fois les derniers insurgés (par le maintien de la stratégie des colonnes répressives et des spoliations agricoles) et les généraux républicains en les enjoignant à tenir leurs hommes et à protéger les civils. Son impossible mise en application signe l'échec d'une tentative de « pacification verticale, du haut vers le bas » (p. 23), et prouve la nécessité d'adapter les mesures législatives aux rapports de force locaux pour gagner le soutien des populations civiles qui aspirent à la paix sans s'aliéner l'armée de l'Ouest qui, jusqu'au bout, reste l'unique force de pacification déployée et opérationnelle en Vendée. C'est le sens du décret d'amnistie promulgué en décembre 1794, puis des deux « traités » négociés (et non signés) en février-mars 1795 à La Jaunaye et Saint-Florent avec les chefs vendéens Charette et Stofflet auxquels la République ne peut reconnaître la légitimité étatique qui ferait d'eux des interlocuteurs diplomatiques à part entière.

Déjà éprouvé aux lendemains de la guerre de Cent Ans ou des guerres de Religion, le choix politique de l'amnistie – donc de l'oubli –

empêche toute prise en charge judiciaire à des fins inquisitoriales ou réparatrices : le spectaculaire procès intenté au représentant en mission Carrier et à son « système » ne doit pas faire oublier qu'aucun général ayant commandé une colonne en Vendée n'est passé en jugement et que l'élimination des chefs rebelles n'a pas empêché l'utilisation, comme intermédiaires de pacification, de certains de leurs lieutenants, à commencer par l'abbé Bernier. En renonçant à résoudre les conflits, l'amnistie enracine haines, rancœurs et désirs de vengeance. Les belles pages consacrées à la difficile reconstruction d'une région rendue exsangue par des mois de guerre et de déprédations confirment que la difficile pacification militaire, à peu près achevée au printemps 1796, n'est que le prélude d'une longue et périlleuse pacification civile : le retour des milliers de réfugiés va demeurer pour longtemps une source de violences et de règlements de comptes puisqu'aux tensions suscitées au sein des communautés par les engagements (ou les rumeurs et soupçons d'engagements) antagonistes des uns et des autres s'ajoute la question agraire, les habitants restés sur place ayant eu tendance, pour subsister, à accaparer les terres abandonnées par les déplacés ou les morts.

L'un des principaux apports de l'ouvrage réside dans les comparaisons très stimulantes qu'il propose avec des modèles de pacification expérimentés antérieurement, en particulier les paix religieuses inventées aux XVIe et XVIIe siècles afin de trouver une place aux « hérétiques » protestants dans une monarchie d'essence catholique. Considérant que la pacification n'est « ni un échec ni un marché de dupes entre Républicains et Vendéens » (p. 250), A. Rolland-Boulestreau estime qu'elle a conduit à l'instauration, laborieuse mais réelle, d'un « ordre républicain pacifié et inclusif » (p. 250-252). Pour y parvenir, la République a renoncé aux deux intrusions étatiques qui avaient cristallisé les oppositions et servi de déclencheur à l'insurrection de 1793 : la Constitution civile du clergé est révisée (et la liberté du culte garantie) tandis que les jeunes vendéens en âge de combattre sont exemptés des réquisitions militaires.

Replacer dans le temps long d'une histoire comparée des sorties de guerre civile la politique de pacification menée en Vendée pour en souligner la nature « originale et ambitieuse » conduit néanmoins au paradoxal évitement des acteurs de la non-sortie de guerre : ces « quelques cohortes de déclassés de la petite guerre » (p. 241) qui refusent la vie civile auraient mérité de plus amples développements, car leur acharnement peut révéler la part maudite que renferme tout processus de compromis. Il aurait pour cela fallu distinguer plus finement le cas des insurgés décidés à continuer la lutte (comme Forestier, rapidement évoqué) de celui des vétérans enfermés dans la violence et incapables de retrouver une place dans la société (évocation récurrente du général républicain Huché dont la représentativité reste incertaine).

C'est ici que le choix méthodologique – déjà fait dans l'ouvrage précédent – de s'en tenir au seul point de vue des « sources républicaines » contemporaines des événements, c'est-à-dire à l'ensemble des rapports et correspondances émis par les autorités civiles ou militaires, peut parfois toucher sa limite en ce qu'il conduit à une histoire asymétrique dans laquelle les motivations et les actes des Vendéens ne sont vus qu'à travers le filtre de leur compréhension par leurs adversaires. Certes, bibliothèques et librairies ne manquent pas d'hagiographies retraçant la geste vendéenne et la volonté de l'autrice de s'écarter des Mémoires lui permet de se prémunir de reconstructions héroïques forgées *a posteriori*. Le point de vue choisi s'avère d'ailleurs révélateur quand son questionnement est partie prenante de la démonstration, comme lorsqu'est retracée la façon dont les informations transmises aux autorités républicaines sur Charette et Stofflet leur ont permis de mieux connaître la hiérarchie des hommes qui les entourent et donc de prendre conscience de l'existence de dissensions à exploiter. Dans d'autres cas, les limites des sources utilisées auraient mérité d'être plus expressément interrogées : les motivations et les intérêts qu'ont Stofflet ou Charette à reprendre inlassablement le combat à l'été 1795, puis encore durant l'hiver 1795-1796 échappent à la compréhension, tout comme la nature de l'emprise (charismatique ? féodale ? clientéliste ?) qu'ils semblent exercer et qui expliquerait pourquoi leur exécution en février et mars 1796 conduisit la plupart de leurs hommes à déposer presque immédiatement les armes.

L'intrication entre aventures personnelles et logiques collectives fait que le choix de la paix ou de la guerre peut être purement contingent et rapidement révocable, ce qui ne laisse pas d'interroger sur le caractère durable de la pacification de 1796. Si, comme le suggère l'autrice en conclusion, « [l]a crainte d'un déchaînement de violences dont le souvenir reste vivace – et pour longtemps – a retenu Bleus et Blancs de s'affronter à nouveau par les armes » (p. 254), il n'est pas exclu que des considérations humaines (absence temporaire de chefs fédérateurs) ou matérielles (les « armes » étaient-elles encore disponibles ?) aient pu aussi freiner, un temps, les ardeurs insurrectionnelles de certains.

Il reste en ce sens à espérer que l'aventure historienne entamée par A. Rolland-Boulestreau depuis deux livres se poursuive au-delà de l'année 1796 pour tendre vers une relecture de la séquence qui irait jusqu'au troisième soulèvement de 1799-1800 voire, à terme, jusqu'au quatrième soulèvement de 1815[2] afin de réconcilier les différentes phases de cette pacification à long terme de la Vendée.

Clément Weiss
weiss.clement@gmail.com
AHSS, 77-4, 10.1017/ahss.2023.32

1. Anne Rolland-Boulestreau, *Les colonnes infernales. Violences et guerre civile en Vendée militaire (1794-1795)*, Paris, Fayard, 2015.
2. Voir Aurélien Lignereux, *Chouans et Vendéens contre l'Empire, 1815. L'autre guerre des Cent-Jours*, Paris, Vendémiaire, 2015.

Antoine Franzini
Un siècle de révolutions corses. Naissance d'un sujet politique, 1729-1802
Paris, Vendémiaire, 2017, 600 p.

Avec cet ouvrage intégré à la collection « Révolutions » des éditions Vendémiaire, Antoine Franzini, docteur en histoire et chercheur associé au laboratoire « Analyse comparée des pouvoirs » de l'université Gustave Eiffel, livre un authentique manuel des révolutions corses du XVIIIe siècle. Les dates données dans le sous-titre du livre, 1729-1802, laissent entendre que l'auteur souhaite traiter son sujet dans un intervalle couvrant la presque totalité du XVIIIe siècle, encadré par les premières insurrections populaires de 1729, d'une part, et les dernières résistances à la conquête française en 1802, d'autre part. Cette somme de 600 pages n'est pas le seul ouvrage d'A. Franzini dédié à la Corse, histoire de laquelle il est devenu spécialiste : citons sa thèse de doctorat, *La Corse du XVe siècle. Politique et société, 1433-1483* (2005), puis *Haine et politique en Corse. L'affrontement de deux hommes au temps de la Révolution française, 1780-1800* (2013) et, plus récemment, *L'Accademia dei vagabondi. Une académie des Belles Lettres en Corse, XVIIe-XVIIIe siècles* (2019). Il est également l'auteur d'une trentaine de contributions relatives à la Corse dans divers périodiques.

Pour son livre *Un siècle de révolutions corses*, A. Franzini a choisi de suivre un plan chronologique centré sur les grands événements de la Corse du XVIIIe siècle, de sorte que le développement comporte trois parties équilibrées abordant, successivement, la rupture avec Gênes (1729-1753), la République corse (1753-1769) et le réveil des révolutions (1789-1802). S'il propose, en fin d'ouvrage, une utile chronologie de la période ainsi que deux index, l'un consacré aux noms de personnes, l'autre aux noms de lieux, le livre comporte surtout de très nombreuses notes étayées, 661 au total, formant un authentique corpus d'une cinquantaine de pages. Petite déception toutefois, l'absence d'illustrations. Or la reproduction de documents d'époque eût été bienvenue pour imprégner davantage le lecteur de cette thématique singulière que représente la Corse à l'époque moderne. D'ailleurs, après une introduction largement historiographique, rappelant la richesse de la production littéraire dans l'Europe du XVIIIe siècle, l'auteur prend le soin de commencer son étude par une « brève présentation de la Corse » sous l'angle géographique.

Ainsi, en quelques pages illustrées de quatre cartes, A. Franzini présente l'île dans toute sa spécificité, à savoir une île de Méditerranée, la quatrième par la taille, mais assurément la moins densément peuplée. « Île-montagne » parsemée de quelque trois à quatre cents villages perchés, répartis au sein de soixante-cinq piéves entre le nord et le sud (« Deçà des monts » et « Delà des monts »), son littoral, hostile en raison du paludisme et de « la course turque et barbaresque » (p. 19), est délaissé des populations, absentes de cet espace hormis dans quelques bourgs fortifiés. L'auteur précise également qu'en ce XVIIIᵉ siècle, la Corse est une île tournée vers l'Italie tant par son lien politique avec Gênes que par la langue alors proche du toscan, surtout pour ce qui concerne le nord du territoire. Décrivant la structure de peuplement de la Corse, A. Franzini identifie deux grands ensembles, la traditionnelle « Rocca » du sud et le Cap Corse, organisés autour des seigneuries, et la « terra di Comune » du nord, « libre de seigneuries et gouvernée par la communauté des peuples » (p. 22). C'est autour de cette dernière, formée de petites propriétés agricoles, siège d'un artisanat vivace – en particulier dans les microrégions de la Balagne, de la Castagniccia et du Nebbio –, qu'A. Franzini situe le ferment des révolutions corses.

Pour développer son propos, il annonce, dès son introduction à portée historiographique, se placer dans le prolongement des nombreuses études produites sur le sujet, notamment depuis les années 1960, rappelant au passage les articles de Francis Pomponi, récemment disparu, ou la thèse de Marie-Jeanne Acquaviva (1992) sur les premières révoltes. Il indique également utiliser, au-delà des fonds d'archives connus, de nouvelles sources issues des travaux des gazetiers européens de la période, gazettes dont l'accès dématérialisé a été facilité par le développement croissant d'Internet. Avec cet ouvrage, l'auteur démontre donc sa volonté de poursuivre la démarche scientifique entreprise par ses pairs, enrichissant la réflexion de ces derniers par un éclairage européen plus global, à l'aune de ces sources singulières. Il entend ainsi démontrer que la Corse du XVIIIᵉ siècle se pose effectivement en « laboratoire des idées nouvelles », comme le précise la quatrième de couverture de l'ouvrage et l'annonce déjà le sous-titre avec l'expression « sujet politique ».

Pour débuter son analyse, A. Franzini se consacre à la rupture avec Gênes. Il pose alors un jalon avec l'année 1729 et, plus précisément, avec la date du 27 décembre, communément admise comme étant « le point de départ de l'insurrection » (p. 46). Pour autant, il précise que de nombreux incidents précurseurs – dont une violence privée grandissante – ont devancé les émeutes fiscales de décembre 1729 et ce en réaction à l'administration génoise. Il présente alors au lecteur les grands épisodes insurrectionnels qui ont émaillé cette année. Il évoque, plus en détail, l'incident survenu dans le village de Bustanico, dans la piève de Bozio, au centre de l'île, événement au cours duquel un villageois refusa de payer l'impôt des *due seini* (13 sous 4 deniers) au collecteur d'impôt génois. Ce fait est relaté dans les sources par l'abbé Carlo Rostini qui le qualifia d'étincelle qui alluma l'incendie. A. Franzini voit à son tour dans cette révolte fiscale paysanne l'origine de la contestation populaire qui aboutit, en février 1730, à la mise à sac de la ville de Bastia – alors capitale insulaire comptant près de 5 000 âmes et siège du gouvernement génois – par plusieurs milliers de *paisani* qui reprennent alors volontiers la figure héroïque de Sampiero Corso au cri de « *Viva Sampiero !* ». L'événement retint l'attention du continent européen, à en juger par exemple par la gazette de Berne qui atteste ainsi la portée européenne du fait insulaire : elle évoque, comme d'autres, des « sujets soulevés » de l'île de Corse ou encore des « rebelles de Corse » (p. 64-65). Au-delà du mouvement populaire, A. Franzini prend le soin d'identifier dans cette contestation du pouvoir génois l'opposition grandissante entre les nobles ruraux *principali* – dont les Nobles Douze (du nord de l'île) et les Nobles Six (du sud) sont l'émanation – et les bourgeois citadins – dont ceux de Bastia – proches du pouvoir génois.

Suivant le cours de ces troubles, l'auteur montre ensuite comment la contestation de l'administration génoise évolua en authentique soulèvement populaire, alors conduit par les « généraux de la nation » désignés à l'occasion de l'assemblée populaire – la consulte – de décembre 1730, aboutissant à l'intervention des nations européennes en Corse, Impériaux d'abord, Français plus tard, à la demande de Gênes désormais impuissante. La Corse devint ainsi « la curiosité de toute l'Europe, le sujet de toutes les conversations » (p. 100), ce que l'auteur démontre en exploitant la production de diverses gazettes contemporaines des événements ainsi que la production littéraire d'alors pointant les « *turbolenze di Corsica* » (p. 106).

Après s'être arrêté sur l'éphémère épisode monarchique du baron Théodore de Neuhoff, arrivé dans l'île en 1736 et permettant aux Corses de trouver une solution temporaire à leurs problèmes politiques, A. Franzini poursuit son analyse par ce qui constitue finalement le cœur du « sujet politique » que représente alors la Corse. Abordant la République corse (1753-1769) et citant la figure de « l'homme nouveau » (p. 200), il présente Pascal Paoli comme « un homme providentiel » (p. 203) pour la Corse, depuis son élection au généralat en 1754. Ce dernier apparaît en effet dans l'histoire insulaire au moment où se présente une « occasion pour les Corses de se rassembler […] et de réaliser l'unité de la nation » (p. 200). C'est chose faite grâce à la constitution votée par la consulte générale des Corses de novembre 1755. Dans un riche développement sur cette période longue de quatorze ans (1755-1769), l'auteur présente au lecteur la construction d'une nation unie, inspirée du modèle montagnard suisse ou de celui des Provinces unies. Obéissant à l'expression de la volonté générale, l'État se met alors en place autour de la notion de « peuple de Corse, seul maître de lui-même » (p. 241), comme le souligne le préambule de la constitution de 1755. Les attributs de la souveraineté nationale sont instaurés un à un : adoption d'un drapeau et d'armoiries, désignation de Corte comme capitale – quand les Génois sont encore sur le littoral insulaire – avec l'installation d'un palais national et d'une université, fabrication d'une monnaie et constitution d'une littérature d'action politique avec la parution, en 1758, de la *Giustificazione* de Don Gregorio Salvini et d'une gazette. L'État instaure également « un exercice sévère de la justice » (p. 267) afin de lutter contre les vengeances privées venant entraver la vie démocratique dans l'île.

Pour terminer son développement et refermer le livre de la république paoline, A. Franzini consacre la fin de son analyse au réveil des révolutions (1789-1802). D'ailleurs, tout au long de son ouvrage, il démontre qu'en marge de la république paoline, qui constitue de fait, elle aussi, une forme de révolution, la Corse du XVIIIe siècle a été parcourue par le pluriel du mot « révolution », comme l'annonce le titre même du livre. Le lecteur assiste en effet à la description d'une série de mouvements violents dans l'ensemble de la période étudiée qui, motivés par le désir de sortir du giron de la République de Gênes au début du siècle, finissent par replacer la Corse dans celui d'un autre État, la France, à compter de 1769, à l'issue de la bataille de Ponte Novu. Après l'exil de nombreux patriotes corses vers l'Italie – la Toscane notamment, mais aussi la Sardaigne – ou encore Londres, pour ce qui concerne Pascal Paoli, la Révolution française devait à son tour atteindre la Corse, interrompue dans sa diffusion par l'éphémère royaume anglo-corse, d'ailleurs fort bien décrit par l'auteur. A. Franzini voit enfin dans l'année 1800 la fin des révolutions corses, relatant les derniers soubresauts des insurgés autour de la « Suprême Régence du Royaume de Corse » (p. 493) avant que Bonaparte ne soit nommé, en août 1802, consul à vie.

En définitive, l'ouvrage d'A. Franzini offre au lecteur une vision globale de la Corse dans l'Europe du XVIIIe siècle. Par ce texte, l'auteur démontre, sources à l'appui, que la Corse fut bien un « laboratoire des idées nouvelles » non pas isolé, mais au contraire étroitement lié au continent européen. Il révèle ainsi comment du tumulte révolutionnaire insulaire naquit une construction politique innovante sous l'impulsion d'un « homme nouveau » appartenant aux Lumières, Pascal Paoli, et que les diverses publications de l'Écossais James Boswell contribueront à faire rayonner outre-Atlantique.

Olivier Jacques
olivier.jacques06@gmail.com
AHSS, 77-4, 10.1017/ahss.2023.33

Emmanuel Fureix
L'œil blessé. Politiques de l'iconoclasme après la Révolution française
Seyssel, Champ Vallon, 2019, 392 p.

L'iconoclasme fut, au XIXe siècle, une composante essentielle d'une grammaire de l'action collective, mais aussi un mode d'expression des sentiments politiques et d'affichage des identités partisanes. Souvent clandestin, sporadique et séditieux, il pouvait également être planifié, systématique, officiel. C'est évidemment surtout à la faveur des grandes commotions politiques, notamment lorsqu'elles résultaient d'une mobilisation de type insurrectionnel, que l'iconoclasme prenait de l'ampleur : les vainqueurs célébraient leur triomphe en détruisant l'intégralité des marqueurs visuels au moyen desquels le régime déchu avait imposé sa présence dans l'espace public. On s'acharnait ainsi sur les empreintes d'une souveraineté tout juste abolie, parmi lesquelles portraits du monarque, bustes, cocardes, drapeaux ou inscriptions diverses. Sous les monarchies censitaires, l'iconoclasme politique se manifestait également, mais de manière plus diffuse, dans la sphère locale, à l'occasion d'altercations mineures, de règlements de comptes, de provocations séditieuses. C'est à cette question qu'Emmanuel Fureix a consacré une vaste enquête, importante contribution à l'histoire des cultures politiques à l'époque contemporaine s'appuyant sur une masse impressionnante de sources originales. L'ouvrage fourmille de récits d'actes d'iconoclasme, parfois microscopiques, toujours finement analysés et dont l'auteur parvient à dégager les enjeux et restituer le sens.

Dans la première partie du livre, E. Fureix rappelle que si l'iconoclasme a revêtu une telle importance après 1815, c'est d'abord en raison de la présence massive des images politiques, aussi bien dans l'espace public que dans la sphère privée. Très accessibles, elles constituaient autant de proies offertes à la fureur des iconoclastes. Cette prolifération, qui connut sous le règne de Napoléon III une brusque accélération, fut une dimension de la révolution médiatique amorcée au siècle précédent. À défaut de s'étendre sur cet aspect du problème, l'auteur mentionne le rôle des progrès techniques dans l'accroissement de la production de bustes, de figurines ou d'images imprimées. Les images à caractère politique pouvaient apparaître sur toute sorte de supports, y compris les ustensiles les plus communs. E. Fureix interprète cette démultiplication inouïe des portraits royaux ou impériaux comme une manière, pour des gouvernements qui se savaient contestés, de conjurer la fragilité des légitimités politiques établies. Si chaque régime organisait la diffusion et l'exhibition d'images officielles (s'exposant par là même aux outrages), il fallait aussi compter sur l'existence d'un océan de dessins, de portraits, d'insignes, etc., représentant une dynastie rivale ou un principe prohibé. Sous la Restauration notamment, ce type d'objets faisait fréquemment office de marqueur d'une identité politique. La diffusion de bibelots, d'images, de cocardes fut par exemple caractéristique du bonapartisme populaire. E. Fureix s'interroge à ce propos sur la persistance de croyances magiques associées aux représentations figurées dans un contexte de désenchantement et de désacralisation des images politiques. Les scènes d'intense ferveur populaire que provoqua, en 1814, l'exhibition de bustes de Louis XVIII paraissent attester la rémanence, au moins dans le Midi blanc, d'une fiction de la présence réelle du référent dans sa représentation. Dans le camp opposé, celui des adorateurs de Napoléon, le portrait du héros semblait comme investi d'une puissance propre. Cependant, nous dit l'auteur, ce type de rapport à l'image était à tout prendre résiduel.

La fréquence des actes d'iconoclasme traduisait également la profonde politisation de la société française. En outre, la coexistence, dans la France post-révolutionnaire, de légitimités concurrentes, établissait les conditions d'affrontements chroniques autour des symboles. Sous la Restauration, période à laquelle est consacrée la deuxième partie du livre, les disputes à propos des cocardes, drapeaux et autres signes politiques ne se limitaient pas à la scène parisienne, et les communes rurales les plus éloignées de la capitale en faisaient fréquemment l'expérience. Chaque changement de régime, en même temps qu'il provoquait la destruction à grande échelle des traces du gouvernement vaincu, s'accompagnait de l'exhibition d'emblèmes naguère séditieux, désormais approuvés. L'auteur insiste sur l'importance, sous Louis XVIII, de l'iconoclasme officiel. Il fut particulièrement brutal au début de la Seconde Restauration. Les monuments, les façades des bâtiments publics, les enseignes des boutiques firent les frais de cette vaste entreprise destinée à effacer toute trace visuelle de l'Empire alors que la monarchie semblait animée d'une véritable rage destructrice. L'iconoclasme avait quelque chose du défoulement haineux. Mais il s'agissait encore de laver une souillure, et cette politique d'éradication des signes proscrits alla jusqu'à l'organisation d'autodafés, le plus souvent à l'initiative des préfets : des objets datant de la Révolution ou de l'Empire, soigneusement collectés, furent brûlés en place publique et en présence de la foule en un bûcher expiatoire et purificateur.

L'iconoclasme de la Restauration fut également protestataire. La profanation des signes du pouvoir (cocardes ou drapeaux blancs, portraits du roi, etc.) était partie intégrante d'un répertoire élémentaire de la politique du peuple. Tout comme les cris séditieux, qui sans cesse retentissaient dans les rues, les casernes ou les débits de boissons, il s'agissait d'expressions dérisoires, inorganisées, épidermiques d'un sentiment de détestation des Bourbons. E. Fureix voit dans ces prises de parole dissidentes autant de défis lancés à la monarchie restaurée par ses adversaires anonymes, souvent des soldats démobilisés, parfois des cultivateurs ou des artisans. Il faudra une loi, définitivement adoptée le 9 novembre 1815, pour fixer le cadre de la répression pénale de ces gestes innombrables, produits de l'humiliation, du traumatisme et de la frustration. La chose était prise très au sérieux : ne vit-on pas, lors des débats préparatoires, des députés ultras aller jusqu'à proposer que la détention d'un drapeau tricolore fût punie de la peine capitale ?

La troisième partie de l'ouvrage traite de l'iconoclasme révolutionnaire en 1830, 1848 et 1870-1871. Dans ces contextes d'insurrection populaire et d'instauration d'une nouvelle légitimité, la destruction des signes s'inscrivait dans deux temporalités : celle de la fracture, au moment où s'opérait le basculement décisif, et celle de la régénération. E. Fureix propose une analyse fouillée de ces gestes et des réticences qu'ils pouvaient susciter en un siècle d'approfondissement d'une sensibilité patrimoniale (une police informelle des lieux remarquables fut par exemple organisée en février 1848, pour empêcher les pillages ou la détérioration des monuments). Au XIXe siècle, le tabou du vandalisme réduisit considérablement le volume des destructions.

L'iconoclasme insurrectionnel était un mode d'affirmation de la souveraineté populaire, une manière pour le peuple triomphant d'occuper la scène révolutionnaire, de prendre possession de l'espace urbain. Cependant, l'auteur va beaucoup plus loin dans le déchiffrement des significations multiples de ces gestes, qui étaient aussi un défoulement émotionnel, la notification d'une rupture décisive dans le déroulement du temps historique, le moyen d'accélérer ou de rendre visible un transfert de souveraineté, de célébrer l'avènement d'un nouvel ordre, de purifier l'espace public, etc. Parfois encore, il s'agissait d'une simple bravade. La démonstration s'appuie sur quantité d'épisodes, pas seulement parisiens, les uns jusqu'ici ignorés, les autres fameux (le « jeu du trône » en février 1848, l'affaire du cheval de bronze de la place Bellecour, la destruction de l'hôtel Dosne le 12 mai 1871, celle de la colonne Vendôme quatre jours plus tard, etc.).

Si l'on peut observer une certaine continuité dans la grammaire des gestes iconoclastes, du fait de l'existence d'une tradition protestataire, chacun des trois « acmés révolutionnaires » étudiés offre cependant des spécificités. Après les Trois Glorieuses, c'est tout l'édifice théologico-religieux de la Restauration qu'on démantela, en abattant les croix de mission et les monuments expiatoires de la Révolution. Cet iconoclasme religieux atteignit son paroxysme le 14 février 1831, avec le sac de l'église Saint-Germain-l'Auxerrois et de l'archevêché. S'ensuivit une séquence de destruction systématique des fleurs de lys, dont l'apparition était interprétée comme la preuve de l'existence d'un complot légitimiste.

L'iconoclasme de 1848 ignora quant à lui les signes religieux, pour se concentrer sur les effigies du souverain et les emblèmes dynastiques. Mais l'histoire de la Seconde République fut surtout marquée, à partir de juin 1848, par l'ampleur d'un iconoclasme d'État, inspiré par la peur sociale. Le parti de l'Ordre au pouvoir organisa la traque systématique des signes subversifs. Les arbres de la liberté plantés au printemps disparurent ainsi du paysage. Enfin, dans les pages qu'il consacre à la Commune de Paris, E. Fureix décrit un iconoclasme, tardif, chaotique et dépourvu d'intention régénératrice. Un iconoclasme de justice punitive, en partie provoqué par la montée des violences versaillaises.

Au terme de cette enquête foisonnante et très documentée, E. Fureix propose de distinguer trois « régimes d'action iconoclastes ». Un *régime de souveraineté* associé aux conjonctures instables, où les possibles semblent ouverts : dans un tel contexte, l'iconoclasme des foules fonctionne comme un acte de souveraineté. Un *régime de réparation*, où l'iconoclasme est destiné à effacer ou à réparer la mémoire collective. Un *régime d'effraction* enfin, qui concerne les actes individuels de dissidence, « sans projection sur une souveraineté ou un futur inatteignables » (p. 330).

François Ploux
francois.ploux@univ-ubs.fr
AHSS, 77-4, 10.1017/ahss.2023.34

Hervé Drévillon
Penser et écrire la guerre. Contre Clausewitz, 1780-1837
Paris, Passés composés, 2021, 352 p.

Une idée importante constitue le cœur de cet intrigant ouvrage : entre la guerre de Sept Ans et l'apogée de Napoléon Bonaparte, les écrits sur la guerre deviennent un champ socioculturel – et littéraire – distinct. On se met alors à considérer les ouvrages relatifs aux questions militaires au moins autant pour leur style et leur orientation philosophique que pour leur apport à ce que l'on appelle aujourd'hui la « science militaire ». Ce champ constitue une part essentielle du contexte d'élaboration des œuvres les plus significatives de la période, conçues par des auteurs aussi éminents que le comte de Guibert, Antoine Henri de Jomini et, surtout, Carl von Clausewitz. Le traitement de ce dernier est ici quelque peu problématique. Néanmoins, Hervé Drévillon propose une nouvelle perspective, précieuse, sur le développement de la théorie militaire moderne ainsi que sur l'histoire culturelle de la période révolutionnaire.

Son ouvrage examine tour à tour la constitution de ce champ et ses pratiques, la manière dont les auteurs ont abordé les différents aspects de la guerre et, enfin, le traitement réservé par ceux-ci aux rapports entre la guerre et la politique. Il montre comment ces auteurs se sont confrontés à des questions aussi épineuses que la définition d'une campagne militaire, la nature de la bataille décisive, la mutation de la place accordée à la guerre de siège, la « guérilla » et les conséquences de la conscription. En outre, il passe en revue les grandes controverses de la période, par exemple le débat entre les tenants de l'« ordre mince » et de l'« ordre profond » ou la question de savoir dans quelle mesure la France devait continuer de fonder sa défense sur le système de fortifications créé par Vauban (le « pré carré »). H. Drévillon met excellemment en évidence les difficultés rencontrées par ces auteurs pour tirer des principes généraux à partir des réalités militaires complexes et en rapide évolution de l'époque révolutionnaire. Par exemple, parce que les orateurs de la Révolution avaient exalté la charge à la baïonnette, les historiens ont pendant longtemps souligné la centralité de l'« arme blanche » dans les combats de l'époque. Or ce genre d'arme ne comptait que pour 2 % des blessures infligées sur le champ de bataille.

Ce livre est particulièrement utile en ce qu'il s'intéresse de près à des auteurs militaires peu connus, tels Paul-Gédéon Joly de Maizeroy, le général Jean-Jacques-Germain Pelet, Charles-Joseph, prince de Ligne, ou le soldat gallois Henry Lloyd. H. Drévillon emprunte à ce dernier une distinction entre écrits militaires historiques et didactiques, distinction qu'un Clausewitz a tenté de dépasser. Grâce à la constitution du champ, la littérature militaire n'était plus, dans les années 1830, « une science couverte de ténèbres dans l'obscurité desquelles on ne marche pas d'un pas assuré » (p. 23), comme l'avait écrit le maréchal de Saxe dans *Mes rêveries* (paru à titre posthume en 1757).

Mais ensuite, il y a le traitement qu'H. Drévillon réserve à Clausewitz, officier et théoricien prussien dont l'ouvrage *De la guerre*, demeuré inachevé à sa mort, en 1831, fut publié l'année suivante par sa veuve, Marie von Brühl. Bien que le titre du livre d'H. Drévillon soit une riposte au *Penser la guerre, Clausewitz* de Raymond Aron, publié par Gallimard en 1976, le sous-titre *Contre Clausewitz* est à double tranchant. Son auteur entendait simplement montrer en quoi le Prussien s'était démarqué de la pensée militaire dominante de son époque. Or, ne parvenant pas à dissimuler sa prodigieuse irritation à l'égard de celui-ci, il glisse régulièrement de l'analyse à la pure et simple critique. À ses yeux, Clausewitz était un « idéaliste » qui cherchait à faire rentrer la réalité confuse de la guerre dans le lit de Procuste de ses abstractions métaphysiques. Au lieu d'admettre qu'il existait une interaction complexe et dialectique entre la politique et la guerre, il ne voulait voir dans la seconde rien d'autre que la « poursuite de la politique par d'autres moyens » (H. Drévillon ajoute ce commentaire acide : « Clausewitz n'exprima […] rien d'original par sa célèbre formule » [p. 217]). Le théoricien prussien mesurait la puissance militaire à la proportion des ressources étatiques engagées – au nombre d'hommes surtout –, sans vraiment se demander si elles étaient employées efficacement. Il traitait la violence en catégorie mystique, ne s'intéressait pas sérieusement à la tactique et commettait fréquemment des erreurs factuelles (par exemple, il soulignait qu'une armée ne pouvait marcher plus de 22,5 kilomètres par jour quand Napoléon, à son apogée, en parcourait 40). H. Drévillon écrit à la même page : « Clausewitz établit un constat très erroné » ; « Le faux constat de Clausewitz » ; « Il fonda sa théorie sur des chimères » (p. 273). Il applique aussi à ce dernier l'apophtegme de Nietzsche, « *mit dem Hammer philosophieren* », philosopher à coups de marteau (p. 73). Mais, curieusement, il ne fait guère cas d'un aspect que bien des critiques anglo-américains considèrent comme la principale faiblesse de *De la guerre* : le peu d'attention qu'il accorde à l'économie.

À quoi cela sert-il aujourd'hui de mettre Clausewitz sur le banc des accusés au nom de ses erreurs et de ses simplifications ? *De la guerre* est loin d'être le seul ouvrage canonique de cette époque (de n'importe quelle époque !) à prêter le flanc au genre de critiques qu'H. Drévillon lui adresse. L'œuvre de Jean-Jacques Rousseau est remplie d'erreurs factuelles, de sauts logiques et de conclusions totalement fantaisistes. On ne saurait pourtant nier l'originalité et l'influence des thèses de Rousseau. Il est incontestablement utile d'exposer en détail les problèmes contenus dans l'ouvrage de Clausewitz, d'autant plus que le Prussien prétendait tirer ses principes de l'expérience, principalement des guerres révolutionnaires et napoléoniennes. Mais son livre est-il original et important malgré ces limites ? L'énorme influence qu'il a exercée semble indiquer que oui. En effet, un historien militaire comme Sir Michael Howard considère que l'inclination qui portait Clausewitz vers la plus grande abstraction constitue non pas un défaut, mais l'une des qualités principales de son ouvrage puisqu'elle a permis à des stratèges de se les approprier dans une grande variété de situations (ce fut le cas de R. Aron pendant la guerre froide, moment de neutralisation réciproque induite par l'arme nucléaire). J'aimerais qu'H. Drévillon publie un ouvrage complémentaire de celui-ci, un ouvrage qui, au lieu de s'achever avec la publication de *De la guerre*, commencerait par elle, et se demanderait pourquoi un livre aussi erroné que celui de Clausewitz a pu acquérir une place si centrale dans l'éducation militaire du monde entier – place qu'il a, à bien des égards, conservée jusqu'à ce jour – et pourquoi il est autant admiré des stratèges (aux yeux d'un stratège américain du siècle dernier, Bernard Brodie, ce n'était « pas simplement le plus grand livre sur la guerre, mais le seul grand livre sur la guerre »). Dans un tel ouvrage, il pourrait aussi développer des réflexions anti-clausewitziennes sur l'inévitable réciprocité d'influence entre la politique et la guerre.

Dans *Penser et écrire la guerre*, H. Drévillon donne quelques indications de ce que pourrait être un tel ouvrage. Tout au long du livre, et en particulier dans sa brève conclusion, il critique très durement le concept clausewitzien de « guerre absolue » qui recouvre l'utilisation par un État de l'intégralité de ses ressources en vue de la destruction totale de l'ennemi. Il y voit, chez Clausewitz, le cas le plus éclatant de projection d'une « essence théorique » sur la réalité (p. 318). En outre, ce concept a permis de forger le concept contemporain de « guerre totale », longuement réfuté par H. Drévillon dans un ouvrage antérieur, *L'individu et la guerre. Du chevalier Bayard au Soldat inconnu*[1]. Bien que dans son dernier livre il s'en prenne surtout aux usages historiens du concept de « guerre absolue », on pourrait défendre la thèse selon laquelle ce dernier eut des conséquences bien réelles pour la conduite de la guerre aux XIXe et XXe siècles : il amena ainsi des hommes politiques et des stratèges à rechercher la victoire totale quel qu'en soit le prix, à postuler que la guerre pouvait viser des objectifs politiques extrêmes sans exercer d'influence en retour sur la politique et à croire possible de traiter une force militaire comme une masse indifférenciée plutôt que comme un ensemble de citoyens combattants individuellement et doués de raison et de volonté. H. Drévillon a esquissé nombre de ces idées dans *L'individu et la guerre*, ouvrage qui, soit dit en passant, traitait

Clausewitz d'une manière plus nuancée que ne le fait *Penser et écrire la guerre*. Comme il le remarque dans ce dernier livre, le concept de « guerre totale » s'est moins attiré les faveurs des militaires que celles des politiques, qui l'ont mobilisé consciemment non pas en tant que description de la pratique réelle de la guerre, mais en tant qu'idéal vers lequel devrait tendre une nation en armes.

Au-delà de l'intérêt exagéré pour les erreurs de Clausewitz, *Penser et écrire la guerre*, si précieux soit-il, souffre de quelques autres faiblesses. Bien qu'il dise vouloir contextualiser le Prussien Clausewitz, le livre se concentre très fortement sur la France et les textes français, choix que ne justifie qu'en partie l'importance de l'armée française et de la langue française à cette époque. En outre, H. Drévillon néglige les sources secondaires autres que françaises, par exemple un ouvrage récent qui couvre en grande partie le même territoire : *The Military Enlightenment: War and Culture in the French Empire from Louis XIV to Napoleon*, de Christy L. Pichichero[2]. Une partie de chapitre consacrée au concept de « guérilla » et à sa transformation au cours de la guerre d'indépendance espagnole ne fait pas mention des contributions fondamentales de Charles Esdaile sur le sujet. Enfin, bien qu'H. Drévillon écrive généralement avec une clarté admirable, il a un penchant pour les néologismes lourds (« le champ milittéraire », « l'hétérosphère publique ») et un tic stylistique : il abuse du verbe « alimenter » qu'on a l'impression, dans certains chapitres, de retrouver à chaque paragraphe ou presque. Néanmoins, quiconque s'intéresse à l'histoire militaire de la période révolutionnaire et napoléonienne ainsi qu'à l'histoire de la pensée militaire trouvera dans cet ouvrage une ample et utile matière à méditer.

David A. Bell
dabell@princeton.edu
AHSS, 77-4, 10.1017/ahss.2023.35
Traduction de Nicolas Vieillescazes

1. Hervé Drévillon, *L'individu et la guerre. Du chevalier Bayard au Soldat inconnu*, Paris, Belin, 2013.

2. Christy L. Pichichero, *The Military Enlightenment: War and Culture in the French Empire from Louis XIV to Napoleon*, Ithaca, Cornell University Press, 2017.

COMPTES RENDUS

Anne Lehoërff, *Par les armes. Le jour où l'homme inventa la guerre* (Patrice Brun)   p. 777-778

Pierre Ducrey, *Polemica. Études sur la guerre et les armées dans la Grèce ancienne* (Jérémy Clément)   p. 778-781

Nathalie Barrandon, *Les massacres de la République romaine* (Thibaud Lanfranchi)   p. 781-783

Upinder Singh, *Political Violence in Ancient India* (Raphaël Rousseleau)   p. 783-785

Martin Aurell (dir.), *Gouverner l'Empire Plantagenêt (1152-1224). Autorité, symboles, idéologie* (Isabelle Mathieu)   p. 786-788

Hussein Fancy, *The Mercenary Mediterranean: Sovereignty, Religion, and Violence in the Medieval Crown of Aragon* (Stéphane Péquignot)   p. 788-791

Philip J. Caudrey, *Military Society and the Court of Chivalry in the Age of the Hundred Years War* (Xavier Hélary)   p. 791-792

Erika Graham-Goering, *Princely Power in Late Medieval France: Jeanne de Penthièvre and the War for Brittany* (Murielle Gaude-Ferragu)   p. 792-794

Amalie Fößel (dir.), *Gewalt, Krieg und Geschlecht im Mittelalter* (Nils Bock)   p. 794-797

John Gagné, *Milan Undone: Contested Sovereignties in the Italian Wars* (Matteo Di Tullio)   p. 797-799

Séverin Duc, *La guerre de Milan. Conquérir, gouverner, résister dans l'Europe de la Renaissance* (Paul Vo-Ha)   p. 799-801

Julien Guinand, *La guerre du roi aux portes de l'Italie, 1515-1559* (Séverin Duc)   p. 801-804

Stephen D. Bowd, *Renaissance Mass Murder: Civilians and Soldiers during the Italian Wars* (Nicolas Le Roux)   p. 804-806

COMPTES RENDUS

Howard G. Brown, *Mass Violence and the Self: From the French Wars of Religion to the Paris Commune* (Yann Rodier) — p. 806-808

Jérémie Foa, *Tous ceux qui tombent. Visages du massacre de la Saint-Barthélemy* (Paul Vo-Ha) — p. 808-811

Brice Cossart, *Les artilleurs et la Monarchie hispanique (1560-1610). Guerre, savoirs techniques, État* (Jean-Pierre Bois) — p. 811-813

Paul Vo-Ha, *Rendre les armes. Le sort des vaincus XVIe-XVIIe siècles* (Pierre-Jean Souriac) — p. 813-816

Renaud Morieux, *The Society of Prisoners: Anglo-French Wars and Incarceration in the Eighteenth Century* (Natalia Muchnik) — p. 816-818

David J. Silverman, *Thundersticks: Firearms and the Violent Transformation of Native America* (Thomas Grillot) — p. 819-821

Rachel Rogers, *Friends of the Revolution: The British Radical Community in Early Republican Paris 1792-1794* (Jean-Clément Martin) — p. 821-823

Jeff Horn, *The Making of a Terrorist: Alexandre Rousselin and the French Revolution* (Yannick Bosc) — p. 823-825

Jean-Clément Martin, *Les échos de la Terreur. Vérités d'un mensonge d'État, 1794-2001* (Howard G. Brown) — p. 825-828

Anne Rolland-Boulestreau, *Guerre et paix en Vendée (1794-1796)* (Clément Weiss) — p. 828-830

Antoine Franzini, *Un siècle de révolutions corses. Naissance d'un sujet politique, 1729-1802* (Olivier Jacques) — p. 830-832

Emmanuel Fureix, *L'œil blessé. Politiques de l'iconoclasme après la Révolution française* (François Ploux) — p. 832-835

Hervé Drévillon, *Penser et écrire la guerre. Contre Clausewitz, 1780-1837* (David A. Bell) — p. 835-837

Benjamin Gray
L'invention du social ?
Délimiter la politique dans la cité grecque (de la fin de la période classique
au début de la période impériale)

Cet article applique à la Grèce antique une approche développée par Pierre Rosanvallon : l'intégration des textes philosophiques aux documents du quotidien pour mieux saisir la compréhension qu'une société a de sa vie politique. Ici, cela nécessite de se concentrer sur les sources plus pragmatiques que sont les inscriptions des villes, notamment celles portant sur les décisions civiques. Nous nous penchons sur l'évolution des idées sur la nature de la vie politique et privée, et surtout sur l'espace qui les sépare. Avec une influence considérable, les démocrates et les philosophes de l'Athènes classique ont eu tendance à insister sur une distinction binaire nette entre vie publique/politique et vie privée, laissant peu de place à la notion d'un troisième espace intermédiaire de la vie de la *polis*, semblable à une « sphère sociale » ou à une « société civile ». Ce modèle est resté dominant pendant les périodes hellénistique et romaine, mais, surtout après 150 av. J.-C. environ, certains citoyens et intellectuels grecs ont développé, principalement dans les inscriptions, une notion beaucoup plus explicite, complexe et subtile de « vie sociale », entre la politique et la vie privée. L'article s'interroge finalement sur ce que les différents concepts antiques discutés peuvent apporter aux débats historiographiques actuels sur la nature de la cité grecque après 150 av. J.-C., en particulier sur la manière de dépasser l'image traditionnelle de la « dépolitisation », et remet également en question le récit orthodoxe du développement des idées du « social » sur plusieurs siècles jusqu'à aujourd'hui.

The Invention of the Social? Debating the Scope of Politics in the Greek Polis
from the Later Classical to the Early Roman Period

This paper applies to ancient Greece an approach developed by Pierre Rosanvallon: the integration of philosophical texts with the most everyday documents to better grasp a society's understanding of its political life. For the ancient polis, this means focusing on the more prosaic evidence offered by cities' inscriptions, especially their collective decisions published on stone. It is used here to consider the changing ideas about the nature of political and private life—and especially the space between them. In a very influential model, Classical Athenian democrats and philosophers tended to insist on a sharp binary distinction between public/political life and private life, leaving little room for a notion of an intermediate third space of polis life, similar to a "social sphere" or "civil society." This pattern remained dominant in the Hellenistic and Roman periods, but, especially after c. 150 BC, some Greek citizens and intellectuals developed, above all in inscriptions, a much more explicit, complex, and subtle notion of "social life" as something between politics and private life. The article concludes by asking what the different ancient concepts discussed can contribute to current historiographical debates about the nature of the Greek city after c. 150 BC, especially when it comes to moving beyond the traditional picture of "depoliticization." It also calls into question the orthodox narrative of the development of ideas of "the social" over many centuries up to the present.

Anne Simonin
Actualité de la Terreur
L'apport des émotions à l'étude de la Révolution française (note critique)

La Terreur, ces dix-huit mois du gouvernement révolutionnaire de l'an II généralement compris entre mars 1793 et juillet 1794, est probablement la période de l'histoire de la Révolution qui résiste le plus à l'interprétation. Et l'intérêt, pour ne pas dire la passion, dans la recherche des causes et des responsables qui anime ceux qui en furent les contemporains, et les potentielles victimes, est d'une intensité qui ne se démentira pas au XIXe siècle, voire au XXe siècle, chez les historiens cette fois. L'historiographie récente de la Terreur, dont certains ouvrages sont ici analysés, est d'un ton plus apaisé. Malgré des désaccords persistants, un consensus s'est fait jour. Les émotions sont reconnues comme facteur décisif des choix radicaux faits par les acteurs. Ces choix ne sont pas seulement rationnels et contraints, puisque dictés par les circonstances; ils ne trahissent pas non plus une vision politique cohérente, un système matrice d'une pensée totalitaire, mais bien plutôt des ajustements que des individus sont forcés de faire pour rester en cohérence avec les « communautés émotionnelles » auxquelles ils appartiennent. Les émotions ne sont pas un paradigme neuf : c'est Lucien Febvre qui, dès la fin des années 1930, a alerté sur leur importance pour l'historien. Appliquées à la Terreur, dans les champs historiographiques français et anglais, les émotions participent d'une nouvelle histoire des élites. Mais peuvent-elles, à elles seules, rendre compte de cet état d'exception qu'est l'état de guerre expérimenté par la France durant la Terreur ?

The Terror Today: Emotions and the Study of the French Revolution
(Review Article)

The Terror, the eighteen months of the year II revolutionary government generally considered to have lasted from March 1793 to July 1794, is probably the period of the French Revolution that most resists interpretation. The implication, not to say the passion, that drove the search for causes and accountability by its contemporaries and potential victims was of an intensity that showed no signs of waning in the nineteenth and even the twentieth century—this time among historians. The recent historiography of the Terror, some of which is analyzed here, is quieter in tone. Despite ongoing disagreements, a consensus has emerged around emotions as a determining factor in the actors' radical choices. These choices were not simply rational ones made under duress and dictated by circumstances, nor do they reveal a consistent political vision or a matrix of totalitarian thought. Rather, they reflect the adjustments that individuals are forced to make if they are to remain consistent with the "emotional communities" to which they belong. Emotions are not a new paradigm; Lucien Febvre insisted on their importance to historians in the late 1930s. Applied to the Terror in both French and English-language scholarship, they are giving rise to a new history of elites. But can emotions, by themselves, explain the exceptional state of war that existed in France during those months?

RÉSUMÉS / ABSTRACTS

Éric Buge et Étienne Ollion
Que vaut un député?
Ce que l'indemnité dit du mandat parlementaire (1914-2020)

Combien perçoivent vraiment les députés français pour leur activité parlementaire? À cette question en apparence anodine, il est pourtant difficile d'apporter une réponse claire pour la majeure partie du XXe siècle. À partir d'un travail inédit mené dans diverses archives de l'Assemblée nationale, cet article propose une première estimation du revenu que les députés ont pu retirer de leur mandat, du début du XXe siècle à nos jours. Il démontre ainsi la fécondité de ces données pour l'historien, en ce qu'il contribue à répondre à trois interrogations liées : pourquoi est-il si complexe d'accéder à une information normalement publique? Comment le revenu des parlementaires situe-t-il les élus dans l'échelle des revenus de la population française? Enfin, que nous disent ces évolutions de l'indemnité (en termes de niveau comme de nature) sur le type d'activité qu'est la députation? Ce faisant, l'étude éclaire certaines transformations de fond du métier politique.

What Is an MP Worth? The Compensation of French Parliamentarians (1914-2020)

How much are members of the French parliament paid? No clear answer can be provided to this apparently trivial question for most of the twentieth century. Based on new research carried out in the archives of the lower chamber, the Assemblée nationale, this article offers an estimate of the revenues politicians have collected from their parliamentary activity since the early twentieth century. This rich seam of historical data is used to address three interrelated questions: Why is it so complex to access supposedly public information? Where do French parliamentarians' earnings place them on the scale of the active population? Finally, what do the evolutions identified (in terms of both value and kind) reveal about the professional activity of these representatives? In probing these questions, the article sheds new light on political careers in France.

Arnaud Fossier
Hommes de mauvaise réputation
Usuriers, débiteurs et créanciers en procès (Pistoia, 1287-1301)

À partir de l'étude d'une douzaine de procès conservés dans les registres de l'évêque de Pistoia à la fin du XIIIe siècle, cet article propose d'interroger la frontière entre deux phénomènes majeurs de l'économie prémoderne : le crédit et l'usure. Ce ne sont pas tant les modalités pratiques du prêt d'argent qui différenciaient l'une de l'autre – même si le taux d'intérêt jouait un rôle dans la définition judiciaire de l'usure – que la diffamation de l'usurier. La *fama*, entendue comme l'opinion collective recueillie par le juge, visait en effet à établir la réputation d'« usurier public » de l'accusé, et il n'est d'ailleurs pas impossible que ces procès se soient inscrits dans des jeux de factions locaux. Mais, il faut bien reconnaître que la majorité visaient d'abord à obtenir la restitution des sommes extorquées par les usuriers. Quant à l'Église, on peut se demander si, plutôt que de condamner de façon claire et univoque l'usure (freinant ainsi supposément l'avènement du capitalisme), elle n'a pas tenté d'instituer le marché en discriminant les honnêtes banquiers des mauvais prêteurs et en tâchant de maintenir son contrôle sur l'espace public face à l'emprise grandissante des pouvoirs communaux.

RÉSUMÉS / ABSTRACTS

Disreputable Men: Usurers, Debtors, and Creditors on Trial (Pistoia, 1287-1301)

Based on the study of a dozen trials preserved in the late thirteenth-century registers of the Bishop of Pistoia, this article analyzes the boundary between two major phenomena of the premodern economy: credit and usury. Though interest rates formed part of the legal definition of usury, what differentiated one from the other was less the practical mechanisms of lending money than the defamation of the usurer. The *fama*, understood as the collective opinion gathered by the judge, sought to establish the reputation of the accused as a "public usurer," and it is possible that these trials were mobilized in conflicts between local factions. Nonetheless, the majority primarily aimed at the restitution of sums extorted by the usurers. The Church, for its part, seems to have hesitated to condemn usury in a clear and univocal manner (which would allegedly have slowed the rise of capitalism). Instead, it may have attempted to regulate the market by discriminating between honest bankers and wicked lenders in order to maintain control over the public sphere in the face of the growing influence of the Italian communes.

Livres reçus

Heike Liebau et al. (dir.)
The World in World Wars: Experiences, Perceptions and Perspectives from Africa and Asia
Leyde, Brill, 2010, 613 p.

Amalie Fößel (dir.)
Gewalt, Krieg und Geschlecht im Mittelalter
Berlin, Peter Lang, 2020, 534 p.

Emmanuel Saint-Fuscien
L'école sous le feu. Janvier et novembre 2015
Paris, Passés composés, 2022, 276 p.

Arthur Asseraf
Le désinformateur. Sur les traces de Messaoud Djebari, Algérien dans un monde colonial
Paris, Fayard, 2022, 268 p.

Nastassja Martin
À l'est des rêves. Réponses Even aux crises systémiques
Paris, La Découverte, 2022, 250 p.

David Todd
Un empire de velours. L'impérialisme informel français au XIXe siècle
Paris, La Découverte, 2022, 318 p.

Mathilde Rossigneux-Méheust
Vieillesses irrégulières. Des « indésirables » en maison de retraite (1956-1980)
Paris, La Découverte, 2022, 220 p.

Gérard Chouquer
Code de droit agraire romain. Référents antiques pour le pluralisme et les anciens régimes fonciers
Paris, Publi-Topex, 2022, 884 p.

Patrick Rotman
Résistances (1940-1945)
Paris, Arte éditions/Éd. du Seuil, 2022, 224 p.

Paul Cheney
Cul-de-sac. Une plantation à Saint-Domingue au XVIIIe siècle
Paris, Fayard, 2022, 320 p.

Alain J. Lemaître et Odile Kammerer
L'Alsace au XVIIIe siècle. L'aigle et le lys
Berlin, Erich Schmidt Verlag, 2022, 311 p.

François Daumet
Julien Nozerines (1719-1773), un orfèvre dans la société brivadoise au XVIIIe siècle
Brioude, Société de l'« Almanach de Brioude », 230 p.

Travor Quemeneur
Vivre en Algérie du XIXe au XXe siècle
Paris, Nouveau Monde éditions/ministère des Armées, 2022, 288 p.

Daniel Baloup
L'homme armé. Expériences de la guerre et du combat en Castille au XVe siècle
Madrid, Casa de Velázquez, 2022, 309 p.

Isabelle Clair et Elsa Dorlin (dir.)
Photo de famille. Penser des vies intellectuelles d'un point de vue féministe
Paris, Éd. de l'EHESS, 2022, 457 p.

Guillaume Blanc, Mathieu Guérin et Grégory Quenet (dir.)
Protéger et détruire. Gouverner la nature sous les tropiques (XXe-XXIe siècle)
Paris, CNRS Éditions, 2022, 384 p.

LIVRES REÇUS

Bernard Vernier
Prénom et choix d'objet incestueux. Psychanalyse, statistiques et sciences sociales
Paris, L'Harmattan, 2022, 234 p.

Michel Froeschlé
Les voyages d'un homme des pré-Lumières. Louis Feuillée, religieux minime, astronome et botaniste du roi (1660-1732)
Paris, L'Harmattan, 2022, 294 p.

Pierre-Louis Rœderer
Écrits constitutionnels
Paris, Dalloz, 2022, 500 p.

Carmen Villarino Pardo, Iolanda Galanes Santos et Ana Luna Alonso (dir.)
Promoción cultural y Traducción. Ferias internacionales del libro e invitados de honor
Lausanne, Peter Lang, 2021, 294 p.

Daniel Fabre
Passer à l'âge d'homme. Dans les sociétés méditerranéennes
Paris, Gallimard, 2022, 352 p.

Solène Rivoal
Les marchés de la mer. Une histoire sociale et environnementale de Venise au XVIIIe siècle
Rome, École française de Rome, 2022, 618 p.

Marc Pavé
La pêche côtière en France (1715-1850). Approche sociale et environnementale
Paris, L'Harmattan, 2013, 300 p.

Kathleen Schwerdtner Máñez et Bo Poulsen (dir.)
Perspectives on Oceans Past: A Handbook of Marine Environmental History
Dordrecht, Springer Science/Business Media, 2016, 211 p.

Kevin de la Croix et Véronica Mitroi (dir.)
Écologie politique de la pêche. Temporalités, crises, résistances et résiliences dans le monde de la pêche
Nanterre, Presses universitaires de Paris Nanterre, 2020, 272 p.

Pedro Machado, Steve Mullins et Joseph Christensen (dir.)
Pearls, People, and Power: Pearling and Indian Ocean Worlds
Athens, Ohio University Press, 2019, 426 p.

Irus Braverman et Elizabeth R. Johnson (dir.)
Blue Legalities: The Life and Laws of the Sea
Durham, Duke University Press, 2020, 352 p.

Elspeth Probyn
Eating the Ocean
Durham, Duke University Press, 2016, 200 p.

Jacobina K. Arch
Bringing Whales Ashore: Oceans and the Environment in Early Modern Japan
Seattle, University of Washington Press, 2018, 272 p.

Micah S. Muscolino
Fishing Wars and Environmental Change in Late Imperial and Modern China
Cambridge, Harvard University Asia Center, 2009, 300 p.

Ajantha Subramanian
Shorelines: Space and Rights in South India
Stanford, Stanford University Press, 2009, 320 p.

Année 2022

Tables annuelles

Index des auteurs

Bertho Elara
« Écrivains 'noirs' et prix littéraires. Enquête et contre-attaque selon Mohamed Mbougar Sarr »
77-3, p. 491-510

Bessy Christian
« La valeur du faux (note critique) »
Voir Colmellere Cynthia
77-3, p. 463-490

Buge Éric
« Que vaut un député ? Ce que l'indemnité dit du mandat parlementaire (1914-2020) »
Voir Ollion Étienne
77-4, p. 703-737

Bührer-Thierry Geneviève
« La Nature et le corps du roi. Réflexions sur l'idéologie politique des temps carolingiens »
77-1, p. 97-104

Cerovic Masha
« Familles et patries en guerre. Retisser la loyauté des combattants soviétiques (1941-1945) »
77-2, p. 233-262

Colmellere Cynthia
« La valeur du faux (note critique) »
Voir Bessy Christian
77-3, p. 463-490

Fossier Arnaud
« Hommes de mauvaise réputation. Usuriers, débiteurs et créanciers en procès (Pistoia, 1287-1301) »
77-4, p. 741-773

Fusaro Maria
« Mourir en mer en Méditerranée. La succession intestat et l'héritage de biens meubles sur les navires vénitiens au XVIIe siècle »
77-2, p. 329-356

Gray Benjamin
« L'invention du social ? Délimiter la politique dans la cité grecque (de la fin de la période classique au début de la période impériale) »
77-4, p. 633-671

Höhn Philipp
« La 'lutte contre les pirates' comme paradigme. Conflit, concurrence et criminalisation à Lübeck et dans le commerce nord-européen aux XVe et XVIe siècles »
77-2, p. 293-328

Izdebski Adam *et alii*
« L'émergence d'une histoire environnementale interdisciplinaire. Une approche conjointe de l'Holocène tardif »
77-1, p. 11-60

Leveau Philippe
« Le destin de l'Empire romain dans le temps long de l'environnement (note critique) »
77-1, p. 61-84

INDEX DES AUTEURS

Ollion Étienne
« Que vaut un député ? Ce que l'indemnité dit du mandat parlementaire (1914-2020) »
Voir Buge Éric
77-4, p. 703-737

Palomo Federico
« Production et circulation des savoirs dans une monarchie polycentrique. Goa, la chrétienté éthiopienne et l'empire portugais du XVIIe siècle »
77-3, p. 427-462

Rahal Malika
« La disparition forcée durant la Guerre d'Indépendance algérienne. Le projet *Mille autres*, ou les disparus de la 'bataille d'Alger' (1957) »
Voir Riceputi Fabrice
77-2, p. 263-292

Rao Riccardo
« Communs et dynamiques de pouvoir dans l'Europe du Sud médiévale. Une comparaison entre l'Italie du Nord et le plateau du Duero (VIIe-XVe siècle) »
Voir Viso Iñaki Martín
77-3, p. 511-542

Reddé Michel
« Le développement économique des campagnes romaines dans le nord de la Gaule et l'île de Bretagne »
77-1, p. 105-146

Riceputi Fabrice
« La disparition forcée durant la Guerre d'Indépendance algérienne. Le projet *Mille autres*, ou les disparus de la 'bataille d'Alger' (1957) »
Voir Rahal Malika
77-2, p. 263-292

Simonin Anne
« Actualité de la Terreur. L'apport des émotions à l'étude de la Révolution française (note critique) »
77-4, p. 673-701

Viso Iñaki Martín
« Communs et dynamiques de pouvoir dans l'Europe du Sud médiévale. Une comparaison entre l'Italie du Nord et le plateau du Duero (VIIe-XVe siècle) »
Voir Rao Riccardo
77-3, p. 511-542

Watteaux Magali
« Un discours de la méthode pour une histoire environnementale du haut Moyen Âge »
77-1, p. 85-96

Index des livres recensés

Allorant Pierre, Badier Walter et Garrigues Jean (dir.)
1870, entre mémoires régionales et oubli national. Se souvenir de la guerre franco-prussienne
77-2, p. 359-361

Andrieu Claire
Tombés du ciel. Le sort des pilotes abattus en Europe, 1939-1945
77-2, p. 393-396

Aurell Martin (dir.)
Gouverner l'Empire Plantagenêt (1152-1224). Autorité, symboles, idéologie
77-4, p. 786-788

Baczko Adam
La guerre par le droit. Les tribunaux Taliban en Afghanistan
77-2, p. 418-421

Barrandon Nathalie
Les massacres de la République romaine
77-4, p. 781-783

Baviskar Amita
Uncivil City: Ecology, Equity and the Commons in Delhi
77-1, p. 213-215

Bellégo Marine
Enraciner l'empire. Une autre histoire du jardin botanique de Calcutta (1860-1910)
77-1, p. 189-191

Bellingradt Daniel
Vernetzte Papiermärkte. Einblicke in den Amsterdamer Handel mit Papier im 18. Jahrhundert
77-3, p. 579-581

Bériou Nicole, Dalarun Jacques et Poirel Dominique (dir.)
Le manuscrit franciscain retrouvé
77-3, p. 549-552

Bertrand Gilles et al. (dir.)
Bibliothèques et lecteurs dans l'Europe moderne (XVIIe-XVIIIe siècles)
77-3, p. 562-565

Bertucci Paola
Artisanal Enlightenment: Science and the Mechanical Arts in Old Regime France
77-3, p. 609-611

Bhattacharyya Debjani
Empire and Ecology in the Bengal Delta: The Making of Calcutta
77-1, p. 191-193

Blanc Guillaume
L'invention du colonialisme vert. Pour en finir avec le mythe de l'Éden africain
77-1, p. 186-189

Bleichmar Daniela
Visual Voyages: Images of Latin American Nature from Columbus to Darwin
77-1, p. 181-183

INDEX DES LIVRES RECENSÉS

Blom Philipp
Quand la nature se rebelle. Le changement climatique du XVIIe siècle et son influence sur les sociétés modernes
77-1, p. 171-173

Boillet Élise *et al*. (dir.)
Traduire et collectionner les livres en italien à la Renaissance
77-3, p. 557-559

Boltanski Luc et Esquerre Arnaud
Qu'est-ce que l'actualité politique ? Événements et opinions au XXIe siècle
77-3, p. 626-628

Bowd Stephen D.
Renaissance Mass Murder: Civilians and Soldiers during the Italian Wars
77-4, p. 804-806

Bredekamp Horst
Galileo's Thinking Hand: Mannerism, Anti-Mannerism, and the Virtue of Drawing in the Foundation of Early Modern Science
77-3, p. 574-576

Brockliss Laurence (éd.)
From Provincial Savant to Parisian Naturalist: The Recollections of Pierre-Joseph Amoreux, 1741-1824
77-3, p. 616-618

Brown Howard G.
Mass Violence and the Self: From the French Wars of Religion to the Paris Commune
77-4, p. 806-808

Calvo Thomas
Espadas y plumas en la Monarquía hispana. Alonso de Contreras y otras vidas de soldados (1600-1650)
77-3, p. 601-604

Cantier Jacques
Lire sous l'Occupation. Livres, lecteurs, lectures, 1939-1944
77-3, p. 584-586

Caudrey Philip J.
Military Society and the Court of Chivalry in the Age of the Hundred Years War
77-4, p. 791-792

Cerovic Masha
Les enfants de Staline. La guerre des partisans soviétiques (1941-1944)
77-2, p. 374-376

Chandelier Joël et Robert Aurélien (dir.)
Frontières des savoirs en Italie à l'époque des premières universités (XIIIe-XVe siècle)
77-3, p. 588-590

Coen Deborah R.
Climate in Motion: Science, Empire, and the Problem of Scale
77-1, p. 193-196

Conesa Marc et Poirier Nicolas (dir.)
Fumiers ! Ordures ! Gestion et usage des déchets dans les campagnes de l'Occident médiéval et moderne
77-1, p. 165-167

Cossart Brice
Les artilleurs et la Monarchie hispanique (1560-1610). Guerre, savoirs techniques, État
77-4, p. 811-813

Crouzet Denis (dir.)
L'humanisme à l'épreuve de l'Europe (XVe-XVIe siècles). Histoire d'une transmutation culturelle
77-3, p. 595-597

Dante
La divine comédie
Trad. par Risset Jacqueline
Éd. sous la dir. d'Ossola Carlo, avec la collaboration de Ferrini Jean-Pierre, Fiorentini Luca, Gallinaro Ilaria et Porro Pasquale
77-3, p. 552-554

David-Fox Michael (dir.)
The Soviet Gulag: Evidence, Interpretation and Comparison
77-2, p. 399-400

INDEX DES LIVRES RECENSÉS

Devienne Elsa
La ruée vers le sable. Une histoire environnementale des plages de Los Angeles au XXe siècle
77-1, p. 215-217

Drendel John (dir.)
Crisis in the Later Middle Ages: Beyond the Postan-Duby Paradigm
77-1, p. 159-162

Drévillon Hervé
Penser et écrire la guerre. Contre Clausewitz, 1780-1837
77-4, p. 835-837

Dubois Paul-André
Lire et écrire chez les Amérindiens de Nouvelle-France. Aux origines de la scolarisation et de la francisation des Autochtones du Canada
77-3, p. 604-606

Duc Séverin
La guerre de Milan. Conquérir, gouverner, résister dans l'Europe de la Renaissance
77-4, p. 799-801

Ducrey Pierre
Polemica. Études sur la guerre et les armées dans la Grèce ancienne, éd. par S. Fachard
77-4, p. 778-781

Dumas Hélène
Sans ciel ni terre. Paroles orphelines du génocide des Tutsi (1994-2006)
77-2, p. 416-418

Fancy Hussein
The Mercenary Mediterranean: Sovereignty, Religion, and Violence in the Medieval Crown of Aragon
77-4, p. 788-790

Fauroux Camille
Produire la guerre, produire le genre. Des Françaises au travail dans l'Allemagne nationale-socialiste (1940-1945)
77-2, p. 386-389

Ferrand Guilhem et Petrowiste Judicaël (dir.)
Le nécessaire et le superflu. Le paysan consommateur
77-1, p. 162-165

Foa Jérémie
Tous ceux qui tombent. Visages du massacre de la Saint-Barthélemy
77-4, p. 808-811

Fößel Amalie (dir.)
Gewalt, Krieg und Geschlecht im Mittelalter
77-4, p. 794-797

Fournel Jean-Louis et Zancarini Jean-Claude
Machiavel. Une vie en guerres
77-3, p. 599-601

Franzini Antoine
L'Accademia dei Vagabondi. Une Académie des Belles Lettres en Corse. Une histoire sociale, culturelle et littéraire (XVIIe-XVIIIe siècles)
77-3, p. 611-613

Franzini Antoine
Un siècle de révolutions corses. Naissance d'un sujet politique, 1729-1802
77-4, p. 830-832

Fureix Emmanuel
L'œil blessé. Politiques de l'iconoclasme après la Révolution française
77-4, p. 832-835

Gagné John
Milan Undone: Contested Sovereignties in the Italian Wars
77-4, p. 797-799

Gal Stéphane
Histoires verticales. Les usages politiques et culturels de la montagne (XIVe-XVIIIe siècle)
77-1, p. 167-169

INDEX DES LIVRES RECENSÉS

**Gantet Claire
et Meumann Markus (dir.)**
Les échanges savants franco-allemands au
XVIIIᵉ siècle. Transferts, circulations et réseaux
77-3, p. 613-615

Geslot Jean-Charles
Histoire d'un livre. L'histoire de France de Victor
Duruy (1858)
77-3, p. 581-584

Gorz André
Leur écologie et la nôtre. Anthologie d'écologie
politique
77-1, p. 223-226

Graham-Goering Erika
Princely Power in Late Medieval France:
Jeanne de Penthièvre and the War for Brittany
77-4, p. 792-794

Guinand Julien
La guerre du roi aux portes de l'Italie,
1515-1559
77-4, p. 801-804

Horn Jeff
The Making of a Terrorist: Alexandre Rousselin
and the French Revolution
77-4, p. 823-825

Ickx Johan
La guerre et le Vatican. Les secrets de
la diplomatie du Saint-Siège (1914-1915)
77-2, p. 365-367

Ingrao Christian
La promesse de l'Est. Espérance nazie et génocide,
1939-1943
77-2, p. 379-381

Ingrao Christian
Le soleil noir du paroxysme. Nazisme, violence
de guerre, temps présent
77-2, p. 381-384

**Izdebski Adam
et Mulryan Michael (dir.)**
Environment and Society in the Long
Late Antiquity
77-1, p. 154-157

**Izdebski Adam e
t Szmytka Rafał (dir.)**
Krakow: An Ecobiography
77-1, p. 211-213

**Jaffrelot Christophe
et Anil Pratinav**
India's First Dictatorship: The Emergency
1975-77
77-2, p. 411-414

Jandot Olivier
Les délices du feu. L'homme, le chaud et le froid
à l'époque moderne
77-1, p. 169-171

**Jarrige François
et Le Roux Thomas**
La contamination du monde. Une histoire
des pollutions à l'âge industriel
77-1, p. 203-205

**Jarrige François
et Vrignon Alexis (dir.)**
Face à la puissance. Une histoire des énergies
alternatives à l'âge industriel
77-1, p. 200-202

Jimenes Rémi
Charlotte Guillard. Une femme imprimeur
à la Renaissance
77-3, p. 559-561

König Mareike et Julien Élise
Rivalités et interdépendances (1870-1918)
77-2, p. 363-365

Koustova Emilia (dir.)
Combattre, survivre, témoigner. Expériences
soviétiques de la Seconde Guerre mondiale
77-2, p. 376-378

Kreike Emmanuel
Scorched Earth: Environmental Warfare as
a Crime against Humanity and Nature
77-1, p. 221-223

Lacour-Astol Catherine
Le genre de la Résistance. La Résistance féminine
dans le Nord de la France
77-2, p. 389-391

Le Port Éliane
Écrire sa vie, devenir auteur. Le témoignage ouvrier depuis 1945
77-3, p. 623-626

Lehoërff Anne
Par les armes. Le jour où l'homme inventa la guerre
77-4, p. 777-778

Lewandowski Hélène
La face cachée de la Commune
77-2, p. 361-363

Liebau Heike et al. (dir.)
The World in World Wars: Experiences, Perceptions and Perspectives from Africa and Asia
77-2, p. 372-374

Lindeperg Sylvie
Nuremberg, la bataille des images. Des coulisses à la scène d'un procès-spectacle
77-2, p. 396-399

Locher Fabien (dir.)
La nature en communs. Ressources, environnement et communautés (France et Empire français XVIIe-XXIe siècles)
77-1, p. 208-210

Lyon-Caen Nicolas et Morera Raphaël
À vos poubelles citoyens ! Environnement urbain, salubrité publique et investissement civique (Paris, XVIe-XVIIIe siècle)
77-1, p. 205-207

MacMaster Neil
War in the Mountains: Peasant Society and Counterinsurgency in Algeria, 1918-1958
77-2, p. 400-403

Malhotra Aanchal
Vestiges d'une séparation. Inventaire pour mémorial
77-2, p. 409-411

Manning J. G.
The Open Sea: The Economic Life of the Ancient Mediterranean World from the Iron Age to the Rise of Rome
77-1, p. 152-154

Marcus Hannah
Forbidden Knowledge: Medicine, Science, and Censorship in Early Modern Italy
77-3, p. 597-599

Markovits Claude
De l'Indus à la Somme. Les Indiens en France pendant la Grande Guerre
77-2, p. 369-371

Martin Jean-Clément
Les échos de la Terreur. Vérités d'un mensonge d'État, 1794-2001
77-4, p. 825-828

Mathis Charles-François
La civilisation du charbon en Angleterre, du règne de Victoria à la Seconde Guerre mondiale
77-1, p. 198-200

McKitterick David
Textes imprimés et textes manuscrits. La quête de l'ordre, 1450-1830
77-3, p. 567-569

Michonneau Stéphane, Rodríguez-López Carolina et Vela Cossío Fernando (dir.)
Paisajes de guerra. Huellas, reconstrucción, patrimonio (1939-años 2000)
77-2, p. 405-407

Morieux Renaud
The Society of Prisoners: Anglo-French Wars and Incarceration in the Eighteenth Century
77-4, p. 816-818

Patin Nicolas
Krüger. Un bourreau ordinaire
77-2, p. 384-386

INDEX DES LIVRES RECENSÉS

Pérez Amín
Combattre en sociologues. Pierre Bourdieu et Abdelmalek Sayad dans une guerre de libération (Algérie, 1958-1964)
77-2, p. 403-405

Pettegree Andrew et Weduwen Arthur der
The Bookshop of the World: Making and Trading Books in the Dutch Golden Age
77-3, p. 577-579

Piccione Rosa Maria (dir.)
Greeks, Books and Libraries in Renaissance Venice
77-3, p. 554-556

Pignot Manon
L'appel de la guerre. Des adolescents au combat, 1914-1918
77-2, p. 368-369

Piton Florent
Le génocide des Tutsi du Rwanda
77-2, p. 414-416

Poma Roberto et Weill-Parot Nicolas (dir.)
Les utopies scientifiques au Moyen Âge et à la Renaissance
77-3, p. 592-595

Pouillard Violette
Histoire des zoos par les animaux. Contrôle, conservation, impérialisme
77-1, p. 183-186

Prakash Gyan
Emergency Chronicles: Indira Gandhi and Democracy's Turning Point
77-2, p. 411-414

Preiser-Kapeller Johannes
Der lange Sommer und die Kleine Eiszeit. Klima, Pandemien und der Wandel der Alten Welt von 500 bis 1500 n. Chr
77-1, p. 157-159

Preiser-Kapeller Johannes
Die erste Ernte und der große Hunger. Klima, Pandemien und der Wandel der Alten Welt bis 500 n. Chr
77-1, p. 157-159

Riondet Charles
Le Comité parisien de la Libération, 1943-1945
77-2, p. 391-393

Rogers Rachel
Friends of the Revolution: The British Radical Community in Early Republican Paris 1792-1794
77-4, p. 821-823

Roggero Marina
Le vie dei libri. Letture, lingua e pubblico nell'Italia moderna
77-3, p. 569-571

Rolland-Boulestreau Anne
Guerre et paix en Vendée (1794-1796)
77-4, p. 828-830

Ronconi Filippo
Aux racines du livre. Métamorphoses d'un objet de l'Antiquité au Moyen Âge
77-3, p. 545-547

Silverman David J.
Thundersticks: Firearms and the Violent Transformation of Native America
77-4, p. 819-821

Singh Upinder
Political Violence in Ancient India
77-4, p. 783-785

Skopyk Bradley
Colonial Cataclysms: Climate, Landscape, and Memory in Mexico's Little Ice Age
77-1, p. 176-178

Sordet Yann
Histoire du livre et de l'édition. Production et circulation, formes et mutations
77-3, p. 547-549

INDEX DES LIVRES RECENSÉS

Stahuljak Zrinka
Les fixeurs au Moyen Âge. Histoire et littérature connectées
77-3, p. 586-588

Stépanoff Charles
L'animal et la mort. Chasse, modernité et crise du sauvage
77-1, p. 218-221

Synowiecki Jan
Paris en ses jardins. Nature et culture urbaines au XVIIIᵉ siècle
77-1, p. 178-181

Tesnière Valérie
Au bureau de la revue. Une histoire de la publication scientifique (XIXᵉ-XXᵉ siècle)
77-3, p. 620-623

Tischler Matthias M. et Marschner Patrick S. (dir.)
Transcultural Approaches to the Bible: Exegesis and Historical Writing across Medieval Worlds
77-3, p. 590-592

Trichaud-Buti Danielle et Buti Gilbert
Rouge Cochenille. Histoire d'un insecte qui colora le monde : XVIᵉ-XXIᵉ siècle
77-3, p. 606-609

Valleriani Matteo (dir.)
De sphaera of Johannes de Sacrobosco in the Early Modern Period: The Authors of the Commentaries
77-3, p. 571-574

Van Damme Stéphane
Seconde nature. Rematérialiser les sciences de Bacon à Tocqueville
77-3, p. 618-620

Villiger Carole
Usages de la violence en politique (1950-2000)
77-2, p. 407-409

Vo-Ha Paul
Rendre les armes. Le sort des vaincus XVIᵉ-XVIIᵉ siècles
77-4, p. 813-816

Walsby Malcolm
Booksellers and Printers in Provincial France 1470-1600
77-3, p. 565-566

White Sam
A Cold Welcome: The Little Ice Age and Europe's Encounter with North America
77-1, p. 173-176

White Sam, Pfister Christian et Mauelshagen Franz (dir.)
The Palgrave Handbook of Climate History
77-1, p. 149-152

Wrigley E. A.
The Path to Sustained Growth: England's Transition from an Organic Economy to an Industrial Revolution
77-1, p. 196-198

Index des recenseurs

Adam Renaud
77-3, p. 577-579

Agarwal Prerna
77-2, p. 411-414

Alleau Tassanee
77-1, p. 183-186

Anceau Éric
77-2, p. 363-365

Anglaret Anne-Sophie
77-2, p. 368-369

Bailly Noémie
77-1, p. 218-221

Beck Patrice
77-3, p. 545-547

Béghin Mathieu
77-1, p. 165-167

Bell David A.
77-4, p. 835-837

Bellégo Marine
77-1, p. 191-193

Bénévent Christine
77-3, p. 562-565

Berger Françoise
77-2, p. 386-389

Bertrand Gilles
77-3, p. 611-613

Blanc Julien
77-2, p. 389-391

Bloomfield Kevin
77-1, p. 157-159

Bock Nils
77-4, p. 794-797

Bois Jean-Pierre
77-4, p. 811-813

Boniface Xavier
77-2, p. 365-367

Bosc Yannick
77-4, p. 823-825

Boudes Yoan
77-3, p. 592-595

Brioist Pascal
77-1, p. 169-171

Brown Howard G.
77-4, p. 825-828

Brun Patrice
77-4, p. 777-778

Burgel Élias
77-3, p. 616-618

Buton Philippe
77-2, p. 391-393

Cadiot Aliénor
77-2, p. 372-374

INDEX DES RECENSEURS

Cadiot Juliette
77-2, p. 399-400

Castaing Anne
77-2, p. 409-411

Cerovic Masha
77-2, p. 376-378

Clément Jérémy
77-4, p. 778-781

Clément Michèle
77-3, p. 557-559

Crettiez Xavier
77-2, p. 407-409

Daheur Jawad
77-1, p. 193-196

Deligne Chloé
77-1, p. 208-210

Devroey Jean-Pierre
77-1, p. 154-157

Di Tullio Matteo
77-4, p. 797-799

Duc Séverin
77-4, p. 802-804

Duveau Sophie
77-3, p. 620-623

Feller Laurent
77-1, p. 159-162

Fournier Éric
77-2, p. 361-363

Furst Benjamin
77-1, p. 203-205

Gaude-Ferragu Murielle
77-4, p. 792-794

Gaudin Guillaume
77-3, p. 601-604

Geslot Jean-Charles
77-3, p. 584-586

Gialdini Anna
77-3, p. 554-556

Gildea Robert
77-2, p. 393-396

Girard Bérénice
77-1, p. 213-215

Grendler Paul F.
77-3, p. 569-571

Grenier Jean-Yves
77-1, p. 196-198

Grillot Thomas
77-4, p. 819-821

Guéna Pauline
77-2, p. 149-152

Hagimont Steve
77-1, p. 215-217

Havard Gilles
77-3, p. 604-606

Hélary Xavier
77-4, p. 791-792

Henryot Fabienne
77-3, p. 567-569

Heredia-López Diana
77-1, p. 176-178

Ingrao Christian
77-2, p. 384-386

Israël Liora
77-2, p. 418-421

Jacques Olivier
77-4, p. 830-832

Jarrige François
77-1, p. 198-200

INDEX DES RECENSEURS

Jimenes Rémi
77-3, p. 565-566

König Mareike
77-2, p. 359-361

Lacour Pierre-Yves
77-3, p. 609-611

Lanfranchi Thibaud
77-4, p. 781-783

Le Roux Nicolas
77-4, p. 804-806

Lefeuvre Philippe
77-1, p. 162-165

Lejosne Fiona
77-3, p. 595-597

Lemaigre-Gaffier Pauline
77-1, p. 178-181

Martin Jean-Clément
77-4, p. 821-823

Mathieu Isabelle
77-4, p. 785-788

Mathis Charles-François
77-1, p. 200-202

Maudet Ségolène
77-1, p. 152-154

Milazzo Renaud
Voir Nuovo Angela
77-3, p. 547-549

Miolo Laure
77-3, p. 571-574

Montefusco Antonio
77-3, p. 549-552

Moreau Bellaing Cédric de
77-2, p. 381-384

Mouralis Guillaume
77-2, p. 396-399

Mouthon Fabrice
77-1, p. 167-169

Muchnik Natalia
77-4, p. 816-819

Myers Samia
77-3, p. 623-626

Nuovo Angela
Voir Milazzo Renaud
77-3, p. 547-549

Obertreis Julia
77-1, p. 211-213

Paiva Roberto
77-3, p. 626-628

Pantin Isabelle
77-3, p. 574-576

Patin Nicolas
77-2, p. 379-381

Péquignot Stéphane
77-4, p. 788-791

Ploux François
77-4, p. 833-835

Praczyk Małgorzata
77-1, p. 221-223

Rebolledo-Dhuin Viera
77-3, p. 581-584

Rideau-Kikuchi Catherine
77-3, p. 559-561; 579-581

Robert Aurélien
77-3, p. 552-554; 597-599

Rodier Yann
77-4, p. 806-808

Romano Antonella
77-1, p. 181-183

Rotillon Gilles
77-1, p. 223-226

INDEX DES RECENSEURS

Rousseleau Raphaël
77-4, p. 783-785

Sacriste Fabien
77-2, p. 403-405

Salmon Pierre
77-2, p. 405-407

Saur Léon
77-2, p. 414-416; 416-418

Schick Sébastien
77-3, p. 613-615

Sère Bénédicte
77-3, p. 586-588

Smith Sean Morey
77-1, p. 173-176

Soldini Hélène
77-3, p. 599-601

Souriac Pierre-Jean
77-4, p. 814-816

Struillou Ana
77-3, p. 606-609

Synowiecki Jan
77-1, p. 189-191; 205-207
77-3, p. 618-620

Thomas Frédéric
77-1, p. 186-189

Tignol Ève
77-2, p. 369-371

Vo-Ha Paul
77-4, p. 808-811; 799-801

Voisin Vanessa
77-2, p. 374-376

Wallerich François
77-3, p. 590-592

Weill-Parot Nicolas
77-3, p. 588-590

Weiss Clément
77-4, p. 828-830

Zytnicki Colette
77-2, p. 400-403

Cahiers d'Études africaines

Numéro **248** · 2022

La classe en islam : entre piété et distinction

Les recherches académiques sur l'islam intègrent rarement l'appartenance à une classe sociale comme critère d'analyse, différenciant plutôt les musulman.e.s par leurs divergences dogmatiques (soufies, salafistes, etc.). Or, dans les contextes régionaux contemporains d'Afrique centrale, de l'Ouest et du Nord, reconfigurés par les violences djihadistes, nombre de musulman.e.s redéfinissent les normes de leur « bonne religiosité » en jouant sur des marqueurs de classe. Majoritairement axées sur les musulmanes, figures centrales de ces nouvelles configurations de religiosités, les études de cas présentées dans ce numéro montrent qu'une appartenance de classe — entendue en termes socioéconomiques, mais aussi en fonction de pratiques (culturelles, matérielles) où s'expriment des sentiments d'adhésion à un groupe — influe sur les façons d'être et de se montrer musulman.e ; et qu'en retour, l'affirmation de pratiques religieuses renforce un sentiment de différenciation sociale. Les contextes urbains, où les « classes moyennes émergentes » sont les plus visibles, sont privilégiés pour poser la question d'une éventuelle corrélation entre volonté d'ascension sociale et prétention à une élévation morale et religieuse.

SOMMAIRE

Repenser les religiosités islamiques en Afrique : classes sociales et manières de se montrer musulman.e • F. Samson & M. N. LeBlanc

L'islam du milieu ou l'islam des puissants : des usages de la bonne religiosité à N'Djamena • C. Petitdemange

Normes de bonne moralité de musulmanes d'appartenances sociales différentes en milieux conservateurs algériens : études de cas dans la *wilaya* de Blida • F. Samson

"This Year We Will Ski in Dubai": Halal Tourism and Good Religiosity Among Abidjan's Upper-Class Muslims • M. N. LeBlanc

"Madame est au niveau 2 et moi …?" Gendered Dynamics of Qur'an Reading Courses in Dakarois Francophone Educated Middle Class Milieus • N. Sieveking

Les étudiantes musulmanes sénégalaises. Une ethnographie de la diversité religieuse et identitaire au sein des campus universitaires • K. Amo

Tentations d'islam et écrits d'élites europhones au Sénégal. Quelle production de nouvelles normativités islamiques ? • A. Cohen & M. Timéra

Religiosité musulmane en temps de Covid-19 au Burkina Faso et en Côte d'Ivoire : un dialogue entre normes sanitaires et pratiques religieuses • I. Binaté, L. Audet Gosselin & Z. Soré

Un intellectuel soufi engagé face à un « élitisme salafiste ». Entretien avec Souleymane Bachir Diagne • F. Samson

Revue *Cahiers d'Études africaines*, n° 248
ISBN 978-2-7132-2928-2
18 € · 280 pages

Rédaction/Editors
Campus Condorcet, EHESS IMAF
5 cours des Humanités
93322 Aubervilliers cedex - France
Tél. : 01 88 12 02 21
Courriel : Cahiers-Afr@ehess.fr

Se procurer la revue/ To obtain the journal
Abonnements/ subscriptions
EHESS - Éditions
Email : editions-vente@ehess.fr

Vente au numéro/ Single issue sales
Harmonia Mundi livre
Le Mas de Vert - Ancienne Route de St-Gilles - 13200 Arles
Tél : (33) 04 90 49 58 05

Cahiers d'Études africaines en ligne/online :
https://journals.openedition.org/etudesafricaines/
https://www.cairn.info/revue-cahiers-d-etudes-africaines.htm

Instructions aux auteurs

Les *Annales* n'acceptent que les travaux originaux et inédits, rédigés en français, en anglais, en italien, en allemand ou en espagnol. Tout manuscrit proposé est soumis au comité de rédaction dans un délai de six mois et fait l'objet d'une évaluation par deux experts extérieurs. Le comité peut ensuite décider d'accepter le manuscrit en l'état ou de l'accepter sous réserve de modifications, ou encore demander une deuxième version qui sera de nouveau évaluée ou, enfin, refuser directement l'article.

Les manuscrits doivent être envoyés à l'adresse annales@ehess.fr dans un format de type Word ou Open Office (et non en format PDF). Ils sont accompagnés d'un résumé en français et en anglais (précédé de son titre traduit) d'environ 1 500 signes. Les documents iconographiques sont remis dans des fichiers séparés, en haute définition et dans une dimension suffisante par rapport au format de la revue (170 mm x 240 mm). Ils sont accompagnés de titres, de légendes et de la mention des sources. La nationalité des auteurs ainsi que leur appartenance institutionnelle doivent être précisées.

Le texte doit être présenté en double interligne et suivre nos recommandations disponibles à l'adresse http://annales.ehess.fr/index.php?497. Il ne doit pas dépasser les 90 000 signes (notes et espaces compris), les notes en bas de page sont limitées à 100. Les citations en langue étrangère sont traduites, l'original est donné éventuellement en note.

Nous attirons l'attention des auteurs sur le fait que leur article, une fois accepté pour publication, sera traduit en anglais pour une diffusion papier et en ligne. Les auteurs sont mis en contact direct avec les traducteurs, ce dialogue favorisant la réalisation d'une traduction scientifique de qualité.

Les auteurs sont informés qu'il leur revient de trouver, au préalable, les versions originales anglaises des citations qu'ils fournissent en français dans leur article, lorsqu'il en existe une édition canonique. Ils s'engagent à fournir un fichier de ces versions anglaises, contenant aussi les nouvelles références éditoriales, les versions anglophones des noms propres cités, ainsi que celles des concepts employés ; ce fichier sera transmis au traducteur le moment venu.

Abonnement 2023 / Subscription 2023

Annales. Histoire, Sciences Sociales

AHS / XAN

Tarifs H. T. / *Prices before tax*	Particuliers / *Individuals*	Institutions / *Institutions* FRANCE	Institutions / *Institutions* INTERNATIONAL
Édition française (numérique) / *French edition (online)*	–	☐ 150 €	☐ 200 € / £166 / $238
Édition française (imprimée et numérique) / *French edition (print and online)*	☐ 58 €	☐ 154 €	☐ 257 € / £214 / $307
Édition bilingue (numérique) / *Bilingual edition (online)*	–	☐ 192 €	☐ 320 € / £266 / $381
Édition bilingue (imprimée et numérique) / *Bilingual edition (print and online)*	☐ 86 €	☐ 234 €	☐ 389 € / £322 / $463

Nom / *Surname*: .... Prénom / *First Name*: ....

Adresse / *Address*: ....

Code postal / *Postcode*: .... Ville / *Town*: ....

Pays / *Country*: ....

Courriel / *E-mail*: ....

Tél. / *Tel.*: ....

Choisissez votre mode de paiement / *Please select how you wish to pay*
Devise / *Currency*: ☐ EUR ☐ GBP ☐ USD

☐ par carte de débit/crédit / *by debit/credit card*
    Type de carte / *Card type* (Visa / Mastercard / AmEx, etc.): ....
    N° de carte / *Card number*: ....
    Date d'expiration / *Expiry date*: ....
    Signature / *Signature*:

☐ m'envoyer une facture / *send me an invoice*
Les abonnés résidant dans l'Union européenne sont tenus de payer la TVA au taux applicable dans leur pays. Le cas échéant, merci de préciser votre numéro de TVA intracommunautaire / *Subscribers based in the European Union are required to pay VAT at the rate applicable in their country. If necessary, please provide your VAT number.*

Adressez votre commande et votre paiement à / *Send your order and payment to*
**Cambridge University Press Journals, University Printing House,
Shaftesbury Road, Cambridge, CB2 8BS, UK**

Si vous avez des questions ou si vous souhaitez passer commande pour les *Annales* /
If you have any questions or want to order the Annales:

- journals@cambridge.org / +44 (0)1223 32 6375 pour le service francophone / *for a French-language service*
- subscriptions_newyork@cambridge.org / +1 800-872-7423 pour les Amériques / *for the Americas*
- journals@cambridge.org / +44 (0)1223 32 6070 pour le reste du monde / *for the rest of the world*

Pour obtenir plus d'informations et connaître les conditions générales de vente /
For further information and terms and conditions of sale
www.cambridge.org/annales/subscribe-fr

Éditions de l'EHESS, 2023
Directeur de la publication : Romain Huret

Tous droits de traduction, d'adaptation et de reproduction par tous procédés, réservés pour tous pays.
Le Code de la propriété intellectuelle (CPI) n'autorisant, aux termes de l'article L. 122-5, 2º et 3ºa, d'une part, que les « copies ou reproductions strictement réservées à l'usage privé du copiste et non destinées à une utilisation collective » et, d'autre part, que les analyses et les courtes citations dans un but d'exemple et d'illustration, « toute représentation ou reproduction intégrale ou partielle faite sans le consentement de l'auteur ou de ses ayants droit ou ayants cause est illicite » (art. L. 122-4 du CPI). Cette représentation ou reproduction, par quelque procédé que ce soit, constituerait donc une contrefaçon sanctionnée par les articles L. 335-2 et suivants du CPI.

Diffusion Cambridge University Press (Cambridge/New York)
Dépôt légal : 2022 — nº 4, octobre-décembre 2022

Imprimé au Royaume-Uni par Henry Ling Limited,
The Dorset Press, Dorchester, DT1 1HD.
ISSN (édition française) : 0395-2649 (version imprimée)
et 1953-8146 (version numérique)

Nº commission paritaire : 1119 T 07521